LA RÉPUBLIQUE
L'élan fondateur et la grande blessure
(1880-1932)

DU MÊME AUTEUR

Les Quarante-huitards, Gallimard, coll. « Archives », 1975 ; rééd. coll. « Folio », 1992.

Le Cercle dans la France bourgeoise : étude d'une mutation de sociabilité, Armand Colin, 1977.

La République au village : les populations du Var, de la Révolution à la IIe République, Le Seuil, 1979.

Marianne au combat : l'imagerie et la symbolique républicaines, de 1789 à 1880, Flammarion, 1979.

Pénitence et francs-maçons dans l'Ancienne Provence, Fayard, 1984.

Leçon inaugurale faite le 11 Avril 1986 : histoire de la France contemporaine, Collège de France, 1986.

Histoire vagabonde, 3 vol., Gallimard, 1988.

La République, de Jules Ferry à François Mitterrand, Hachette 1990, rééd. Hachette Littératures, 1997.

La République : l'élan fondateur et la grande blessure (1880-1932), tome 1, Hachette, 1990, réimp., Hachette Littératures, 1999.

La République : nouveaux drames et nouveaux espoirs (1932 à nos jours), tome 2, Hachette, 1990, réimp., Hachette Littératures, 1999.

Dans la collection « PLURIEL », série Histoire de France

G. Duby, *Le Moyen Age* : 987-1460
E. Le Roy Ladurie, *L'Etat Royal* : 1460-1610.
E. Le Roy Ladurie, *L'Ancien Régime*, tome 1 : 1610-1715.
E. Le Roy Ladurie, *L'Ancien Régime*, tome 2 : 1715-1774.
F. Furet, *La Révolution*, tome 1 : 1770-1814.
F. Furet, *La Révolution*, tome 2 : 1814-1880.
M. Agulhon, *La République*, tome 1 : 1880-1932.
M. Agulhon, *La République*, tome 2 : 1932 à nos jours.

MAURICE AGULHON

LA RÉPUBLIQUE

L'élan fondateur et la grande blessure (1880-1932)

Edition revue et augmentée
Bibliographie originale

Tome I

HACHETTE
Littératures

Conception et commentaire de la cartographie, conception du tableau des chefs d'Etat et de gouvernement, chronologie et index :

Patrick LAURENS.

Introduction

La France est née de l'histoire, et définit un peuple. De la vie diverse et multiple de ce peuple français, on achève ici de retracer les aspects collectifs et publics, la politique en somme. Et pourquoi pas ? Ce fut alors matière plus que jamais sensible.

La France vivait depuis longtemps comme Nation et comme Patrie, mais on peut se risquer à dire qu'elle n'a jamais autant existé à ce titre que dans ce dernier siècle d'où émergent les noms de Jules Ferry, de Clemenceau et de de Gaulle, et aussi — pourquoi seraient-ils moins significatifs ? — ceux de Victor Hugo, de Charles Péguy et de Louis Aragon... La Nation française comme conscience commune de la quasi-totalité des habitants atteint là une sorte d'apogée. Cet apogée a été intimement mêlé de violence et de guerre, au travers de deux conflits mondiaux. Traversés à quel prix ? on le verra. L'étonnant est que ce fait national omniprésent et ce patriotisme au sommet de son extension aient été compatibles avec le prolongement des luttes les plus passionnées entre les héritiers de la Révolution et ceux de la Contre-Révolution. Cette dialectique, que l'on devine a priori *complexe, entre la présence d'un fait national unanime par nature avec celle d'une tenace « guerre de religion » politique justifie que l'on y voit un des fils conducteurs de cette histoire.*

La France depuis 1870 s'appelle désormais, officiellement, la « République française ».

La République, à vrai dire, n'en finit pas de commencer. Elle existe, en dernier lieu, depuis le 4 septembre 1870. Mais elle ne possède ses lois constitutionnelles que depuis 1875, et les républicains ne détiennent pleinement le pouvoir que depuis 1879. Cette victoire dont on ne sait pas, sur le moment, qu'elle est définitive, ne met pas fin aux controverses qui entourent le mot de République et l'idée que l'on s'en fait.

« La République » désigne alors en France le système constitutionnel, comme en Suisse ou en Amérique. Mais, à la différence du terme de « République » aux États-Unis, celui de « République » en France évoque bien davantage qu'un système juridique ; il recouvre un ensemble complexe de valeurs et il constitue pour longtemps encore un enjeu d'interprétations opposées et de passions rivales. L'originalité de la France de 1880 est bien d'ajouter à tous les soucis politiques objectifs qu'ont les autres pays un débat perpétuel sur son histoire et ses règles du jeu.

La République d'alors, de 1870 à 1940, c'est la IIIe, à laquelle succéderont la IVe et la Ve. Ces régimes numérotés traduisent la singularité d'une histoire juridique marquée d'un malaise permanent, et dont la ténacité montre à quel point il déborde le champ strictement constitutionnel. Comment ne pas faire de ce « qu'est-ce que la République ? » l'une de nos interrogations récurrentes ?

Cette France est enfin un grand pays prospère et notamment une puissance capitaliste, industrielle et moderne. La lutte des classes n'a fait que s'y développer à la fin du XIXe siècle et au long du XXe. Elle a suscité la naissance d'un « mouvement ouvrier » important, comparable à ceux des puissances voisines, notamment allemande ou britannique. Mais là encore, la complexité et l'extrémisme semblent bien caractériser la manière française de mener le combat social. L'étrange épopée du communisme ne se réduit ni à la controverse autour de la Patrie, ni à la controverse autour du régime, elle ne relève jamais durablement du conflit droite-gauche — elle interfère de façon éminemment variable avec tous ces éléments. Le communisme, ou plus largement la composante révolutionnaire de l'histoire de France, a été l'engagement passionné de certains, l'effroi d'un plus grand nombre, l'énigme pour beaucoup. L'attention critique qui lui sera consacrée n'aura rien d'abusif, puisque cette présence d'une force subversive insolite a indéniablement contribué à la singularité française pendant presque toute la période considérée.

Au moment où la IIIe République émerge de la période 1870-1879 qui a vu sa pénible gestation, où en sont le régime ? le sentiment national ? et les relations des citoyens entre eux ?

Le régime se stabilise, après un siècle de troubles. Oui, pour reprendre une belle image, « la Révolution entre au port » .*

La fin du XVIIIe siècle avait vu s'opérer en France une grande et nécessaire révolution, mais cette révolution, sociale, n'avait pas su trouver sa traduction politique. Elle avait inauguré un siècle ou peu s'en faut (1789-1879) de tâtonnements et de chaos sanglants avant de voir émerger un régime politique stable.

*L'explication de ce chaos, la responsabilité de ce sang, font toujours l'objet d'une controverse récemment réactivée. Pour les uns**, cette difficulté a tenu au radicalisme des principes de la Révolution de 1789, qui*

* François Furet, *La Révolution française, Histoire de France*, t. IV, Hachette, 1988, p. 517.

** F. Furet, *La Révolution, op. cit., passim.*

a forgé un obstacle à l'instauration en France d'une monarchie constitutionnelle à l'anglaise. Ce radicalisme aurait également distingué la République française de la République américaine, qu'une inspiration plus religieuse aurait mieux garantie contre l'esprit de système et ses excès.

*Pour d'autres**, *les hommes de 1789 n'étaient pas si radicaux. La monarchie constitutionnelle, ils l'offraient sur un plateau à Louis XVI, qui n'en voulut pas et qui, au contraire, fit tout, ouvertement ou par manœuvres, pour ressaisir son pouvoir, celui de la Tradition, qu'il tenait pour seul légitime. Pis encore, les émigrés et le haut clergé ont refusé la Révolution d'entrée, bien avant qu'elle ne soit devenue « jacobine ». Et c'est, de cette résistance que serait née la guerre civile entraînant à son tour la radicalisation et ses suites : guerre, dictature, Terreur.*

En d'autres termes, la différence entre la manière américaine et la manière française d'être républicains ne tiendrait pas à ce que la première serait congénitalement sage et la seconde essentiellement excessive ; elle tiendrait à ce que les Américains ont été, dès la victoire de leur « Révolution », débarrassés du camp contre-révolutionnaire, alors qu'en France, les régimes issus de la Révolution n'ont cessé de coexister avec un parti contre-révolutionnaire indéracinable et actif.

Quoi qu'il en soit de ces lectures du passé, le fait de la division n'a pas totalement disparu en 1870, et le jeu de massacre des régimes politiques continue après cette date. On comprend aisément que le Second Empire n'ait pu survivre à Sedan, ni l'idée de dictature de Salut public à la Commune, ou l'idée de restauration monarchique à la fixation butée du comte de Chambord sur le symbolique drapeau blanc. Mais, précisé-

* Vers lesquels nous inclinons, à tort ou à raison. Il est d'autant plus utile de rappeler cette thèse qu'elle était celle qui inspirait alors les républicains vainqueurs, et qui aide à comprendre leur politique.

ment, ce dernier épisode nous paraît significatif. Qu'est-ce qui empêchait, en effet, la monarchie constitutionnelle de l'emporter sous sa forme orléaniste (libérale, tricolore, moderne) sinon « la fusion » par laquelle les Orléans avaient lié leur sort aux légitimistes ? Or, le fait que les royalistes des deux obédiences aient réalisé cette fusion atteste bien l'exigence ou plutôt le besoin de recourir au poids social des légitimistes. En clair, dans le camp de la France conservatrice, la fraction ouvertement contre-révolutionnaire était assez puissante pour être jugée indispensable.

Avec cela, il faut rappeler, après François Furet, le rôle majeur, éminent, décisif de Thiers et de Gambetta dans ces années soixante-dix. Thiers est bien le fondateur principal de la République en France, dans la mesure où il a le premier compris que la forme républicaine de gouvernement (en clair, un État de droit sans monarque héréditaire) pouvait couronner le système à la fois libéral et conservateur que voulaient la plupart des bourgeois français (système libéral : la modernité, les principes issus de 89 — et système conservateur : pas d'atteintes aux habitudes et aux intérêts acquis). Ce ralliement de Thiers à la République a causé sa chute le 24 mai 1873, mais la façon dont, sous Mac-Mahon, en 1873-1874, le duc de Broglie a dirigé la politique conservatrice ne pouvait que donner raison à Thiers : avec Broglie, malgré son étiquette orléaniste, la monarchie fusionniste éventuelle risquait de se rapprocher davantage d'une Restauration ou d'un Empire autoritaire que d'une monarchie de Juillet, donc d'être inacceptable pour les libéraux.*

L'idéal orléaniste dans ce qu'il avait de libéral a été trahi par le caractère réactionnaire de la politique de l'Ordre moral. Dès lors, à l'instar de Thiers, les orléanistes restés attachés à la liberté devinrent répu-

---

* *Cf. La Révolution, op. cit.* Nous en suivons les ultimes analyses dont le bref rappel est ici indispensable.

blicains pour rester libéraux, puisque le gros des monarchistes cessaient d'être libéraux.

Mais, pour que la République soit bien fondée par ce ralliement, il fallait encore que ces républicains de raison fussent acceptés comme alliés par les républicains de cœur et de conviction. Ce fut, après le coup de génie de Thiers, celui de Gambetta, tout aussi nécessaire, comme l'a non moins judicieusement montré François Furet dans sa dernière analyse.

Gambetta, le héraut de la démocratie bellevilloise, mais aussi le héros de la lutte libérale contre l'Empire, le héros de la Défense nationale de l'hiver 1870-1871, fondait la République par la voie non héroïque de l'« opportunisme », en saisissant l'occasion de nouer, sur le principe même du régime, une alliance majoritaire avec la droite modérée.

Faut-il alors, à la manière américaine, décorer du beau nom de « Pères Fondateurs » et Monsieur Thiers et Léon Gambetta ?

Le fait est que cette expression n'a pas cours en France et que la République française se montre aujourd'hui pour ces « pères » une fille bien ingrate ! Gambetta a cessé de compter au rang des personnages de premier plan dont survivent l'image ou la réputation. Et si Thiers reste dans la mémoire collective, c'est ou bien, vu de droite, comme un petit-bourgeois parvenu trop habile, ou bien, vu de gauche, comme le « bourreau de la Commune ». Sa gloire républicaine d'hier est aujourd'hui évanouie, laminée entre le mépris des uns et la haine des autres... preuve, s'il le fallait, que le républicanisme, comme tout fait historique, est sujet à évolution.

Le sentiment national est une autre donnée, et de quelle importance ! La France, en 1871, est une vieille nation. Des hommes de toute origine se rencontrent dans le métier militaire et reconnaissent le drapeau aux trois couleurs comme emblème à la fois de leur métier et de leur idéal. C'est même la raison profonde du malentendu de 1873 entre le comte de Chambord et le maréchal-président de Mac-Mahon. Le prétendant s'attardait encore à l'idée en vigueur au temps de son enfance (1830), où le drapeau tricolore signifiait la Révolution. Le maréchal avait au contraire assimilé l'idée moderne selon laquelle les trois couleurs sont celles de la France, au-dessus des partis.

Beaucoup de Français se sentent Français, et sont patriotes. Combien ? vaste problème ! On ne proposera pas d'évaluation, on dira seulement la tendance, en posant que, si le patriotisme, était alors moins étendu qu'il ne sera en son apogée de 1914-1918, il l'était davantage qu'en 1815, au lendemain lamentable de Waterloo. Le mouvement du siècle poussait à cette progression que la République allait prendre à son compte et parachever.

Certes, dans la conjoncture trouble de 1870-1871, la peur sociale avait parfois contrecarré le patriotisme tandis que dans la France rurale lointaine, il avait pu faire encore défaut mais, dans l'ensemble, il existait. Gambetta avait obtenu, pour ses appels à la Défense nationale, des réponses bien incomplètes mais incomparablement supérieures à celles qui s'étaient portées sur le Napoléon de 1814 et de 1815.

Dans sa version la plus hautement affirmée, la plus autonome, la plus laïque pourrait-on dire, celle de la gauche (car le patriotisme de la droite est alors normalement entrelacé de convictions religieuses), le patriotisme français est lié à l'idée de grandeur et à l'idée de mission française. Il déploie une fierté assez égocentrique. Berceau des idées de Liberté et de Justice, la France doit se montrer forte et rayonnante puisque c'est pour la bonne cause.

Cependant, au lendemain de 1871, il a fallu réévaluer l'idée complaisante qui consistait à lier le patriotisme français à la révolution européenne : la France aidait les peuples frères, ou les nationalités sœurs, à s'éman-

ciper en luttant contre les rois. Or, après Sadowa (1866) et plus encore après le traité de Francfort, les nations européennes émancipées n'apparaissent pas forcément comme des petites sœurs complaisantes ; elles peuvent se montrer en rivales possibles, voire en ennemies, quand la Patrie allemande prend les traits de Bismarck.

Le patriotisme français va-t-il donc, privé de son lien préférentiel avec le principe des nationalités, la fraternité des peuples et la « République universelle », se dégager de ses références idéales ? Pas tout à fait... car heureusement (si l'on ose dire) il y a l'Alsace, cette Alsace-Lorraine enlevée par la force à la France en 1871, et grâce à qui la plainte nationale pourra rester marquée de considération de principe. L'annexion, en effet, ne se réduit pas à un fait brut : l'Allemagne, plus forte, gagnait ce que perdait la France ; elle donna lieu aussi à un débat d'idées autour de la question des nationalités. L'Allemagne s'en réclamait, au nom d'une lecture qu'on pourrait dire objective de ce principe : l'histoire la plus ancienne, et la langue la plus répandue. La France préférait une lecture subjective : ces pays étaient français parce qu'ils l'avaient voulu, exprimé, fait savoir de maintes façons depuis 1789.

La France croit évidemment à la supériorité juridique et morale du principe « français » du droit des peuples à disposer d'eux-mêmes sur la thèse « germanique » du droit historique. Par ce biais, le patriotisme français d'après 1871 peut prétendre à un surcroît de justification par le Droit, il reste lié à des valeurs universelles.

A long terme, la France aura donc pour but d'annuler le traité de Francfort. Mais, à moyen et à court terme, comment définir l'intérêt national ? Dans les années qui séparent 1871 de 1879, le débat sur la diplomatie s'était mêlé à celui de la politique intérieure, et cela de deux façons : assez nettement par rapport à l'ultramontanisme, de façon plus feutrée par rapport à la tutelle de fait que Bismarck imposait à la France. Pour la France catholique, 1870 avait amené non pas un mais deux désastres : la défaite française et la fin du pouvoir temporel du pape. Mais une politique française (diplomatique et a fortiori *militaire) qui eût réellement tenté d'aider le pape à reprendre Rome aurait brouillé la France avec le royaume d'Italie, et lui aurait donné, dans cette situation de défaite et d'isolement, un ennemi de plus. Les républicains eurent beau jeu de dire que leur politique d'acceptation du fait accompli à Rome était la seule politique nationale possible, et que les « menées ultramontaines » étaient irresponsables et antinationales. C'était le camp de Rome qui constituait « le parti de l'étranger ».*

Mais l'argument pouvait se retourner. Car la République, sans avoir pour la Prusse la moindre sympathie, tenait tout de même un peu par la complaisance de Bismarck. Non que le chancelier, de son côté, aimât la République, mais il jugeait que le nouvel Empire allemand avait besoin de stabilité en Europe, et que cette stabilité serait mieux assurée si la France restait gouvernée prudemment par des hommes politiques intelligents, qui avaient le mérite d'être en place, Thiers évidemment, Gambetta peut-être. Cette convergence d'intérêts, à son tour, donnait prise à la critique. Surtout lorsque Bismarck eut son heure d'anticatholicisme avec le Kulturkampf. *La droite française, et même certains cercles républicains passionnément antiallemands (le salon de Juliette Adam par exemple) en arrivent alors à soupçonner dans l'anticléricalisme des Gambetta et des Jules Ferry des affinités bismarckiennes et, finalement, une tonalité peu française. Ainsi, en matière d'anticléricalisme, le procès d'intention, c'est-à-dire le soupçon de desservir l'intérêt national, pouvait changer de camp. On en était là quand, avec l'affaire d'Orient, la guerre russo-turque et le congrès de Berlin, l'on s'avisa que Bismarck voyait d'un bon œil la République entamer une politique d'expansion outre-mer, qui détournait les forces fran-*

çaises de la garde au Rhin. Nouveau procès d'intention possible !

En 1879-1880, point de départ du présent récit, la droite étant éloignée du pouvoir, il est hors de question désormais que des provocations dangereuses puissent jaillir de « menées ultramontaines ». Mais on pressent qu'il pourra exister des façons républicaines de provoquer les Empires centraux sous prétexte de ne pas plier devant Bismarck.

En définitive, une question générale se pose clairement autour de 1880. Quelle est la politique extérieure la meilleure, donc la plus patriotique ? Est-ce la politique réaliste, celle du « profil bas » à l'égard de l'Allemagne, équivalent en diplomatie de la sagesse opportuniste en politique intérieure ? Ou bien une politique plus active, plus fixée sur les frontières de l'Est, et plus affirmée dans la sensibilité et l'espoir de la Revanche ? Ce choix, déjà délicat en lui-même, est et sera longtemps encore envenimé par les méfiances, voire par les calomnies. Car la calomnie déferle facilement, et c'est bien là une donnée politique qu'il convient d'examiner encore en préalable : les partis se soupçonnaient aisément, parce qu'ils ne s'aimaient pas.

Quand le programme de 1789 est parvenu, en 1879, avec la République, à son débouché politique, nous savons, nous, que le régime a devant lui soixante ans de stabilité. Mais les contemporains, qui par définition l'ignoraient, pouvaient encore tenir son renversement pour envisageable. La Révolution et la guerre civile consécutive n'étaient pas achevées dans les cœurs ni dans les esprits, si elles l'étaient pour l'essentiel dans les faits. Surtout, on ne saurait oublier que, dans les profondeurs de la société française, en province, sur le terrain, la lutte entre les éléments conscients de la droite (contre-révolutionnaires) et de la gauche (ou de la République, c'était tout un, alors) se colorait à peu près toujours de religion, s'enrobait dans la religion. Or il n'existait à cette époque aucun esprit d'œcuménisme, et guère de lassitude sceptique. La « guerre de religion » avait donc une âpreté que nous n'imaginons plus. Les convictions de chacun se teintaient d'intransigeance et de passion. Entrer ou non dans un lieu de culte, faire gras ou maigre le vendredi, etc., autant de choix impérieux et significatifs. Bien entendu, les intransigeances opposées s'appelaient et se nourrissaient réciproquement.

Un prêtre, ou un dévot, pour un agnostique, était un méchant hypocrite, ou un imbécile, ou les deux à la fois. Et tout autant l'anticlérical, le « sectaire », le « franc-maçon », pour le bon catholique. Chacun pour l'autre incarnait le Mal. On craignait et on méprisait l'adversaire.

De plus, à Paris et dans quelques autres lieux, la Commune du printemps de 1871 avait creusé un fossé d'une profondeur morale comparable. Il est à peine exagéré de dire qu'un « versaillais » pour un communard, et un « communard » pour un bourgeois bien-pensant, étaient des sortes de monstres, et d'abord tout simplement des tueurs.

Ce front de lutte d'ailleurs ne coïncidait pas pleinement avec le précédent. La Commune n'avait impliqué qu'une partie de la gauche, tandis qu'une autre partie de la gauche avait soutenu Versailles. C'est d'ailleurs parce que la lutte des classes entre les ouvriers parisiens et le monde « bourgeois » symbolisé par Thiers avait plus ou moins partagé et divisé contre lui-même le camp de la modernité et de la République que celui-ci sera si fragile dans son unité et si éphémère dans ses réunifications.

En somme l'une des données de la situation politique française en 1879 consistait dans ces hostilités, en bref, dans son climat. Que la France eut des institutions à peu près acceptées, que les Français se sentissent tous membres consentants de la communauté nationale, ne saurait faire oublier les attachements passionnels singuliers et incompatibles auxquels beaucoup d'entre eux s'accrochaient. La France allait bientôt retrouver Paris pour capitale officielle, mais, signe inquiétant, des capitales extérieures se maintenaient encore. Pour une forte minorité en effet, le souverain souhaité était celui qui vivait dans l'exil autrichien ; et pour une autre, les compagnons les plus chers étaient ceux qui se morfondaient aux refuges de Londres, Genève et Bruxelles ou qui souffraient dans les bagnes de Nouvelle-Calédonie.

La République naissante saurait-elle guérir cette nation encore blessée ?

CHEFS D'ÉTAT ET DE GOUVERNEMENT DE 1871 À 1991

IIIe République

17.2.1871 Adolphe THIERS, chef du pouvoir exécutif
- 31.10 Président de la République
- 19.2 Armand DUFAURE ❶
- 1872 – 1873
- *24.5.1873 Démission d'Adolphe THIERS*

24.5.1873 Maréchal Patrice de MAC-MAHON
- 25.5 Albert de BROGLIE ❶
- 22.5 Gal Ernest COURTOT de CISSEY
- 10.3 Louis-Joseph BUFFET
- 5.3 Armand DUFAURE ❷
- 12.12 Jules SIMON
- 17.5 Albert de BROGLIE ❷
- 23.11 Gal Gaëtan de GRIMAUDET de ROCHEBOUET
- 13.12 Armand DUFAURE ❸
- 1874 – 1875 – 1876 – 1877 – 1878 – 1879
- *30.1.1879 Démission de Patrice de MAC-MAHON*

30.1.1879 Jules GRÉVY
- 4.2 William Henri WADDINGTON
- 28.12 Charles de FREYCINET ❶
- 23.9 Jules FERRY ❶
- 14.11 Léon GAMBETTA
- 30.1 Ch. de FREYCINET ❷
- 7.8 Charles DUCLERC
- 29.1 Armand FALLIÈRES
- 21.2 Jules FERRY ❷
- 6.4 Henri BRISSON ❶
- 1880 – 1881 – 1882 – 1883 – 1884 – 1885

28.12.1885 Jules GRÉVY
- 7.1 Ch. de FREYCINET ❸
- 12.12 René GOBLET
- 30.5 Maurice ROUVIER ❶
- 1886 – 1887
- *2.12.1887 Démission de Jules GRÉVY*

3.12.1887 Sadi CARNOT
- 12.12 Pierre TIRARD ❶
- 3.4 Charles FLOQUET
- 22.2 Pierre TIRARD ❷
- 17.3 Ch. de FREYCINET ❹
- 27.2 Emile LOUBET
- 6.12 Alexandre RIBOT ❶
- 4.4 Charles DUPUY ❶
- 3.12 Jean CASIMIR-PERIER
- 30.5 Ch. DUPUY ❷
- 1888 – 1889 – 1890 – 1891 – 1892 – 1893 – 1894
- *24.6.1894 Assassinat de Sadi CARNOT*

27.6.1894 Jean CASIMIR-PERIER
- ➡ Ch. DUPUY ❷
- 1895
- *16.1.1895 Démission de Jean CASIMIR-PERIER*

17.1.1895 Félix FAURE
- 26.1 Alexandre RIBOT ❷
- 1.11 Léon BOURGEOIS
- 29.4 Jules MÉLINE
- 28.6 Henri BRISSON ❷
- 1.11 Ch. DUPUY ❸
- 1896 – 1897 – 1898 – 1899
- *16.2.1899 Mort de Félix FAURE*

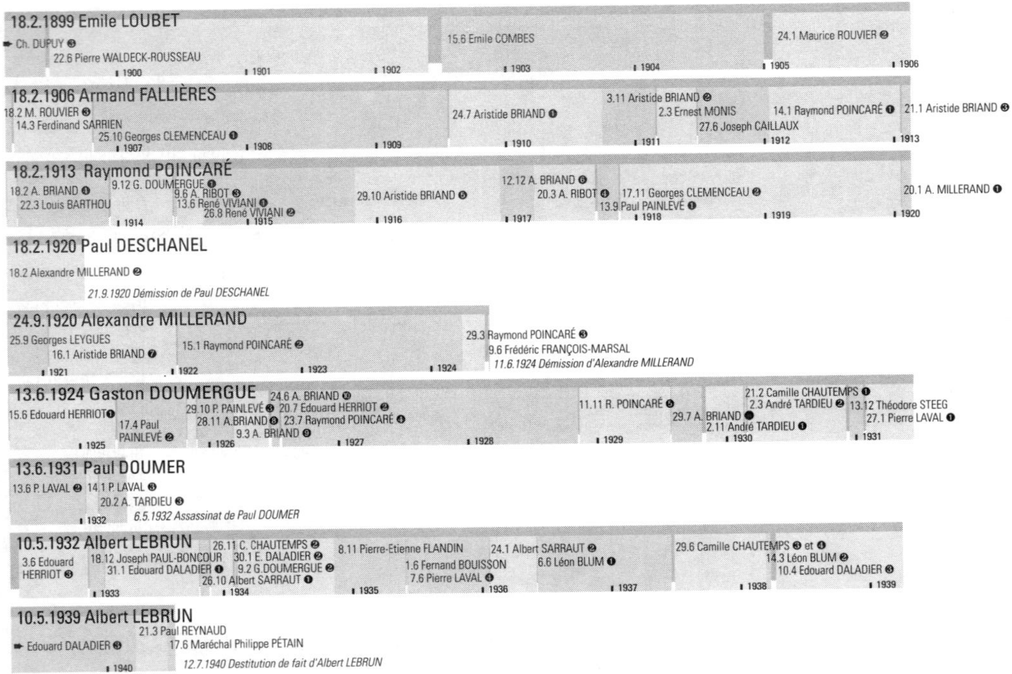
18.2.1899 Emile LOUBET
Ch. DUPUY ❸
22.6 Pierre WALDECK-ROUSSEAU
15.6 Emile COMBES
24.1 Maurice ROUVIER ❷
1900 1901 1902 1903 1904 1905 1906
18.2.1906 Armand FALLIÈRES
18.2 M. ROUVIER ❸
14.3 Ferdinand SARRIEN
25.10 Georges CLEMENCEAU ❶
24.7 Aristide BRIAND ❶
3.11 Aristide BRIAND ❷
2.3 Ernest MONIS
27.6 Joseph CAILLAUX
14.1 Raymond POINCARÉ ❶
21.1 Aristide BRIAND ❸
1907 1908 1909 1910 1911 1912 1913
18.2.1913 Raymond POINCARÉ
18.2 A. BRIAND ❹
22.3 Louis BARTHOU
9.12 G. DOUMERGUE ❶
9.6 A. RIBOT ❸
13.6 René VIVIANI ❶
26.8 René VIVIANI ❷
29.10 Aristide BRIAND ❺
12.12 A. BRIAND ❻
20.3 A. RIBOT ❹
13.9 Paul PAINLEVÉ ❶
17.11 Georges CLEMENCEAU ❷
20.1 A. MILLERAND ❶
1914 1915 1916 1917 1918 1919 1920
18.2.1920 Paul DESCHANEL
18.2 Alexandre MILLERAND ❷
21.9.1920 Démission de Paul DESCHANEL
24.9.1920 Alexandre MILLERAND
25.9 Georges LEYGUES
16.1 Aristide BRIAND ❼
15.1 Raymond POINCARÉ ❷
29.3 Raymond POINCARÉ ❸
9.6 Frédéric FRANÇOIS-MARSAL
11.6.1924 Démission d'Alexandre MILLERAND
1921 1922 1923 1924
13.6.1924 Gaston DOUMERGUE
15.6 Edouard HERRIOT ❶
17.4 Paul PAINLEVÉ ❷
29.10 P. PAINLEVÉ ❸
28.11 A. BRIAND ❽
24.6 A. BRIAND ❿
20.7 Edouard HERRIOT ❷
23.7 Raymond POINCARÉ ❹
9.3 A. BRIAND ❾
11.11 R. POINCARÉ ❺
29.7 A. BRIAND ●
2.11 André TARDIEU ❶
21.2 Camille CHAUTEMPS ❶
2.3 André TARDIEU ❷
13.12 Théodore STEEG
27.1 Pierre LAVAL ❶
1925 1926 1927 1928 1929 1930 1931
13.6.1931 Paul DOUMER
13.6 P. LAVAL ❷
14.1 P. LAVAL ❸
20.2 A. TARDIEU ❸
6.5.1932 Assassinat de Paul DOUMER
1932
10.5.1932 Albert LEBRUN
3.6 Edouard HERRIOT ❸
18.12 Joseph PAUL-BONCOUR
31.1 Edouard DALADIER ❶
26.11 C. CHAUTEMPS ❷
30.1 E. DALADIER ❷
9.2 G. DOUMERGUE ❷
26.10 Albert SARRAUT ❶
8.11 Pierre-Etienne FLANDIN
1.6 Fernand BOUISSON
7.6 Pierre LAVAL ❹
24.1 Albert SARRAUT ❷
6.6 Léon BLUM ❶
29.6 Camille CHAUTEMPS ❸ et ❹
14.3 Léon BLUM ❷
10.4 Edouard DALADIER ❸
1933 1934 1935 1936 1937 1938 1939
10.5.1939 Albert LEBRUN
Edouard DALADIER ❸
21.3 Paul REYNAUD
17.6 Maréchal Philippe PÉTAIN
12.7.1940 Destitution de fait d'Albert LEBRUN
1940

11.7.1940 ÉTAT FRANÇAIS (Vichy) : Maréchal Philippe PÉTAIN, chef de l'État

12.7 Pierre LAVAL
13.12 P.E. FLANDIN
9.2 Amiral François DARLAN
18.4 Pierre LAVAL

20.8.1944 Fin de l'ÉTAT FRANÇAIS

18.6.1940 LA FRANCE LIBRE (Londres)

18.6 Charles de GAULLE « Chef des Français libres »
24.9 Comité National Français Président : Charles de GAULLE

C.F.L.N. (Alger)

3.6 Gal de GAULLE et Gal H. GIRAUD
9.11 Président : Ch. de GAULLE

3.6 GOUVERNEMENT PROVISOIRE de la RÉPUBLIQUE FRANÇAISE (Alger)

Président : Ch. de GAULLE

1941 · 1942 · 1943 · 1944

IVe République

25.8.1944 GOUVERNEMENT PROVISOIRE DE LA RÉPUBLIQUE FRANÇAISE (Paris)

➡ Ch. de GAULLE
13.11 Ch. de GAULLE
23.1 Félix GOUIN
19.6 Georges BIDAULT ❶
12.12 Léon BLUM

1945 · 1946 · 1947

16.1.1947 Vincent AURIOL

21.1 Paul RAMADIER
22.11 Robert SCHUMAN ❶
24.7 André MARIE
31.8 Robert SCHUMAN ❷
10.9 Henri QUEUILLE ❶
27.10 Georges BIDAULT ❷
30.6 Henri QUEUILLE ❷
11.7 René PLEVEN ❶
9.3 Henri QUEUILLE ❸
8.8 René PLEVEN ❷
18.1 Edgar FAURE ❶
6.3 Antoine PINAY
7.1 René MAYER
26.6 Joseph LANIEL

1948 · 1949 · 1950 · 1951 · 1952 · 1953 · 1954

16.1.1954 René COTY

➡ Joseph LANIEL
18.6 Pierre MENDÈS-FRANCE
23.2 Edgar FAURE ❷
31.1 Guy MOLLET
12.6 Maurice BOURGÈS-MAUNOURY
5.11 Félix GAILLARD
14.5 Pierre PFLIMLIN
1.6 Charles de GAULLE

1955 · 1956 · 1957 · 1958 · 1959

Ve République

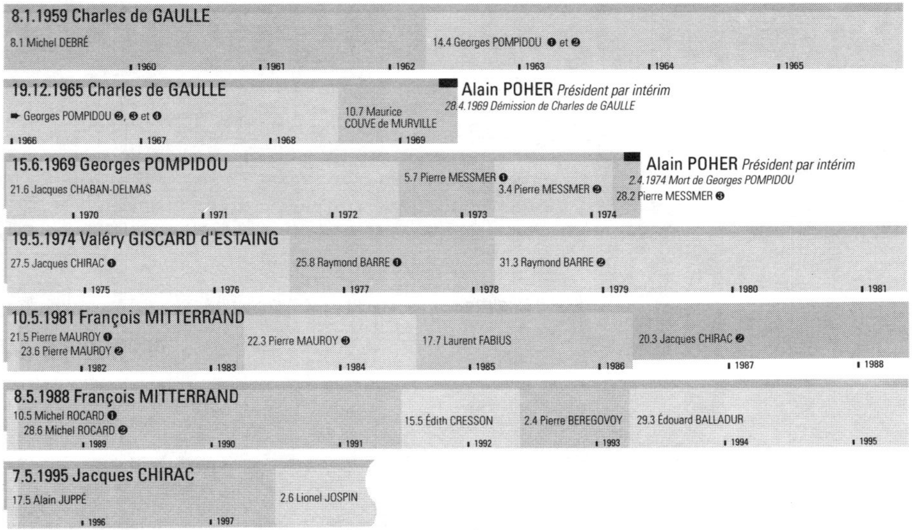

Les dates retenues pour les présidents de la République sont les dates d'entrée en fonction jusqu'au 8 janvier 1959 et celles de l'élection au suffrage universel à partir du 19 décembre 1965.

Les dates retenues pour les chefs de gouvernement sont : pour la IIIe République, les dates de la formation du ministère ; pour la IVe République : pour le G.P.R.F. (Paris), celles de l'élection par l'Assemblée ; à partir du 21 janvier 1947, celles de l'investiture par l'Assemblée ; pour la Ve République, les dates de la désignation par le président de la République.

La flèche ➡ indique la poursuite du mandat. ■ *Intérim*

A : fin d'un gouvernement B : nouveau chef de gouvernement

I

Dix années fondatrices

1879-1889

Ce n'est pas une référence naïve pour le centenaire de la Révolution qui incite à marquer là une première étape, et la pause pour un premier bilan. 1889 est aussi et surtout l'année où le régime sort victorieux d'une grave et difficile contestation, surgie pour une part du camp même de la République, le boulangisme. Est-ce abuser d'un adjectif devenu banal que de qualifier ces années de décisives ? Les orientations prises alors ont une portée considérable à l'échelle d'un siècle, et parfois davantage. Qu'on en juge. D'abord une œuvre symbolique, constitutionnelle, législative durable, dont des pans entiers constituent encore le cadre de la vie politique française. Puis des orientations de lutte, clairement, sur deux fronts : contre le cléricalisme à droite, contre le mouvement social révolutionnaire à l'extrême gauche. En troisième lieu, une certaine pratique politique, la constitution non écrite du régime parlementaire, qu'on a identifié alors à la Liberté, qu'on flétrirait plutôt aujourd'hui du nom de « République absolue » pour reprendre un titre qui a fait date*. Et enfin, vers l'extérieur, cette autre orientation à long terme, l'Empire colonial.

Derrière tout cela, une cohérence, celle de « la République » ; doctrine claire, ou idée-force plus intuitivement ressentie ? Mais c'est bien « la République » au sens de Gambetta, d'Édouard Herriot ou de Pierre Mendès France qui se définit alors. Le mot porte sa charge de sacré, reconnue ou inavouée. C'est l'époque où tout ministre de l'Intérieur qui veut se faire obéir dans une circonstance grave, et qui n'ose pas dire « l'Ordre sera maintenu » parce que le mot a des résonances autoritaires, déclare « l'Ordre *républicain* sera maintenu » en pensant du coup être écouté du peuple. Mot magique, donc, ou espéré tel.

Cette République s'est affirmée en actes et en institutions. Mais cette œuvre a-t-elle d'abord été fondée en doctrine ? Existe-t-il une doctrine républicaine ? Implicite, oui — rien ne se fait sans système de pensée directeur. Explicite, non. Au reste l'idée de fonder un régime sur une doctrine officielle serait peu compatible avec la prétention de régir une société laïque, où toutes les doctrines doivent se côtoyer, et où l'État neutre doit veiller au caractère pacifique de leurs relations. La République a scandalisé beaucoup de Français en refusant que l'État reconnaisse Dieu, mais elle n'a jamais fait non plus de l'athéisme ou du matérialisme une vérité d'État.

Pas plus qu'elle n'eut de religion d'État (rejet d'ailleurs consacré depuis la révolution de Juillet 1830), la République n'eut de doctrine philosophique officielle, pas même — quoi qu'on en dise parfois — le positivisme**. La philosophie d'Auguste Comte était bien trop sévère pour le vieil humanisme issu des Lumières

---

* Odile Rudelle, *La République absolue*, Publications de la Sorbonne, 1982.

** Nous suivons sur ce point l'analyse de Claude Nicolet dans son ouvrage déjà classique : *L'Idée républicaine en France*, Gallimard, 1983.

qui fondait, lui, la philosophie implicite du régime. Comte eut sans doute qualifié de « métaphysique », terme péjoratif dans son vocabulaire, ces postulats idéalistes ; d'ailleurs, toute une postérité du positivisme, de Taine à Maurras, viendra bientôt, au contraire, nourrir et rajeunir la pensée contre-révolutionnaire. En vérité, les républicains se réclamaient de la philosophie du Droit naturel (rationalisme optimiste, Lumières des philosophes, Droits de l'homme), continuateurs en cela du principal courant de la pensée libérale.

Quant aux républicains « ordinaires » (entendons par là tous ceux qui n'étaient pas spécialisés dans la spéculation intellectuelle), ils gardaient à la fois au comtisme récent et à l'humanisme voltairien déjà traditionnel des attachements que seuls les théoriciens jugeaient incompatibles. C'est que l'attraction du positivisme s'exerçait fortement par un autre biais : la doctrine d'Auguste Comte étayait une confiance en la Science qui se trouvait alors en parfait antagonisme avec l'enseignement dogmatique de l'Église romaine. L'irréligion savante des disciples de Comte pouvait donc être appelée en renfort auprès de l'anticléricalisme républicain essentiel, qui provenait plutôt, et plus simplement, de Voltaire et dont l'application se voulait avant tout sociale et politique.

Tout cela comptait sans doute moins, pour la plupart des militants et des citoyens, que quelques idées-forces issues des expériences du siècle.

Être républicain, c'est d'abord se montrer partisan d'un pouvoir non personnel, non viager, non héréditaire, non arbitrairement défini. Série de négations qui se réduisent à deux refus concrets : ni monarchie ni dictature. Au XIXe siècle d'ailleurs, ces deux refus revenaient à peu près au même, parce qu'il n'y avait guère d'exemple, sauf dans la lointaine Amérique du Sud, d'un pouvoir personnel durable qui ne fût devenu royal ou impérial. Cromwell ? Il était bien lointain.

Robespierre ? mais il relevait, à l'évidence, de l'exceptionnel et de l'intenable. Restaient les Césars et les Bonaparte, qui ramenaient au cas monarchique. Mais pourquoi refuser les rois ? Après tout, les Anglais, les Belges, et quelques autres peuples conciliaient bien le maintien d'un chef d'État héréditaire avec la modernité, la Liberté et le Progrès.

La réponse vient de l'expérience française du siècle, au cours de laquelle toutes les monarchies constitutionnelles, même après des velléités libérales, avaient fini par mal tourner. Depuis 1870, les partisans des anciennes familles régnantes, Bourbons, Orléans, Bonaparte (« les conservateurs », disait-on, d'un mot à dessein très général, ou « les droites ») tendaient à coaliser leurs diversités et à se cimenter d'une volonté d'ordre à forte imprégnation religieuse (Ordre moral en bonne part, « cléricalisme » en mauvaise part) ; usant en fait, comme moyen de gouvernement, d'un autoritarisme de type bonapartiste comme celui qui avait reparu en 1873 et un temps en 1877*. Voilà les deux systèmes repoussoirs, cléricalisme et bonapartisme. Le « cléricalisme », ainsi désigne-t-on l'influence directe de l'Église catholique sur l'État, la négation du principe de laïcité de la société et le refus de la neutralité philosophique du pouvoir. Le « bonapartisme », quant à lui, est posé comme l'exacte antithèse du libéralisme politique. Un libéral se définit d'abord par son attachement au Droit, il place la légalité au-dessus de la raison d'État et de toute prétendue « légitimité », même populaire. Le 18 Brumaire, le 2 Décembre, fondés sur ces derniers principes, incarnaient donc le Mal en politique, comme le *Syllabus* incarnait le Mal en philosophie.

La monarchie française, qu'il s'agisse des royalismes « fusionnés » ou du bonapartisme d'après 1870 qu'un

* Voir le volume précédent de cette histoire, *La Révolution*, par François Furet, Hachette, 1989.

Rouher représente, s'étant ainsi caractérisée comme un pouvoir d'allure autoritaire et d'influence cléricale, la République est devenue le seul drapeau possible des partisans de la liberté et de la laïcité. Cette prise de conscience avait été décisive pour la conquête par la République d'une majorité de partisans.

Ce cheminement proprement français explique que la République, en principe simple forme de pouvoir exécutif, avec un chef d'État ni viager ni héréditaire, en soit venue à se définir par un contenu politique précis de liberté et de laïcité. Autant dire par l'idéal de 1789 ou, aussi bien, de 1830.

À l'expérience des années 1870, l'idée française de République a fini par s'identifier à la tradition venue de 1789. Il fallait ce rappel pour comprendre un paradoxe qui peut parfois étonner : être « républicain » au sens XIXe siècle et IIIe République du mot, c'est adhérer aux grands principes et à la Révolution décisive de 1789 bien que 89 ait conservé le roi et que la République n'ait été établie qu'en 1792. Ainsi définie par deux rejets, cléricalisme et bonapartisme, et par une référence historique à la Révolution, la République s'est encore liée au travers des péripéties du siècle à deux idées majeures, la Patrie et le Peuple.

La Patrie qui, en un sens, va de soi, ne devrait pas être le monopole d'un parti. Cependant, l'histoire a un peu compliqué les choses. D'abord la France de 1789 et des droits de l'homme perçue comme pays phare par bien des libéraux et des opprimés étrangers, a fait de la Révolution un élément plutôt flatteur pour l'amour-propre national, ajoutant un prestige philosophique et éthique moderne à celui que la France pouvait déjà tirer du rayonnement culturel du Grand Siècle. De plus, la Contre-Révolution de 1792 et de 1814 a pris la forme d'une guerre menée par l'étranger contre la France. Le patriotisme français s'en est trouvé un peu marqué de Révolution, et l'idéal révolutionnaire connoté de fierté nationale. Ainsi s'est tissé pour longtemps un lien de souvenir, devenu bientôt naturel, mental, bien qu'il s'agisse de réalités en principe hétérogènes, entre la République et la Patrie. Ce lien n'allait d'ailleurs pas sans effets pervers. Comme, en politique extérieure, Napoléon avait agi plus ou moins dans le prolongement des guerres de la Révolution, son affrontement avec l'étranger empêcha que les républicains lui fussent aussi hostiles qu'ils auraient logiquement dû l'être. L'homme du 18 Brumaire était aussi celui qui humiliait les rois et qui, s'il ne renversait pas tous les trônes, en ébranlait néanmoins quelques-uns.

Avec le Peuple, entendons par là les petites gens, avec l'esprit d'humanité, de pitié, ou de justice sociale, il en va un peu de même. L'histoire a joué son rôle dans la création de liens qui n'étaient pas forcément nécessaires. On a beau souligner en effet les implications théoriquement humanitaires des principes de 89 (les hommes sont égaux, la société vise au bonheur commun...), rien n'empêchait que le système Liberté-République-État de droit évolue, à l'américaine, de façon très inhumaine : égalité des chances, mais lutte pour la vie ; concurrence ; on peut s'entraider mais on n'a pas à exiger de l'État des devoirs spéciaux envers ceux qui échouent. En France, l'histoire en a disposé autrement : la révolution libérale n'a pu vaincre que grâce à sa liaison historique avec un petit peuple urbain (notamment parisien) porteur d'aspirations sociales plus étendues que le libéralisme. 1793 et l'an II, plus tard les mois révolutionnaires de l'été 1830 et du printemps 1848, ont formé les étapes de cet amalgame partiel. Les fils des sans-culottes, qui ont fourni l'infanterie des batailles républicaines, ont en quelque sorte incorporé par là, au programme républicain, des éléments de pensées ou d'aspirations populistes et humanitaires qui n'allaient pas de soi.

Faut-il ajouter que dans cette façon « d'être républicain », on a reconnu, dans toute sa diversité et dans toute sa généralité un peu vague et d'autant plus accueillante, l'esprit du plus illustre et du plus admiré des Français vivants, Victor Hugo ?

Victor Hugo est maintenant fixé dans sa dernière image, celle du patriarche, et dans son dernier emploi, celui de roi sans couronne de la République*. Depuis 1878, il habite un petit hôtel particulier au 130 de l'avenue d'Eylau, avec Juliette Drouet. Cet édifice n'existe plus ; son mobilier — dernier décor de la vie du maître — a été transporté, par un anachronisme accepté, dans la maison (musée) de la place des Vosges, où il avait vécu sous Louis-Philippe. On peut y voir, auprès du lit, en guise de sainteté, un bibelot représentant la République telle que l'avait sculptée Clesinger pour l'Exposition de 1878. Dans l'hôtel voisin, au 132, sont fixés ses petits-enfants Georges et Jeanne, et leur mère, Alice, veuve de Charles Hugo, remariée avec le député Lockroy. Ce sont les deux adolescents qui forment d'ailleurs la compagnie la plus visible du vieil écrivain, qui avait publié en 1877 *L'Art d'être grand-père*. Nul doute qu'il les ait profondément aimés, et qu'il en ait reçu beaucoup d'affection en retour. Nul doute aussi que cette image de sensibilité et de vertu ait heureusement coïncidé avec celle que l'époque, et même que le régime attendait. Quant au goût impérieux et prolongé du robuste vieillard pour le vagabondage sexuel, sans être vraiment secret, il était plus dissimulé. L'attaque cérébrale qu'il avait subie en juin 1878 ne l'avait guère amoindri. Seulement il écrivait moins longtemps chaque jour, et ses publications s'espaçaient.

L'auteur d'*Hernani* et de *Notre-Dame de Paris*, des *Châtiments* et des *Contemplations*, des *Misérables* et de la *Légende des siècles* en avait assez fait d'ailleurs

* L'essentiel de sa carrière et de son rôle a été évoqué dans *La Révolution, op. cit.*

pour être mis sans conteste possible au premier rang des écrivains vivants. On se pressait donc aux réceptions hebdomadaires et aux fréquents dîners qu'il offrait chez lui, au milieu des siens et de quelques vieux amis, Auguste Vacquerie, Paul Meurice, etc. Grand train de maison, nombreuse domesticité, en plein cœur des nouveaux beaux quartiers, l'hôtel de Victor Hugo était le premier salon de la capitale, et tous ceux qui possédaient non seulement l'amour de la République mais même seulement celui de l'art ou de la littérature tenaient à s'y faire présenter. Visiteurs de tous rangs : politiciens et poètes, vétérans et débutants, admirateurs et admiratrices, l'empereur du Brésil ou Sarah Bernhardt. On le visitait plus qu'il ne sortait, désormais.

Certes il était sénateur, mais il n'avait plus de combat à mener depuis que la République était acquise, surtout depuis qu'elle avait accordé l'amnistie aux Communards. Après cette date historique du 14 juillet 1880, le sénateur Hugo a beau avoir son fauteuil à l'extrême gauche de l'hémicycle du Luxembourg, il n'est plus dans l'opposition radicale, il est carrément gouvernemental. Dans son testament de 1881, Victor Hugo désignera même comme exécuteurs de ses dernières volontés Jules Grévy, Léon Say et Léon Gambetta, c'est-à-dire les trois présidents (de la République, du Sénat et de la Chambre) ! C'est surtout, semble-t-il, à la séduction de Gambetta qu'il était sensible et de lui qu'il était solidaire (mais Gambetta devait le précéder dans la tombe). L'esprit quarante-huitard cependant habite toujours le poète, avec son étonnant amalgame d'idéalisme humanitaire et de patriotisme français. Le même testament ne stipule-t-il pas que tous ses manuscrits seront légués à la « Bibliothèque Nationale de Paris, qui sera un jour la Bibliothèque des États-Unis d'Europe » !

On comprend la ferveur que lui apportent en retour la République, la Patrie et le Peuple. Le 27 février

1881, Victor Hugo a soixante-dix-neuf ans. On préféra dire qu'il entrait dans sa « quatre-vingtième année », magie du chiffre rond, éclat d'une longévité rare encore. Et l'on en fit une sorte de fête nationale ! Grévy sortit de l'Élysée pour apporter au vieux maître un vase de Sèvres, et six cent mille Parisiens, à l'appel d'un comité présidé par Louis Blanc, vinrent défiler sous son balcon pour saluer l'octogénaire débutant. Le lendemain, une moitié de l'avenue d'Eylau était débaptisée pour devenir notre avenue Victor-Hugo. Sanctifié vivant... — encore que « sanctifié » soit impropre. Remarque-t-on assez que l'on n'a pas un instant songé à lui souhaiter sa fête pour la Saint-Victor, et qu'on a choisi la formule profane, un peu païenne, un peu anglomane, et fort peu catholique, de l'anniversaire du jour de naissance ? Fêté par la France profonde, sans doute, mais à la façon toute laïque des temps nouveaux. Après cette apothéose, la mort aura son tour. Celle de Juliette Drouet le 11 mai 1883 accable Victor Hugo plus rudement encore que l'accident vasculaire de 1878. Il n'écrit plus ; ses réceptions, maintenues jusqu'au bout, se font plus mornes. Il survit deux ans, puis il expire le 22 mai 1885 après quelques jours de congestion pulmonaire. On comprend l'émotion que suscita en France la mort d'un personnage aussi exceptionnel, doublé d'un vétéran et d'un symbole. Le patriarche de « l'avenue Victor-Hugo », c'était aussi l'élu du peuple jadis proscrit et réfugié à Guernesey. Il avait apporté à la IIIe République une caution d'histoire un peu comparable, en somme, à celle que le Second Empire avait reçue du souvenir du premier Napoléon, ou la Restauration de celui d'Henri IV.

Les funérailles d'un tel homme ne pourront être qu'une affaire d'État. Avant d'en arriver à cette solennité singulière, les principes et les sentiments de la République hugolienne avaient été traduits en quelques décisions symboliques générales.

Alors sont apparues en effet quelques dispositions si durables qu'elles paraissent aujourd'hui naturelles aux Français au point qu'ils ont, pour la plupart, oublié l'âge — récent — et le sens — de gauche — de ces actes fondamentaux.

Le siège des pouvoirs publics, fixé à Versailles en mars 1871, est rétabli à Paris (juin 1879). La *Marseillaise* est choisie comme hymne national (1879) et le 14 Juillet pour fête nationale (1880). C'est à l'occasion de cette première célébration qu'entre en vigueur l'amnistie complète accordée aux Communards, don de joyeux avènement d'un régime enfin républicain à des rebelles qui s'étaient eux aussi considérés comme l'avant-garde de la République. Ces grandes décisions marquent symboliquement la victoire du régime sur les forces de droite, et son rattachement à la Révolution française. Certes, c'est la Révolution dans sa lecture la plus libérale, celle de l'année 1789, du Serment du Jeu de Paume, de l'apostrophe de Mirabeau, de la prise de la Bastille mais aussi de la Fête (irénique) de la Fédération — toutes choses dont on perçoit surtout aujourd'hui la modération (par rapport à 1793) mais dont les contemporains conservateurs sentaient bien le caractère... révolutionnaire.

Tout un ensemble d'actes symboliques singuliers et localisés accompagne et démultiplie cette série de décisions. On baptise en grand nombre rues, places et avenues « de la République », en attendant d'honorer les héros bientôt disparus : Gambetta ou Victor Hugo. La coutume s'instaure d'orner les salles de mairie d'un buste de femme coiffée d'un bonnet phrygien — la République, dite « Marianne ». C'est alors que celles des communes où le zèle républicain monte au paroxysme érigent sur leurs places un Monument à la République (à l'instar de Paris, 1883), et que le culte monumental des grands hommes liés à la patrie, au progrès et à la liberté prend un élan nouveau que le bon goût et la mauvaise humeur flétriront bientôt du nom de « statuomanie »*.

Deux grands moments marquent encore cet ordre symbolique. Frédéric Auguste Bartholdi, sculpteur bien représentatif de ce temps (n'était-il pas Alsacien, ancien combattant de 1870, républicain modéré, et ami de Gambetta ?) achève enfin, grâce à une large souscription publique, la gigantesque *Liberté éclairant le monde* dont un groupe de libéraux français avait, dès 1865, décidé de faire hommage à la République émancipatrice d'Abraham Lincoln. La tête, à elle seule colossale, la première achevée, a déjà orné l'Exposition Universelle de 1878 ; la statue complète est terminée et montée à Paris en 1884, démontée et transportée en Amérique en 1885, remontée et inaugurée enfin dans la baie de New York en octobre 1886. Puissante affirmation de la communauté d'esprit et d'idéal des deux grandes démocraties. Cet esprit est de liberté, mais aussi d'optimisme scientiste, car l'œuvre de Bartholdi (aidé par l'ingénieur Gustave Eiffel pour le montage architectural) constitue aussi un exploit technique et un record mondial de grandeur. Dès 1889 ses répliques, de moindre taille, se répandront à Paris et à travers la France.

L'autre moment est la mort de Victor Hugo. Elle ne pouvait être qu'un événement. Mais deux circonstances particulières vinrent renchérir sur le sensationnel et sur le politique. D'abord, déiste et spiritualiste, Victor Hugo était anticlérical et détaché de toute foi et de toute pratique catholiques. La chose était notoire, d'ailleurs confirmée par deux testaments authentiques et parfaitement nets. Aucun prêtre ne fut donc appelé à son chevet et l'on se prépara à des obsèques civiles, ce que le clergé et l'opinion conservatrice du temps

---

* Maurice Agulhon, *Marianne au pouvoir, l'imagerie et la symbolique républicaines de 1880 à 1914*, Flammarion, 1989.

considéraient comme un scandale double : de sacrilège et de révolution. Deux ans plus tôt, Gambetta mort avait déjà imposé à Paris un convoi funèbre officiel, immense et laïque. Victor Hugo allait en redoubler le triomphe. Puis, au-delà du cortège, il y aurait la tombe. Un beau monument, comme cent autres, au Père-Lachaise ? Cette relative banalité n'était pas à la hauteur d'une aussi extraordinaire mémoire. C'est alors que le parti républicain s'avisa de proposer le Panthéon, qu'on laïciserait à nouveau pour l'occasion. Après tout, c'était normal, la Révolution avait consacré l'église Sainte-Geneviève, de Soufflot, aux grands hommes en 1791, la Contre-Révolution l'avait rendue à l'Église catholique en 1814, la révolution l'avait reconquise en 1830, la réaction l'avait reprise en 1851... : la relaïcisation par la République était donc dans l'ordre des choses ; le fait qu'elle n'ait pas eu lieu plus tôt n'était qu'un signe parmi d'autres de la prudence des gestions opportunistes.

Mais la mort de Victor Hugo aide les gouvernants à retrouver la logique de leurs symboles. En hâte, les décrets nécessaires sont pris. La polémique redouble alors de violence entre la presse républicaine et la presse royaliste et cléricale. C'est dans ce climat que se prépare (longuement, du 22 au 31 mai) la cérémonie. Le dimanche 31 mai au petit matin le cercueil quitte le domicile mortuaire de « l'avenue Victor-Hugo » pour être exposé, non loin de là, sous l'Arc de Triomphe de l'Étoile, haut lieu patriotique, alors napoléonien et républicain à la fois (le quadrige de la Révolution par Falguière, aujourd'hui disparu, le surmontait encore).

Catafalque, tentures, gardes d'honneur, défilé de visiteurs et d'hommages... Et aussi, dans tout le quartier, sur la place, dans les grandes avenues en étoile, au Bois, une foule énorme et curieuse affluait, attirée par la construction de ce grandiose décor provisoire. Depuis deux jours déjà, elle allait et venait, vendant et achetant souvenirs, brochures, insignes, tout ce que nous appellerions aujourd'hui des « gadgets » et qui était alors assez nouveau. On mangeait et buvait aussi, autour de l'Étoile, dans les baraques d'une foire improvisée. Tout un peuple de pèlerins, dont la gauche enregistrait avec joie l'énorme affluence, et dont la droite appelait « saturnales » la cohue quelque peu vulgaire.

De l'Étoile, le cortège devait, le lundi 1er juin, gagner le Panthéon. L'itinéraire s'imposait par sa simplicité : Champs-Élysées, Concorde, pont de la Concorde, boulevard Saint-Germain, boulevard Saint-Michel, rue Soufflot. Mais il avait l'inconvénient symbolique de traverser beaucoup de « beaux quartiers » (Saint-Germain) et d'ignorer les parcours et les étapes populaires : ni les grands boulevards de la rive droite, ni République, ni Bastille... Ce fut l'occasion de controverses nouvelles, qui n'y changeraient pourtant rien. Bien entendu il y aurait — il y aura — détachements de troupes, coups de canon tirés des Invalides, orchestres, musiques. Et surtout le cortège. Celui-ci devait être formé essentiellement de délégations de « sociétés ». Ce serait une grande revue de cette sociabilité à la fois coutumière et démocratique qui était alors en plein essor : cercles, sociétés laïques, sportives, musicales, maçonniques, philanthropiques, orphéons, amicales, aux noms parfois cocasses, souvent venus de ces « trous » de province dont le seul énoncé fait sourire Paris — une occasion de raillerie de plus. Tous les dénigrements furent là, catholique (on l'a dit), esthète (on vient de le suggérer), révolutionnaire enfin : l'avant-garde guesdiste du socialisme pur dénonçait en Victor Hugo l'écrivain millionnaire, le moraliste désuet de la famille et de la patrie, et la caution de la République bourgeoise. Mais il n'y eut pas de dénigrements ni de bavures qui ne fussent effacés par l'énormité du succès. Huit heures de cortège, le lundi 1er juin, de 11 heures à 7 heures du soir, dix-neuf discours (les quatre principaux à l'Étoile, le reste au Panthéon), des foules innombrables sur toute l'étendue du parcours, à toutes les fenêtres, sur les arbres et sur les toits..., un souvenir enfin dont on mesure la puissance à la multiplicité et à l'émotion des récits littéraires et des témoignages autobiographiques qu'il a suscités.

L'immense hommage parisien à Victor Hugo a donc pour un jour marginalisé les réfractaires de droite et d'extrême gauche. A-t-il été si unanime pourtant ? La controverse sur l'itinéraire (grands boulevards ou faubourg Saint-Germain ?) avait déjà opposé des républicains entre eux. D'autres conflits de ce genre eurent lieu. L'Académie française ne devait-elle pas faire prononcer son hommage par Maxime Du Camp, son directeur en exercice ? La presse radicale fit savoir qu'on ne laisserait pas parler « l'insulteur de la Commune » ; Du Camp se désista de la mission, et l'Académie en hâte désigna Émile Augier pour l'éloge funèbre.

Mieux encore ! par une pure coïncidence de date, ces derniers jours de mai où se préparait la cérémonie funèbre étaient ceux de l'anniversaire de l'écrasement de la Commune. Le dimanche 24 mai, venant de manifester au Père-Lachaise, des groupes d'ouvriers socialistes et radicaux issus notamment du proche quartier de Belleville, avaient été matraqués par la police. Cela vaudra, le 1er juin, aux sociétés bellevilloises figurant dans le cortège funèbre de Victor Hugo, de recevoir des applaudissements indéniablement subversifs. L'immense culte du poète et du symbole républicain, recouvrait bien, en fait, une hugolâtrie officielle et une hugolâtrie populaire, qui étaient si incomplètement confondues que la décence funéraire avait peine à masquer leur conflit. Mais n'en était-il pas ainsi, déjà, de « la République » elle-même ? Par cette contradiction intime aussi Hugo la représentait bien.

On ne vit pas cependant que de symboles, de proclamations et de fêtes. Les institutions changent aussi en profondeur, et d'abord en faveur des libertés, les plus importantes, les plus évidentes étant la liberté des réunions publiques, et la liberté de la presse (la célèbre loi du 29 juillet 1881, qui ne maintient qu'une seule restriction, bien légitime, le droit de réponse). On espérait la liberté d'association. Mais comme elle achoppait sur le problème des congrégations religieuses, il faudra attendre une loi générale jusqu'en 1901. Parant au plus pressé, les majorités républicaines votent du moins la loi de 1884 qui confirme et consolide le droit à l'existence des syndicats professionnels, et les gouvernements laissent aux cercles et sociétés une très large tolérance de fait. Des années 1880 date, notamment pour cette raison politique, une véritable explosion associative, que la loi de 1901 n'aura qu'à ratifier et à mettre en forme.

L'association et la réunion, la sociabilité politique et la sociabilité civile ou privée, sont aussi aidées par une autre loi de liberté, celle qui s'applique à l'ouverture des débits de boissons (1880). La République qui se prononçait pour la liberté du commerce en général, appréciait aussi tout ce qui se faisait de politique, de lecture de presse, de causeries informelles dans les cabarets. Souvent, sous les régimes antérieurs, la morale avait servi de prétexte à la répression conservatrice pour fermer des bistrots où l'on criait trop fort et où l'on pensait mal. La nouvelle législation libère donc cafés et cabarets, tout en faisant des règlements spécifiques contre l'ivresse publique.

Enfin la loi de 1882, reprise dans la grande loi municipale de 1884, accorde à tous les conseils municipaux (sauf celui de Paris) le droit d'élire un maire, doté des pouvoirs que nous lui connaissons encore. Depuis le début du siècle, et singulièrement depuis 1870, tout coup de balancier politique vers la droite avait favorisé le système du maire nommé, tout retour vers la gauche celui du maire élu. En se stabilisant, le balancier se fixe à gauche, pour cette institution clé de la démocratie qu'est le pouvoir local.

En dépit de ses lacunes juridiques et de ses imperfections pratiques, ce libéralisme républicain, si on le compare à l'Ordre moral et au Second Empire, pour ne pas remonter plus haut, a constitué à coup sûr une amélioration considérable, dont seul le fait que nous en jugions les stipulations si « naturelles » nous empêche de saluer pleinement le mérite initial.

Ainsi combattait-on avec des libertés contre le repoussoir « bonapartisme ». Contre le repoussoir « cléricalisme », la lutte républicaine exigeait la laïcité.

A vrai dire, l'essentiel était acquis depuis la révolution de 1830 : pas de religion d'État. L'opportunisme des années 1880 croyait pouvoir ajourner la séparation de l'Église et de l'État, qui était pourtant logique, et préférait s'accommoder du Concordat, qui présentait l'avantage de laisser à l'État une certaine prise sur les clergés. Cependant quelques mesures de principe significatives sont votées, sans compter l'œuvre d'enseignement public.

Dès 1880, la liberté est accordée de travailler le dimanche. Loi exemplaire qui fait réfléchir à l'interférence entre les questions sociales et les questions d'idéologie. Ici la confusion était totale : le repos dominical représentait à la fois une soumission de la loi civile à un commandement religieux, et un avantage pour le salarié qu'un patron voudrait contraindre au travail continu. Le « clérical » et le social étaient donc solidaires. La République de 1880 donne donc priorité à la laïcité (la société civile n'a pas à dépendre du Décalogue) en prenant le risque de favoriser un patron abusif. Le « repos hebdomadaire » obligatoire, à justification purement sociale, ne sera (ré)instauré qu'en 1906. En 1880, le conflit laïcité-religion est donc tenu pour plus important que le conflit salariat-patronat.

En 1884, la loi Naquet permet le divorce, autre débat intéressant. Le mariage n'étant indissoluble que du point de vue chrétien, il était logique que la Révolution, pour qui il n'est qu'un contrat, permette de le rompre et autorise le divorce ; logique que la Restauration, en 1816, l'interdise. Logique que la République laïque le réintroduise. Car c'est bien de cette logique philosophique qu'il s'agit, et non pas de morale familiale ou sexuelle. On a assez dit que, dans la pratique, la morale prônée en fait par les moralistes républicains, tels que Jules Ferry et les siens, n'était pas si différente de la morale conservatrice à fondements religieux. Jules Ferry en effet ne voulait pas « détruire la famille » ! La loi de 1884 mettait au divorce des conditions difficiles, spécialement pour les femmes, dont l'adultère était plus sévèrement sanctionné que celui des hommes. Le rétablissement du divorce n'a donc pas fait reculer la phallocratie. Il a ébranlé le magistère religieux, ce qui était le combat principal du moment. Enfin, en 1884, une révision constitutionnelle parmi d'autres aspects plus importants fournit une autre occasion de laïciser les institutions en supprimant l'obligation légale des prières publiques au début des sessions parlementaires.

Enfin, l'œuvre fameuse de l'instruction publique peut se classer sous les drapeaux conjoints de la laïcité et de la liberté.

La législation d'instruction publique se réclame évidemment de la laïcité puisqu'elle crée ou renforce la possibilité pour tous les citoyens de recevoir une formation indépendante de l'un des dogmes religieux représentés. Et, plus précisément, elle vise à concurrencer l'influence dominante de l'Église catholique.

Mais elle se veut aussi œuvre de liberté, pour trois raisons au moins : affranchir les esprits d'une Église alors explicitement dogmatique et antilibérale, c'est aider à la liberté. Instruire, informer, donner le moyen et le goût des lectures, doit contribuer à affranchir les gens de la docilité bornée qui les laissait, comme électeurs, dans le sillage des notables ou des appels plébiscitaires. Enfin, dernière raison, en instruisant, on pousse à la réflexion libre et au déploiement de toutes les virtualités de l'esprit humain. C'est bien parce que l'œuvre pédagogique comportait toutes ces implications que les républicains des années 1880 l'ont accomplie avec une telle prédilection ; pour cela aussi les trois ou quatre générations suivantes y ont vu l'œuvre la plus méritoire de la IIIe République, tandis que l'histoire consent toujours à la tenir pour la plus significative.

Quel en est le dispositif en ses grandes lignes ?

La diffusion de l'instruction élémentaire venait de loin, œuvre lancée par la Réforme catholique, progressant en tache d'huile au cours des trois siècles suivants ; puis, au XIXe siècle, accentuée encore par la loi Guizot de 1833, et par les grands ministres méconnus du Second Empire, Hippolyte Fortoul, Gustave Rouland, Victor Duruy. Mais désormais, grâce à un énorme effort budgétaire, l'école publique a été rendue gratuite (1881), ce qui a permis de la rendre obligatoire (l'obligation étant celle d'aller à une école — pas forcément à l'école publique — mais on pouvait rendre l'instruction obligatoire puisqu'il y aurait partout au minimum une école publique d'accès gratuit). Enfin, troisième terme de la célèbre triade, elle a été rendue laïque, comme l'État, de qui elle procédait. Les croyants pouvaient envoyer leurs enfants à l'école privée (dite « libre » au sens de non-d'État), et, pour permettre aux écoliers chrétiens des écoles publiques de suivre une instruction religieuse, le jeudi était laissé vacant.

Dans la même logique, le réseau d'écoles primaires publiques est complété, pour les derniers villages ou écarts encore non pourvus, et amélioré en qualité par un énorme effort de construction d'écoles, d'élévation du niveau des programmes, et de recrutement d'instituteurs et d'institutrices, vraiment professionnels, formés dans les Écoles normales.

Cet enseignement primaire élémentaire (obligatoire jusqu'à treize ans), se prolongeait par un réseau moins complet (en gros, au niveau du canton) d'enseignement primaire supérieur (« écoles primaires supérieures » proprement dites ou « cours complémentaires » dans certaines écoles primaires élémentaires) qui pouvait mener au brevet élémentaire, voire à des concours de recrutement, dont le plus prisé était le concours d'entrée à l'École normale.

C'est dans cette filière que se place le-bon-élève-issu-du-peuple-et-de-l'école-de-village-qui-va-devenir-instituteur,-à-son-tour, réalité bientôt archétypique. Pour le recrutement des professeurs des écoles primaires supérieures et des Écoles normales, deux Écoles normales supérieures nouvelles sont créées, à Saint-Cloud pour les hommes et à Fontenay-aux-Roses pour les femmes, leur rôle devant être semblable à celui que jouait depuis près d'un siècle pour les professeurs de lycées de garçons l'École normale supérieure, celle qui s'énonçait encore au singulier, et qui était sise rue d'Ulm.

Il y avait parallélisme, mais inégalité. De niveau et plus encore de prestige. On opposera beaucoup, lorsque l'opinion de gauche, longtemps élogieuse, se retournera contre l'œuvre de Jules Ferry, le côté bourgeois de la filière secondaire des lycées et collèges, menant seule au baccalauréat, lequel mène seul à l'enseignement supérieur, qui mène seul aux hautes fonctions, au côté populaire limité de la filière primaire : écoles élémentaires, écoles primaires supérieures, brevet, d'où fonctions de petits cadres, à la rigueur Saint-Cloud et professorat enfermé dans la pyramide primaire, rien au-delà.

Il est vrai que la République de 1880 n'a pas entrepris de donner au système scolaire l'unification et la démocratisation totales qu'a voulues notre époque, et sur lesquelles d'ailleurs elle peine encore. Mais l'ampleur de ce que les hommes de 1880 ont effectivement réalisé devrait limiter nos exigences rétrospectives. D'autant plus que, même en matière de démocratisation, il faut encore observer ceci : s'il était en effet réellement impensable que le fils d'ouvrier de 1880 entrât au lycée, établissement rare, élitiste et payant, ce même fils bien doué pouvait en revanche accéder à l'école primaire supérieure et, de là, à quelque condition de petite bourgeoisie, et alors, un petit-fils, à son tour bien doué, pourrait parvenir au lycée. Jules Ferry n'a donc offert à l'ascension sociale qu'une voie étroite, compétitive, allongée sur deux générations. Mais voie étroite ne signifie pas barrière ; pour l'époque, elle constituait un déblocage.

Pour l'enseignement secondaire, il y eut peu de changements dans les lycées de garçons, institution consacrée. Il restait à en créer l'équivalent pour les filles. Ce fut fait par la loi Camille Sée dès 1880. Des lycées de filles, un corps professoral approprié, nouveau et, pour l'encadrer, une École normale supérieure de jeunes filles, dite de Sèvres, vouée à devenir peu à peu la symétrique féminine de la rue d'Ulm.

Quant à l'enseignement supérieur, il est laïcisé, ou relaïcisé, par l'annulation de la loi de 1875, ce qui signifie le monopole de la collation des grades (baccalauréat, licence, doctorat) par l'enseignement supérieur public, et la composition purement enseignante du Conseil supérieur. Mais les études menant à ces examens divers peuvent se faire partout, puisque la liberté de l'enseignement existe à tous les niveaux.

Imposante par son ampleur, cette œuvre législative est double par son caractère : en tant qu'institution, c'est une œuvre fondamentale, et qui durera. Mais par les péripéties de son élaboration, ce fut une bataille politique, intimement mêlée au combat des partis, et même — comme on se plaît aujourd'hui à le dire — des France.

Car cette œuvre n'a pas été bâtie dans la sérénité et son chantier a plus souvent ressemblé à un champ de bataille. Champ de bataille même, au singulier, serait insuffisant, puisque la République commençante a dû tenir deux fronts de lutte.

L'un, contre la droite, était assumé et même programmé depuis le milieu du siècle. L'autre, contre une extrême gauche révolutionnaire, n'allait pas de soi, et son apparition fut, en tout cas pour les républicains, une pénible surprise.

Avant de les analyser séparément, comme il convient, il faut insister sur le fait durable, structurel peut-on dire, de ce dispositif. La France politique sous la République est et restera divisée non pas en deux mais en trois ; et non pas trois qui seraient la droite, la gauche et... le centre (trop facile et fallacieuse évidence), mais la droite, la gauche et cet extrême de la gauche qui entretient l'idée d'une nouvelle révolution, le mouvement ouvrier révolutionnaire, puisque c'est de lui qu'il s'agit.

Mais vers 1880, et pour une dizaine d'années encore, le front principal était celui de l'opposition entre gauche et droite. Il se dessinait avec une netteté incontestable, et coïncidait à peu près parfaitement avec l'antagonisme république-monarchie. La « gauche » et la « droite » cependant s'employaient assez peu pour désigner, au singulier, chacun des deux camps dans l'opinion et dans le pays. Ces deux termes restaient encore cantonnés dans le vocabulaire parlementaire : aussi disait-on plutôt « les gauches », « les droites », par référence à des groupes et tendances dont les pluralités étaient tout à fait perceptibles à la Chambre des députés. Cela dit, gauche-droite correspondait au couple république-monarchie dans l'ordre politique, au couple laïcité-défense de la primauté catholique dans l'ordre philosophique ; enfin, de façon un peu moins nette ici à cause de la complexité des problèmes concrets, la gauche tendait à préférer les solutions de démocratie libérale (suffrage universel, élection des maires par le conseil municipal, liberté totale de la presse), les plus conformes à son optimisme global, et la droite à privilégier les solutions de tradition et d'autorité. En ce sens-là, le Thiers des dernières années, qui cautionnait Gambetta, soutenait la campagne électorale des « 363 », et que le Paris républicain allait solennellement accompagner au Père-Lachaise en septembre 1877, doit être classé à gauche. Thiers à gauche ? Voilà une assertion propre à horrifier aujourd'hui l'immense majorité des gens de gauche de notre siècle. Mais elle caractérise pourtant fort bien une époque où n'existait encore aucun lien entre l'idée de gauche et celle d'un programme socialiste.

Ces catégories nettes, tranchées, s'exprimaient dans la diversité d'un riche vocabulaire auquel les contemporains étaient bien initiés.

Les républicains s'appelaient eux-mêmes... « les républicains », ou parfois « la démocratie », dans un sens qui mêlait curieusement le politique et le social, « la démocratie » de telle ville désignant à la fois les gens issus du peuple et les gens partisans du pouvoir du peuple, surtout quand les deux catégories tendaient — c'était l'idéal ! — à coïncider...

Des souvenirs de luttes anciennes intervenaient parfois dans les désignations locales : on trouvait les « bleus », en mémoire de 1792, ou des « rouges » évoquant 1848, tout cela désignant la gauche, donc.

Les républicains taxaient leurs adversaires de bonapartistes (le cas échéant), ou de royalistes, ou de « réactionnaires », ou encore d'hommes de droite, de cléricaux, de « blancs », terme jumeau et antagoniste de « bleu » ou de « rouge » suivant les régions. La droite n'avait rien à envier à la gauche en fait de vocabulaire.

« Royaliste » pouvait parfois s'appliquer à soi-même et en bonne part, mais c'était d'une audace un peu provocante. Il semble que « conservateur », plus neutre et plus attirant, ait été préféré pour désigner ce camp avec sympathie. Naturellement, lorsqu'ils mettaient l'accent sur le problème de la laïcité, les réputés « cléricaux » évitaient ce terme, pas plus qu'ils ne qualifiaient leurs ennemis d'« anticléricaux » ; ils se disaient « catholiques », ou « chrétiens », et appelaient leurs ennemis les « sectaires », ou les impies. Enfin il arrivait encore que des polémistes de droite poussent la logique et le sens de l'histoire, sans craindre de paraître désuets, jusqu'à appeler les républicains « la Révolution », reconnaissant en eux ceux qui appliquaient les principes, jugés mauvais, de 1789. Ainsi, pour tel bon conservateur catholique et cultivé, Jules Ferry passait encore pour l'homme de « la Révolution », alors qu'apparaissaient à l'extrême gauche des groupes qui voyaient en Ferry l'homme de la République bourgeoise contre laquelle il faudrait faire la révolution : il y a donc Révolution et révolution.

Pour les républicains, au pouvoir, dont le point de vue l'emporte dans cette analyse puisque c'est leur politique qui domine et qu'il s'agit d'exposer, le combat contre la droite est prioritaire, convaincus qu'ils sont que la République peut seule garantir un État de Droit et une société moderne. L'Église catholique se prête à cette globalisation puisque le clergé dans sa très grande majorité et les fidèles les plus militants soutiennent l'aspiration monarchique et ses manières autoritaires, et qu'ils n'hésitent pas à s'inspirer d'une haute intransigeance spirituelle qu'on peut dire antilibérale, ou contre-révolutionnaire, puisque pour eux aussi c'est tout un. On ne comprend rien aux mesures de combat et à l'ardeur anticléricale de Jules Ferry et des siens, si l'on oublie (comme on l'oublie souvent aujourd'hui, du fait des évolutions romaines) qu'ils avaient en face d'eux un clergé qui avait béni le 2 Décembre et qui s'était nourri du *Syllabus*.

Que cette identification du catholicisme au Mal sous ces deux aspects majeurs souffrît déjà des exceptions, l'histoire le sait, qui connaît la suite, mais point les républicains ; eux se jugeaient toujours libéraux en frappant, même sans libéralisme, les ennemis de la Liberté.

Car ils les frappaient, par l'épuration du Conseil d'État et de la magistrature, dont l'inamovibilité fut suspendue, puis, au détour d'une loi scolaire de 1880, par le célèbre article VII. Celui-ci interdisait l'exercice de l'enseignement aux membres des congrégations religieuses non autorisées en France. L'article VII ouvre la première grande lutte publique soutenue par le régime après sa victoire de 1879. Débats parlementaires passionnés, mais aussi mouvements de rue. Pour les républicains les plus chaleureux, « Vive l'article VII » fut un temps synonyme de « Vive la République ». A droite, il y eut des tentatives d'opposition physique à telle clôture d'école ou à telle expulsion de jésuites qui n'étaient pas en règle avec la loi. Le détail de tout cela est complexe parce que les républicains se divisèrent sur certains points. Jules Ferry, trop tiède pour certains anticléricaux résolus, paraissait en revanche trop répressif aux yeux de modérés comme Jules Simon, qui fit voter au Sénat contre l'article VII.

Dans l'ensemble Jules Ferry a appliqué la politique de laïcisation sans agressivité outrancière et l'affaire des congrégations s'est apaisée, comme jadis, après quelques négociations discrètes. Le Concordat n'a pas cessé d'être loyalement appliqué. La politique scolaire, dans le domaine si sensible des nouveaux programmes, a été menée avec beaucoup de mesure. A l'école primaire publique, en tête de l'enseignement de la morale, les « devoirs envers Dieu » furent tolérés en fait, et la morale sociale concrète qui fut enseignée mit beaucoup plus l'accent sur les règles communes à toutes les morales que sur ce qui pouvait opposer une morale libertaire à la morale chrétienne. Jules Ferry, qui fut insulté alors pour avoir instauré une morale « sans Dieu », est aujourd'hui vilipendé par la gauche pour avoir rendu officielle une morale quasi religieuse. Différence des temps !

Reste que le pli est pris d'opposer la République à l'Église. Naturellement, sur le terrain, les controverses n'ont pas la tenue de celles qui pouvaient opposer au Parlement Jules Ferry, Jules Simon et Mgr Freppel. La politique au village c'est souvent la petite guerre mesquine et l'insulte de bas étage ; ici des Homais locaux ridiculisent le curé (s'il n'a pour lui que les vieilles dévotes), là des notables bien-pensants tracassent le nouvel instituteur (lorsque le camp laïque est minoritaire). Mais, que la querelle vole haut ou qu'elle vole bas, elle garde, dans la plus grande partie de la France, cet enjeu principal, et qui sera durable.

Quoi qu'il en soit, la « guerre de religion » dont il est ici question paraît difficilement réductible à la lutte des classes, bien que celle-ci ait alors ses théoriciens. Ce qui est sensible, c'est bien l'absence de coïncidence entre les conflits sociaux généralisés en termes de luttes de classes et le conflit politico-spirituel majeur dont nous venons de parler. Car non seulement la bataille que se livrent la droite et la gauche s'exprime en termes théoriques fort étrangers aux questions d'économie, mais leur affrontement même ne fait pas apparaître sur le terrain des groupements de forces sociales même vaguement cohérents.

Certes, la République est plutôt populaire, ce qui explique sa majorité électorale, tandis que la droite domine nettement les élites de l'aristocratie et de l'ancienne bourgeoisie ; le « monde » lui appartient, pour longtemps encore. Mais, à l'inverse, certaines puissances économiques peuvent ressentir l'attirance de la gauche pour des raisons extra-économiques (la haute bourgeoisie protestante, la haute banque juive, ne sont pas des mythes), tandis que le peuple « rural » vote en majorité à droite, même si certaines paysanneries sont devenues « rouges » depuis 1848 dans quelques ensembles régionaux de l'Est, du Sud-Est et du Centre. L'ouvrier est républicain à Paris et à Lyon, mais, dans la plupart des petites villes et des bassins industriels, il reste encore souvent dans le sillage moral des patrons, eux-mêmes le plus souvent conservateurs. Dans les classes moyennes, on trouve autant de divisions spirituelles que de diversités sociales.

A droite comme à gauche, il est des théoriciens convaincus que, si on les laisse agir, ils sauront acheminer les intérêts sociaux vers la conciliation. A droite, il existe un catholicisme social, qui a sa doctrine et ses références. A gauche, il en va de même. Les meilleurs des gouvernants opportunistes, notables souvent aisés, gardent la conscience d'appartenir à la bourgeoisie, mais ils se sentent plutôt étrangers aux grandes compagnies ou au grand patronat industriel longtemps soutien du bonapartisme. Leur sympathie sincère pour les petites gens, et l'humanitarisme inhérent à la sensibilité républicaine baignent dans l'optimisme du progrès. Ils croient que la culture, plus répandue, facilitera les adaptations et les promotions sociales, que le suffrage universel rendu « intelligent » par l'instruction publique permettra aux députés de voter les lois appropriées à tous les problèmes. Bref, ils croient que, dans un climat de liberté, d'esprit civique et de lumières il ne saurait y avoir de question sociale insoluble. C'est une affaire de temps et de débat. On comprend dans cette perspective la loi de 1884 sur les syndicats professionnels : elle n'a pas été « arrachée » à la République, c'est celle-ci qui l'a voulue pour créer un instrument de concertation sage.

Certes, ni Gambetta ni Jules Ferry ne sauraient avoir oublié ce que le passé a connu de luttes sanglantes et de théories extrêmes, de Juin 1848 à la

Commune, mais ils peuvent à la rigueur les attribuer encore aux tares d'un ancien temps où les pouvoirs étaient violents, et les pauvres frustes et excitables. Pour le présent et l'avenir, on peut croire aux vertus réparatrices et intégratrices de la République.

Celle-ci d'ailleurs s'y employait. Notable avait été la coïncidence entre les étapes de la République vers la liberté politique et la marche vers la renaissance d'un mouvement ouvrier républicain.

Le premier congrès ouvrier, qui regroupait des chambres syndicales, des mutuelles, des cercles d'études sociales et autres associations s'était tenu à Paris en septembre 1876, sous l'égide d'amis de Gambetta, et dans la foulée de la victoire républicaine aux élections législatives du début de l'année. Le deuxième congrès, prévu à l'automne 1877, n'avait pu se tenir parce que, du fait de la crise du 16 mai, l'Ordre moral tenait le gouvernement, tandis que la gauche avait dû se mobiliser tout entière pour la bataille électorale. Il eut lieu normalement, à Lyon, à l'automne 1878, et le troisième à Marseille en octobre 1879. Bientôt le vieux Blanqui, élu député par Bordeaux, était arraché par ce vote à sa dernière prison. Et en 1880, Gambetta se ralliait à l'amnistie complète des Communards et la faisait voter par le Parlement.

Ce 14 Juillet 1880 portait un grand espoir : l'amnistie. Celle-ci, coïncidant symboliquement avec la première fête nationale du nouveau régime, devait permettre au peuple révolutionnaire de Paris de réintégrer le camp de la République.

Or, c'est cet espoir qui va être déçu ! La lutte des classes va à nouveau traverser la société française, non pas en prenant le drapeau de la République contre la monarchie, mais en brandissant celui d'un mouvement ouvrier qui s'était autodéfini au congrès de 1879, contre le pouvoir républicain lui-même. Avec le recul du temps, on voit bien les raisons de ce conflit qui, d'un point de vue marxiste, ne demanderait guère d'explication (pour un marxiste ce sont les situations de non-développement des luttes qui posent problème), mais qui, examiné sans *a priori*, mérite commentaire.

Il faut sans doute en rechercher la première raison dans l'ampleur du bain de sang de mai 1871 à Paris. Ces choses-là ne sauraient s'effacer par une amnistie ; celle-ci ne ressuscite pas les morts, elle ne gomme ni les souvenirs ni les indignations, générateurs de mentalités politiques contre lesquelles aucun raisonnement ne peut prévaloir. L'amnistie n'a donc pas ramené en France des hommes disposés à se rallier à la République mais des hommes prêts à utiliser les libertés nouvelles pour revendiquer la révolution sociale. Que des politiciens, même bons républicains, après avoir jadis laissé faire Thiers en 1871, aient accordé l'amnistie en 1880 après quelques années de tergiversations, ne les prédisposait pas vraiment à obtenir le soutien des anciens Communards ! Trop de souffrances entre eux ! Il faut ici apporter l'indispensable correctif à l'éloge esquissé plus haut de Thiers fondateur de la République. Oui, le Thiers politique intelligent de 1872, 1873, puis le Thiers redevenu opposant sous Mac-Mahon, ont puissamment aidé à établir le régime. Mais le Thiers du printemps 1871, en ordonnant, en laissant faire, ou en couvrant la répression versaillaise, avait indéniablement inscrit dès l'origine dans la construction républicaine une redoutable fragilité. La cruauté militaire et bourgeoise d'alors a sapé durablement la République en la compromettant, et en empêchant que le soutien des forces populaires lui fût jamais complet. Le radicalisme récurrent de la politique française vient de là : en plein cœur du XXe siècle, la barbarie versaillaise servira encore d'argument théorique et sentimental au bolchevisme. Quant à savoir quelle fut la nature de cette barbarie, barbarie de « capitalistes » ou barbarie de « blancs » ?, ce serait un débat décisif pour déceler à qui, en dernière analyse, incombe la responsabilité de cette blessure jamais cicatrisée.

Une deuxième raison est moins historique. Les forces économiques qui avaient naguère naturellement misé sur les conservateurs (houillères, patrons de l'industrie, compagnies de chemin de fer) ne se sont pas attardées dans l'opposition, une fois la République établie. Elles l'ont acceptée et même investie, puisqu'elle devenait le pouvoir, la tête des administrations et la source des lois. Le grand capital deviendra vite républicain en France, comme il serait devenu royaliste, peut-être, si Henri V avait gagné ; ou comme il était impérial en Allemagne ou en Autriche-Hongrie. La tendance à la cohabitation possible, voire harmonieuse, des milieux d'affaires avec les milieux gouvernementaux en place a été rendue sensible, et commentée comme telle, dès 1884, par l'avantageux renouvellement des conventions liant l'État aux compagnies de chemin de fer. « Conventions scélérates », a-t-on dit. Ceux des anciens de la Commune qui s'attendaient à ce que la République en place soit « bourgeoise » puisqu'elle avait été baptisée par Thiers le versaillais, trouvaient là confirmation de leur crainte et de leur doctrine.

Dernière raison enfin, la plus diffuse : la vie est dure dans les années 1880. Une dépression économique s'installe, il y a du chômage ; et qui dit chômage, en l'absence de toute loi sociale, dit alors détresse rapide et profonde. Donc malaise, troubles sociaux divers, de la manifestation à la grève, et parfois aussi à la délinquance caractérisée. Donc heurts avec la police qui, pour être désormais « républicaine », n'en garde pas moins sa rudesse professionnelle, en partie inévitable, en partie héritée d'habitudes d'autrefois. Autant de menus faits au dossier qui s'alourdit du caractère

« bourgeois » de la République. On en connaît les entraînements réciproques : toute difficulté de vie, toute intransigeance patronale, toute brutalité policière incitent les ouvriers conscients à accepter, à trouver évidentes les analyses qu'on leur propose en termes de luttes des classes. Et toutes les violences — violences physiques émanant des malheureux ou violences verbales de la théorie révolutionnaire — incitent en retour le bourgeois moyen et même le député moyen à voir en l'ouvrier un rebelle contre qui l'ordre républicain doit être défendu, ou un illégaliste impénitent qui n'a pas compris le caractère sacré de la loi. Ce cycle-là se rompt toujours bien difficilement.

En 1886, lorsque les mineurs en grève de Decazeville jettent par la fenêtre l'ingénieur Watrin, il est devenu clair que les difficultés de la République ne viendront pas toutes de Rome ! Pendant les dix années 1879-1889 cependant, le mécontentement des ouvriers et des pauvres gens n'est encore que très partiellement capté par les « partis ouvriers », nés depuis Marseille, mais divisés, faibles, groupusculaires. Il se traduit bien plutôt par des votes ou par des manifestations en faveur des républicains radicaux puis des boulangistes (parfois les mêmes...).

« Radical » possède alors en France pleinement le sens qu'il garde aujourd'hui encore dans les pays de langue anglaise : celui qui va jusqu'au bout, l'extrémiste, quasiment le révolutionnaire, en tout cas l'homme exigeant, hostile aux concessions. Le républicain radical s'oppose au républicain qui, au contraire, fait des concessions pour obtenir des résultats, un à un, en sériant les questions, et qu'on appelle alors l'opportuniste. En 1880, cette dualité (radicaux-opportunistes) était déjà consacrée. Le premier acte de l'Opportunisme n'avait-il pas été, en 1875, pour obtenir la forme républicaine du gouvernement, de céder à la droite sur quelques autres questions de principe comme le maintien d'une présidence forte, et l'existence d'une Haute Assemblée* ? Comme on ne peut gouverner sans tenir compte des difficultés et des opposants, c'est-à-dire sans manœuvrer, les républicains de gouvernement seront des opportunistes, et les radicaux se feront plus volontiers, loin du pouvoir, les porte-parole des déçus et des mécontents.

A l'origine donc, la critique énoncée par les radicaux Clemenceau, Rochefort, Naquet contre Gambetta et les siens était celle des hommes de principe et de franc combat, contre les hommes de négociation, de compromis et de gradualisme. C'était la lutte de ceux qui auraient voulu fonder une vraie Constitution républicaine par une victoire frontale, contre ceux qui avaient accepté que la République s'insinue à travers les concessions constitutionnelles. Voilà que désormais l'opposition radicale deviendra aussi celle des hommes sensibles aux aspirations sociales et démocratiques des ouvriers et du peuple parisien, contre les hommes du pouvoir. Un Clemenceau, qui critique âprement Gambetta et Jules Ferry, respecte au contraire la mémoire de Blanqui et garde son amitié à Louise Michel. En attendant qu'à son tour, vingt ans après, l'épreuve du pouvoir ne le coupe de tout lien avec le « mouvement ouvrier ». C'est bien une pente durable de notre histoire qui s'amorce là. Jules Ferry, Georges Clemenceau, à nouveau évoqués, si proches et si différents... Telles sont bien en effet par leur contraste même, les plus exemplaires figures, aux pôles opposés du camp républicain.

Le début de la vie politique de Ferry** pourrait, à l'aune des critères actuels, le faire situer dans un « centre », ou un « juste milieu », entre son opposition

---

* *Cf. La Révolution, op. cit.*

** Voir le volume précédent et Jean-Michel Gaillard, *Jules Ferry*, Fayard, 1988.

résolue à l'Empire et sa résistance non moins ferme aux extrémismes populaires de Paris. Pour les gens de l'époque néanmoins, il n'était pas un modéré ou un homme de balancement, il était un combattant de première ligne sur ce qui, pour la plupart, était alors le front principal : République, laïcité, en fin de compte, Liberté, contre conservation, cléricalisme et ordre imposé.

On voit bien certes, tout ce qui pouvait le lester de modération. C'était un bourgeois, dans l'acception encore évidente et déjà presque archaïque du terme. Fortune provinciale (tuileries, terres, placements) qui, depuis deux générations, permettait au chef de lignée d'être avocat sans beaucoup plaider, et de se consacrer aux lettres, aux arts, à la « société » et à la vie publique. Typiquement bourgeoise encore la division des rôles au sein de la famille, où le frère bien doué brille comme avocat, comme intellectuel avant la lettre, et comme politique s'il le peut : c'est Jules ; tandis que son cadet Charles, un peu plus modeste, se contente (si l'on peut dire) de faire le banquier et le capitaliste et d'arrondir un patrimoine resté en fait largement commun. Jules Ferry a donc toujours été riche sans s'occuper d'argent. Et plus encore depuis qu'en 1875, à quarante-trois ans, il est entré, par son mariage avec Eugénie Risler, dans le vaste et prospère réseau familial alsacien des Scheurer-Kestner.

Bien bourgeoise encore la vie privée de l'homme, avec ses deux âges bien tranchés, une « vie de garçon » libre, variée, un peu cynique même, jusqu'à la quarantaine passée, et puis le mariage, pris au sérieux, non seulement par convenance mais par la grâce d'un amour vrai.

Ce mariage si bourgeois avait pourtant ceci de révolutionnaire qu'il avait été borné à la cérémonie civile, sans la concession aux usages et rites religieux, que tant d'indifférents pratiquaient, et que bien de ses amis, aussi mécréants que lui, avaient amicalement conseillée. Mais Jules et sa femme appartenaient à cette espèce de « religion » qui comptait encore au XIXe siècle des adeptes même dans le monde des notables, celle de la philosophie (ou des Lumières, ou de la pensée libre, comme on voudra). Ils n'ignoraient pourtant pas la religion tout court, et même ils n'avaient nul mépris pour les croyants, qu'ils connaissaient bien. Jules Ferry avait de l'affection et du respect pour sa sœur aînée, qui lui avait un peu tenu lieu de mère, et qui était pieuse et même dévote. Mais une chose est la foi des personnes, autre chose sont les dogmes et les clergés. Jules Ferry et les siens avaient, à l'égard du *Syllabus*, une allergie de penseurs, qui n'était pas sans rappeler celle qu'ils avaient, en politique, à l'égard du coup d'État.

Ce bourgeois distingué, donc un peu élitiste, et à quelques égards rigide, avait ses bons côtés, ou plutôt ses côtés de bonté. Toute sa correspondance et tous les témoignages le montrent affectueux et sensible à l'égard de sa sœur et de son frère, de sa femme, du petit Abel Ferry leur neveu (et enfant d'adoption), des amis comme Gambetta, même quand ils étaient un peu des rivaux, des villageois de Foucharupt, etc. A quelqu'un qui lui reprochait d'être en public d'un abord difficile : « Vous êtes un buisson d'épines », il aurait répondu : « Oui, mais les roses sont en dedans. » Nous ne citons ici ce dialogue un peu mièvre que parce qu'il figurait encore plusieurs dizaines d'années après sa mort dans les manuels scolaires...

A vrai dire, une autre touche de couleur lui est plus attachée encore que le rose bien caché du buisson d'épines, c'est le bleu, celui-ci proclamé, de la ligne des Vosges.

Rédigé en 1890, son testament comporte : « Je désire reposer dans la même tombe que mon père et ma sœur, en face de cette ligne bleue des Vosges d'où monte jusqu'à mon cœur fidèle la plainte touchante des vaincus. Je ne veux, bien entendu, d'aucun prêtre à mes funérailles. » La postérité est injuste à l'égard de Ferry, en retenant, de ces deux phrases, la seule « ligne bleue des Vosges », et en insistant toujours sur le *bleu*, comme si cette couleur, attribuée à un trait sur la carte, valait connotation de chauvinisme ou d'habit militaire, avec réminiscence des volontaires de 1792, ou anticipation des tenues « bleu horizon » de 1915... Certes, Jules Ferry était patriote, ancien élève du lycée de Strasbourg, et Alsacien par son mariage. Mais pourquoi aurait-il, dans la prose toute confidentielle d'un testament, usé d'un artifice sémantique ? Ne vaut-il pas mieux se souvenir que toute ligne de crête, vue d'assez loin, sur fond de ciel clair, se détache en un bleu plus sombre, et que Jules Ferry avait un œil d'artiste, adorait la nature, et même qu'il peignait ?

Ce sont en l'occurrence ses admirateurs (plus tard ses détracteurs) qui « en rajoutent » sur le symbolisme de ce bleu trop célèbre. Jules Ferry était plus simplement sans doute un homme de cœur, de conviction et de principes, plutôt qu'un homme de formules. Ainsi en va-t-il souvent des grands politiques, que l'historien a parfois pour devoir de dépouiller de leur redingote.

En face de lui, si proche et pourtant si hostile, Georges Clemenceau.

Né à Mouilleron-en-Pareds (Vendée) en 1841, Georges Clemenceau* était de la même génération que Jules Ferry et Léon Gambetta, et, comme eux, comme Ferry en particulier, un républicain de vieille souche. La famille était bourgeoise (propriété terrienne et exercice peu lucratif des professions libérales) et, au moins du

* J.-B. Duroselle, *Clemenceau*, Fayard, 1988.

côté des hommes, philosophe et agnostique depuis le début du siècle.

Georges Clemenceau avait été intimement traumatisé dans son adolescence par les persécutions que subit son père, républicain, sous Napoléon III. Il gardera toute sa vie (comme Jules Ferry, d'ailleurs) trois attachements au-dessus de toute hésitation et de tout compromis : à la République libérale, démocratique et légaliste, contre tout bonapartisme réel ou supposé ; à la laïcité, contre le cléricalisme ; et à la France. Comme Jules Ferry encore, il n'envisagea pas, adolescent, de servir l'État sous l'Empire, et, après ses études au lycée de Nantes, s'orienta vers les professions (justement dites) libérales. Il devint médecin, comme son père. Ferry, on s'en souvient, s'était plus banalement fait avocat. Dans les années 1860, à Paris, les études de médecine aidaient à découvrir une science en marche, pleine d'espoirs pratiques et métaphysiques, et faisaient souvent déboucher l'agnosticisme sur le rationalisme ou le matérialisme. En outre l'exercice de la médecine pouvait révéler au praticien, plus aisément qu'à tout autre bourgeois, l'étendue des détresses qui subsistaient dans les quartiers pauvres. Est-ce chercher, un peu vainement peut-être, les raisons qui ont fait un Clemenceau plus « radical » qu'un Jules Ferry ? Il le faut bien, puisque ces hommes, qui avaient en commun l'essentiel de leurs idées, se sont pourtant si âprement combattus... Sauf à admettre que comptent aussi les chocs de personnes luttant pour le pouvoir, ou encore des différences de mentalités, de sensibilités, irréductibles aux idées pures, et quelquefois plus qu'elles décisives.

Le choc des personnes n'est jamais totalement à exclure. En 1865, amoureux repoussé par Hortense Kestner, Clemenceau n'avait pas réussi à entrer dans la grande tribu Scheurer-Kestner, à laquelle Jules Ferry, lui, saurait dix ans plus tard s'agréger...

Georges était parti alors aux États-Unis, pensant

peut-être à y faire sa vie ; il s'y était marié, et cette union lui donnerait trois enfants, mais point de fortune, et bientôt la mésentente et le divorce.

Avant ce dénouement, il était revenu en France pour les événements de 1870.

Bref, par rapport à Ferry, terme de comparaison commode, Georges Clemenceau a infiniment moins d'opulence, moins de sérénité et moins de stabilité.

Avec le nouveau régime, il est entré en politique. Il n'exerce plus guère la médecine, il agit en député et en journaliste. Pour ses journaux ; pour sa vie brillante de mondain pratiquement célibataire, de sportif (grand cavalier, tireur redouté dans les duels), de voyageur ; parfois pour les siens, il a constamment besoin d'argent. Vie remuante, aux fréquentations diverses, dont bien entendu ses adversaires politiques ne manqueront pas d'accentuer le caractère inquiétant. Tout cela, enfin, est très parisien, et même montmartrois. Et Montmartre, vers 1880 ou 1890, cela signifie encore le peuple, et pas seulement la fête. Le dernier terme du contraste entre Clemenceau et Ferry est sans doute que le premier se sent chez lui dans la capitale, et que le second est de profonde affinité provinciale.

Finalement « que veut Clemenceau », en ce moment de notre histoire ? La République dans son acception la plus étendue, c'est-à-dire le programme de Belleville de 1869*, donc en termes d'époque « intransigeante », « radicale » anti-« opportuniste ». Sans Sénat, sans présidence, sans Concordat. Sans peine de mort. Cet extrémisme n'est pourtant pas socialiste, sauf à garder à ce terme le sens étendu qu'il avait vers 1848. Clemenceau est pour toutes les libertés, y compris celle de l'industrie et du commerce, et pour la propriété privée. Mais il est pour les lois de protection sociale et d'assistance publique les plus étendues. Le maximum d'individualisme avec le maximum d'hu-

---

* *Cf. La Révolution, op. cit.*

manité. Tout cela par les voies légales : la République, fondée sur la liberté d'opinion et sur le suffrage universel, permet en principe tout le progrès souhaitable.

Clemenceau n'est donc pas révolutionnaire, puisqu'il n'envisage pas qu'on puisse renverser la République pour lui substituer un autre système. Il le paraît pourtant, et même il l'est en un certain sens, parce qu'il n'admet pas que la République, sous prétexte de gouverner, s'accommode des puissants (qu'il s'agisse de Bismarck, des évêques, ou des compagnies de chemin de fer) et fasse lanterner les grands principes et les pauvres gens.

C'est ce désir d'absolu qui fera de lui si longtemps un critique impitoyable des républicains de gouvernement, et, son éloquence aidant, un grand « tombeur de ministères ». Tout se passe comme si une énergie vitale supérieure avait fait chez lui, pendant vingt ou trente ans de plus qu'il n'est habituel, barrage contre la politique (au sens gestionnaire du mot).

Derrière ces protagonistes, comment évoluent les affaires de l'État ?

Une Chambre des députés à forte majorité républicaine a été élue pour quatre ans en octobre 1877, et Jules Grévy, chef de l'État pour sept ans en janvier 1879. Contrairement à l'attente, le président n'appelle pas Gambetta à former le gouvernement. Le grand leader républicain se fait élire président de la Chambre, et le ministère est formé par Waddington, que remplaceront bientôt Freycinet puis Jules Ferry. La vie et l'œuvre de ces premiers gouvernements consistent essentiellement dans le début d'exécution du programme de symbole, de principes et de combats que nous avons déjà exposé. Elles ne s'y réduisent pas cependant. Gambetta approuve évidemment tout cet ouvrage, accompli sans sa participation directe. Il se distingue pourtant en mettant sur le tapis la question du mode de scrutin. Les Français d'aujourd'hui savent bien que cette question est affaire politique autant que technique. Le scrutin uninominal, par arrondissement, avait été établi en 1875 par une Assemblée nationale plutôt conservatrice, et il passait pour être un système conservateur par essence, renforçant le côté local, enraciné, notable du député. Gambetta rappelait que la tradition républicaine (1792, 1848) était celle du scrutin de liste, par département, où l'accent est naturellement mis plutôt sur les étiquettes, les idées et les programmes au nom desquels les candidats ont dû se grouper.

Il n'obtient rien pourtant ; les élections législatives d'août 1881 ont lieu au scrutin d'arrondissement, ce qui ne les empêche pas d'être un triomphe pour la République (ou pour la gauche, c'est tout un alors) : 467 sièges contre 90 ! L'enthousiasme de lutte et de victoire de la République commençante, que rien n'est encore venu refroidir, a produit son plein effet. Les amis de Gambetta sont spécialement nombreux à être élus, et l'appel du grand homme au gouvernement, que Jules Grévy (qui ne l'aimait guère) avait pu différer depuis deux ans, est inévitable.

Formé le 14 novembre 1881, donc après quelques semaines d'atermoiements, le ministère Gambetta sera renversé après moins de trois mois, le 30 janvier 1882. Mais l'épisode est aussi intéressant qu'il a été bref.

Gambetta, d'abord, avait été boycotté par les autres leaders qu'il aurait voulu réunir avec lui dans un « grand ministère ». C'est par dérision que l'équipe restera appelée le « grand ministère », car il n'avait pu y faire ministres que des hommes de second plan. Les autres grands ténors, étant ses rivaux, n'avaient pas voulu venir et se ranger dans son gouvernement, et le consacrer ainsi pour chef de file. Il tombera sur sa proposition de rétablissement du scrutin de liste ;

victime surtout de ces jalousies et de cette impopularité parlementaires qui méritent quelque examen.

L'homme qui, en 1868, avait jeté à l'Empire l'apostrophe défi du procès de la souscription Baudin*, qui en 1870-1871 avait incarné la Défense nationale, qui avait mené au succès, après cinq ans de luttes, le parti républicain contre l'Ordre moral, avait plus de titres que quiconque à être un leader admiré et respecté.

Qu'avait-il donc contre lui qui pût le faire ostraciser ? Certes, dans l'ordre de la stratégie politique, il incarnait plus nettement et depuis plus longtemps que tout autre leader la stratégie de l'opportunisme. Un des aspects de son républicanisme habile consistait à tenter de rallier des hommes à la République, sur la base d'un commun attachement patriotique, plutôt qu'à les tenir indéfiniment à l'écart en considération de leur passé ; ainsi put-il séduire un Miribel ou un Galliffet — vieux militaires monarchistes. Et sur ce point comme sur d'autres, la stratégie opportuniste était combattue par la stratégie radicale. Cela pourtant ne pouvait suffire à renverser un Gambetta puisque, après tout, les opportunistes étaient bien plus nombreux que les radicaux. Mais tous les opportunistes n'aimaient pas Gambetta. Certains, qui avaient pris leurs habitudes et leurs intérêts électoraux dans l'arrondissement, se méfiaient du scrutin de liste. D'autres s'inquiétaient de l'euphorie personnelle et de l'épanouissement mondain d'un leader encore jeune et que la gloire cernait. Procès d'intention sans doute. Au-delà, on ne peut éviter ce fait plus général : Gambetta était ce qu'on n'appelait pas encore un leader « charismatique », et la mentalité républicaine la plus répandue voyait dans le charisme une prédisposition à la

* *Ibid.* Rappelons que Baudin avait été tué sur une barricade en décembre 1851 en protestant contre le coup d'État, qu'un projet républicain de lui élever un monument en 1868 avait donné lieu à un procès, et que Gambetta, avocat des souscripteurs, avait acquis là sa notoriété.

dictature. L'image du bon républicain est celle du vieux Romain tiré de Plutarque, ou bien d'un héros de la vertueuse Amérique : Cincinnatus ou Washington. S'il brille trop ou s'il se fait trop applaudir, il tournera au César ou au Bonaparte. Gambetta est la première victime de ce jeu de massacre politique à base d'inquiétude puritaine. Il y en aura d'autres, ce sera presque une tradition de la République, puisqu'il ne faudra pas moins qu'un de Gaulle pour en inverser le cours.

Reviennent donc des ministères plus classiques, dirigés par Freycinet puis par Jules Ferry. L'œuvre républicaine se poursuit : œuvre institutionnelle, et celle, non encore évoquée, de conquête coloniale, sur laquelle Ferry tombe en mars 1885. Après sa chute, un ministère Brisson, qui se voulait plus à gauche, réussit à faire voter le scrutin de liste que la Chambre avait refusé à Gambetta. Il est vrai qu'à cette date, Gambetta n'était plus là ; il était décédé accidentellement le 31 décembre 1882. Cette mort prématurée allait lui rendre, après onze mois d'ostracisme, le statut de héros national que tant de noms de rues réussissent encore à attester de nos jours.

Aux élections législatives d'octobre 1885, la droite, peut-être encouragée par ces dissensions, est mieux représentée (201 députés, face à 383 républicains). A la fin de l'année, Jules Grévy est réélu par l'Assemblée nationale pour un nouveau septennat.

Les opportunistes gouvernent toujours mais les radicaux (Rochefort, Clemenceau) qui ont été à la pointe des attaques contre Gambetta puis contre Ferry ont de l'influence sur la majorité et ils aiguillonnent le pouvoir vers la gauche. Le ministère Freycinet, en 1886, continue le combat républicain : nouvelle série des lois laïques dans l'enseignement, expulsion des princes. C'est dans ce gouvernement que le ministère de la Guerre est confié au général Boulanger. Il n'est pas un rallié récent, mais c'est un républicain incontestable, c'est-à-dire de tradition familiale. Il marque sa gestion par des mesures significatives : vigilance à l'égard des officiers supérieurs royalistes : le duc d'Aumale, fils de Louis-Philippe, est rayé des cadres de l'armée ; amélioration du sort matériel des soldats, mise en chantier d'une loi de réduction du temps de service, modération de l'emploi de l'armée dans les conflits sociaux. Elles auraient suffi à le rendre légitimement populaire à gauche. S'y ajoutent deux traits de plus facile et par conséquent de plus large retentissement : la prestance personnelle, la belle allure, et l'affirmation de fermeté patriotique face à l'Allemagne. La popularité du général déferle dans les acclamations qui saluent la revue du 14 Juillet 1886 à Paris. Mais au printemps 1887 ses propos belliqueux dans l'affaire Schnaebelé* vont au-delà de ce que peut accepter la diplomatie opportuniste, qui joue la prudence et préfère régler l'incident. La France isolée n'a pas les moyens de la revanche. Le gouvernement Goblet est renversé et le ministère Rouvier, qui lui succède le 30 mai 1887, se forme sans Boulanger. Notre général républicain paraît donc évincé à cause de son radicalisme, et plus encore de son patriotisme. Contre ce que l'opportunisme au pouvoir a de prudent, de bourgeois, et de gris, il capitalise l'ensemble des sentiments d'intransigeance, de populisme et de nationalisme naissant qu'expriment les radicaux et qui sont particulièrement à vif dans une capitale qui, moins de vingt ans plus tôt, a « fait » le siège et la Commune.

En juillet 1887, Boulanger, gênant à Paris, est muté à Clermont-Ferrand ; la foule s'ameute à la gare de Lyon pour tenter d'empêcher son départ. A la revue du 14 Juillet le public parisien l'acclame en son absence et conspue le gouvernement. Conspuer le gouvernement de la République, voilà qui est nouveau ! Jusque-

---

* Grave incident de frontière en Lorraine, entre les polices française et allemande.

là, Boulanger n'était en somme qu'un porte-drapeau particulièrement voyant du républicanisme radical. Il y aura « boulangisme » lorsque, dans le sillage du général, viendront se coaliser d'autres mécontents, susceptibles de mettre en cause la République, ou du moins son avatar présent.

Tout se passe comme si (c'est la thèse classique, mais on l'a aujourd'hui nuancée plutôt qu'abolie) les droites avaient, dans l'été ou l'automne 1887, calculé que ce général républicain si populaire pouvait être employé comme machine de guerre pour renverser le régime, et comme si Boulanger en avait, par tactique aussi, accepté la perspective — chaque élément de la coalition se réservant de jouer son propre jeu une fois cette partie gagnée. Un épisode dont il faut bien qualifier l'irruption de coïncidence, aide cette situation à se cristalliser.

L'affaire Wilson (scandale du trafic de décorations auquel se livrait l'influent député opportuniste Wilson, gendre du président Grévy) n'entretenait aucun rapport avec les conflits en cause. Mais elle permit de déconsidérer les hommes politiques en place avec des arguments sociaux et moraux qu'il était aussi facile d'orchestrer en termes radicaux (corruption des bourgeois parvenus au pouvoir) qu'en termes contre-révolutionnaires (vilenie inhérente à la politique moderne). Les deux adversaires de la République, la droite et l'extrême gauche, trouvaient là des langages si proches qu'ils en étaient presque communs, et par conséquent unificateurs.

L'affaire Wilson a donc contribué à enfler la vague boulangiste. En novembre, les opportunistes jugent impossible moralement et politiquement de défendre Grévy. On le pousse à démissionner. S'ouvre alors à Versailles l'élection présidentielle, le 3 décembre 1887.

La majorité des républicains attendent Jules Ferry, devenu depuis la mort de Gambetta, le seul leader éminent, énergique et prestigieux. Par son prestige, son passé et son caractère, il accumule évidemment contre sa personne les griefs et les haines des deux oppositions. L'élire c'était avoir un chef d'État homme de caractère, au programme absolument antithétique de celui de la coalition boulangiste, un défi proclamé à toutes les sensibilités que celle-ci rassemblait. L'émeute se préparait à Paris pour le cas où Ferry élu serait rentré de Versailles à l'Élysée. Jouant de cette crainte, Clemenceau torpilla sa candidature en avançant celle de Sadi Carnot, opportuniste aussi, mais de moindre relief.

Pour la deuxième fois, Ferry était abattu par Clemenceau. Sur un autre plan, pour la deuxième fois (après Gambetta), un homme fort du parti républicain était abandonné par les siens. On avait pu se demander si Clemenceau ne pousserait pas la hargne jusqu'à rejoindre le camp de Boulanger. Il connaissait le général de longue date, il l'avait fort recommandé au début de 1886 ; il y avait eu des contacts (les « nuits historiques »). Finalement, Clemenceau, singulier personnage, était resté dans le camp du gouvernement. Ce camp en effet se définissait lui-même comme celui d'une République qui défend son existence et son principe contre un aventurier néo-bonapartiste. Tel était le diagnostic classique qu'avait posé, entre autres, Ferry lorsqu'il avait appelé Boulanger, dans une formule choc, un « Saint-Arnaud* de café-concert ». Un militaire, qui se veut populaire par un mélange de chauvinisme et de démagogie sociale et dont les partisans insultent les parlementaires, a trop de traits communs avec Badinguet pour n'être pas suspect d'aspirations dictatoriales.

Or le souvenir des luttes fondatrices de la République était encore assez chaud pour que cette mobi-

* Ministre de la Guerre en décembre 1851, principal exécutant militaire du coup d'État.

lisation de l'esprit des résistants de décembre 1851 soit efficace pour faire marcher Clemenceau lui-même.

L'année 1888 se passe tout entière dans cette défense du régime. Boulanger, mis à la retraite, est du coup devenu éligible. Sa campagne consiste à se porter candidat à toutes les élections législatives partielles qui se présentent. En vertu du scrutin de liste, ces élections, même pour un siège unique, appellent aux urnes l'ensemble des électeurs du département concerné, ce qui accroît le retentissement du scrutin. Boulanger les gagne presque toutes, démissionne et recommence. Il a des voix populaires, ouvrières — mais cela ne trouble pas les républicains qui savent par l'histoire que, de 1848 à 1870, des masses de pauvres sont restées plus de vingt ans dans le sillage d'un chef. Ce n'est pas le suffrage universel pour eux, qui décide du Bien, c'est le Droit. Le suffrage populaire, lui, peut avoir ses rechutes. En revanche, le soutien politique, électoral, financier même apporté par les droites à la campagne du général ne peut plus être nié, et il donne aux républicains une bonne conscience tonique : c'est, pour l'essentiel, la droite qu'ils ont en face d'eux, donc tout est en ordre.

Le 27 janvier 1889, Boulanger affronte l'élection à Paris même, ou plutôt devant tout le corps électoral de la Seine (près de 500 000 électeurs). Il écrase son concurrent, et l'on s'étonne qu'il ne bouge pas, alors que Paris vibre sous ses fenêtres. Peut-être, après tout, n'était-il pas homme de coup d'État. Mais ceux, nombreux, de ses partisans qui ce soir-là espéraient le coup de force se sentent découragés, et l'on s'accorde à dire que la vague boulangiste commence alors à refluer.

L'année 1889, celle du centenaire de la Révolution — encore une coïncidence — sera donc aussi celle de la contre-attaque républicaine. Boulanger et les siens sont traités en conspirateurs. La Ligue des patriotes, qui l'avait fort soutenu, est dissoute et ses chefs poursuivis. Boulanger, averti par une « fuite » organisée qu'on songe à l'arrêter, prend la fuite (au sens propre du mot cette fois) et se retire à Bruxelles : médiocre effet. Le scrutin de liste est aboli par une loi appropriée, et les candidatures multiples interdites.

A l'occasion des fêtes du centenaire, on remarque, dans la fournée de grands hommes portés au Panthéon, avec La Tour d'Auvergne, Marceau et Lazare Carnot, le représentant Baudin, tué par les soldats de Louis Napoléon le 4 décembre 1851. Ce choix signifiait solennellement que la République faisait sienne l'analyse de Ferry : Boulanger était un aventurier, un aspirant dictateur, un néo-bonapartiste. Ce schéma a été longtemps peu contesté. Il n'a pas été sans importance politique : les chapitres suivants nous conduiront à rappeler qu'en 1958 encore, les partis de gauche utiliseront la vive méfiance nourrie des figures de Bonaparte et de Boulanger (parfois ajoutant même celle de Pétain) pour tenter de s'opposer à l'accession au pouvoir du général de Gaulle. Puis viendra le choc en retour : l'expérience faite ayant démontré qu'un général populaire, nationaliste, chef de coalition hétéroclite, peu ami du Parlement (nous parlons de de Gaulle) pouvait gouverner sans qu'il en coûte à la liberté ni à la République, le modèle-repoussoir Boulanger devait perdre de sa pertinence, et le cas Boulanger allait être reconsidéré. Curieuse dialectique : de Gaulle n'ayant décidément pas été un Boulanger caricatural ni dangereux, on se demande en retour si Boulanger n'a pas été une modeste, timide et lointaine préfiguration de de Gaulle.

Le thème des institutions, essentiel aux réflexions d'aujourd'hui sur la Ve République, a fait rebondir l'intérêt de l'histoire pour les problèmes institutionnels de la IIIe, qui sont plus complexes que ne l'admettait la tradition républicaine.

La politique française des années 1879-1889, vue de haut, se caractérise par deux traits assez contradictoires : trop compliquée au Parlement et dans son courant quotidien, trop simple dans les grandes crises. Un parlementarisme ésotérique et confus dans les Chambres, mais, pour l'extérieur, un « absolutisme »* républicain tenu pompeusement en réserve.

Du Parlement, d'abord, l'on voit sortir une assez nombreuse suite de gouvernements, donc chacun, en moyenne, de faible durée ; donc de fréquentes crises ministérielles, situées en dehors des renouvellements électoraux normaux. Cela suppose un jeu de partis, de groupes, de personnes bien plus complexe que ne le laissent supposer les grands ensembles appelés droites, opportunistes, radicaux.

Les députés (ou les sénateurs) ne sont alors pas officiellement organisés. Il paraîtrait immoral qu'un représentant du peuple dépende d'une autre autorité que de sa conscience et de la volonté de ses mandants ; l'idée d'un parti discipliné à direction éventuellement impérieuse est encore loin. Les groupes parlementaires ne jouent pas, comme aujourd'hui, de rôle précis dans le fonctionnement, d'ailleurs fort peu réglementé encore, du travail des Chambres.

Vers 1880, les députés républicains forment officieusement quatre grands groupes, les plus avancés sont les radicaux, les plus modérés (l'ancienne nuance de Thiers, désormais celle du financier Léon Say) sont dits « centre-gauche », et la grande masse, les opportunistes, se partage entre le groupe dit Gauche républicaine (avec Jules Ferry) et le groupe dit Union républicaine (avec Gambetta). Beaucoup d'idées rapprochaient Jules Ferry et Gambetta, personnellement très amis, tout en étant quelque peu rivaux. Les gambettistes étaient plutôt plus avancés et plus « popu-

* *Cf.* O. Rudelle, *La République absolue, op. cit.*, à qui renvoient, partagées ou non, plusieurs des analyses qui suivent.

laires » que les ferrystes ; certains, comme Brisson ou Floquet, formaient transition vers le radicalisme. Tout cela se jouait donc dans des limites imprécises.

Les attaches réelles des députés concernent des groupes moins nombreux encore : on peut être solidaires entre élus d'une même région, entre élus de circonscriptions comparables (intérêts miniers, viticoles, etc.) ; entre amis, camarades, anciens compagnons d'études et de combat d'un même leader ; entre habitués d'un même salon politique (dans les soirées parisiennes, une fois la séance de la Chambre achevée, une active sociabilité mondaine prête ses lieux aux concertations les plus libres) ; ou encore entre familiers d'une même rédaction de journal. Pourquoi et comment ?

Les engagements républicains ou royalistes tiennent à des appartenances historiques et culturelles profondes et en somme bien repérables, mais entre les républicains eux-mêmes, qu'en est-il ? Pourquoi être radical plutôt que ferryste ou gambettiste ? On voit bien que les grands bourgeois et les hommes d'affaires siégeaient plus nombreux au centre-gauche, tandis que les quelques élus d'origine populaire allaient plus volontiers chez les radicaux ou les gambettistes, mais les groupes de députés ainsi socialement bien définis restaient des minorités. La masse des députés se prêtait mal à ce type d'analyses.

Une tentative récente* a pourtant été faite pour éclairer rationnellement les comportements politiques en examinant les situations électorales. Tel député, solide dans sa circonscription, bientôt en position de notable, pourra voter à la Chambre selon sa conviction (une évolution modérée par exemple) sans craindre pour son siège ; tel autre, de même origine, de même culture, de même conviction profonde, mais élu d'une circonscription plus instable, ne pourra assumer aussi

* Celle, déjà citée, d'O. Rudelle.

aisément à la Chambre la même prise de position, sous peine de donner prise à la surenchère d'un compétiteur. Il faudrait donc aller chercher certaines clés de comportement parlementaire dans l'étude fine des circonscriptions. Mais on ne saurait éliminer les clés plus intimes : les amitiés, les haines, les ambitions. On ne devient pas un homme politique (et qui réussit, car c'est une victoire que d'être élu) si l'on n'a pas un certain dynamisme psychologique, et ces dispositions, qui vous ont aidé à lutter pour accéder à la Chambre, ne vous abandonnent pas quand vous y êtes établi. De temps en temps, cependant, cet individualisme se discipline pour voler au secours de la République, et cette perspective toujours latente, et parfois abusivement équivoque, accroît la nervosité du milieu.

La République en danger fut-elle une menace réelle ou un mythe commode ? Avant d'aborder cette question, il faut évoquer encore un autre facteur général de complication de la vie politique, le problème de la Constitution. L'opportunisme avait assuré la victoire de la République en acceptant les lois de 1875, de tendance et de tonalité assez conservatrices. On disait la « Chambre des députés », vocabulaire vieille France, alors qu'« Assemblée nationale » aurait été le terme républicain. En 1830, Louis-Philippe avait été qualifié de « roi entouré d'institutions républicaines ». On aurait pu transposer en disant qu'en 1875, on possédait « une République entourée d'institutions monarchiques », avec une présidence à long mandat, et une Chambre haute oligarchique, le Sénat.

Après le basculement majoritaire du corps électoral vers la République, la tentation pouvait donc être grande pour les républicains, maîtres des trois pouvoirs, de réviser la Constitution pour la rendre plus conforme à leurs principes. De fait la question ne cessa d'être agitée. Faute de révision étendue, il y en eut deux mineures, à contenu principalement symbolique (retour des Chambres à Paris, suppression des prières publiques) et, secondairement, politique (retouches au mode de recrutement du Sénat). Mais on ne cessa d'en discuter, chaque leader ayant sa révision en tête. Sans compter la plus importante, la révision de fait, due essentiellement à Jules Grévy, et qui consistait en la neutralisation du pouvoir présidentiel. Depuis Mac-Mahon et son 16 mai, il était entendu que le droit de dissolution fleurait le coup d'État. On s'interdit donc de l'utiliser. Grévy, président, se tient ostensiblement en retrait de la politique et laisse gouverner un ministre, *primus inter pares*, appelé président du Conseil, mais dépourvu d'existence institutionnelle et d'ailleurs dépendant au jour le jour de la majorité du Palais-Bourbon. Outre cela, on songeait à retoucher les textes. Le changement eût été minimal pour Jules Grévy, le plus conservateur des opportunistes, maximal pour Clemenceau, le radical, qui eût logiquement fait sauter les deux pièces incompatibles avec la démocratie pure et le gouvernement d'Assemblée, c'est-à-dire le président de la République et le Sénat. Mais Jules Ferry aussi, et Gambetta, avaient leur idée de révision. Et même Boulanger. Le fameux scrutin de liste que voulait Gambetta n'aurait pas dû, dans son esprit, être une simple loi électorale mais devenir une disposition intégrée dans la Constitution. Bien que cela n'ait pas abouti, on doit retenir cette présence tenace du problème de la Constitution, depuis les origines de la République jusqu'à l'affaire Boulanger. C'est seulement l'épisode boulangiste qui fera de « la révision » un mot d'ordre marqué à droite, et qui liera donc l'orthodoxie républicaine à l'attachement aux lois de 1875, révisées 1884. Le conservatisme constitutionnel du camp républicain, qui devait rendre *a priori* suspecte toute tentative ultérieure de retoucher le système, ne date que de 1887-1888.

Au-delà des stipulations proprement juridiques, la réflexion sur le système politique atteint les rapports réels des hommes et des groupes politiques dans le pays. Certains leaders avaient-ils déjà en tête ce qu'on appellera un jour « l'apaisement républicain » ? Qu'est-ce à dire ? À travers le scrutin de liste, qui pousse évidemment par lui-même à une meilleure organisation des partis, Gambetta aurait eu en perspective l'existence d'un grand parti républicain, majoritaire et serein (puisque l'essentiel de son programme militant était acquis). Ce parti aurait pu se confronter avec un grand parti d'opposition, composé de tous ceux que la République laissait mécontents, pour des raisons notamment religieuses. Ainsi auraient pu alterner, mais dans la République et dans l'apaisement, un grand parti libéral à gauche et un grand parti conservateur à droite, à l'anglaise. Cette lutte aurait été plus saine que l'affrontement trop lourd d'enjeux, à la française, entre un parti de la République et un parti ennemi du régime.

Cette vision d'une République que la victoire pouvait rendre conciliante et, plus tard, unanime, certains auteurs récents en font honneur à Gambetta, à Jules Ferry, et même à Boulanger. Car si ce dernier n'a pas fait figure de penseur, et s'il a laissé par quelques traits l'image d'un personnage assez inconsistant, il a tout de même tenu en 1888 des discours qui allaient dans ce sens, et qui pouvaient bien être inspirés d'idées de Gambetta, alors disparu. Dans le même sens, telle autre étude* : rappelle qu'à l'intérieur même de la coalition boulangiste, le général n'a cessé de maintenir sa fidélité républicaine contre les représentants des droites ou du comte de Paris. Au terme, on peut voir dans Boulanger « le fossoyeur de la monarchie » puisque c'est lui qui, donnant le premier exemple d'un mouvement incorporant la droite sans doute, mais nominalement républicain, renvoyait *ipso facto* l'idée de restauration monarchique au rang des rêves et des utopies. Le rêve de Boulanger, plus réaliste, serait « le

* Philippe Levillain, *Boulanger, fossoyeur de la monarchie.*

rêve du Connétable », compatible, lui, avec la forme républicaine de l'État. Dans ces révisions historiographiques, le XXe siècle et le gaullisme sont évidemment à l'horizon.

En fait, il n'y a pas eu d'apaisement en 1888-1889 et, dans leur grande majorité, les républicains ont fait bloc contre Boulanger ; pour les uns c'était un fantoche, pour d'autres un Monk* au service du roi, pour d'autres un aspirant dictateur, au service de lui-même — trois images, assez différentes d'ailleurs, mais toutes les trois négatives. Pour ces républicains, il eût été inconcevable de voir dans le général l'héritier de Gambetta ! Dans leur perspective, la République était en danger, puisque Boulanger aspirait à la modifier, alors qu'eux-mêmes refusaient de la définir autrement que par ses caractères déjà traditionnels, ses habitudes, et surtout ses allergies.

C'est cet attachement républicain à une République fondamentale hors de laquelle il ne serait point de salut qu'on a récemment proposé d'appeler — brillante trouvaille verbale — « la République absolue ». On devine que l'épithète est péjorative, puisqu'elle transpose à la République un « absolutisme » que les bons républicains trouvaient condamnable quand il était appliqué (quoiqu'en un sens un peu différent) à la monarchie. Les tenants de cet « absolutisme » républicain, qu'on pourrait aussi bien appeler exigence, intransigeance, voire tout simplement radicalisme, étaient précisément des radicaux, et ceux des opportunistes sur qui la surenchère radicale pouvait faire pression. Les radicaux à la Clemenceau ayant rompu rudement avec les radicaux à la Rochefort devenus boulangistes, reconvertis dans le rôle d'aile marchante du camp de la République, auraient donc barré la route à la fois à l'équivoque Boulanger, et aux géné-

* Le général anglais du XVIIe siècle qui, après Cromwell, restaura Charles II.

reuses visées de ce que l'opportunisme modéré avait de meilleur.

Utile contestation de notre tradition historiographique. Est-elle absolument convaincante ? Pour nous, qui connaissons la suite, et qui savons qu'apparaîtra effectivement, par ralliements, ou par le ralliement, une droite républicaine, il est aisé d'admettre que la virtualité en existât dès les années 1880. Mais, sur le moment, comme les hommes qui raisonnent sur des précédents sont toujours plus nombreux et plus facilement convaincants que ceux qui raisonnent en prospective (un précédent, c'est « un fait », une prospective, c'est une hypothèse...), les lectures négatives du cas Boulanger trouvaient forcément plus de crédit que les interprétations optimistes. Jules Ferry, bien qu'il ne fût ni un médiocre ni un exalté, se montra aussi fermement antiboulangiste que Clemenceau, et plus précocement. Et les républicains voyaient bien, au cours des campagnes électorales partielles de 1888 et des élections législatives régulières de 1889, que dans les discours des boulangistes et dans ceux de leurs alliés conservateurs, les thèmes contre-révolutionnaires classiques l'emportaient largement sur ceux d'un révisionnisme républicain. Les droites en 1889 n'étaient pas toutes devenues libérales, et la vision d'un Boulanger cheval de Troie de la réaction n'était donc pas totalement fantasmatique. Quoi qu'il en soit, une telle vision a existé, et c'est par cette vision ou par ce fantôme, que le boulangisme aura servi à prolonger jusqu'à la fin du siècle la tradition d'un républicanisme de combat.

Des combats cependant, la République en menait d'autres, qui n'étaient pas métaphoriques. Les années 1880, où le régime trouve son assiette et définit ses règles, sont aussi celles où il décide d'employer outre-mer les forces nationales.

A peine exorcisé le spectre de l'Empire, la République va devenir empire, à sa façon...

Époque décisive. Le vocabulaire est parlant. Vers 1870, « impérialiste » signifiait encore en France partisan de Napoléon III. Trente ans plus tard le mot signifiera, à l'anglaise, partisan de la domination des pays d'outre-mer par un grand État européen.

L'empire, vers 1870, c'était le régime politique intérieur ; au XXe siècle « l'empire », ce sera la grande tache rose couvrant sur le planisphère le quart nord-ouest de l'Afrique, la péninsule indochinoise, et les quelques autres territoires où la France aura planté, comme on dit, son drapeau.

Glorifié ou honni, ce changement est dû pour l'essentiel à la République. Les opportunistes, ses fondateurs, ont été de grands patriotes. Il faudra l'outrance des animosités personnelles et des hargnes partisanes (mais il y en aura !) pour mettre en doute en cette affaire les sentiments de Gambetta, l'homme qui a tenu à bout de bras la Défense nationale, ou de Jules Ferry, dont le message final nous a légué la célèbre « ligne bleue des Vosges ». Il en faudra pour douter de leur volonté de récupérer « les provinces perdues » ! Certes, ils différeront la revanche, mais une revanche différée par nécessité n'est pas une revanche « abandonnée » !

L'Europe des années 1870 et 1880 était dominée par l'Allemagne, ou plus précisément elle était stabilisée dans un « système bismarckien » à la fois menaçant et habile, et qui visait au statu quo. En ce sens, le débordement d'une énergie d'expansion française vers l'outre-mer pouvait passer pour une diminution relative de l'intérêt fixé sur « le Rhin ». Boulanger, passant pour l'homme du Rhin et de l'antigermanisme, son éviction du pouvoir par les opportunistes au printemps 1887 avait pu avoir l'air d'un acte de complaisance envers Bismarck. Mais pouvait-on faire autrement ?

Bismarck, qui tenait l'Europe, s'était résigné à admettre une France républicaine, à condition qu'elle ne soit pas trop radicale ou trop chauvine, ce qui revenait au même. Les souverains des autres grandes puissances, le tsar Alexandre III, l'empereur-roi d'Autriche-Hongrie François-Joseph, et même la reine Victoria n'éprouvaient pas davantage de sympathie pour la République. Quant aux autres monarques, ils ne comptaient guère. Dans cette diplomatie bloquée, les seuls changements possibles pouvaient provenir des Cours. De là l'intérêt manifesté par certains hommes d'État français pour les héritiers présumés libéraux de Vienne et de Londres, l'archiduc Rodolphe, le prince de Galles*. Il restait à profiter de la paix pour préparer une armée forte, et à tirer le meilleur parti des voies laissées libres par Bismarck hors d'Europe.

L'armée est l'une des principales bénéficiaires des soins de la République et même de la nation, car on voit jouer en faveur de l'institution militaire, une unanimité virtuelle un peu comparable à celle qui tend à exister, dans les esprits, pour l'idée nationale et le patriotisme.

Les crédits ne lui sont pas ménagés. Son organisation intérieure traditionnelle (système d'avancement, règlements de toutes sortes) subsiste, respectée. Ses grands chefs poursuivent leur carrière, même s'ils ont brillé sous l'Empire ou contre la Commune, pourvu seulement qu'ils n'aient pas démérité au temps de la Défense nationale. Celle-ci, œuvre patriotique, et non partisane, reste la pierre de touche des valeurs admises. Bazaine qui, en capitulant à Metz (c'est-à-dire en rendant disponible une armée ennemie de plus) avait favorisé objectivement l'envahisseur, reste le traître typique, le repoussoir, tandis que Chanzy ou Denfert-Rochereau sont les héros exemplaires.

---

* On les rencontrait aisément de façon informelle aux bains de Carlsbad ou d'ailleurs. C'était l'époque de la « diplomatie des villes d'eaux ».

Le service militaire reste fixé par la loi Thiers de 1872, encore assez proche du vieux système professionnel, avec beaucoup d'exemptions, mais un long service de cinq ans pour ceux qui partent. La politique républicaine qui combinerait l'universalisation du service avec l'abrègement du temps de présence sous les drapeaux restera à l'étude jusqu'en 1889. C'est alors seulement qu'aboutira la loi de trois ans, qui sera bien accueillie.

Dans les années 1880, les opportunistes ont même songé, assez logiquement, à donner à l'armée et à la défense nationale le concours de cette autre institution nationale qu'était l'école publique. Ce renfort, essentiellement moral, durera : l'école républicaine cultivera le patriotisme, directement par l'instruction morale et civique, et indirectement par l'enseignement de l'histoire et de la géographie nationales. Mais une aide plus concrète encore fut envisagée, avec les « bataillons scolaires », c'est-à-dire des groupes d'écoliers en fin de scolarité (onze-douze ans) que leurs instituteurs équipaient de fusils de bois et entraînaient à la manœuvre à pied. On ne s'étonnera pas que cette expérience ait échoué : il y fallait, de la part des familles, un zèle qui n'était pas partout présent ; la constitution d'un bataillon un peu étoffé supposait d'autre part une densité d'habitat et des facilités de transport peu communes elles aussi ; et surtout l'entraînement superficiel acquis vers douze-treize ans avait toute chance de se perdre dans les sept ou huit ans qui séparaient l'ancien écolier du conseil de révision. En dépit de leur échec, les bataillons scolaires sont à retenir, car l'intention en était typique de l'esprit des Jules Ferry, des Paul Bert, ou des Freycinet.

Le 14 Juillet, où l'armée tient la vedette, marque la place éminente de l'institution militaire dans la République. La fête nationale, portée alors par l'attrait de sa nouveauté et par la ferveur très réelle du camp républicain, revêt certes d'autres aspects. D'abord la fête tout court, distractions et amusements divers, selon les programmes éprouvés des fêtes locales (patronales, votives....) et des fêtes politiques d'antan (1er mai sous Louis-Philippe, 15 août sous Napoléon) avec la variété que savaient leur donner les municipalités et les comités de commerçants. De ces souvenirs et traditions émergeront les populaires bals de quartier. Mais aussi la coutume, elle bien disparue, du pavoisement ; non pas le seul pavoisement que nous connaissons encore, celui des édifices publics en service commandé, mais une floraison de drapeaux aux fenêtres des particuliers zélés, assez nombreux parfois pour donner en certains sites privilégiés des impressions d'élan unanime et de rue en habit de fête. Mais surtout, le 14 Juillet, c'est la prise d'armes, où la garnison locale se déploie, montre sa force, offre le spectacle de la belle régularité de ses évolutions et de l'éclat de ses uniformes, où elle réjouit (ou du moins surexcite) l'esprit par ses fanfares, bref verse un enthousiasme à la fois politique et sensoriel. Le sommet étant atteint à Paris, naturellement, nous y avons fait allusion déjà à propos de Boulanger.

Mais que faire de cette force ? Sur « le Rhin », ou plutôt sur les Vosges, rien, comme on sait, avant 1914. A la grande colère des radicaux, des boulangistes et d'une bonne partie sans doute de la droite, les opportunistes ont employé les armées outre-mer.

C'est d'abord, dans la suite directe du congrès de Berlin de 1878, la guerre en Tunisie, sous prétexte de poursuivre les tribus rebelles des confins algéro-tunisiens, les fameux Khroumirs : en fait, pour devancer l'expansion et la colonialisation plus actives venant d'Italie, et régler au profit de la France la question de l'hégémonie en Afrique du Nord. L'indépendance de la Tunisie est fictivement maintenue par le protectorat, institué par le traité du Bardo. Consolidée au Maghreb, la présence française recule en revanche au Proche-

Orient, où les Anglais imposent à l'Égypte leur protectorat après avoir acheté une part prépondérante des actions du canal de Suez.

L'autre affaire spectaculaire du début des années 1880, c'est le développement des entreprises, jusque-là partielles et sporadiques, menées depuis Napoléon III dans la péninsule indochinoise. Elles ont même entraîné au passage, en 1885, quelques mois de guerre entre la France et la Chine, dont la vedette fut l'amiral Courbet, aujourd'hui oublié, mais alors cent fois plus célèbre que son homonyme le peintre d'Ornans et de l'Atelier. Elles ont aussi déclenché la crise ministérielle spectaculaire où l'on vit Ferry renversé par une interpellation de Clemenceau sur la nouvelle d'un simple revers militaire à Lang Son. Elles aboutirent enfin à la constitution d'une « Indochine française » à cinq composantes : colonie de Cochinchine, protectorats de l'Annam, du Tonkin*, du Laos et du Cambodge. L'ancien ministre de l'Instruction publique du « grand ministère », Paul Bert, eut à présider comme gouverneur général à la fondation de cet ensemble asiatique. C'est à cette occasion qu'on put remarquer que « l'anticléricalisme ne serait pas un article d'exportation ». Nul n'était plus anticlérical que Paul Bert en France, mais nul ne s'entendit mieux avec les missionnaires et les religieuses. En Asie, « laïques » et « cléricaux » partageaient la conscience d'être Français, celle de jouer un rôle humanitaire (médecins, infirmières) et, chacun à leur manière, de se sentir « civilisateurs ».

Ailleurs encore, en petites explorations, en expéditions limitées, en guerres partielles, à partir du Sud algérien, du Sénégal (consolidé sous Napoléon III par Faidherbe) et des postes du golfe de Guinée (où la France avait pris pied sous Louis-Philippe) commence

* Le Tonkin sera plus tard par étapes détaché complètement de l'Annam et traité en colonie.

L'EMPIRE COLONIAL FRANÇAIS

EN 1870

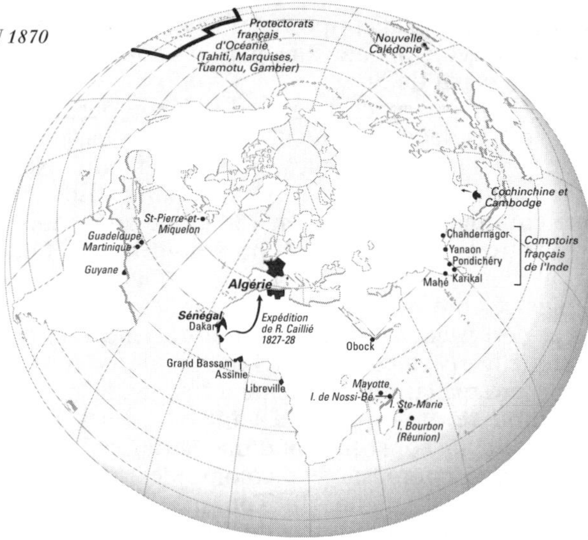

EN 1914

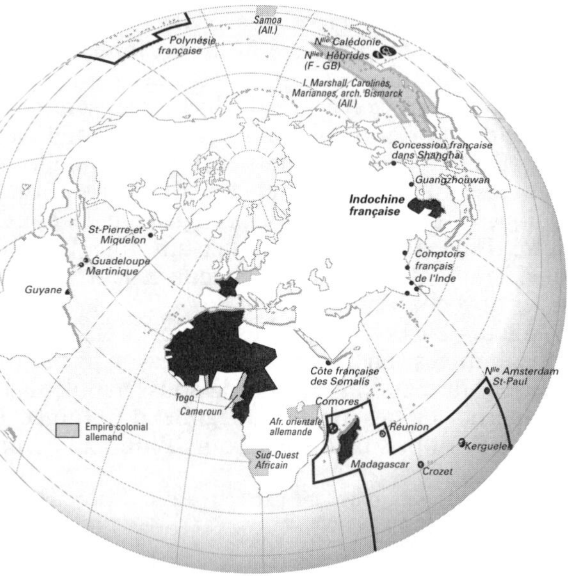

De 1830 à 1835, l'occupation de l'Algérie se limite à la région côtière, Médéa excepté. En 1837, par le traité de la Tafna, Bugeaud reconnaît à l'émir de Mascara, Abd el-Kader, l'autorité sur le territoire de l'Ouest jusqu'à Sétif, à l'exception des ports et des villes côtières. En 1837, Valée prend Constantine.

La révolte d'Abd el-Kader (18 novembre 1839) amène le gouverneur Bugeaud à étendre la conquête vers l'intérieur en 1840. L'année suivante, toutes les places de l'émir sont tombées. Réfugié au Maroc en 1843, Abd el-Kader reprend la lutte en 1844 (après la bataille de l'Isly), et gagne la bataille de Sidi-Brahim en 1845, avant de se rendre à Lamoricière en 1847. Les oasis du Sud sont conquises entre 1852 et 1854 : Aïn-Sefra, Géryville (1852), Laghouat (1852), Ouargla et Touggourt (1854). En 1857, le général Randon soumet la Kabylie. En 1863, Napoléon III décide que l'Algérie n'est pas une colonie proprement dite, mais un royaume arabe où les indigènes ont, comme les colons, un droit égal à sa protection. Un gouvernement général militaire s'étant substitué à l'administration civile, l'immigration s'arrête. Le décret du 24 octobre 1870 supprime le gouvernement militaire, crée 3 départements rattachés au ministre de l'Intérieur, et permet aux citoyens français d'élire des députés et des conseillers généraux. Adolphe Crémieux fait naturaliser les juifs algériens. De mars à juin 1871, soulèvement dans le Constantinois et en Kabylie ; matés, les rebelles se voient confisquer des terres, mises à la disposition des colons. L'immigration reprend et des villages de colonisation sont créés jusqu'en 1880. Le 26 août 1881, le décret des « rattachements » place l'Algérie sous l'autorité directe du gouvernement. La prospérité du pays ne commencera qu'à la fin du siècle (vignoble).

Sous Charles X, la France possède Saint-Pierre et Miquelon, la Martinique, la Guadeloupe et la Guyane en Amérique, les comptoirs du Sénégal Saint-Louis et Gorée en Afrique, l'île Bourbon et les 5 comptoirs de l'Inde dans l'océan Indien. Le dey d'Alger capitule le 5 juillet 1830. La monarchie de Juillet acquiert les comptoirs africains d'Assinie et de Grand Bassam sur la côte de l'Ivoire ainsi que le poste de Libreville au Gabon ; dans l'océan Indien, Mayotte (1843), Nossi-Bé et Sainte-Marie. Dans le Pacifique, elle établit son protectorat sur Tahiti et les archipels polynésiens des Marquises, des Tuamotu et des Gambier.

La conquête de l'Algérie pratiquement terminée, Napoléon III va chercher à étendre le domaine colonial. En Océanie, l'amiral Febvrier Despointes occupe en 1853 la Nouvelle-Calédonie, où sera installé un pénitencier. En Afrique, la plage de Cotonou et Conakry sont acquis. Levant des troupes indigènes pour lutter contre el-Hadj Omar et faisant accepter le protectorat français aux chefs de l'intérieur, Faidherbe réalise la conquête du Sénégal entre 1854 et 1863. En 1862, la baie d'Obock est vendue à la France par un chef danakil.

Les persécutions de la cour d'Annam contre les missions catholiques motivent l'intervention française en Indochine. En 1862,

L'AFRIQUE 1870 - 1914

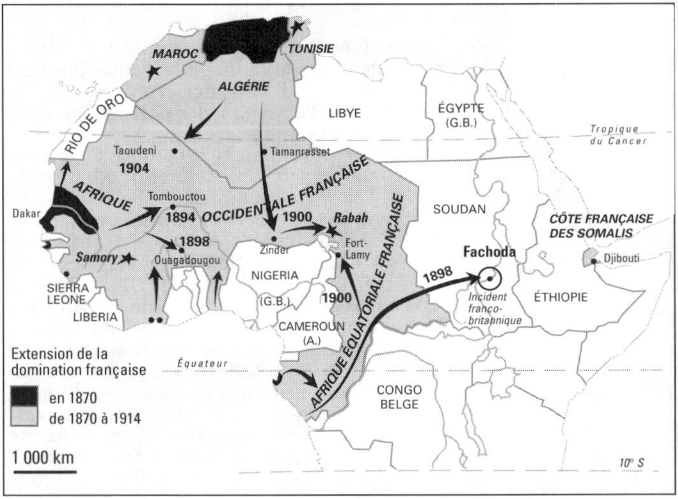

L'INDOCHINE 1870 - 1914

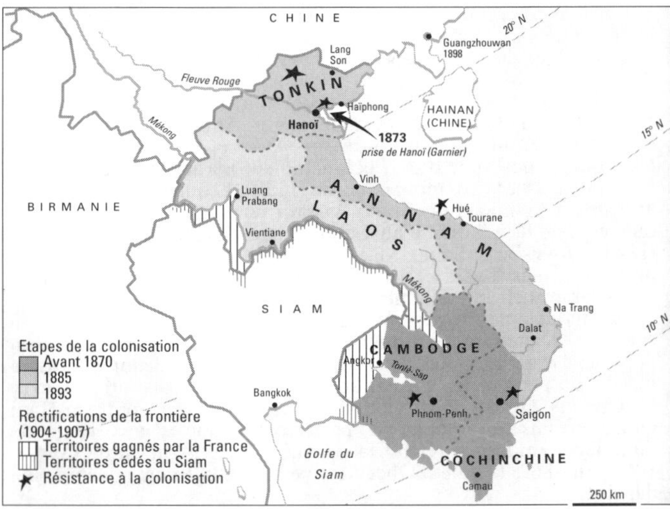

Principales expéditions coloniales

Foyers de résistance à la colonisation (hommes ou lieux)

l'empereur Tu Duc cède 3 provinces de la Cochinchine puis les 3 autres en 1867. Menacé par les Annamites et les Siamois, le roi du Cambodge a reconnu le protectorat français dès 1863.

En 1880, la doctrine du gouvernement change : la politique de recueillement (Thiers) fait place à celle de grande puissance. Exposée dès 1874 par Paul Leroy-Beaulieu dans *De la colonisation chez les peuples modernes,* et reprise par Jules Ferry dans un important discours à la Chambre en juillet 1885, la nouvelle doctrine oppose aux colonies de peuplement les colonies de capitaux (et de débouchés pour la production industrielle). En avril 1881, Jules Ferry lance l'expédition de Tunisie contre les Khroumirs, « qui menacent l'Algérie » ; le 12 mai, le bey de Tunis accepte le protectorat français (traité du Bardo). Le 25 août 1883, l'Annam accepte le protectorat français, étendu au Tonkin le 6 juin 1884 ; malgré son succès à Lang Son, la Chine reconnaît ce protectorat par le traité de Tianjin le 9 juin 1885. Gallieni achèvera la pacification du Tonkin. Défendu par la France contre les Siamois et les Chinois, le Laos passe sous le protectorat français en 1893 et sous l'autorité du gouverneur général de l'Indochine (Union indochinoise de 1887). Par le traité du 23 mars 1907, le Siam rend au Cambodge ses 3 provinces occidentales.

Un mouvement d'opinion va se développer sous l'impulsion d'Eugène Étienne, sous-secrétaire d'État à la Marine chargé des colonies en 1887. Son décret du 21 novembre 1889 transforme la petite *École cambodgienne* (1886) en *École coloniale française.* En 1890, Étienne (député d'Oran) crée un *Comité de l'Afrique française,* et en 1893 se constitue à la Chambre un très puissant groupe colonial présidé par Étienne. On va chercher à relier les possessions d'Afrique du Nord à celles d'Afrique noire. En 1899, la mission Foureau-Lamy traverse le Sahara. La pacification du désert est réalisée par les méharistes de Laperrine d'Hautpoul, qui arrive à Taoudeni en 1904.

En Afrique occidentale, au départ du Sénégal, le mouvement se développe principalement vers l'Est. Joffre entre à Tombouctou en 1894 et Gouraud atteint Ouagadougou en 1898, après avoir capturé le marabout Samory qui résistait aux Français depuis 1884. En 1903, le même Gouraud parcourt la Mauritanie en direction du Rio de Oro.

Quittant Cotonou en 1892, la mission Dodds soumet le roi Béhanzin et étend la colonie du Dahomey vers le nord en 1894. La colonie de Côte-d'Ivoire voit le jour à la suite de l'expédition du commerçant Treich-Laplène qui, parti de Grand Bassam, traverse la forêt et signe des traités avec les chefs de l'intérieur.

En 1904 est créée la fédération de l'Afrique occidentale française : Sénégal, Mauritanie, Soudan français, Haute Volta, Guinée, Niger, Côte-d'Ivoire, Dahomey (capitale : Dakar).

En 1898, soucieux d'éviter un conflit avec la Grande-Bretagne, le gouvernement contraint Marchand à abandonner Fachoda (Nil). En 1900, les missions Foureau-Lamy (partie d'Algérie), Joalland (partie

L'ALGÉRIE 1830 - 1880

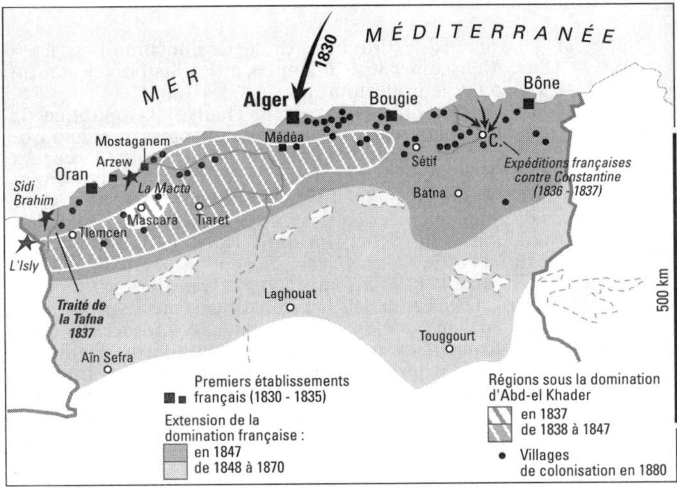

MADAGASCAR 1865 - 1905

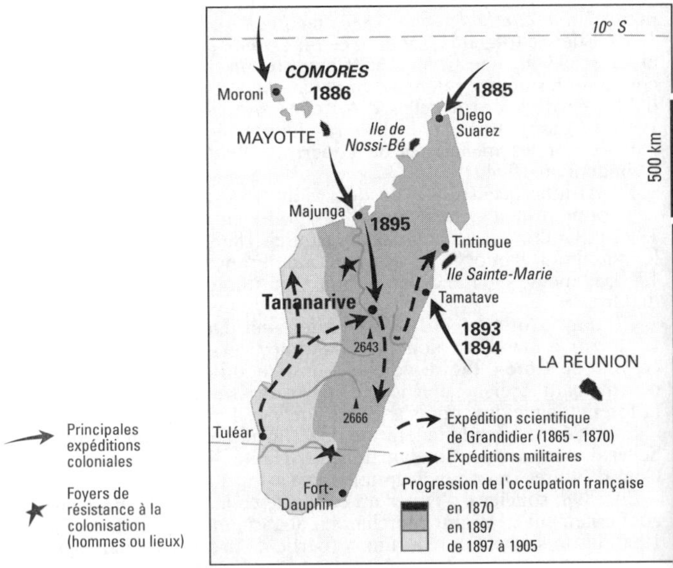

du Sénégal) et Gentil (partie du Congo) se rejoignent au lac Tchad et soumettent Rabah, qui résiste aux Français depuis 1897. En 1910 est créée la fédération de l'Afrique équatoriale française : Gabon, Moyen-Congo, Oubangui-Chari, Tchad.

La protection des missions catholiques et la position stratégique du royaume de Madagascar expliquent les diverses interventions françaises. Plusieurs expéditions ont lieu sur les régions côtières (à Tamatave, Pierre en 1883 et Bienaimé en 1894). En 1885, envoyé par Jules Ferry, Miot débarque à Diégo-Suarez et occupe les ports. La France obtient la propriété de Diégo-Suarez et de l'île de Nossi-Bé. En 1895, une expédition, décimée par les fièvres, est conduite par Duchesne de Majunga à Tananarive. Le 1er octobre, la reine Ranavalona III accepte le protectorat, avant d'être déposée en 1897 par le gouverneur général Gallieni, qui achève la conquête de l'île (et la met en valeur) de 1896 à 1905. Passé sous protectorat en 1886, l'archipel des Comores est rattaché à Madagascar.

Installé à Obock en 1883, le résident Lagarde crée en 1892 la Côte française des Somalis (Djibouti).

La France souhaite assurer la protection des confins algéro-marocains. Le 3 mars 1906, la conférence d'Algésiras lui attribue, ainsi qu'à l'Espagne, le maintien de l'ordre au Maroc. Le 30 mars 1912, le sultan du Maroc reconnaît le protectorat français (traité de Fès).

à se dessiner ce qui sera une Afrique occidentale française, prolongée par une Afrique équatoriale française. Et déjà des jalons sont posés en direction de Madagascar.

Cet engagement impérialiste de la République des années 1880 obéit évidemment à des raisons multiples, dont il serait dérisoire de doser ou de mesurer l'ordre d'importance. Lesquelles furent « profondes » et lesquelles habillage de propagande ? Classons-les simplement, leur seul inventaire éclairera l'esprit du temps.

On ne saurait oublier d'abord qu'une partie des conquêtes se développait de son propre mouvement. Initiatives de coloniaux subalternes et isolés mais passionnés par leur terrain, conflits avec des indigènes, escarmouches qui appellent des revanches, autant de faits accomplis qu'il faut ensuite assumer pour « l'honneur du drapeau », il y a ainsi des processus insidieux d'extension relativement indépendants des politiques métropolitaines. L'Indochine c'est un peu une histoire de Napoléon III léguée à l'Ordre moral puis à la République par ce type d'enchaînement.

En second lieu, vient la théorie de la préparation indirecte de la revanche, déjà évoquée. Faut-il voir dans les colonies lointaines, une charge de soucis et de bagages encombrants comme semblaient le penser et Napoléon Ier et Bismarck et les adversaires de Jules Ferry ? Ou bien comme l'avait pressenti Napoléon III, le pouvoir moderne passe-t-il obligatoirement par là ? Une grandeur nationale de type prussien n'est-elle pas archaïque et une grandeur de type britannique ne dessine-t-elle pas celle de l'avenir ? En termes géopolitiques, l'analyse était alors plausible et on peut l'attribuer aux opportunistes. Jules Ferry l'a d'ailleurs dit clairement en liant dans un discours célèbre la grandeur nationale à la puissance économique, et celle-ci à la possession de sources de matières premières, de marchés, de débouchés, donc à des positions mondiales diversifiées.

Cela nous ramène — troisième série de raisons — à la rencontre de la République et des affaires. Dans la mesure où des intérêts commerciaux, havrais ou marseillais par exemple, cherchaient des profits dans la colonisation, ils avaient désormais les moyens de pousser en ce sens la politique de l'État, puisque la République n'apparaissait plus *a priori* hostile aux grandes entreprises et aux enrichissements. Les opportunistes d'ailleurs, partisans du libéralisme économique, développaient une conception globale du progrès où résonnait comme un écho lointain du saint-simonisme : expansion, interconnaissance des mondes, mouvement accru du commerce, de l'industrie, de la richesse globale, prospérité qui se diffuse de proche en proche, « ouvertures » en tout genre, rien de tout cela ne s'opposait, dans leur philosophie des choses, au progrès politique. C'en était bien plutôt l'une des conditions préalables, dans une philosophie qu'on pourrait qualifier de très américaine. Car — Bartholdi l'a rappelé au passage — jamais sans doute la France de Jules Ferry et l'Amérique de Cleveland, émissaire et destinataire de la *Liberté éclairant le monde*, n'ont été aussi proches.

Enfin — quatrième raison — cette bonne conscience de « civilisation supérieure » ne comptait pas pour les gouvernants d'alors parmi les mobiles secondaires. Il y a une certaine logique à retrouver dans l'œuvre impérialiste des années 1880 les mêmes noms que dans l'œuvre pédagogique : Jules Ferry, Paul Bert... L'idée de République libérale et démocratique, inspirée par la Déclaration des Droits de l'homme et du citoyen, et, plus largement, par la philosophie universaliste de la raison, leur paraissait un progrès évident par rapport aux « mentalités primitives », aux « coutumes barbares », aux esclavagismes persistants, et aux « fanatismes » mandarinaux ou maraboutiques. Ils sous-estimaient certainement, en revanche, le lot d'injustices et de cruautés spécifiques que l'Europe amènerait avec ses canonnières. Aujourd'hui, nous ne connaissons plus que ces dernières, mais l'histoire de France au XIXe siècle s'est faite par l'élan réel de tous ces motifs, croisade idéaliste comprise.

Dans les débuts de la colonisation républicaine, peu de critiques se sont élevées au nom des droits des indigènes. Ce qu'on a surtout reproché à Ferry c'est telle initiative militaire anticipant sur le débat du Parlement, tel usage abusif du mythique Khroumir, telle décimation par les fièvres d'un corps expéditionnaire mal préparé aux climats excessifs, et enfin, plus encore, ces forces détournées du Rhin.

C'est plus tard que le débat prendra forme et se banalisera. En même temps que la nation entière fera l'apprentissage d'une fierté de type « impérial », la Révolution aura à découvrir une nouvelle gamme de critiques.

Mais dans ces années 1879-1889 que nous venons de parcourir beaucoup d'entreprises lancées ne sont pas parvenues à pleine maturité.

II

Dix années de République conservatrice

1889-1899

Une fois le régime républicain défini et installé, et après qu'il a surmonté en 1889, en contenant la poussée boulangiste, sa première épreuve grave, s'ouvre pour les dirigeants une fin de siècle euphorique et triomphaliste. Alors la République acquiert les caractères d'un pouvoir en place et donc, fatalement, d'un pouvoir conservateur.

Car si vaincre consiste à battre ses adversaires et à affirmer ses propres principes, ceux de gauche, en l'occurrence, c'est aussi, puisque l'on détient le pouvoir, assumer les besoins permanents de l'ordre public et voir affluer vers soi les indifférents et les neutres. Or ces deux dernières séries de conditions vous lestent presque fatalement de « sagesse » et de modération.

Ainsi se forment l'État et la société politique que, par le biais inattendu d'une simple erreur judiciaire, l'affaire Dreyfus viendra secouer. L'Affaire, certes, commence avec l'arrestation et la condamnation de Dreyfus, en décembre 1894. Mais près de quatre ans s'écouleront avant que l'ampleur du mouvement en faveur de la révision du procès en fasse une question politique majeure. Il ne faudra pas moins que cette grave crise (incontestable, celle-là, dans sa signification et dans son péril) pour que la République redémarre en 1899 en rajeunissant son message. Alors elle redeviendra pour un nouveau laps de temps une idée-force, et pas seulement un régime politique ordinaire.

République conservatrice, donc, dans les années 1890 ? Les deux mots, pour un bon républicain d'alors, juraient pourtant d'être associés. Seul le recul du temps permet aujourd'hui de risquer la formule. Était-elle si neuve ? oui et non ! De décembre 1848 à décembre 1852, puis de mai 1873 à mars 1876, la République avait bien existé nominalement, mais sous la direction de majorités législatives et de gouvernements formés de monarchistes à l'affût d'une occasion de restauration.

Ces anciens exemples de République conservatrice paraissaient donc plutôt des monarchies en attente de monarque. A la fin du siècle, il s'agit au contraire d'une République gouvernée par des républicains restés républicains mais devenus conservateurs, cas de figure nouveau et voué à un grand avenir.

L'année de la victoire sur un Boulanger en fuite, 1889, a été aussi celle du centenaire de la Révolution française. L'événement de 1789 a été dignement célébré par toutes sortes de cérémonies et de monuments, mais avec beaucoup de précautions pour éviter l'apologie de la dictature populaire. L'honneur de la statuaire publique est allé jusqu'à Danton, mais s'est refusé à Robespierre. La fournée de mises au Panthéon de 1889 a comporté, on l'a vu, avec un républicain légaliste de 1851, trois révolutionnaires dont la mémoire était exclusivement nationale. De façon plus significative encore, la proposition, d'origine radicale, d'édifier en plein Paris, sur l'emplacement enfin déblayé des ruines des Tuileries, un grand monument à la

Révolution, a été écartée, au profit du simple agrandissement du jardin. Au paysage parisien, 1889 n'a légué que la Tour Eiffel, ce qui n'est pas négligeable, mais qui évoque davantage le souvenir de l'Exposition Universelle que celui du centenaire.

Paris, en effet, a renouvelé en 1889 les fastes de 1878, dans un esprit de fête, de prospérité, de progrès technique et artistique, d'accueil international, beaucoup plus que de défi républicain à l'Europe des rois. Ce que la Tour Eiffel a de plus fortement symbolique, c'est de proclamer la modernité radicale de l'art du métal, et de donner à la fierté nationale de la France un record mondial d'altitude. Deux traits dont le rapport avec la Révolution n'est pas inexistant, mais pas non plus très serré ni très évident.

L'opinion publique aura sans doute surtout retenu de 1889 l'aboutissement du vote de la loi militaire de trois ans, loi populaire en ce qu'elle réduit le temps de service (le précédent était de cinq !) et qu'elle annule un certain nombre d'exemptions de catégories (ecclésiastiques, instituteurs, etc.).

Au sommet de l'État surviennent pourtant encore de nouvelles péripéties. Élu, dans les conditions que nous avons dites, à la fin de 1887, Sadi Carnot allait achever son septennat lorsqu'il fut poignardé à Lyon en juin 1894 par un anarchiste italien. Son successeur, Casimir-Perier, ne tint que quelques mois avant de démissionner, excédé par une campagne de presse d'extrême gauche qui stigmatisait en lui l'homme du monde, lié aux vieilles fortunes bourgeoises, doté d'un tempérament personnel autoritaire.

C'était beaucoup de symboles à la fois ! Si différents qu'ils fussent, le poignard de Caserio et la plume de Gérault-Richard* avaient en commun d'exprimer à leur manière la radicalisation des luttes sociales dont

* Le plus actif polémiste de la campagne menée contre Casimir-Perier, dans *La Petite République*.

le surgissement marque ces années. Pour remplacer Casimir-Perier, le Congrès élut Félix Faure, personnage plus classique. Petit industriel au Havre, il tenait davantage des « couches sociales nouvelles » que des anciennes dynasties de notables. Il se voulait d'ailleurs disciple de Gambetta. Résolu à laisser la politique courante se dérouler indépendamment de lui, il se consacra à sa tâche de représentation avec un zèle et un goût du faste bien accordés au climat du moment. Il fut, comme l'avait été déjà Sadi Carnot, un grand voyageur dans les départements et un grand inaugurateur de monuments patriotiques. Son mandat présidentiel recouvrira presque entièrement la législature 1893-1898 (allongée par une exceptionnelle prorogation), et verra le début de celle de 1898-1902, dont l'affaire Dreyfus viendra bouleverser la conjoncture.

Au gouvernement se succèdent de nombreux ministères, séparés par autant de crises aux causes complexes et parfois mineures, dont le détail ne nous importe plus guère aujourd'hui. Leurs chefs sont des républicains modérés, hommes de second plan de la génération opportuniste, tels que Jules Méline, ou bien leurs épigones et leurs cadets, que l'on commence à appeler plutôt « progressistes », tel Charles Dupuy. Jules Ferry a quitté la scène prématurément en 1893, âgé seulement de soixante et un ans. Sa défaite devant un boulangiste lors des élections législatives de 1889 avait constitué l'un des rares échecs du camp républicain, à contre-courant de la tendance générale. Il s'était alors fait élire sénateur, et le Sénat, en 1892, venait de le porter à sa présidence, bon poste d'attente pour l'Élysée, quand la maladie l'enleva brusquement à un destin dont il était digne.

Sa fin ne devait d'ailleurs pas grand-chose au hasard. Au temps des campagnes haineuses déchaînées contre sa personne après 1885, un fanatique avait tiré sur lui un coup de revolver qui lui avait transpercé le poumon. Il semble bien que cette blessure, dont il avait d'abord paru se remettre, ait, par des effets insidieux, abrégé sa vie.

Il n'aura donc pas eu l'occasion de symboliser lui-même la République modérée. En limitant sa carrière active aux années militantes et fondatrices de 1870-1889, sa mort prématurée l'enfermait au contraire dans une image de gauche, celle du républicain intransigeant et de l'éducateur laïque. C'est un autre Lorrain, son contemporain et son compagnon de lutte, Jules Méline (né à Remiremont en 1838, avocat, député des Vosges de 1876 à 1903, puis sénateur de 1903 à sa mort en 1925) qui sera pour l'histoire le prototype de l'homme de droite issu du « parti républicain ». Son organe de presse était d'ailleurs *La République française*, qui avait servi naguère de tribune à Gambetta. Aussi vigoureusement antiboulangiste que son chef de file Ferry, après 1889 Méline n'aura plus d'adversaire qu'à gauche. Il sera président du Conseil d'avril 1896 à juin 1898, celui pour qui « il n'y a pas d'affaire Dreyfus », il sera lui-même antidreyfusard, et candidat à l'Élysée contre Émile Loubet en 1899. On tient aujourd'hui pour symbolique, et l'on retient davantage, qu'il a cumulé la direction du gouvernement avec la gestion de l'humble ministère de l'Agriculture. Mais cela aussi avait valeur de signe conservateur.

Certes, ces républicains du gouvernement se disaient « progressistes », parce qu'il allait de soi que la République marchait vers le progrès, et que les termes peut-être plus appropriés, de « conservateurs » ou de « réactionnaires » restaient traditionnellement accolés aux monarchistes. En réalité, être un républicain « progressiste » signifie surtout n'être pas un « radical ». Car les groupes, assez informels, qui se disent radicaux constituent toujours une aile gauche du camp républicain, et commencent à réclamer pour eux le rôle de porteurs des principes et de doctrinaires de la nouvelle tradition. Eux aussi seront décapités, lorsqu'aux élections législatives de 1893 Clemenceau aura perdu son siège de député en attendant 1902, où il bénéficiera à son tour du repêchage sénatorial.

Le principal chef de file des parlementaires radicaux dans les années 1890 devient alors Léon Bourgeois. Né à Paris en 1851, fils d'un horloger, engagé volontaire en 1870, puis avocat, enfin fonctionnaire d'administration centrale, il fait partie après 1877 de la première fournée de préfets républicains, avant de passer en 1888 dans l'arène parlementaire comme élu de la Marne (député de 1888 à 1905, sénateur de 1905 à sa mort en 1925). Fin politique, il est surtout l'intéressant théoricien qui essaie de formuler, avec *Le Solidarisme* (1895) ce qui devait être la formule idéale d'une République humanitaire : un libéralisme économique amendé d'institutions et d'interventions sociales. Léon Bourgeois n'a qu'une occasion de former un gouvernement radical, en 1895, et qui paraît vite trop hardi pour durer. Il restera bien plutôt l'exemple de ces radicaux qui préféreront se consacrer davantage aux grandes causes humanitaires qu'à l'empirisme du combat quotidien. Rarement ministre de premier plan, plus volontiers président de la Chambre ou du Sénat, il est surtout connu comme président de la Ligue de l'enseignement, comme spécialiste des questions d'assistance, et, à ce titre, pionnier de grandes campagnes contre la tuberculose, enfin comme attaché à la cause de l'arbitrage international des conflits, belle intention qui lui vaudra en 1920 d'être honoré du prix Nobel de la paix. Par comparaison, son ministère de 1895 où pourtant figuraient un Combes, un Doumer, un Berthelot, compte moins dans l'histoire.

A ce bref intermède près, la République des années 1890, quoique dirigée par le camp dit « progressiste », est donc en réalité plutôt conservatrice ; en vocabulaire marxiste, on la dirait « bourgeoise », et on commence alors à beaucoup formuler cette accusation. Bourgeoise parce qu'elle accepte le lien avec les forces économiques dominantes qu'on se refuse évidemment à renverser. Lien global : la liberté s'étend au régime de l'économie, le capitalisme fonctionne et il faut en laisser jouer les lois. Mais liens plus particuliers et plus proches aussi, lorsque tel groupe d'hommes d'affaires ayant besoin de telle ou telle loi approche les législateurs pour les convaincre ou les séduire. Alors l'acceptation du capitalisme dérive jusqu'à la corruption par le capital : c'est l'histoire du scandale de Panamá.

Ferdinand de Lesseps, créateur du canal de Suez en 1869, avait entrepris, à la tête d'une nouvelle compagnie, de percer l'isthme centre-américain. Mais la géographie naturelle rendait l'affaire plus difficile, et la conjoncture économique mondiale était moins heureuse. D'où des échecs, des besoins de renflouement, et pour cela, la nécessité d'obtenir un vote parlementaire autorisant l'émission d'un emprunt de la dernière chance. C'est ce vote qui fut en partie acheté. Du détail compliqué de l'affaire émergea au moins la conclusion simple que des députés de la République pouvaient être vénaux. Les journaux restés sympathiques au boulangisme prirent une sorte de revanche à diffuser ce constat. Pour finir, le gouvernement, la majorité, et la magistrature firent la police chacun pour leur part en traduisant quelques corrompus en justice, et le suffrage universel acheva en 1893 de faire le ménage en éliminant certains députés aux fréquentations au moins imprudentes, dont Clemenceau.

Dans l'ensemble pourtant, la République « bourgeoise », échaudée par les difficultés d'une conjoncture économique difficile, ou peut-être tout simplement déterminée par la nature économique profonde de la société française, joue moins le capitalisme « sauvage » que le capitalisme rentier. Jules Méline, c'est ici qu'il faut le retrouver dans sa notoriété la plus durable.

Comme leader parlementaire, il a fait voter en 1892 des lois douanières pour protéger de la concurrence internationale l'industrie textile et surtout l'agriculture. Peu après, comme théoricien, il publie *Le Retour à la terre* qui, précisément, donne pour vocation à la France de cultiver ses aptitudes agricoles et paysannes plutôt que de s'acharner dans la compétition industrielle. Au reste, grâce à lui, la panoplie de nos décorations nationales s'enrichit de l'ordre du Mérite agricole... Ce ruralisme constitue une inflexion considérable, une contradiction même, par rapport à l'esprit manchestérien de Napoléon III, et auquel Jules Ferry et Gambetta n'étaient pas étrangers. Double passage d'une conjoncture de hardiesse à une conjoncture de repli, et d'une idéologie de progrès véritable à une idéologie défensive. La politique de Méline renforce entre le régime et la paysannerie le lien qu'avaient déjà noué les pères fondateurs, mais alors que, sous Gambetta, le ruralisme républicain tendait à arracher les ruraux au conservatisme des notables pour les arrimer à la République, sous Méline, c'est plutôt la République qui tend à arrimer son propre ralentissement politique à l'immobilité rurale conservée.

Conservatrice ou bourgeoise, la République de Méline laisse s'enliser ce qu'il y avait de social et d'humanitaire dans son programme et dans son impulsion initiale. Une loi limitant la journée de travail industriel pour les femmes et les enfants, une autre loi favorisant les sociétés de secours mutuel, c'est un bilan de législation sociale non négligeable sans doute, mais léger. D'autant que le gouvernement ne veille même pas à ce que la liberté syndicale, légale depuis 1884, soit respectée dans les entreprises.

En revanche, on est très vigilant lorsque les ouvriers s'agitent et troublent l'ordre, si peu que ce soit : on le sait bien, la République de Panamá est aussi celle de Fourmies.

Fourmies, dans le département du Nord (arrondissement d'Avesnes) mais tout près du département de l'Aisne et de la Belgique, est une petite ville industrielle typique. Les trois quarts des 15 000 habitants sont des travailleurs manuels. Une industrie dominante, le textile (tissage et surtout filature de laine), partagée en une vingtaine d'entreprises dont les plus grosses dépassent largement la centaine d'ouvriers — hommes, femmes et enfants. Les salaires sont bas, les journées longues. La loi limite la durée du travail, en raison de la présence d'une main-d'œuvre en partie féminine et enfantine, mais cette limite légale est tout de même de douze heures ! Ni la conscience politique ni l'organisation syndicale ne sont encore établies. Malgré l'énorme majorité de la classe ouvrière dans l'électorat, le conseil municipal n'est pas spécialement populaire, le maire est un commerçant qui se sent solidaire du monde patronal. Le seul syndicat existant est le syndicat mixte (patrons et ouvriers), d'inspiration religieuse et paternaliste. On y regrettait le bon vieux temps où, dans chaque atelier ou usine, un banquet réunissait le patron, les contremaîtres et les ouvriers... le soir du Premier Mai ! Car le premier jour du mois de mai était encore reconnu ici, ainsi que dans quelques autres régions de la France profonde, comme une date du vieux cycle (agraire) des fêtes du printemps. Par exemple (détail à retenir), les jeunes gens conservaient la coutume d'aller au bois ce jour-là, couper une branche d'aubépine en fleur pour l'offrir à leur fiancée.

Le prolétariat était cependant « travaillé » depuis quelque temps par des socialistes venus de Lille ou (surtout) de Saint-Quentin, plus proche, pour annoncer la première grève générale du Premier Mai, consacrée à la revendication des huit heures. Comment cette idée simple et juste n'aurait-elle pas rencontré d'échos ? Le 30 avril, inquiets, les patrons lancent un manifeste commun dénonçant violemment dans les agitateurs des meneurs étrangers à la localité, et dans la perspective des huit heures la ruine assurée des usines, du travail et de la région. C'était jeter de l'huile sur le feu. Surtout quand, pour prêter main forte au défi moral des industriels, deux compagnies d'infanterie de ligne sont envoyées par le sous-préfet d'Avesnes pour renforcer, en cas de troubles, la gendarmerie locale.

La journée du Premier Mai commence donc dans une atmosphère tendue. Beaucoup de grévistes sont dans les rues, parcourant la ville pour appeler les travailleurs des usines où l'on travaille encore à les rejoindre, et ils chantent sur l'air du refrain bien connu : *« C'est huit heures (ter) C'est huit heures qu'il nous faut. »*

L'un de ces rassemblements devant une usine ouverte est chargé par des gendarmes à cheval. Certains grévistes se défendent à coups de pierres et de bâtons. Cette première échauffourée se solde par des blessures bénignes, mais aussi par l'arrestation de quelques manifestants qui sont incarcérés dans la salle de police au rez-de-chaussée de la mairie. La nouvelle connue, au début de l'après-midi, les cortèges d'ouvriers grévistes se font plus nombreux et vont converger vers le bâtiment municipal pour exiger la libération des camarades. Le refrain est devenu : *« C'est nos hommes (ter) C'est nos hommes qu'il nous faut. »*

La gendarmerie ne suffit plus et s'est repliée derrière les cordons de fantassins qui barrent les accès de la place centrale. Le sous-préfet d'Avesnes et le maire sont enfermés dans la mairie comme dans une forteresse assiégée. Sur le terrain, entre église et mairie, l'initiative appartient en principe au commissaire de police, en fait à l'un des commandants de compagnie du 145e de ligne. Voyant sa troupe plier sous la poussée de la foule, il donne l'ordre d'ouvrir le feu. Quelques salves, deux ou trois minutes en tout peut-être, l'effroi, la débandade, la stupeur. On trouve à terre neuf morts et trente-trois blessés. Des neuf morts, un seul était un adulte (trente ans, père de deux enfants), les huit autres étaient des ouvriers adolescents — entre douze et vingt ans — quatre gars et quatre filles. L'histoire a retenu le nom de l'une d'elles : Maria Blondeau, parce que, sous les balles, elle tenait encore à la main la branche d'aubépine que son amoureux lui avait offerte au matin.

La notoriété de ce rameau de fleur ensanglanté tient évidemment à sa pluralité symbolique : pour l'historien social, depuis cent ans, il marque le contraste entre le caractère inoffensif, désarmé et naïf des manifestants et la brutalité irrésistible du fusil Lebel ; pour l'historien anthropologue, il illustre et prend sur le vif l'exemplaire transition entre le Premier Mai folklorique et le Premier Mai révolutionnaire.

L'émotion est énorme. Le gouvernement (dont le ministre de l'Intérieur est Constans, le vainqueur de Boulanger) est violemment attaqué et de droite et d'extrême gauche. La presse naguère boulangiste, maintenant nationaliste et antisémite, se déchaîne contre les forces de l'ordre, mettant spécialement en cause le zélé sous-préfet, qui était juif. Drumont en personne vient à Fourmies enquêter sur l'événement, et le récit très circonstancié qu'il en a laissé est encore aujourd'hui l'une des bonnes sources d'information. En outre, toute la droite (antisocialiste et conservatrice) monte en épingle le geste du curé Margerin, jailli du presbytère pour s'empresser auprès des victimes, non pas exactement, comme on l'a dit alors, sous les balles, mais tout de suite après..., car — signe des temps — cette mesquine et sinistre polémique sur la minute exacte de l'apparition du prêtre a bel et bien eu lieu ! Charité des forces religieuses contre inhumanité des pouvoirs républicains d'un côté, dénonciation par les républicains de l'exploitation cléricale du drame, de l'autre.

Mais la principale « récupération » devait être le fait des anarchistes et des socialistes, relayant dans le pays les protestations qu'émirent aussi à la Chambre quelques députés radicaux. Dans la lancée et dans l'émotion de Fourmies, le 8 novembre suivant, à l'occasion d'une élection législative partielle à Lille, Paul Lafargue, le gendre de Karl Marx, et l'un des dirigeants du Parti ouvrier français (guesdiste) sera élu. Ses voix au premier tour feront plus que tripler le nombre de voix socialistes de la même circonscription en 1889 (5 000 au lieu de 1 400), et il recevra au ballottage le renfort décisif des 1 500 voix radicales du premier tour.

Fourmies, événement célèbre parce qu'exemplaire et même triplement ! De la lutte des classes d'abord. Fourmies paraît fait sur mesure pour étayer l'hypercritique dénonciation marxiste de la République « bourgeoise ». Du Premier Mai aussi, vieille fête séculaire et naturaliste qui entre alors dans la phase sociale et politique de son histoire, avant de rétrograder sous nos yeux — boucle bouclée, cycle achevé — au rang de fête printanière et végétale (un congé de plus et la « fête du muguet »).

On oublie trop la troisième exemplarité : le retard institutionnel du système de maintien de l'ordre. Fourmies, de nos jours, ne serait pas devenu célèbre, parce que deux compagnies de C.R.S. bien équipées de gaz lacrymogènes auraient dispersé la foule sans effusion de sang. Mais la République n'avait pas encore inventé les formes de répression relativement douces d'un ordre civilisé. Elle en était encore, comme Louis-Philippe et Napoléon III, à faire appel à l'armée dès que les gendarmes ou les sergents de ville étaient débordés.

Or le soldat, le fantassin surtout, n'est pas entraîné pour faire face à la bousculade et à la rixe. Il n'a d'armes que la baïonnette et le fusil : meurtriers. Quant aux officiers, la République n'a pu, en quelques années, leur inculquer l'humanitarisme que ses fonctionnaires civils pratiquent encore si peu pour leur part. Alors, Fourmies... Fourmies n'est d'ailleurs que le jalon le plus spectaculaire de l'infléchissement du cours de la politique républicaine.

Malgré une certaine méfiance à l'égard des mouvements populaires, le régime, dans les années 1880, était resté marqué à gauche par l'anticléricalisme, accompagnement naturel du grand programme de laïcité. Mais précisément les lois scolaires désormais sont faites, leur application, en province, suit son cours, avec des rythmes inégaux selon les rapports de force locaux, mais sans incidents majeurs. Sur ce front-là, le régime peut « baisser sa garde », atténuer sa pugnacité, voire assumer ce que Spuller, ami et héritier politique de Gambetta, avait appelé, dans un discours remarqué, « l'esprit nouveau ».

L'esprit nouveau, celui des gouvernements républicains modérés en face d'un catholicisme jugé moins périlleux, renforce évidemment la tonalité conservatrice globale du temps. Pour l'évoquer, Anatole France brosse alors la tétralogie romanesque de l'*Histoire contemporaine** où l'on voit dans une petite ville de province les notables bien-pensants, les fonctionnaires républicains, préfet en tête, et les ecclésiastiques reconstituer une sorte de petit monde cohérent, tandis que, à l'écart de cette société, c'est un paisible professeur, républicain à principes et bon libre penseur, qui fait à nouveau figure d'isolé. Les intrigues menées par des ecclésiastiques, apaisement et Concordat aidant, s'opèrent donc dans le cadre de la République officielle. En les retraçant, la plume critique d'Anatole France atteignait en même temps les deux cibles.

Cet infléchissement de la politique républicaine dans

* *L'Orme du mail, L'Anneau d'améthyste, Le Mannequin d'osier, Monsieur Bergeret à Paris.*

les années 1890 n'est évidemment possible (et justifiable pour les gouvernants et pour les défenseurs du régime) que parce qu'il y a du nouveau à droite. Le comte de Chambord est mort en 1883, et le comte de Paris, exilé depuis 1886, jouit d'infiniment moins de vénération et de considération. Quant aux bonapartistes ils sont divisés entre les tendances rivales et contradictoires de deux princes de la famille. Surtout, le monarchisme paraît fort peu dangereux puisqu'il a été vaincu en 1889 alors qu'il profitait de sa coalition avec les boulangistes. Comment pourrait-il vaincre un jour avec ses seules forces ? La République, consolidée à la fois par le vote constamment majoritaire du peuple, et par l'écoulement du temps qui la transforme en habitude, paraît bien assise.

N'y avait-il pas surtout des perspectives d'évolution rassurantes dans le camp d'en face, dont les fidèles de l'Église romaine formaient les bataillons les plus convaincus ? C'est ici qu'il faut considérer au moins sommairement l'état du catholicisme en cette fin de siècle.

Les catholiques français, dans cette première grande phase de la IIIe République qui va de 1880 à 1914, sont dans une situation singulière, qui a pu faire l'objet des jugements les plus contradictoires.

Pour la première fois depuis la Révolution française, ils se trouvent soumis durablement à un État hostile, non ou anticatholique. Pour eux c'est en somme la Révolution qui recommence, à la guillotine près, et pour eux (ou pour leur grande majorité), la Révolution c'est le Mal : une philosophie détestable d'où ne peuvent provenir qu'une politique funeste et une évolution morale corruptrice. Ce pessimisme déjà centenaire avait été porté à son comble en 1870 et 1871 par trois chocs violents, la défaite et l'amputation de la France, nation catholique, sous les coups de la Prusse luthérienne, la perte du pouvoir temporel du pape, et l'explosion de violence de la Commune, où avaient péri plusieurs ecclésiastiques, dont l'archevêque de Paris. La France de l'Ordre moral avait bien commencé l'œuvre d'expiation par la piété et, par exemple, mis en chantier le Sacré-Cœur sur la colline rouge de Montmartre. Mais en 1879, la Révolution (Jules Grévy et Victor Hugo, Gambetta et Jules Ferry...) avait repris le pouvoir. Et peu importait que l'impiété méthodique et légale de Jules Ferry fût bien différente de l'impiété sanguinaire de Raoul Rigault. Satan pouvait avoir plusieurs visages. Sous des gouvernements républicains, les catholiques en viendront à se dire, selon les mots de Tertullien, *exsules in patria*, « exilés dans leur propre pays ».

Mais les républicains étaient à peine moins inquiets. Cette Église qui se disait exilée et persécutée restait à leurs yeux une puissance menaçante par son hégémonie sociale multiséculaire. La très grande majorité de la population recourait à elle pour solenniser les principaux actes privés ou collectifs : baptiser, marier, ensevelir, bénir les champs et les récoltes, lester de dignité les fêtes patronales. La moitié du corps électoral était accessible à ses consignes.

La bonne société, le « monde », la quasi-totalité de l'ancienne noblesse et des grands notables bourgeois, et des hauts fonctionnaires qui en sortaient, était catholique au moins de parole et de rite. A certains égards, les minorités, sinon « exilées », en tout cas mal vues, c'étaient celles que constituaient les protestants, les juifs et (surtout) les agnostiques résolus, ceux qui refusaient tout rite, même de convenance. L'Église avait jugé scandaleuses les obsèques civiles de Gambetta et de Victor Hugo, mais, tout aussi solennelles, les funérailles nationales du chef de l'État assassiné, Sadi Carnot (juin 1894), passaient par Notre-Dame, ce qui était aussi un grand signe : le magistère historique de l'Église romaine sur la société française était bien peu ébranlé puisque tant de républicains incontestables le conciliaient avec leurs convictions politiques. Ne serait-ce pas plutôt l'anticatholicisme radical qui formait une contre-société enkystée dans la société globale ? Et l'exilé de l'intérieur n'était-il pas celui qui, par exemple, en se faisant enterrer sans prêtre, « comme un chien », s'exposait à être montré du doigt ? Il en était ainsi, en tout cas, dans la France profonde.

Qui persécute qui ? ces accusations réciproques et incompatibles renvoient évidemment aux divers aspects d'une situation complexe que les polémiques simplifiaient abusivement.

La République en France s'appuyait, l'évidence numérique le montre, non seulement sur les protestants, les juifs et les agnostiques (un peu sommairement identifiés aux francs-maçons) — ces trois groupes additionnés n'auraient fait ensemble qu'une mince minorité — mais aussi sur une quatrième composante, de beaucoup la plus nombreuse, celle des catholiques qui avaient bel et bien accepté « la Révolution ».

On y trouvait les penseurs du catholicisme libéral (autour de la revue *Le Correspondant*) ; on y trouvait les politiques sensibles à la tradition du gallicanisme d'État, pour qui Rome et l'ultramontanisme présentaient le danger de toute impulsion ou de toute directive venues d'au-delà des frontières. Et surtout existait la masse, peu théoricienne, des catholiques des classes moyennes et populaires, satisfaits de pouvoir jouir à la fois des avantages républicains de la liberté et de la démocratie et des pratiques séculaires de leur foi ; après tout, les églises étaient ouvertes, les prêtres nombreux et payés par l'État. C'est bien parce qu'elle recevait, en beaucoup de régions, même pratiquantes, le soutien électoral de ces millions de catholiques à qui la modernité agréait que la République restait au pouvoir. Mais ce qui occupait le devant de la scène c'était une Église militante qui combinait un catholicisme plus exigeant avec toutes les forces sociales et intellectuelles du refus.

Ce « parti » catholique — « parti clérical » en langage républicain — a mené et perdu la bataille défensive sur l'école primaire, on le sait. Il en a gagné d'autres, ce que l'on dit moins : ni les hôpitaux ni les cimetières n'ont été pleinement sécularisés. Malgré des aménagements, et parfois des escarmouches, secondaires, les lieux de la souffrance et de la mort devaient rester longtemps encore entourés de religion.

L'Église surtout a pris pleinement conscience de l'étendue de ses forces et de ses faiblesses sociales. Elle est fortement adossée à quelques zones rurales de « chrétienté », l'Ouest en général, la Flandre, le pays Basque, le sud du Massif central, pour ne citer que les plus marquantes, mais elle sait que le reste est « pays de mission », et notamment les grandes villes et la classe ouvrière. Alors s'inventent ou plutôt se généralisent les œuvres. La fondation de l'œuvre des Cercles catholiques d'ouvriers par Albert de Mun a ouvert une voie qui ne cessera de s'élargir et de se ramifier. C'est alors (entre 1880 et 1900 environ) que — pour citer les formules d'un excellent expert* — « le "bon prêtre" traditionnel, assoupi dans son presbytère rural, cède la place au pasteur de grande ville, activiste, dévoré par un nombre croissant d'activités non cultuelles, cercles d'études, groupes de jeunes, syndicats, caisses de toute sorte ; homme à tout faire, il dirige les œuvres, matériellement, par d'incessantes quêtes, et spirituellement, par offices, retraites, pèlerinages spécialisés... ». Aidé, chaque fois qu'il le peut, par des laïcs bénévoles. Le bon catholique typique n'est pas seulement un pratiquant régulier et un père de famille exemplaire mais un « homme d'œuvres » désormais.

---

* Michel Lagrée dans le chapitre VI de l'*Histoire des catholiques en France* sous la dir. de F. Lebrun, Privat, 1980.

Bientôt l'Église apprendra à utiliser tous les ressorts de la sociabilité nouvelle que la République avait libérés et politisés à la fois, cercles de lectures, sociétés de chants, de gymnastique, fanfares, excursionnistes. Rouges et blancs constitueront ainsi souvent des réseaux de sociabilité à la fois jumeaux et antagonistes. En quoi l'Église se montrait capable de s'adapter, car l'usage du sport, par exemple, n'allait pas de soi pour une éthique qui avait si longtemps entretenu une sainte méfiance à l'égard du corps, de ses exercices et de ses joies. Mais le succès exige les adaptations, et il y en a d'autres exemples. La civilisation industrielle n'avait pas apporté que des tâches nouvelles avec ses banlieues ouvrières pauvres, plus riches de bistrots que de lieux de culte ; elle avait procuré aussi, avec les chemins de fer, les moyens d'un nouveau triomphalisme. C'est le rail qui permettait, depuis les années 1870, le fait neuf des pèlerinages de masse aux grands sanctuaires, La Salette, Paray-le-Monial, Pontmain, Lourdes surtout, et parfois Rome même.

Dans une Église qui vit et revit, exaltée à la fois par la conscience de ses reculs et par celle de ses élans, les paroxysmes de dévotion qui peuvent susciter la « sainteté » ne sauraient être absents. L'époque précédente avait vu mourir le curé d'Ars, Jean-Marie Vianney (1859), objet de culte bien avant sa canonisation. L'époque suivante sera mieux symbolisée par Charles de Foucauld, qui mourra en 1916 au cœur du Sahara. Entre l'apôtre rustique d'hier et l'apôtre explorateur de demain, le moment ici évoqué est celui d'une simple fille d'Alençon, devenue carmélite à Lisieux, Thérèse Martin, morte en 1897 et bientôt canonisée en sainte Thérèse de l'Enfant-Jésus.

Tout ce monde est mal à l'aise dans le siècle et dans sa modernité, à laquelle la République tend à s'identifier euphoriquement. De là à ce que les combats séculiers de l'Église soient antirépublicains il n'y a qu'un pas, et l'homme d'œuvres est souvent, en plus, un royaliste, comme le sont les paysans de la Mayenne ou les foules des pèlerinages. Mais la réflexion sur la société contemporaine peut parfois dépasser la question du régime et de la Constitution. Deux thèmes politiques émergent alors — le thème du complot et celui de la rénovation sociale.

Le premier dit que, pour être si mauvaise, la République est nécessairement quelque chose de plus qu'un mécanisme, un régime, ou une simple absence de roi. Elle doit être l'instrument d'une force plus profonde, l'outil d'une conspiration. L'étiquette républicaine est en somme trop prosaïque pour Satan. Satan c'est la franc-maçonnerie — ce thème né dès le début du XIXe siècle connaît alors sa plus grande extension, non sans quelque apparence de raison. Ou alors Satan, c'est la « juiverie », autre thème que le catholicisme militant emprunte au nationalisme autant qu'à sa tradition propre. Tel est l'aspect négatif du refus du monde tel qu'il est.

En revanche, le thème tenu aujourd'hui pour positif est celui de la critique sociale. Si la France va mal, c'est non seulement parce que la politique, mais aussi parce que les rapports sociaux sont dévoyés. La République libérale et parlementaire est critiquable, mais son associé, le capitalisme libéral, l'est aussi. Aux origines lointaines de cette démocratie chrétienne que l'on situe aujourd'hui comme un catholicisme de gauche, se trouvent d'éminents isolés venus de la droite extrême (légitimiste) et de sa recherche d'un ordre chrétien : Albert de Mun, fondateur des Cercles ouvriers, Henri Lorin, créateur des Semaines sociales, Léon Harmel, prototype du chef d'entreprise « social », associé à ses ouvriers (un peu semblable à ce qu'était un Godin dans le camp républicain), ou encore l'abbé Lemire, qui va être élu député d'Hazebrouck. Cette attention au peuple, à la foi, et aux rapports du peuple et de la foi, est plus importante au fond à leurs yeux que l'attention à la tête de l'État. On voit la convergence de leur raisonnement implicite avec celui du pape Léon XIII.

A Rome en effet, en 1878, à Pie IX, le pape de la Contre-Révolution intransigeante, avait succédé Léon XIII, pape plus politique, dont le pontificat se signale au début des années 1890, précisément, par deux grandes innovations.

Le 15 mai 1891, l'encyclique *Rerum novarum* invite les catholiques à considérer que l'ordre social existant est critiquable ; si le socialisme n'incarne certes pas la bonne solution, entre socialisme et capitalisme il y a néanmoins des voies chrétiennes à chercher. Première façon de rompre avec un certain conservatisme établi. Le 16 février 1892, *Inter Sollicitudines* remet cette fois en cause la confusion politique entre catholicisme et monarchie. Il ne va pas de soi qu'un chrétien ne puisse être que royaliste. En elle-même la République n'est pas forcément mauvaise ; c'est sa législation laïque qui l'est. Mais rien n'empêche de reconnaître le régime, pour en contester plus efficacement du dedans et en jouant le jeu, les dispositions ou les pratiques antichrétiennes. Ainsi s'offrait le Ralliement (des catholiques à la République), appel relayé par le cardinal Lavigerie*, accepté par Albert de Mun, et qui répondait à la politique d'apaisement plus ou moins conçue, et en fait pratiquée, par les républicains héritiers des opportunistes.

Une avant-garde hardie de l'Église sera donc « ralliée ». Des masses nombreuses, et la majorité peut-être du clergé, mettront plus longtemps à disjoindre les attachements séculaires à Rome et à la monarchie, deux branches de leur traditionalisme global.

Du moins la politique française, y compris la tribune parlementaire de la République, peut-elle compter

* Toast d'Alger, novembre 1890.

désormais quelques acteurs éminents venus de la droite catholique.

Albert de Mun en devient alors l'exemple achevé. Avant lui, certes, la droite du Parlement, et surtout de la Chambre des députés, ne manquait pas d'orateurs. On disait communément « les droites », par référence notamment à la pluralité des dynasties possibles (Bourbons, jusqu'à la mort du comte de Chambord en 1883, Orléans, Bonaparte), mais une commune opposition à la République les avait menées à coordonner leurs actions parlementaires et leurs votes, sous la houlette du baron de Mackau. Quand les grands principes et la République étaient en cause, leur orateur de prédilection était Mgr Freppel, évêque d'Angers et député. Mais quelques hommes capables déjà d'émerger par leur seule originalité de pensée comme par leur talent oratoire, vont être portés en avant par la conjoncture nouvelle.

Né à Lumigny (Seine-et-Marne) en 1841, Albert de Mun était d'ancienne noblesse, très brillamment apparenté, mais cadet de famille, et finalement de fortune médiocre. Il était entré à Saint-Cyr, pour devenir officier de chasseurs. Sous l'Empire il avait servi en Algérie, puis fait la guerre de 1870. Conservateur, royaliste et patriote, tout naturellement. Prisonnier des Prussiens pendant l'hiver 1870-1871, il avait resserré ses relations avec le marquis de la Tour du Pin, officier captif en Allemagne avec lui. C'est à lui qu'il avait dû l'affermissement de sa foi catholique, et la conviction que le combat le plus essentiel serait de ramener à l'Église la société que « la Révolution », dans son progrès global, lui enlevait. Plus essentiel, en somme, de rechristianiser le peuple que de restaurer la monarchie. Après tout, si elle prenait la forme ou les penchants de l'orléanisme, la monarchie elle-même pourrait porter la tare de la modernité libérale et laïque. Albert de Mun, dès 1871, s'était alors consacré à l'œuvre des Cercles catholiques d'ouvriers, dont le grand essor avait caractérisé la période d'intense lutte qui a précédé la victoire de la République. Infatigable organisateur de cercles, conférencier qui sillonnait la France et multipliait les rencontres avec les évêques, Albert de Mun s'était enfin laissé convaincre de mener aussi le combat à la Chambre des députés. En 1875, il avait démissionné de l'armée, et cherché une circonscription, pour jeter son dévolu sur la Bretagne où, à quelques exceptions près, les sièges étaient assurés aux candidats de droite. Il est vrai qu'il y avait aussi beaucoup de notables locaux pour les occuper, alors que de Mun ne possédait pas d'attaches personnelles dans la région et n'avait pour lui que la réputation de son militantisme national. Ses élections à Pontivy (Morbihan) seront donc toujours difficiles, ne serait-ce que pour cette raison. Mais l'autre raison, latente, parfois perceptible, tient à ce que de Mun était plus apôtre que notable conservateur, et plus catholique que légitimiste. Certes, il demeurait cent fois plus proche du légitimisme que de l'orléanisme ou du bonapartisme. Mais la société à recatholiciser comptait davantage encore à ses yeux que le roi à rétablir, et cela se sentait. Du moins à droite. Car vues de gauche, comme il se doit, ces nuances normalement échappent, et les droites diverses sont perçues comme un seul bloc monarchiste et clérical, communément nommé la Réaction.

Mais on peut comprendre (après coup) qu'il n'y ait nul paradoxe à voir un homme qui était philosophiquement à l'extrême droite de l'opposition devenir l'un des premiers de son camp à accepter la République. C'est en somme sa vue haute et globale de la Contre-Révolution qui l'aiderait à relativiser l'importance de la forme monarchique elle-même.

On n'en était pas là en 1880. Albert de Mun, tout en gérant les rapports parfois difficiles de son œuvre des Cercles avec d'autres œuvres et comités catholiques, ou avec tel ou tel ecclésiastique, participait à tous les combats défensifs de la droite, comme à toutes ses complexes négociations et manœuvres internes. Mais il tenait avant tout à l'idée d'un parti spécifiquement catholique, affirmée en 1885, alors désavouée par Rome et donc abandonnée. Le boulangisme, qui constituait une stratégie tout opposée, n'avait pu lui inspirer que gêne, et il n'y avait joué qu'un rôle secondaire. En revanche il était à l'écoute des signes de Rome et prêt à percevoir ceux qui allaient dans le sens du tournant.

Le « paysage politique », pour employer une expression contemporaine, n'en a pas été aussitôt bouleversé. Pas plus que la politique d'« ouverture » de 1988, celle de 1892 — Ralliement et « esprit nouveau » — n'a soulevé d'enthousiasme.

De même que bien des hommes à droite, plus passionnément antirépublicains que fidèles au pape, ont rechigné devant son conseil perturbateur, de même la gauche a massivement préféré voir dans les Ralliés des envahisseurs abrités dans un inquiétant cheval de Troie. Ils furent tout de même quelques élus au scrutin de 1893.

Aussi, après 1893, le système de forces et de dénominations de la décennie précédente est-il véritablement transformé. Contrairement aux années 1880, République et gauche cessent de s'identifier et par conséquent droite et hostilité à la République ne se confondent plus. Il y a désormais, et pour longtemps, une droite républicaine ou, si l'on veut, des républicains de droite.

Il y en a même de deux sortes. D'anciens royalistes (ou conservateurs) qui ont fini par accepter le régime, soit peu à peu, un à un, discrètement et de guerre lasse, soit après 1892, à l'appel du pape, pour devenir les « Ralliés » *stricto sensu*. Mais aussi des républicains authentiques qui sont passés en fait de la gauche à la droite, parce que leur volonté de défense de l'ordre établi contre un mouvement ouvrier jugé inquiétant les a amenés à privilégier les valeurs sociales défensives, donc à tenir un discours plus proche de celui des cléricaux que de celui des radicaux.

Ces mutations politiques consacrées par l'histoire n'ont d'ailleurs pas été aisément perçues en leur temps. A gauche, l'on refuse et l'on refusera longtemps encore de considérer qu'il puisse exister dans le camp de la droite des républicains dignes de ce grand nom, « République », tant la gauche investit la République de passions exigeantes !

La gauche continue à se penser comme le camp de la République, et la discipline dans l'alliance des gauches est dite « républicaine ». Mais ce vocabulaire est déjà en train de passer de la vérité historique à la légende ou à la mythologie.

L'ensemble de mots et de concepts que la science politique emprunte à l'histoire se nourrit jusqu'à nos jours des observations faites à cette époque, en sorte qu'on ne saurait se dispenser d'en insérer brièvement les débats dans ce récit. L'analyse la plus classique* reconnaît l'existence de la bipolarisation (droite-gauche) du champ politique, mais elle ajoute que la droite n'a qu'un caractère négatif : la non-gauche. Elle est surtout diverse, parce que composée de strates successives, entrées l'une après l'autre dans l'opposition à la modernité démocratique, chacune avec sa nuance spéciale de justification. Ces diverses vagues ont correspondu à autant de régimes de l'histoire de notre XIXe siècle, et c'est le nom de ces régimes que le système cité, par une audace que l'usage récent a consacrée, a transformé en catégories.

La seule droite chimiquement pure, la première, et

---

* Celle de René Rémond, bien entendu. *La Droite en France de 1815 à nos jours*, 1954. Nouvelle édition sous le titre *Les Droites en France*, 1984.

la seule antérieure à 1830, peut être dite *légitimiste* parce qu'elle prolonge la pensée politique des ultra-royalistes de la Restauration : le monde d'après 1789 est mauvais, le Bien était avant 1789, dans les principes de la tradition, de l'autorité et de la catholicité.

Viennent ensuite les *orléanistes*, hommes de 1830, initialement de gauche, mais que l'échec de leur monarchie en 1848 rejettera dans une opposition droitière à la République, au peuple, et au progrès. Là, on reste moderne parce qu'on reste libéral (Droit civil moderne, libertés, régime représentatif et parlementaire), mais on utilise ce légalisme dans un sens surtout défensif, contre les troubles populaires, et contre toute velléité de changer le régime social. L'orléanisme est libéral et conservateur à la fois.

Viendront enfin les *bonapartistes*, issus aussi de l'après-1789, et qui en ont gardé le sens de la démocratie, des masses, d'une sensibilité à la fois patriote et populiste, mais qui préfèrent agir par les voies du césarisme que par les voies réputées plus bourgeoises du parlementarisme.

Après la victoire de la République toujours selon la même analyse — le bonapartisme en tant que tel est marginalisé (la probabilité de restaurer un troisième Empire est presque nulle), l'orléanisme et le légitimisme en tant que tels ont disparu aussi puisque la fusion dynastique les a confondus dans un commun royalisme. Il n'y a donc à peu près plus de bonapartistes, d'orléanistes, ni de légitimistes, au sens strict et originel. Mais on peut parler de « bonapartistes », d'« orléanistes » et de « légitimistes », avec guillemets, catégories politiques abstraites qui désigneront respectivement les autoritaires-plébiscitaires, les libéraux-conservateurs et les contre-révolutionnaires intégraux. Rien n'empêche de suivre les filières et de les mener jusqu'à nos jours, où MM. Chirac, Giscard d'Estaing et Le Pen (ou Mgr Lefebvre) les représenteraient.

Belle œuvre, un peu trop systématique (comme tout

système, en somme), mais qui a eu le mérite de stimuler le travail historique, trop souvent porté à un empirisme descriptif, par un exemple de conceptualisation réfléchie.

Ce qui demeure incontestablement le plus solide de cette triade de catégories c'est l'« orléanisme ». Rien n'empêche d'appeler ainsi, tant est grande l'analogie avec les hommes de la monarchie de Juillet, les républicains tels que Méline, dès lors que les radicaux et les socialistes les effraient davantage que les royalistes apprivoisés. Ces républicains dits progressistes des années 1890, attachés aux grands principes de 1789, libéraux, légalistes, parlementaires, mais méfiants à l'égard du peuple parce que socialement conservateurs, ont tout de l'« orléanisme ». De même, les élus venus de droite, les Ralliés par exemple, qui renoncent à renverser la République et entrent au contraire dans le système parlementaire, acceptant donc au moins implicitement les principes de modernité libérale qui fondent ce dernier. Bref, la catégorie « orléaniste » habille bien toute la partie de la droite des années 1890 qui est républicaine, qu'elle vienne de l'opportunisme ou du monarcho-catholicisme rallié.

La difficulté tient surtout à la ligne de partage trop nettement tranchée entre les « bonapartistes » et les « légitimistes ». Les premiers sont supposés repérables par le césarisme (culte du chef), la démagogie plébiscitaire, éventuellement les solutions d'autorité et de violence, les seconds par leur totale différence idéologique, leur mépris absolu des principes et des institutions de l'époque. Ainsi le « bonapartisme » est-il surtout perceptible dans l'ordre des moyens d'action, et le « légitimisme » dans l'ordre des principes et des finalités.

Mais les deux, alors, ne pourraient-ils se combiner ? C'est ici le correctif le plus important qui ait été proposé au système d'histoire et de politologie en vigueur. Un jeune auteur a osé opposer en 1978* au schéma ternaire consacré un schéma simplement binaire. Au fond, il n'y a pour lui à la fin du XIXe siècle que deux droites. La droite républicaine, que nous avons présentée sous ce nom et reconnue dans la droite « orléaniste » de Rémond, Sternhell la laisse hors de son champ d'étude pour se consacrer à « la droite révolutionnaire », c'est-à-dire à celle qui mise sur l'agitation extra-parlementaire et, à terme, sur le bouleversement ou le renversement du régime. Bien entendu « révolutionnaire » ici ne se réfère pas au contenu idéologique positif du mot Révolution (principes de 1789, progrès humain, etc.) mais au sens plutôt répulsif du mot, qui est de l'ordre des moyens (outrances d'idées et d'expressions, violences matérielles, illégalités, coups d'État)**

De fait, le recours à la catégorie insolite de « droite révolutionnaire » permet de rendre compte du caractère encore passablement violent de la vie politique urbaine à la fin du XIXe siècle. Les campagnes électorales boulangistes avaient vu des hommes et des groupes faire leurs premières armes, avant de se prolonger dans les agitations nationalistes et antisémites du temps de l'affaire Dreyfus.

De tels groupes s'apparentent davantage en effet à la « ligue » qu'au « parti politique » parce qu'ils se manifestent aussi bien hors des campagnes électorales que pendant celles-ci, et aussi bien contre les parlementaires qu'en faveur de tel ou tel de ces derniers. La Ligue des patriotes, passée avec Déroulède du gambettisme au boulangisme, avait pris cette voie. On manifestait, on défilait, on conspuait, on affrontait au

---

* Zeev Sternhell, *La Droite révolutionnaire*, Seuil, 1978.

** La droite révolutionnaire existe, pour Sternhell, parce qu'il ne se cache pas de voir en elle l'ancêtre du fascisme, catégorie qui, pour lui, est bien réelle (alors qu'elle ne l'est pas, du moins en France, dans le système Rémond).

besoin la police. Activités de militants convaincus et organisés ; parfois aussi d'hommes de main spécialisés et payés ; recrutés dans des milieux de gens frustes et de poigne rude (on citait beaucoup, par exemple, les travailleurs des abattoirs de la Villette) ; parfois aussi de prolétaires rompus aux luttes ouvrières, parce qu'une partie de la mouvance ouvrière du socialisme, notamment blanquiste, était devenue boulangiste par haine des institutions ; parfois encore de bourgeois plus ou moins oisifs (il y avait encore beaucoup de rentiers, de propriétaires, de fils de famille), ou d'étudiants, messieurs bien vêtus dont la canne, attribut symbolique obligé de l'homme de loisir en promenade, se transformait aisément en gourdin ou en matraque dans les échauffourées prévues ou imprévues. Des leaders émergeaient : Paul Déroulède, le chansonnier patriote, ou Jules Guérin, ou le marquis de Morès. Force est alors de constater qu'une violence de rue, citadine et parisienne, populaire de recrutement et, si l'on peut dire, de procédé, n'est pas forcément d'extrême gauche radicale, socialiste ou néo-jacobine ; elle peut être au service d'une politique classée à droite. Ou bien que — autre aspect du même constat — la violence de droite ne se limite pas forcément à l'usage de coups d'État exécutés par des militaires, mais qu'en attendant le coup d'État, nécessaire au moment décisif, une violence de fermentation préparatrice peut être mise en œuvre.

Bref, il apparaît que la droite d'alors n'est pas composée seulement de bourgeois, de châtelains et d'ecclésiastiques qui gémissent passivement dans l'intervalle des élections, ou dans l'attente d'une intrigue ou d'un putsch manigancés en secret, mais qu'elle comporte aussi une frange active en effervescence permanente. Cette effervescence est d'autant plus vive qu'il existe davantage de haine contre le régime de la « hideuse » République, celle que, depuis Paul de

Cassagnac, on commence à appeler « la Gueuse ». Et cette haine politique est d'autant plus prompte à apparaître que l'éloignement philosophique est grand par rapport aux principes officiels.

Les garçons bouchers de la Villette qui conspuaient les députés, les corrompus et qui allaient conspuer bientôt les juifs, étaient-ils « légitimistes » ou « bonapartistes » ? Les deux à coup sûr, car il y a un lien logique entre l'extrémisme philosophique d'un mouvement et l'extrémisme pratique de ses méthodes : on a d'autant moins de scrupules à enfreindre une loi ou à violer une institution qu'on trouve moins de légitimité à son existence.

Quelle est donc, alors, l'idéologie du refus de la République ? Les choses commencent précisément à prendre figure nouvelle. Tout était simple au début du XIXe siècle. On pouvait encore considérer que les forces libérales, puis républicaines, la gauche en somme, se nourrissaient du rationalisme des Lumières, et les forces conservatrices d'un traditionalisme chrétien. En d'autres termes que (pour la France), l'Église catholique était le seul fournisseur d'idées et de moyens d'influence de la Contre-Révolution.

Voici précisément qui cesse d'être vrai à la fin du XIXe siècle. Le lent mouvement historique qui va consommer le divorce entre l'Église romaine et la réaction politique et sociale commence à se dessiner, on l'a vu.

Un catholicisme libéral, né vers 1830, puis condamné par le *Syllabus*, persiste courageusement à penser qu'une modernité juridique issue de 1789 peut se combiner avec la foi chrétienne — mais ce n'est pas encore lui qui parle le plus haut et fait l'événement. D'autre part et surtout, depuis le milieu du siècle les avancées de la Science (en biologie, anthropologie, sociologie notamment) ont permis aux bourgeois agnostiques de chercher des bases rationnelles à leur conservatisme. Car au lendemain de la Révolution, l'Église avait perdu énormément de terrain dans les esprits. Des masses d'hommes cultivés étaient incroyants et — comme on disait — philosophes. Ils n'en tiraient pas tous la conclusion qu'il fallait être libéral, républicain ou socialiste, car ils se sentaient bourgeois avant tout. Alors, quand le péril social s'accentuait, leur seule défense était de se faire chrétiens, ou du moins de lutter pour que le peuple au moins le soit (l'aveu naïf de l'agnostique Victor Cousin en 1848 : « Courons nous jeter dans les bras des évêques, eux seuls peuvent nous sauver » est resté célèbre). Situation pénible, voire ridicule.

Or le conservateur agnostique de 1880-1890 pourra faire l'économie de ces palinodies : impressionné par la Science, il cherchera à donner des bases scientifiques (entendons non religieuses) au conservatisme politique et social. Et d'autres termes, la laïcisation de la pensée de droite est en marche. C'est l'œuvre notamment de l'aile droite de la postérité d'Auguste Comte. Hippolyte Taine*, qui fait la transition entre Auguste Comte et Charles Maurras, pourrait bien être l'homme le plus important de cette histoire.

Il conviendrait ici de faire un sort à l'idée de *race*. En un mélange inextricable de tâtonnements scientifiques et de recherches de justifications, l'anthropologie naissante fait de la race un mode de classement rationnel pour décrire la diversité de l'espèce humaine, que les explorations et les conquêtes coloniales achèvent alors de faire connaître. Elle essaie parfois, dans une perspective matérialiste, de mettre les caractères physiques et biologiques des hommes en relation avec

* Philosophe et critique littéraire. Rationaliste et agnostique, auteur d'une des plus vigoureuses tentatives de déterminisme en sciences sociales. La portée polémique de son œuvre avant 1870 était surtout dirigée contre le système de l'Église ; après 1871 elle le sera principalement contre celui de la Révolution. Né en 1828, mort en 1893.

leurs caractères spirituels, pour faire avancer l'explication de notre énigmatique totalité. Elle n'hésite pas enfin à traiter les races comme des êtres collectifs et à les hiérarchiser, les blancs étant supérieurs aux noirs et aux jaunes, les aryens aux sémites, les Anglo-Saxons aux Latins, les Gaulois aux Germains, les Germains aux Slaves, etc., selon les nécessités contradictoires que l'on devine. A en juger par la fréquence du mot et des spéculations associées, des foules de gens en France (et ailleurs) étaient racistes. On ne saurait d'ailleurs leur en faire grief. Le rejet actuel du racisme et du mot même de race se fonde sur l'horrible expérience historique de Hitler, un racisme en action, ainsi que sur un siècle de progrès scientifiques qui ont compliqué la notion de race presque jusqu'à la dissoudre. Mais vers 1890, on n'en était pas là, et l'on parlait race, dès qu'on avait quelque instruction et quelque prétention intellectuelle. Mais pour la masse des Français, la communauté d'appartenance sensible et scientifiquement justifiée, la collectivité hypostasiée, c'était la *Nation*, la *Patrie*, la *France.*

Comment la Nation s'articulait-elle avec la race ? Dans la confusion, le plus souvent. De quelle « race » seraient les Français, de la « race blanche », de la « race latine », ou d'une « race française » ? Et la race française, s'il y en a une, comment la définir ? Est-ce la race celtique, le « vieux fond gaulois », qui en est la source et la définition (et dans ce cas les Français d'Auvergne ou de Bretagne seraient un peu plus Français que ceux d'Alsace ou du Midi) ? Ou faut-il imaginer une race française récente dont le mérite serait d'être née de fusions et d'apports successifs ? Autant d'idées vagues et concurrentes, mais qui toutes avaient cours.

Ce qui est sûr, au-delà de ces variantes, c'est que les conservateurs à la recherche de références à la fois suprêmes et naturelles tendaient maintenant à se rattacher à la France, race française ou nation française, ou esprit français, quelle que soit la formulation précise. C'est alors qu'on parle à juste titre de *nationalisme*, en marquant par le -isme que le fait national est passé du statut de constat à celui de valeur.

Nous l'avons assez dit, le patriotisme français existait déjà, avec une chaleur dont nous n'avons plus l'idée aujourd'hui. Mais les républicains, ou la gauche, justifiaient l'amour de la France par le rattachement de celle-ci aux valeurs humanistes et aux grands principes, et c'étaient ces grands principes (ceux de la morale des Lumières) qui étaient le véritable sommet de l'échelle des valeurs : ce qui laissait ouverte — au moins théoriquement — la possibilité de critiquer la France le jour où elle s'écarterait du chemin du droit.

Du côté conservateur traditionnel, c'est-à-dire chrétien, la situation était au fond un peu semblable. La France est vénérable, soit parce que Dieu fait au fidèle un devoir d'aimer sa Patrie, soit parce que « la fille aînée de l'Église », malgré de pénibles avatars récents, sert bien les desseins divins dans le monde. Là encore il y a quelque chose (ou Quelqu'un) au-dessus de la Patrie.

Ce qui apparaît au contraire alors avec le nationalisme *stricto sensu* — c'est-à-dire (si l'on accepte nos analyses) avec une droite laïcisée —, c'est l'érection de l'entité France au sommet absolu de l'échelle des valeurs. Valeur suprême parce qu'elle est la plus haute manifestation du principe de réalité, parce qu'elle est le plus large des encadrements naturels qui s'imposent, au-dessus même du droit et de toute valeur universelle. Bien qu'il n'aimât pas l'Angleterre (nous le verrons bientôt), le nationaliste français d'alors faisait volontiers sienne la formulation cynique et laconique de son émule d'outre-Manche : « Right or wrong, my country », « qu'il ait raison ou qu'il est tort, c'est mon pays ! ».

Bien entendu, ce courant nationaliste, avec sa singularité et ses expressions spécifiques, exerçait aussi quelque pouvoir d'attraction et de contamination sur les patriotismes préexistants.

Beaucoup de conservateurs catholiques et nombre de républicains poussaient alors leur patriotisme jusqu'au voisinage de cet absolutisme national. Mais c'est bien celui-ci qui alors émergeait, qui donnait le ton dominant à droite, et qui influençait une partie de la gauche.

Cette mise de la Patrie au rang de référence suprême avait beaucoup de conséquences. En politique extérieure, elle pouvait pousser à une politique d'affirmation et de grandeur ? Sans doute, mais ce n'est pas le plus original, car la gauche et les cléricaux souhaitaient tout autant que quiconque la grandeur nationale. C'est en politique intérieure aussi que le nationalisme visait à la force par la cohérence. Le nationalisme tient pour ennemi tout ce qui risque de disloquer la Patrie, de la dénaturer ou de donner un jour ou l'autre raison à l'étranger contre elle. A la limite, le nationalisme se définit donc moins par l'hostilité aux nations étrangères, puisque cette hostilité est banale et bien partagée, que par l'hostilité à l'ennemi intérieur, l'antinational, l'international, le supranational.

Et c'est précisément dans ces années 1890 que l'ennemi intérieur surgit sous la forme du juif, ou plutôt de mythe du juif. Le chapitre ici retracé de la IIIe République est en effet celui où l'antisémitisme se développe brusquement, pour émerger au rang des principaux courants d'idées ou de sensibilité en circulation : l'assurent l'existence d'un journal quotidien spécialisé, *La Libre Parole* et le considérable succès du livre d'Édouard Drumont, *La France juive* (1886).

Certes l'antisémitisme est ancien, mais sa crue en France au dernier quart du XIXe siècle est un fait historique qui obéit à ses raisons propres. Elles sont complexes, essayons de les ordonner.

A la fin du XVIIIe siècle, les communautés juives étaient pratiquement circonscrites en France à trois petites régions, l'Alsace en partie, le Comtat Venaissin (d'ailleurs pontifical) et l'axe Bordeaux-Bayonne. Émancipés par la Révolution, citoyens français, ils s'intègrent et se répandent au cœur du XIXe siècle dans toute la France ; les réussites, qui sont à la fois d'ascension et d'assimilation, d'Adolphe Crémieux, de Rachel, de Michel et Calmann Lévy, d'Offenbach, des frères Pereire, suscitent plus souvent la sympathie admirative que l'hostilité. Seuls les Rothschild sont mal vus, mais c'est qu'ils sont vraiment très riches et, surtout, peut-être, trop européens, puisque chaque État d'Europe occidentale possède un rameau de la famille. On ne saurait cependant parler d'antisémitisme massif avant 1870. Même le livre du fouriériste Toussenel (*Les Juifs rois de l'époque*, 1845) dont on cite toujours le titre et jamais le contenu, critiquait avec beaucoup plus d'insistance le cosmopolitisme protestant, l'Angleterre et Genève, que celui du judaïsme.

Deux faits objectifs nouveaux après 1870 expliquent ce regain, en donnant l'impression d'une nouvelle et voyante présence juive.

D'abord, comme patriotes optant pour la France, beaucoup de juifs alsaciens viennent s'installer à « l'intérieur », à Belfort, à Nancy et surtout à Paris. Ensuite, fuyant les pogroms de la Russie tsariste, beaucoup de juifs orientaux viennent en France, comme d'autres à la même époque vont vers la Grande-Bretagne ou les États-Unis. La communauté juive passe donc du statut d'infime minorité en voie d'intégration rapide à celui de communauté un peu plus substantielle et par conséquent un peu plus portée à persévérer dans son être.

Contre elle, la société française pouvait susciter plusieurs hostilités, et peut-être l'antisémitisme nouveau ne tira-t-il sa force que de la convergence d'hostilités hétérogènes. Hostilité religieuse : les catholiques étaient éduqués à détester le « peuple déicide » — mais on ne saurait oublier que les catholiques d'alors détestaient aussi les protestants.

Xénophobie : les juifs étaient perçus comme différents, et certains d'origine étrangère — mais on ne saurait oublier que l'ouvrier français détestait aussi le travailleur immigré, belge dans le Nord, italien dans le Midi. La difficulté était que les protestants, haïs comme hérétiques, étaient du moins Français (encore qu'on les accusât volontiers de trop aimer la Suisse et l'Angleterre), et que les Italiens, frappés comme étrangers, étaient du moins catholiques. En revanche le juif immigré, lui, cumulait déjà deux handicaps. Il en subissait enfin un troisième, l'antisémitisme d'origine sociale (le « socialisme des imbéciles » disait August Bebel) : les usuriers et maquignons de l'Alsace rurale étant souvent juifs, et la haute banque juive (Rothschild) ayant été la rivale de la banque catholique, l'*Union générale*, victime d'un krach fameux en 1882, l'association du juif à la notion d'homme d'argent bien doué pour le commerce et la banque et s'enrichissant aux dépens de l'entourage chrétien était née. On peut même parler à ce propos d'un antisémitisme d'origine sémantique qui, dès le milieu du XIXe siècle, avait mis dans la langue l'identité : juif = capitaliste, comme il y avait une identité nègre = esclave, Grec = joueur, escroc, et d'autres encore, car le langage a ses lois propres et ses effets, fussent-ils parfois funestes.

Vers 1830, tout le monde pouvait savoir, en principe, que quantité de nègres n'étaient pas esclaves (l'Afrique) et que des esclaves avaient pu être blancs (l'Antiquité). Mais, comme l'actualité attirait l'attention, avec la traite et l'abolitionnisme, sur les individus qui, aux Amériques, étaient *à la fois* esclaves et nègres, l'identification verbale nègre-esclave en était sortie (l'écrivain pauvre, parisien et blanc, à qui on fait écrire le roman qu'il ne signera pas, commence d'être qualifié de « nègre », et il l'est toujours).

De la même façon et à la même époque, notons-le, bien que chacun pût savoir en principe que quantité de juifs n'étaient pas banquiers et que quantité de banquiers n'étaient pas juifs, l'ascension des Rothschild et de quelques autres a surtout attiré l'attention sur les rares familles à être *à la fois* juives et banquières. Du coup le mot « juif » a pris, comme « nègre », son sens figuré. Que cette péripétie sémantique se soit trouvée funeste par sa convergence avec les autres composantes de l'antisémitisme contemporain naissant, ce n'est que trop évident.

L'antisémitisme est donc présent, confus, complexe, ce qui ne l'empêche pas d'être fort, car le succès public ne préfère pas forcément les pensées rationnelles !

Mais à partir du moment où cet antisémitisme complexe a fait du juif une entité, une essence, on voit bien par quelle logique le nationalisme s'en est emparé et lui a fait une place centrale dans son système.

Le nationalisme avait besoin d'un repoussoir : l'universel, toujours suspect de faire exploser le national. Or les juifs se prêtaient bien à jouer ce rôle fantasmatique.

D'une part, définis par l'appartenance à une religion dont les fidèles étaient épars en divers États et nations, ils formaient une communauté supranationale, transfrontalière.

D'autre part, ceux d'entre eux qui entraient dans les professions intellectuelles, embrassaient naturellement les idées de la gauche humaniste et universaliste (pour eux plus accueillante que celles du conservatisme à structuration catholique), et ils y portaient parfois une ardeur plus ou moins consciemment inspirée du prophétisme de leur culture religieuse originelle. La rencontre de ces deux faits (attaches cosmopolites possibles, attraction pour l'éthique rationaliste) rendaient comme évidente, à qui en avait besoin, l'idée que le juif porte en lui le virus de l'universel, antagoniste du national.

La conjonction du nationalisme naissant et de cet antisémitisme complexe et renouvelé s'explique donc rétrospectivement assez bien. Or, elle est décisive pour notre histoire nationale, puisqu'elle conduit à l'affaire Dreyfus.

Il n'y aurait jamais eu d'« Affaire » en effet si Dreyfus n'avait pas été désigné comme suspect : 1) par la circonstance contingente de la ressemblance entre son écriture et celle du traître ; 2) par sa qualité de juif qui en faisait, pour le nationalisme, un coupable essentiel.

On notera au passage combien cela impliquait de contradictions. Car le nationalisme de 1895 tenait toujours que l'Alsace était Française et que l'Allemagne avait eu tort de s'en emparer. Les Alsaciens (comme Dreyfus) qui avaient accepté de quitter l'Alsace pour rester Français auraient dû être vus, pour cela même, avec une respectueuse affection. Mais il n'en était rien, car leur judaïsme leur ôtait le bénéfice de leur patriotisme ! Cette contradiction entre antigermanisme et antisémitisme ne paraît pas pourtant avoir desservi les nationalistes, parce que les faits de mentalités ne s'embarrassent guère de raison. Ainsi naissait à l'extrême droite de l'éventail politique une force de contestation redoutable.

Elle n'éclipsait pas pour autant la menace de la Révolution, au sens le plus usuel du mot cette fois, qui venait d'une extrême gauche populaire et socialisante.

Depuis le congrès de Marseille en 1879, il existait un parti ouvrier se réclamant du socialisme, mais dont l'unité avait été brève, puisque dix ans après, on comptait jusqu'à quatre partis rivaux se réclamant tous du socialisme, tous minuscules. Le mouvement de protestation ouvrière s'exprimait par des grèves sans lendemains, tandis que le sentiment général de malaise, la critique sociale et les exigences humanitaires insatisfaites aboutissaient à envoyer au Parlement des radicaux et parfois aussi, après 1887, des boulangistes.

C'est seulement après le reflux du boulangisme et le début du glissement des radicaux vers le centre au nom de la « concentration républicaine », que le socialisme a trouvé sa place sur l'échiquier politique. A cette raison de mécanique électorale s'était ajouté d'ailleurs en 1889 un autre élément d'impulsion. Avec le centenaire de la Révolution française, le congrès ouvrier international qui accompagnait habituellement les Expositions Universelles s'était évidemment tenu à Paris. Il s'en était même tenu deux, l'un groupant des partis et mouvements modérés autour des Trade-Unions britanniques, l'autre, les plus avancés avec les sociaux-démocrates allemands. Après bien des péripéties, il en était sorti deux grandes choses : la reconstitution d'une Internationale ouvrière, ce sera la IIe (1889-1914), et l'institution d'une journée internationale de lutte, chaque Premier Mai, pour obtenir partout la limitation à huit heures de la journée de travail. C'est l'un de ces premiers « Premier Mai » (journées scandaleuses alors, grèves politiques, révolte — ainsi les voyait-on — à mille lieues d'anticiper nos actuelles « fêtes du Travail » !) que nous avons vu endeuillé à Fourmies.

Le socialisme commence désormais à compter numériquement, à former une forceconsistante. Il fait élire des municipalités ouvrières dans quelques petites villes très industrielles (la première à Commentry, Allier) et même, un peu par surprise, dans quelques grandes qui ne tiendront pas toujours, Toulon, Marseille... Il obtient des adhésions éclatantes, comme celle de Jean Jaurès, qui ne quittera plus le devant de la scène.

Né à Castres (Tarn) en 1859, Jean Jaurès sera le premier socialiste marquant qui ne doive rien à une origine ouvrière, rien non plus à l'épopée parisienne de la Commune. Il sort d'une moyenne bourgeoisie de province, où l'on a quelques terres et le goût du service public. La tradition familiale est tournée vers la marine. Un amiral Jaurès a fait partie des officiers de marine reconvertis en combattants à terre, qui ont participé à la Défense nationale sous Gambetta. C'est alors un personnage connu. Son cousin, le père de Jean, a dû au contraire se replier sur une exploitation agricole. Cela ne fait pas du futur tribun un « fils de paysan » ; plutôt un fils de bourgeois rural appauvri. D'ailleurs, tout naturellement, on le met au collège. Il pourra pousser plus loin grâce à une bourse, qui sera venue récompenser l'éminence tôt remarquée (par un inspecteur général en tournée) de ses dons intellectuels. Le voilà donc khâgneux à Saint-Barbe (à Paris) puis normalien à la rue d'Ulm.

Son frère cadet deviendra amiral, comme il se doit. A « l'École », de 1878 à 1881, Jean Jaurès, condisciple notamment d'Henri Bergson, passe l'agrégation de philosophie. C'est un humaniste classique, qui sait à fond les langues anciennes, qui possède dans une mémoire prodigieuse tout ce qui compte dans les lettres ; doué de plus d'une intelligence agile, assimilatrice, qui se jouera en virtuose des débats métaphysiques comme des analyses de politique quotidienne. L'homme est bon, affectueux, désintéressé, tout consacré aux grandes idées et aux grandes causes ; facilement distrait, négligeant les contingences. Son débraillé vestimentaire sera vite célèbre, fâcheusement combiné avec la silhouette bientôt alourdie du gros mangeur. Mais la fascination de son esprit et de son éloquence, et celle, plus tard, de son rôle social, feront toujours aisément dominer ces impressions.

Pour l'heure, il se marie, tôt et conventionnellement, avec une jeune personne du Midi qu'il n'essaiera pas de transformer en militante. Assez bourgeoisement, il s'investira seul dans le métier et dans la vie publique et laissera sa femme dans son foyer et sa religion.

La vie publique dans les années 1880, pour un jeune normalien, c'est naturellement le professorat de lycée en province et l'enthousiasme pour la République naissante. Le jeune maître du lycée d'Albi est vite remarqué — le régime n'a pas encore beaucoup de notables installés. En 1885, Jean Jaurès se retrouve donc naturellement sur la liste républicaine, simplement républicaine, du département du Tarn, et il est élu député à la faveur du scrutin de liste majoritaire. Il siège donc au Palais-Bourbon de 1885 à 1889, dans la partie la plus modérée de la majorité républicaine, près de Jules Ferry bien plus que de Clemenceau.

Aux élections de 1889, où le scrutin uninominal a été rétabli, il lui faut choisir une circonscription et il est battu. Il retourne donc à l'enseignement et aux engagements locaux. C'est comme membre du conseil municipal de Toulouse, de tendance radicale, qu'il découvre avec plus de précision l'étendue des problèmes sociaux que la République « tout court » et sa législation bien timide ont laissés irrésolus. Les luttes, qui l'ont seules passionné jusque-là, pour les libertés publiques et pour le progrès de l'instruction, devront être complétées par une intervention sociale spécifique. C'est alors autour de 1890 que Jaurès franchit le pas vers la doctrine collectiviste, à quoi un Clemenceau ne se résoudra jamais.

Et voici qu'en 1892 survient une affaire exemplaire. La commune minière de Carmaux (Tarn) étant de celles qui avaient élu une municipalité socialiste toute composée d'ouvriers, l'un d'eux, un mineur, est élu maire. Or le marquis de Solages, patron des houillères, refuse à l'ouvrier le droit de s'absenter pour exercer son mandat. Pour protester contre ce refus et défendre le droit d'un ouvrier élu d'accomplir sa besogne d'élu, les mineurs lancent une grève qui aura un retentissement national et dont ils sortiront gagnants.

L'épisode est exemplaire par son ambivalence : la lutte des mineurs de Carmaux relève à la fois de la lutte des classes, puisqu'elle défend un ouvrier brimé par son patron, et de la lutte pour la République, puisqu'elle défend le droit du suffrage universel à s'exercer librement dans la démocratie locale. Un peu exceptionnelle ici, presque trop exemplaire, l'affaire mérite d'être citée parce que cette union intime du combat républicain et du combat socialiste restera au cœur de la politique de Jaurès. Solages, vaincu, ayant abandonné son siège, c'est Jaurès précisément qui se présente à l'élection partielle de janvier 1893 et rentre à la Chambre comme élu des mineurs de Carmaux et socialiste déclaré.

En août suivant, il est réélu. Ces élections législatives de 1893 voient l'entrée à la Chambre des députés* d'une quarantaine d'élus socialistes, qui forment un groupe unique à l'extrême gauche, qu'ils soient déjà des socialistes organisés (guesdistes, allemanistes, broussistes, blanquistes) ou des socialistes indépendants, parfois venus des rangs radicaux (comme Alexandre Millerand).

Ce socialisme qui se fait entendre au Parlement est très passionné, plein d'élan. Le sentiment d'une montée rapide et universelle des forces ouvrières organisées (Allemagne, Grande-Bretagne, Russie, États-Unis, Italie, Belgique) l'exalte ; le marasme économique, issu de la longue dépression ouverte avant 1880, lui semble annoncer la crise finale du capital ; enfin la décomposition et l'impopularité du régime (rappelons-nous Panamá) lui ouvre encore des perspectives.

Bref les socialistes se battent très fort ; ils occupent le premier rang dans la campagne de presse et de discours qui pousse, au nom de la démocratie, Casimir-Perier à la démission. De nouveaux succès municipaux en 1896 leur donnent, au cours d'un banquet

* Qui comptait alors 590 sièges.

de célébration commun à Saint-Mandé, l'occasion d'affirmations éclatantes. Modérées, en un sens, puisque dans la déclaration adoptée, ils se disent attachés à la patrie, et résolus à n'attendre le pouvoir que du vote, qu'ils imaginent alors progressant indéfiniment vers l'extrême gauche. Mais audacieux en perspective puisqu'ils incorporent à la définition du socialisme l'idée de propriété collective, alors que beaucoup jusque-là continuaient à professer un « socialisme » à la manière de 1848, réformateur, humanitaire, social mais respectueux du cadre libéral.

Cette perspective euphorique n'avait pu suffire pourtant à canaliser toute la colère sociale. Car celle-ci ne manquait pas de motifs. Des salaires bas et mal défendus par les syndicats, légaux sans doute mais parfois localement persécutés. Une dépression économique qui, en l'absence de palliatifs sociaux importants, abandonnait les chômeurs à la charité bourgeoise, à la soupe populaire municipale ou à la détresse. Avec cela, le ruissellement des richesses de Panamá vers les « chéquards » du Palais-Bourbon, ou le claquement de la fusillade de Fourmies, comme d'autres drames plus ou moins semblables, n'avaient aucune peine à soulever des indignations qui criaient vengeance sans attendre.

L'anarchie n'attendit pas ! De 1892 à 1894 une vague d'attentats à la bombe sévit, surtout à Paris, frappant d'abord le domicile de magistrats ou de policiers répressifs, puis, peu à peu, des cibles symboliques : l'hémicycle du Palais-Bourbon, ou la salle d'un café-restaurant huppé. Leurs auteurs étaient des exaltés solitaires, mais que des théoriciens ayant pignon sur rue nourrissaient de doctrine. Puisque la société est à ce point injuste — disaient-ils — la loi et les institutions qui en assument le maintien sont détestables et ne méritent que la haine et si possible l'agression. Le voleur et le meurtrier, qui participent à cette agression contre le société, mènent le bon combat.

Il y eut d'ailleurs des bandits, comme Ravachol, pour accepter cette espèce d'enrôlement et pour mettre leur carrière criminelle sous le signe de l'anarchie. L'opinion, horrifiée, laissa s'exercer une répression inexorable. Les lanceurs de bombes traduits en cour d'assises étaient condamnés à mort et guillotinés. Et c'est pour avoir refusé d'user de son droit de grâce en faveur d'Émile Henry que Sadi Carnot fut assassiné par l'anarchiste italien Caserio, lequel, à son tour... Le gouvernement Charles Dupuy fit voter en 1894 des lois répressives de circonstance qui tentaient d'impliquer la propagande socialiste dans la responsabilité de la violence anarchiste. Les socialistes protestèrent alors de toutes leurs forces.

Puis, matée, la poussée anarchiste retomba. Une partie des ouvriers instruits et, comme on disait, « conscients », que l'anarchie avait séduits un temps, renonçant à la bombe, garda du moins de l'aventure l'idée que la société bourgeoise et son État étaient haïssables, et qu'il n'y avait rien à en attendre. Le progrès émancipateur consisterait à leur tourner le dos et à construire la cité future autour du travail organisé, coopératif et un jour autosuffisant. La notion, consacrée par l'histoire, d'« anarcho-syndicalisme » exprime bien l'idée que les thèmes de l'anarchie, à la violence près, en vinrent à se déplacer alors vers les syndicats.

Depuis la loi de 1884 qui les autorisait, nombre de syndicats s'étaient formés, parfois groupés en fédérations de métiers, ou en fédérations d'industries. Un peu avant 1890, à Paris et dans quelques grandes villes ou cités industrielles à municipalité radicale, les syndicats de divers métiers s'étaient regroupés dans des Bourses du travail instituées pour eux. Ainsi pouvaient s'établir des concertations de lutte et de solidarité, des services communs (bureau de placement, cours du soir) ; ainsi pouvaient en principe s'élever des maisons du peuple, symboliquement opposées aux palais et aux institutions de la bourgeoisie, en attendant d'être les premiers édifices de la cité prochaine. Tout cela esquissera en 1894, avec la fondation de la Confédération générale du Travail, la première centrale ouvrière.

Le début de cette histoire syndicale est d'ailleurs aussi compliqué que celui de l'histoire du socialisme électoral, municipal et parlementaire. Les relations des métiers entre eux, celles des fédérations de métiers avec les Bourses du travail (fédérées à leur tour) ne se déroulèrent pas sans conflit. En outre, il s'en fallait que tous les ouvriers syndiqués fussent anarchistes ; certains étaient tout bonnement socialistes et auraient donc bien vu entre partis et syndicats une coordination plutôt qu'une rivalité potentielle. Aussi, dans l'histoire de ce qu'il est convenu d'appeler « le mouvement ouvrier » (partis se réclamant du socialisme, syndicats, coopératives, mutuelles) et dès ses origines, la division ne cessera d'être un thème récurrent. En termes idéologiques, comment caractériser cette fameuse division ouvrière ?

L'opposition traditionnelle entre réformistes et révolutionnaires ne recoupe pas la distinction entre socialisme et syndicalisme, car si le socialisme démocratique défini à Saint-Mandé peut passer pour réformiste, certains, comme les guesdistes, qui acceptent le vote, ne serait-ce que pour ce qu'il permet de propagande, d'agitation et de pédagogie, veulent garder ouverte la perspective de la révolution. Tandis que les anarcho-syndicalistes, dont la doctrine se pare d'un radicalisme révolutionnaire, peuvent avoir une vue non catastrophique de l'extinction de l'État.

Compte tenu des conditions propres à la France de ce temps, on peut sans doute plus justement considérer que la distinction la plus claire se joue sur la notion de République.

La partie républicaine du mouvement ouvrier, qu'incarnera un Jaurès, considère la République comme un cadre minimum utile et même indispensable à tout progrès futur, digne donc d'être défendu. Si elle est (trop évidemment) bourgeoise, c'est qu'elle est infidèle à ses principes ; on peut donc lutter contre ses manquements au nom de ses principes mêmes et en appelant au cœur et à la raison des républicains bourgeois authentiques. Les fractions révolutionnaires du mouvement ouvrier considèrent au contraire comme mauvais tout système politique organisé. Mauvaise comme tous les régimes bourgeois, la République est nuisible par les illusions qu'elle a semées et doit donc être dénoncée d'abord, rejetée ensuite, au profit d'un pouvoir ouvrier totalement neuf.

En somme, pour les premiers, la déviation bourgeoise de la République existante est contingente et réversible ; pour les seconds elle est fatale. De là, deux stratégies à certains moments, l'expérience les révélera bientôt. Deux sensibilités aussi. Et ce point de vocabulaire encore : c'est du côté de Jaurès, du côté républicain, que l'on se sentira de gauche, et du côté révolutionnaire que, fort logiquement, on voudra récuser le système droite-gauche, trop lié à l'ordre existant, pour lui substituer un ailleurs, ou bien un partage exprimé en termes purement sociaux.

Bien entendu, le socialisme républicain restait plus aisément patriote, tandis que le socialisme révolutionnaire était davantage porté à critiquer la valeur Nation.

Difficile critique, pourtant, que celle-ci, tant la Nation faisait l'objet d'une quasi unanime révérence ! Le sentiment national est vraiment alors à son plus haut degré d'extension et de force pénétrante. Patriotisme républicain, patriotisme traditionnel des conservateurs chrétiens, nationalisme pur se réclament de prémices philosophiques différentes mais aboutissent à des conclusions semblables et à des résultats communs : il faut aimer et servir la France. Toutes les écoles l'enseignent aux enfants, tous les discours officiels et la quasi-totalité des organes de presse le répètent aux adultes.

L'armée est l'un des principaux auteurs en même temps que l'un des grands bénéficiaires de cette éducation. Le fait que l'élément le plus stable et le plus visible de la fête nationale du 14 Juillet soit une parade militaire, « la revue », montre assez la place éminente qu'elle occupe dans la Nation.

Dans la politique générale, la préparation ou l'éventualité de la guerre, sur le Rhin ou sous les Tropiques, est constamment présente. Et le peuple entier s'y trouvera associé par le double canal de l'instruction patriotique et du service militaire, élargi peu à peu à toute la jeunesse masculine. L'institution militaire devient ainsi une très grande affaire nationale. Le peuple de la conscription fournit les hommes de troupe, de qui une sélection spécifique dégage les gradés et les sous-officiers ; beaucoup de ces derniers, rengagés à la fin de la durée légale, font carrière. Il est rare que cette « promotion interne » avant la lettre (on dit plutôt « sortir du rang ») mène jusqu'à « l'épaulette » (jusqu'à devenir officier). Normalement, les officiers sortent d'une école où ils sont entrés par concours à niveau au moins égal au baccalauréat, Polytechnique ou Saint-Cyr. Autant dire que si la troupe est par définition populaire, le corps des officiers est bourgeois.

« Bourgeois » cependant, vers la fin du XIXe siècle, désigne une catégorie floue, et qui comporte beaucoup d'échelons.

Un bon élève, travailleur, issu des classes moyennes ou des couches supérieures du peuple, peut certes devenir officier, comme il peut devenir un petit fonctionnaire civil. C'est cependant assez rare en raison d'une contradiction que le reste de la fonction publique ne connaît pas : les rémunérations (les soldes) sont médiocres, tandis que la coutume exige, surtout après l'accès aux grades élevés (chef de bataillon, colonel, à plus forte raison général), un train de vie assez dispendieux. L'officier qui n'a que sa solde pour vivre est gêné ; « normalement » un officier a quelque fortune personnelle, dans laquelle il puise pour représenter dignement, briller dans les festivités de la ville de garnison, fréquenter les salons et les autorités.

Cette exigence est si marquée qu'elle se traduit par une réelle contrainte sur le mariage. Un officier doit épouser une jeune fille pourvue d'une dot suffisante : faire un mariage aisé, pour consolider son embourgeoisement, et non un mariage pauvre, qui le déclasserait.

Cet état de chose freine évidemment la démocratisation du corps des officiers ; il favorise au contraire le maintien en son sein d'une composition sociale et, par suite, de traditions et de mœurs assez aristocratiques. Sans remonter jusqu'à la liaison historique entre le service armé et la noblesse, que la Révolution avait bien commencé à rompre — sans évoquer non plus les affinités qui existent encore entre la vie militaire et la vie du grand propriétaire campagnard, le sport, la chasse, la chevauchée — il faut se souvenir que, depuis le milieu du siècle environ, bien des familles nobles royalistes résolument hostiles aux politiques plus ou moins progressistes des Orléans, des Bonaparte ou de la République, ne trouvaient qu'un seul service tolérable, celui de la Nation par les armes.

Tel qui se serait fait scrupule de servir l'État moderne comme magistrat ou comme préfet trouvait naturel de commander un régiment. Le patriotisme était le seul élément de modernité que la droite contre-révolutionnaire acceptât ; ou, si l'on préfère, le patriotisme était une valeur commune aux deux grandes philosophies politiques antagonistes.

Dans l'armée que la République hérite des régimes antérieurs, il est ainsi compréhensible que l'aristocratie — socialement — et le royalisme — politiquement — soient surreprésentés.

Ce n'est d'ailleurs qu'un inconvénient limité dans la mesure où cet esprit militaire de tradition, centré sur le culte « du drapeau », combiné avec une indifférence méprisante à l'égard de « la politique », facilite l'acceptation de la République elle-même par l'immense majorité des officiers.

L'armée des années 1880 ne comprend donc qu'une minorité de républicains affirmés, mais le conservatisme des autres est contenu ou masqué par la prétention à l'apolitisme et par la vertu de loyauté à l'égard du pouvoir d'État. Car l'État, c'est le moyen d'existence de la Patrie. Quant à la loyauté qu'on lui doit, sa forme la plus évidente est la discipline, « force principale des armées » comme on sait.

Il faudra des moments de crise assez exceptionnels pour que des officiers laissent éclater la contradiction entre tel ordre reçu et telle conviction personnelle ; on l'a vu, sporadiquement, dans l'affaire de l'article VII, comme plus tard dans celle des inventaires.

Certes, les gouvernements opportunistes observent cette situation de près et n'oublient pas de pousser en avant les officiers républicains, mais, pour les autres, ils misent bien plus sur le ralliement que l'on peut attendre d'eux au nom d'une commune conscience de l'intérêt national. Les liens noués entre Gambetta et le général de Galliffet sont à cet égard exemplaires.

L'armée enfin, est encore symboliquement ménagée dans la mesure où elle reste la seule institution qui échappe quelque peu au pouvoir politique ; en effet, dans presque toutes les combinaisons ministérielles de ce temps, le portefeuille de la Guerre est confié à un général et non à un parlementaire. Lorsque le sénateur Freycinet en sera le titulaire (novembre 1898-mai 1899) on pourra presque dire que l'exception confirme la règle, tant sa notoriété était associée à son rôle d'organisateur de la Défense nationale auprès de Gambetta à Tours.

A côté de l'armée, d'autres formes d'éducation s'imposent, typiques de cette fin de siècle et visant au même but. Dans la vie sociale, d'abord, foisonnent les associations qui encadrent les loisirs de la jeunesse masculine. Ce n'est pas encore le sport de compétition contemporain (cyclisme, football) dont l'essor viendra un peu plus tard. Ce qui domine dans les années 1890, ce sont plutôt des sociétés de gymnastique, des sociétés de tir (ou de gymnastique et de tir, parfois), ou bien des chorales et des orphéons. Il en est de républicaines, souvent liées à l'enseignement public, et il en est de catholiques. Mais beaucoup, dans chaque camp, affirment dans leurs statuts, leurs mobiles affichés, leur nom, leur répertoire, une volonté d'instruction civique et nationale, voire pour les premières, de préparation militaire bénévole.

En outre les municipalités, les sociétés savantes, et toutes sortes de comités *ad hoc* accompagnent le mouvement en enrichissant le décor urbain et parfois villageois de monuments commémoratifs élevés par souscription, inaugurés en grande pompe, et consacrés à la Patrie. Les uns statufient les grands hommes, les autres signalent le lieu d'une bataille, ou se consacrent au souvenir des morts de la guerre de 1870-1871. C'est alors que les « monuments aux morts », dont le réseau devait couvrir la France après 1918, ont été, sinon inventés, du moins connus avec une appréciable ampleur. Caractéristique de l'esprit du temps : sur la lancée des monuments aux morts de la guerre, récente, de 1870-1871, la France se met à ériger systématiquement des commémorations de pierre pour des batailles plus anciennes qui n'avaient pas encore eu cet honneur. A Saint-Quentin (Aisne), par exemple, le monument qui célèbre la Défense de 1871 a précédé celui qui rappelle la bataille... de 1557. La France patriote « se penche sur son passé » pour la première fois massivement et ostensiblement. Tout cela est porté à son sommet d'exaltation par l'*alliance franco-russe*.

La France n'est plus isolée. Si une guerre de revanche devait avoir lieu, les Français ne seraient plus seuls comme en 1870. Enthousiasme fantastique. Comment en est-on arrivé là ?

Depuis 1871, Bismarck maintenait l'hégémonie allemande sur la base du statu quo européen (traité de Francfort compris) et de l'apaisement des conflits régionaux, grâce à la bonne entente des Trois Empereurs (Guillaume d'Allemagne, Alexandre II puis Alexandre III de Russie, François-Joseph d'Autriche-Hongrie), grâce à la Triplice (l'Italie y était liée à l'Allemagne et à l'Autriche à cause de son important contentieux avec la France), et enfin grâce à une connivence tacite avec la Grande-Bretagne.

Certes les Russes supportaient mal un système où l'immobilité voulue par Bismarck bloquait leurs velléités d'expansion dans les Balkans, expansion qui n'aurait pu se faire qu'aux dépens des Ottomans, ou des ambitions autrichiennes. Mais Bismarck resta assez habile pour contenir ses alliés.

Après la mort de Guillaume Ier et le très court règne de Frédéric III (avril-juin 1888), Bismarck resta encore Chancelier sous le jeune Guillaume II, lequel pourtant, désireux de voler de ses propres ailes, finit par se brouiller avec son vieux mentor.

Le 20 mars 1890, en mettant fin à une époque, la démission de Bismarck donne à la diplomatie plus de jeu et plus d'aléas, et ce déblocage du système va profiter aux deux puissances qu'il avait bridées, la France et la Russie. Puissances géographiquement éloignées, comme on sait, et que nul conflit ne sépare (pourvu qu'on ne parle pas trop de Pologne, bien entendu).

A cette cause purement géopolitique de rapprochement s'en combine au moins une autre plus secrète. Les gouvernements russes désireux de moderniser leur pays étaient de grands emprunteurs de capitaux. A

Berlin d'abord. Puis quand ils voulurent diversifier leurs liens, la place de Paris se révéla avantageuse. A partir de 1888, des emprunts russes réussirent bien dans le public français, stimulé par une presse parfois elle-même intéressée à l'opération. Dès lors, des intérêts communs se tissèrent dont la réalité doit rester en mémoire. Depuis 1890 avaient lieu des conversations, secrètes. En juillet 1891, l'amiral Gervais conduit à Cronstadt, le grand port de guerre russe dans la baie de Saint-Pétersbourg, une forte escadre française. L'entente franco-russe est ainsi rendue publique. L'évidence géopolitique de sa nécessité était certes contrecarrée par la discordance idéologique. « La République », si chatouilleuse chez elle sur la liberté et la démocratie, oubliait ses préventions pour fréquenter le plus exemplaire des autocrates de l'Europe. Les optimistes, il est vrai, pouvaient répliquer que le spectacle du descendant de Catherine II, avec tout son entourage de grands-ducs et d'officiers, au garde-à-vous pour écouter jouer la *Marseillaise*, pouvait bien passer pour une sorte de revanche du génie de la Révolution... Toutefois, l'opinion française dominante était moins subtile ; elle pensait Nation plutôt qu'idéologie. On le voit bien lorsque, à partir du 13 octobre 1893, l'escadre russe de l'amiral Avellane vient dans la rade de Toulon rendre la politesse.

La cérémonie officielle d'accueil est grandiose. Grands frais de tirs de canons, de parades, de fleurs, de drapeaux... Grands frais de culture : Jean Aicard, de Toulon, mais de notoriété déjà nationale, lit une ode à la Russie. Grands frais de technique : du poste téléphonique du cuirassé *Empereur Nicolas Ier*, un officier peut décrire par fil en direct à l'ambassade russe le déroulement de ces fastes. Surtout, la ville amplifie l'accueil officiel par son enthousiasme. Les autorités municipales, le commerce, tout un peuple enfin, habitués à vivre de la flotte française, de ses pompes et de ses œuvres voient dans l'accueil à l'escadre russe la reprise en plus solennel des éclatantes revues navales du 14 Juillet. Donc tout s'enchaîne, grand bal de 5 000 invités dans l'arsenal, banquets à terre et à bord des navires, soirées au théâtre, corsos fleuris*. Les marins russes descendus à terre en permission sont choyés, embrassés, invités, poussés-accompagnés dans les cafés, les restaurants et autres lieux que l'on devine.

Cette liesse se transporte ensuite à Paris, que vont visiter l'amiral Avellane et la partie de ses équipages non nécessaire à la garde des vaisseaux. Plus dilué dans la masse et l'étendue de la capitale, l'accueil aux marins du tsar et à tous les visiteurs n'en est pas moins frappant. Diverses spécialités « franco-russes », ainsi que « la tournée des grands-ducs » restent, dans notre culture et dans notre vocabulaire, l'héritage de ce moment.

Puis il faut regagner Toulon. Le président Sadi Carnot y raccompagne ses hôtes, et ils président à une deuxième vague de cérémonies, dont le lancement du cuirassé français *Jauréguiberry*. Quand enfin la flotte du tsar appareille, la foule toulonnaise, massée sur le quai du port, devenu le quai Cronstadt**, entonne l'hymne russe. Quel hymne national étranger une foule française saurait-elle aujourd'hui chanter ? A ce détail, on peut apprécier l'événement.

Pendant ce temps se négociaient des conventions secrètes, confirmées dans un échange de lettres (1893-1894) stipulant que les deux puissances se concerteront dans toute circonstance où la paix serait en danger, et qu'elles emploieront simultanément leurs forces si la Triplice attaquait l'une d'elles. L'engagement n'est donc que défensif, mais il est considérable.

Politiquement cela ne va pas sans contradiction. La République se renforce, mais grâce à l'alliance avec

---

* D'après Paul Gonnet dans l'*Histoire de Toulon* (collectif), Privat.
** Transformé en quai Stalingrad en 1945.

un despote. Le fugace plaisir que l'on peut ressentir à voir le tsar se mettre au garde-à-vous pour entendre une *Marseillaise* qui est tout de même un cri de guerre contre « les tyrans » s'accompagne de l'inconvénient plus durable de la solidarité en plus basses et plus concrètes besognes. La police française devra surveiller de près les révolutionnaires russes ou allogènes réfugiés en France.

La diplomatie officielle de la République pourra donc faire l'objet d'une critique de gauche, mais qui n'existe encore qu'à l'état de faible virtualité.

L'alliance franco-russe, d'autre part, n'excite pas autant qu'on pourrait le croire le sentiment anti-allemand en France. D'abord mécontente sans doute, l'Allemagne ne s'est pas sentie pour autant évincée. Les Russes savent garder « deux fers au feu ». Guillaume II saura user sur les tsars Alexandre III puis Nicolas II de moyens de pression, de séduction ; bref le jeu est complexe. En 1895 s'esquissera même une sorte d'axe continental Pétersbourg-Berlin-Paris dirigé contre le « péril jaune » (la Chine à partager, le Japon à contenir) et, virtuellement, contre la Grande-Bretagne, dont c'est alors le « splendide isolement ».

Et puis surtout, l'expansion coloniale qui se développe de plus belle (extension en Afrique, conquête de Madagascar) met la France en conflit avec les Anglais beaucoup plus souvent qu'avec aucune autre puissance.

En 1898, pour le contrôle de la route du Nil, la possession du poste de Fachoda devient un enjeu ; il s'agissait de savoir qui établirait un lien transafricain continu : transversale britannique, Nord-Sud, du Cap au Caire ; ou transversale française Est-Ouest, de Dakar à Djibouti. La guerre est bien près d'éclater entre Britanniques et Français. La France recula, comme on sait, mais le vaincu de Fachoda, le commandant Marchand, fut accueilli comme un héros national à Paris. Sur le Rhin, au contraire (ou plutôt sur les Vosges) il n'y avait plus d'alerte.

La France des années 1890 s'avise alors que, malgré Rossbach, Leipzig, Waterloo et Sedan, malgré Frédéric II, Blücher et Bismarck, son principal « ennemi héréditaire » est tout de même l'Anglais. Les demi-dieux proposés à la vénération des Français de ce temps, Jeanne d'Arc et Napoléon, n'avaient-ils pas été victimes de « la perfide Albion » ?

La bergère lorraine n'est pas encore officiellement adoptée par l'Église, ni comme bienheureuse ni comme sainte. Mais elle servait depuis longtemps aux conservateurs catholiques d'appartenance ou de nostalgie royalistes à montrer que la Révolution, la République et la gauche, n'avaient pas le monopole du patriotisme français. On est maintenant à l'époque où ces pédagogies se font massives. Les statues de Jeanne d'Arc viennent parsemer le pays et concurrencer les statues de la République.

Un peu plus tard*, lorsque l'Angleterre impériale, implantée au Cap, fera la guerre aux républiques alors indépendantes d'Orange et du Transvaal, la France patriote et nationaliste vengera à la fois Jeanne d'Arc et le commandant Marchand en s'enthousiasmant pour la cause des Boers.

Quelques officiers français démissionnaires ou en retraite iront même les aider à combattre l'Anglais. L'un d'eux, le colonel de Villebois-Mareuil y trouvera la mort. Héros à contre-courant de l'histoire, sa mémoire est aujourd'hui effacée par trois quarts de siècle d'Entente cordiale, mais son aventure eut alors (1900-1902) un très grand retentissement.

Cette excitation nationaliste et militaire suscitait naturellement quelques réactions. L'antimilitarisme, le pacifisme, l'anticolonialisme, l'antipatriotisme même,

* Nous anticipons légèrement ici, par la chronologie, sur le chapitre suivant.

dont tous les thèmes étaient anciens et depuis longtemps formulés, n'avaient pas disparu, et la presse était libre de les reproduire. Le caractère pesant, morne, brutal, parfois sordide, de la vie de caserne, que toute la jeunesse masculine est maintenant appelée à traverser, est peint dans *Sous-Offs*, de Lucien Descaves avec une puissante âpreté. La sottise des haines internationales, le ridicule pompeux des inaugurations officielles, les clameurs dérisoires de revanchards en pantoufles, la déification d'une France irréelle, inspirent à Georges Darien, auteur déjà d'un roman anarchiste, *Le Voleur*, le virulent pamphlet de *La Belle France*. Remy de Gourmont ose écrire, dans *Le Mercure de France* en 1891 que les Alsaciennes ne passent peut-être pas toutes leurs journées à « pleurer » sous la « botte » des Teutons... Il y gagnera d'être révoqué de son emploi de vacataire à la Bibliothèque nationale, ce qui nc fera qu'un bien mince scandale. Car si toutes ces critiques peuvent se publier, elles n'en restent pas moins d'audience marginale. Cet antipatriotisme, ou antinationalisme, de quelques intellectuels libertaires n'a même pas encore (ou si peu...) amorcé sa jonction avec l'internationalisme théorique du mouvement socialiste, pas plus qu'avec l'antimilitarisme ouvrier nourri du souvenir de la Commune ou de Fourmies. C'est au travers de l'affaire Dreyfus que commenceront à s'opérer ces rencontres. Avant cet épisode crucial, la grande majorité des Français, dans les années 1890, était patriote avec résolution.

III

Un nouveau départ pour la République

1899-1906

Pourquoi, avec la fin du siècle, la « République opportuniste », inclinant au conservatisme, serait-elle devenue « radicale » puisque telle est, pour l'avant-guerre, l'épithète consacrée ? Y avait-il quelque chose de fatal à glisser vers la gauche ? Pourquoi, après des années fondatrices et combatives, la stabilisation conservatrice que nous avons décrite ne se serait-elle pas prolongée ? Le tournant, survenu en 1899, relève moins d'une nécessité que d'un enchaînement de luttes provoqué par d'extraordinaires péripéties où le hasard même tient une place. Tout commence avec l'affaire Dreyfus, drame singulier, dont sortira pourtant une République nouvelle, ardente comme aux lendemains de l'Ordre moral, en guerre avec le Vatican, amie de Londres, et cependant déchirée par une lutte de classes elle aussi relancée... La République de Waldeck-Rousseau et de Combes, et, après eux, de Clemenceau, Caillaux et Briand, ne ressemblera plus guère à celle de Méline.

L'affaire Dreyfus doit donc être évoquée d'abord. Le principe en est simple, si le détail et les péripéties frappent par leur complexité*, mais l'essentiel est bien de comprendre par quelle logique un conflit d'ordre judiciaire put provoquer une véritable redistribution des forces politiques.

Le capitaine Alfred Dreyfus, d'une famille alsacienne et israélite, polytechnicien, affecté à l'état-major, avait été condamné au bagne en décembre 1894 par un Conseil de guerre, pour la livraison de documents confidentiels à l'ennemi virtuel : l'Allemagne. A tort, on le sait. Mais une analogie d'écritures et la présomption antisémite qui faisait du juif un traître potentiel, avaient joué contre lui. Hostile *a priori*, la hiérarchie militaire avait en outre été peu scrupuleuse puisque le premier procès avait comporté une faute de procédure : une pièce, communiquée par le ministère de la Guerre aux juges militaires, avait été cachée aux défenseurs. La protestation de la famille que Mathieu, frère de la victime, se chargea d'organiser, d'abord relayée par un seul journaliste, Bernard Lazare, ne rencontre au départ que bien peu d'échos. Une étape est franchie, après plus d'une année, lorsque, par le jeu d'une mutation ordinaire, le lieutenant-colonel Picquart accède à la tête du 2e Bureau et, intrigué, rouvre le dossier. Picquart est Alsacien mais non pas juif. Nous en verrons un autre bientôt. S'il y a, au départ de cette affaire, quelque chose qui ressemble à un groupe, à un milieu, à un réseau d'influence, ce n'est pas un réseau juif — encore que B. Lazare le fût — mais bien plutôt un réseau alsacien et non confessionnel. Revus par Picquart, les documents font apparaître un autre coupable possible, et même plus vraisemblable : le commandant Esterhazy, dont l'écriture ressemble aussi à celle du bordereau des documents livrés, et qui de plus offre au soupçon

* Voir la chronologie de l'affaire Dreyfus, pp. 189 à 204.

les mobiles — médiocre moralité, besoin d'argent — que Dreyfus, honnête homme et plutôt riche, ne présentait pas.

Picquart alerte la presse (*Le Matin* du 10 novembre 1896) ainsi que ses supérieurs hiérarchiques, mais ceux-ci, désireux de ne pas rouvrir le procès, éloignent le gêneur de Paris en l'affectant à un commandement en Tunisie (6 janvier 1897).

Picquart a pourtant réussi à faire alerter un autre Alsacien, Auguste Scheurer-Kestner, vice-président du Sénat, républicain modéré, très bourgeois, apparenté à Jules Ferry, et non juif. Il sera le premier homme politique à intervenir dans l'Affaire. Il appartient grosso modo au camp du gouvernement, alors présidé par Méline. Il interpelle néanmoins, après beaucoup de réflexion, en novembre 1897. Méline, reprenant à son compte la thèse de la hiérarchie militaire, repousse toute contestation et déclare : « Il n'y a pas d'affaire Dreyfus. » En fait, elle commençait.

La presse désormais ne peut plus ne pas en parler. On commence à appeler « révisionnistes », en attendant de dire « dreyfusistes » ou « dreyfusards », ceux qui, arguant de la justice, veulent réviser le procès, parce qu'il fut mal conduit, inique, ou simplement douteux. Leur raisonnement implique que la justice, l'échelle des valeurs reconnue comme bonne par la morale universelle, bref la morale, ait quelque chose à voir avec la politique — ce qui est sans doute la plus permanente et la plus essentielle des définitions de la gauche. Si on leur disait — et on le leur dira ! — que ce tumulte compromet la France, ils répondraient — ils répondront — que la France mérite d'être aimée précisément parce que (et dans la mesure où) elle proclame le droit et donne l'exemple du droit.

En face, dans le camp antirévisionniste, antidreyfusard, on récuse cette argumentation, soit au nom de la conviction nationaliste selon laquelle la nocivité et la nature traîtresse du juif relèvent de l'évidence, soit en se réclamant de la théorie, moins entachée d'antisémitisme, mais plus répandue peut-être, selon laquelle la France a besoin pour sa sécurité d'être au-dessus du doute : si on met en cause la justice militaire et l'armée, « arche sainte » de la patrie, on affaiblit la cohésion nationale face à l'étranger. Mais la justice ? Objection non recevable ; elle n'a ici que faire ; il y a la patrie, l'État et, en politique, la raison d'État. Le raisonnement antirévisionniste est donc, à son tour, exemplaire de la pensée de droite par ces deux aspects conjoints et solidaires : accepter un non-universel, la France, comme sommet de la hiérarchie des valeurs ; et affirmer la spécificité du politique et de ses règles d'action au lieu de soumettre l'action politique aux règles de la morale générale.

On comprend que le nationalisme, ce courant si puissant, antérieur à l'Affaire, et comme tel déjà présenté, se soit en quelque sorte épanoui en fournissant les porte-parole et les gros effectifs du camp antidreyfusard.

C'est alors, par exemple, que Maurice Barrès devient son maître à penser. Né à Charmes (Vosges) en 1862, d'une famille aisée qui lui permit, après des études classiques au lycée de Nancy, de s'installer dès 1882 à Paris dans le monde de la presse, de la littérature et des salons, il n'a rien d'abord de conservateur ; il n'est ni royaliste ni dévot ni même, quoi qu'on en ait dit, un Lorrain marqué par la récente défaite. Le philosophe du lycée de Nancy Burdeau (qui sera le Bouteiller de ses romans autobiographiques) l'a fait novateur et républicain, et son goût personnel est avant tout individualiste. C'est l'époque de l'égotisme, du « culte du moi ». Dans sa première œuvre, *Sous l'œil des barbares* (1888), les barbares ne sont pas les Prussiens, mais les autres, la société, le milieu, le monde. On pense au jeune Flaubert de l'époque Bovary. C'est le boulangisme qui fait entrer Barrès en politique. Dans la coalition disparate qui soutient le général, il est de ceux qui font du mouvement une lecture d'extrême gauche, critiquant la République en place comme la forme nouvelle que revêt le monde officiel, oppressant et injuste, monde ou régime auxquels le soldat doit apporter un bouleversement à la fois salubre et exaltant. Aux élections de septembre 1889, ce jeune littérateur parisien de vingt-sept ans conquiert à Nancy un siège de député, et il siégera pendant la législature 1889-1893 en se réclamant à la fois du boulangisme et du socialisme. En 1893, il est battu aux élections et il se fait, dans les romans de l'énergie nationale *(Les Déracinés, L'Appel au soldat, Leurs Figures)*, l'historien de sa jeunesse et de ses premières luttes. C'est alors que sa critique du libéralisme officiel, de sociale qu'elle était surtout, s'approfondit et devient philosophique. Le mal vient de l'excès d'Universel, qui coupe l'être de ses garde-fous comme de ses ressources naturelles. Le remède est dans l'enracinement, ou le réenracinement, autrement dit dans un conservatisme retrouvé et mué en pédagogie. C'est alors que la patrie remplace le chef comme référence, ou, ainsi qu'on l'a dit, que la Lorraine relaie Boulanger dans le rôle de l'intercesseur : « la Terre et les Morts », la tradition, la vérité des choses que l'on n'a pas choisies mais qui vous ont fait. Logiquement, Barrès retrouve chez les dreyfusards épris de justice la morale universaliste kantienne du professeur républicain de 1880 qui « déracinait » les lycéens de Nancy. Le dreyfusisme étant dans la logique de la République établie, on doit combattre à la fois l'un et l'autre. Mais comme le socialisme, après tout, est aussi un universalisme, la République ne peut être vraiment combattue que de droite. Barrès se réinvente donc conservateur, il va bientôt côtoyer l'Action française, sympathiser avec la royauté et surtout avec l'Église, dans la mesure où ce sont les plus évidentes des forces porteuses de la Tradition et de l'Ordre. C'est sur cette base, ou dans ce personnage, qu'il rentrera en 1906 à la Chambre comme député de la capitale, et sera élu la même année à l'Académie française, porte-parole désormais éminent du nationalisme par son prestige littéraire comme par ses articles dans *L'Écho de Paris*.

Les élections de 1906 qui verront le retour définitif de Barrès au Parlement enregistreront en revanche l'échec de Paul Déroulède, qui, il est vrai, avait pris plus de risques dans l'action directe.

Mais on peut rapprocher les deux hommes. Certes, Déroulède est Parisien ; il est d'une génération antérieure à celle de Barrès, puisque, né en 1846, il a fait la guerre de 1870 comme engagé volontaire. Sa carrière aussi a été d'abord différente : avocat avant 1870, il était resté officier dans l'armée après 1871, et seul un grave accident en 1874 l'avait obligé à retrouver la vie civile et à se consacrer aux lettres. Ce ne sont pas les mêmes lettres ni le même talent que Barrès. Déroulède n'est qu'orateur et, surtout, poète, chansonnier, l'homme des *Chants du soldat*, « *L'Air est pur, la route est large — le clairon sonne la charge — et le zouave va chantant — Mais là-haut sur la Colline — de la forêt qui domine — le Prussien, furieux, l'attend...* »

Cependant la trajectoire des deux hommes est bien la même. Bourgeois parisien patriote de 1870, Déroulède a été un républicain gambettiste, et il a fondé, sous les patronages les plus officiels, la Ligue des patriotes en 1882. Il est passé au boulangisme, a été élu député en 1889 et il est devenu dès lors un des ténors parlementaires de l'opposition. Ses polémiques à propos de Panamá, retentissantes, ont été marquées notamment par un combat en duel avec Clemenceau. Non-candidat en 1893, candidat et élu en 1898, toujours chansonnier, toujours orateur populaire, toujours organisateur (la Ligue des patriotes), il garde un tempérament d'homme d'action dans lequel nous le retrouverons bientôt.

A cette droite antidreyfusarde devrait donc s'opposer la gauche ? On n'a pas vu pourtant celle-ci se faire dreyfusarde avec empressement ! C'est vrai, et cela constitue en effet l'autre enseignement, le plus important peut-être de cette histoire : la logique de la gauche est celle qui a le plus de mal à émerger.

Un fait aussi grave et aussi exceptionnel qu'une erreur judiciaire, confirmée et couverte par un véritable complot de dignitaires prestigieux, est déjà par lui-même difficile à croire. Et puis, si forte était alors la composante patriotique dans le message républicain que, malgré la différence théorique de leurs prémisses, la masse des patriotes de gauche ne s'écartaient qu'assez peu du nationalisme. Enfin, même une fois convaincu que la justice exige de s'opposer à la France et à ses autorités, il faut du courage pour aller au bout de pareils principes. La pente naturelle, l'inertie sociale, la timidité retiennent la plupart des citoyens de gauche sur les positions conformistes où la culture de droite amène les siens par conviction.

Ces considérations générales permettent de comprendre pourquoi le parti dreyfusard a été d'abord et longtemps une minorité, une avant-garde, une élite peut-être, avant d'être rejoint par toute la partie gauche du peuple.

Par quels processus cette jonction devait-elle se faire ? C'est toute l'histoire qui suit. Après la dénonciation publique d'Esterhazy, un Conseil de guerre fait comparaître cet officier et l'acquitte en triomphe le 11 janvier 1898. Indigné, Émile Zola publie le 13 janvier dans *L'Aurore*, quotidien dirigé par Clemenceau, une « Lettre ouverte à M. Félix Faure, président de la République », surtitrée « J'accuse ». Cette dénonciation argumentée de l'erreur judiciaire initiale et des complicités qui l'ont couverte, passe pour une attaque contre les institutions. L'attachement aux institutions de la République joue alors plutôt contre les dreyfusards, que le coup d'éclat de Zola isole dans un premier temps, avant de les exalter pour la suite, et pour l'Histoire. Zola et *L'Aurore* poursuivis, jugés en cour d'assises pour diffamation, sont condamnés au maximum de la peine : un an de prison. Le procès s'est déroulé du 7 au 23 février dans une atmosphère de partialité au palais et d'émeute hostile dans la rue.

La rue, en effet, s'en mêle. Les troupes nationalistes manifestent, conspuent Zola, les dreyfusards, et les juifs en général. Ce climat qui est celui de la « droite révolutionnaire » commence à susciter une réaction défensive à gauche. Le 20 février est fondée la Ligue des droits de l'homme, avec beaucoup d'« intellectuels » dans ses rangs. Mais qu'est-ce à dire ? C'est à cette époque, on le sait, que se popularise le terme d'« intellectuels » pour désigner, avec des équivoques qu'aucune analyse n'arrivera à dissiper, mais dont l'usage courant s'accommode toujours, à la fois une couche sociale, une élite de la culture, et un certain rôle public. En font partie ès qualités les hommes de lettres, les artistes, et les plus notoires des membres des professions libérales et de l'enseignement. Donc les gens connus, ou qui devraient (et voudraient...) l'être, puisqu'ils écrivent et publient, produisent et se produisent. Et notamment ceux qui estiment que la part de notoriété que leur a value leur état (de savant, de romancier, d'acteur, etc.) doit être mise au service de la conviction, éthique ou politique ou patriotique, qu'il faut inculquer au public passif des lecteurs.

L'Affaire allait montrer que, comme en toute époque de l'histoire de France, il y avait des intellectuels à droite, d'autres à gauche, et d'autres inactifs — nous dirions aujourd'hui « non engagés ». Mais de l'Affaire date aussi la révélation d'autres nuances significatives, tel le fait bien connu que l'intellectuel de droite ne se qualifie pas volontiers d'« intellectuel », parce qu'il n'attache pas une valeur suprême à ce magistère, ce qui est normal puisque sa conception globale de l'État et de la société comporte normalement, au contraire, le respect des hiérarchies institutionnelles, Église, armée, pouvoir ou nation. En revanche, du côté gauche, d'où a jailli pour soutenir Zola le premier Manifeste des intellectuels, on valorise ce rôle et ce nom, au point que parfois l'expression d'« intellectuels de gauche » prend l'allure d'un pléonasme. A partir du moment en effet où l'on pense — et la gauche le pense — que les affaires politiques sont justiciables des mêmes valeurs que celles de la morale générale, comment les gens qui se veulent experts dans la connaissance du Vrai, du Beau et du Bien ne feraient-ils pas la leçon à l'État lorsqu'il s'écarte des hautes valeurs ? C'est par là notamment qu'une catégorie d'intellectuels dont l'émergence caractérise le temps de l'affaire Dreyfus, les universitaires, est sortie de sa tour d'ivoire. Une coterie militaire avait menti et fait un faux. Si la falsification est une faute morale universellement reconnue comme telle, sans exception pour l'État, la coterie militaire a été coupable, et les savants historiens et philologues qui sont experts en repérage des faux, et plus généralement les savants qui sont voués à la recherche de la vérité, doivent apporter leur compétence dans un débat dont l'enjeu est la Vérité.

Ils l'apportèrent donc, les proclamations s'opposèrent, le Collège de France, les Hautes Études, la Sorbonne sortirent de la pénombre, et l'École normale de la rue d'Ulm devint bouillonnante, et un temps subversive, comme l'avait été Polytechnique sous Louis XVIII ou l'École de Médecine sous Napoléon III. Ce partage dans les sphères supérieures de la pensée française concernait un assez grand nombre de personnes pour qu'on ait pu en tenter récemment la recherche des corrélations de catégories et quasiment la statistique*. Pour s'en tenir aux plus notoires symboles, l'Académie française, les genres consacrés, les

* C. Charle, *Naissance des intellectuels 1880-1900*, 1990.

esthétiques classiques, étaient plutôt antidreyfusards, les académiciens Goncourt, les romanciers naturalistes, les symbolistes et les novateurs, plutôt dreyfusards. D'un côté Barrès, déjà nommé, Jules Lemaître, François Coppée, etc. ; de l'autre Émile Zola, Octave Mirbeau... Mais avec d'éminentes exceptions, comme Anatole France, homme au talent classique, qui avait fort critiqué le Zola romancier des *Rougon-Macquart*, mais qui allait se révéler dans l'Affaire l'un des principaux soutiens du Zola de « J'accuse. »

La gauche intellectuelle républicaine et libre penseuse devint peu à peu toute dreyfusarde, plus ou moins vite et avec plus ou moins d'engagement actif. Certes, depuis longtemps la République et la gauche se réclamaient du patronage moral et de la caution de savants de premier ordre, comme Marcelin Berthelot, l'un des pères de la chimie organique, secrétaire perpétuel de l'Académie des sciences, sénateur, ancien ministre. Né en 1827, il allait voir en 1901 son jubilé scientifique célébré en Sorbonne sous la présidence du chef de l'État, et en 1907 les funérailles nationales le mener au Panthéon. Mais la bataille dreyfusarde fut surtout animée par des intellectuels de condition infiniment plus modeste, et dont l'ardeur, capable de cumuler la conférence et l'écrit avec les tâches militantes du propagandiste ou de l'organisateur de manifestation, a été vraiment caractéristique du temps. Après les France et les Berthelot, et d'autres illustres encore (Émile Duclaux, Ludovic Trarieux) après Jaurès et Clemenceau, qui venaient du monde politique, il faut citer comme typiques Lucien Herr, l'un des meilleurs philosophes et germanistes du temps, militant socialiste de base, et qui se maintint toute sa vie dans le poste modeste de bibliothécaire de l'École normale, ou Charles Péguy, ancien normalien devenu un publiciste besogneux, mais âme du mouvement au Quartier latin. Polémique et agitations multiformes n'y cesseront pas, pendant près d'un an et demi.

Le procès Zola sera cassé en avril pour vice de procédure, mais le nouveau procès confirmera la condamnation et Zola préférera l'exil à Londres (juillet) plutôt que de purger sa peine de prison.

Entre-temps, les élections des 8-22 mai 1898 ont renouvelé la Chambre des députés. La droite nettement antirépublicaine compte une centaine d'élus (une vingtaine de nationalistes et 80 « conservateurs », c'est-à-dire royalistes) ; en face, une gauche composée d'environ 180 radicaux et de 57 socialistes. Entre les deux un centre de 254 républicains modérés, les « progressistes ». C'est cette Chambre qui basculera ou se reclassera au bout d'un an, comme il arrive parfois, sans élections nouvelles, donc sans changement dans sa composition.

Les socialistes y ont gagné des sièges par rapport à 1893, mais Jaurès n'avait pas réussi à leur faire prendre position pour Dreyfus, et le thème guesdiste — l'Affaire est une querelle entre bourgeois, nous, nous nous intéressons à la lutte des classes — avait prévalu. Pis même : trop marqué par son engagement dreyfusard, Jaurès lui-même perdait son siège de Carmaux.

Ce centre et par conséquent, globalement, la Chambre, est plutôt à droite qu'à gauche : pour l'élection de son président, le modéré Deschanel bat le radical Henri Brisson.

Mais le gouvernement Méline, usé par plus de deux ans de pouvoir difficile et contesté, démissionne et laisse la place à un gouvernement Brisson, qui paraît, par la personnalité de son chef, un peu plus à gauche. Ainsi en 1895, le gouvernement du radical Léon Bourgeois avait-il relayé, pour un bref intermède, celui de l'autoritaire Charles Dupuy, sans que la conjoncture dominante soit vraiment changée.

Dans ce cabinet Brisson, le ministère de la Guerre est occupé par Cavaignac (le fils du général de 1848). Le 7 juillet, interpellé sur l'affaire Dreyfus, il montre avec une sincère conviction un nouveau document trouvé par ses services et accablant pour « ce canaille de D... ». Hélas ! il est des officiers qui travaillent sérieusement rue Saint-Dominique, et l'un d'eux, le capitaine Cuignet, découvre que ce document est un faux (13 août). Le commandant Henry, interrogé par ses supérieurs, avoue qu'il s'est livré à ce trucage pour soutenir le bon combat politique contre les traîtres (théorie du « faux patriotique »). Faussaire néanmoins, il est arrêté, mis aux arrêts, et, le 31 août, il se suicide dans sa cellule.

C'est un argument de poids en faveur de l'innocence de Dreyfus, car, s'il faut faire des faux pour étayer la thèse de la culpabilité, c'est sans doute que cette culpabilité doit manquer de preuves solides.

Le suicide d'Henry encourage les dreyfusards (dès le 3 septembre, la famille demande officiellement la révision du procès), mais aussi les antidreyfusards pour qui le commandant Henry, l'homme qui a su mettre la patrie au-dessus de la vérité, sera un héros.

Bien entendu, les supérieurs d'Henry, y compris Cavaignac, ont dû démissionner. Ce sera, pendant l'automne, une valse de ministres de la Guerre ; Brisson cédera à nouveau le gouvernement à la droite (Charles Dupuy) et l'Affaire occupera en permanence les débats du Parlement. Mais elle occupe plus que jamais la rue, où les nationalistes bougent. Et, parce qu'ils bougent, l'extrême gauche consent à son tour à s'émouvoir. Les divers groupes socialistes, qui n'avaient pas eu le cœur de s'engager pour la cause de Dreyfus (judiciaire et éthique), le trouvent pour s'engager contre l'activisme antidreyfusard, péril plus concrètement politique. Ils forment un « comité de vigilance » commun. Fait significatif, que nous verrons s'amplifier.

La bataille se déroule maintenant partout, dans les rues de Paris où se multiplient défilés, réunions et chahuts, dans la presse où Jaurès, libéré de son mandat parlementaire, agit désormais au premier rang comme journaliste et publiciste* : et enfin à l'intérieur de l'institution judiciaire, puisque la révision a été demandée.

Le 29 octobre 1898, la chambre criminelle de la Cour de cassation déclare la demande en révision « recevable en la forme ». C'est une première victoire judiciaire, et (après le scandale Henry), une deuxième victoire morale pour le camp dreyfusard.

Mais la réaction antidreyfusarde s'en trouve aussi galvanisée. Sur le terrain extraparlementaire, les manifestations nationalistes, qui vont jusqu'à menacer les magistrats à leur domicile, atteignent leur paroxysme, et des rumeurs de coup d'État circulent. A la Chambre, il se trouve une majorité de droite et du centre pour voter la « loi de dessaisissement », qui stipule que la Cour de cassation devra rendre l'arrêt définitif sur la révision (l'arrêt sur le fond), « toutes chambres réunies », ce qui noierait les indociles de la chambre criminelle dans un ensemble plus vaste et présumé mieux inspiré. La situation paraissait donc, malgré leur victoire platonique, plus menaçante que jamais pour les révisionnistes.

Le basculement du rapport de forces survint alors, par la voie la plus inattendue et la plus contingente. Le 16 février 1899 mourait le président Félix Faure, dans les conditions scabreuses que chacun connaît. Le président défunt était un ancien gambettiste, très patriote, côtoyant le nationalisme, et il avait nettement fait connaître son hostilité à la révision. Certes, l'Élysée n'avait rien à voir directement avec l'Affaire, sinon par le discret et informel pouvoir d'influence, dont usait... ou n'usait pas le président. Sa personnalité pourtant comptait, de toute évidence. Le 18 février, en vertu de ce qui était déjà presque une tradition,

* *Les Preuves* paraissent en volume par les soins de *La Petite République* en 1898.

une loi non écrite de la République, le président du Sénat, Émile Loubet, fut aisément élu à la tête de l'État.

Le nouveau président n'était guère engagé dans l'Affaire. Mais le camp nationaliste, déjà exaspéré par la perte de l'Élysée, était porté à détester cet homme qui passait d'ailleurs, depuis Panamá, où il avait contribué à calmer le jeu, pour l'archétype du politicien. Il prit donc l'élection de Loubet pour une défaite et lui voua une haine solide.

Les nationalistes n'ont pas vu alors que c'était leur propre défaite qu'ils préparaient ainsi ! Car désormais l'outrance de leurs attaques contre le président, les institutions, et la dignité même de la République allait vite irriter contre eux la majorité du Parlement et celle du pays, pour qui la République restait une valeur. L'enjeu République allait en somme remplacer l'enjeu révision.

Le soir du 18 février, à Paris, manifestations menaçantes contre le cortège de Loubet revenant de Versailles. Le gouvernement Dupuy les laisse faire.

Le 23 février, à l'occasion des obsèques de Félix Faure, Paul Déroulède essaie d'entraîner un régiment à marcher sur l'Élysée. Échec, mais la velléité de coup d'État était claire. Déroulède est donc arrêté, on lui épargne cependant la Haute Cour (que l'on avait pourtant mobilisée en 1889 contre les boulangistes qui n'en avaient pas tant fait) et on l'envoie devant la Cour d'assises, qui l'acquitte en mai.

Poursuites contre les ligues, celles de droite mais aussi celle de gauche : la Ligue des droits de l'homme. Le 3 juin cependant la Cour de cassation rend son arrêt, et cet arrêt, contre l'attente du législateur de l'année précédente, se prononce pour la révision. Exaspérés par cette nouvelle, le 4 juin, au champ de courses d'Auteuil, les nationalistes manifestent et l'un d'eux réussit à porter un coup de canne au chef de l'État, mal protégé par la police.

Le 11, à Longchamp, la gauche manifeste à son tour pour protester contre l'offense faite le dimanche précédent au président de la République. Et cette manifestation-là, elle, est repoussée par la police avec énergie.

Mais c'en était trop ! La partialité de plus en plus grande du gouvernement de Charles Dupuy en faveur de nationalistes qui ressemblaient eux-mêmes de plus en plus à des factieux, entraîne la défection d'une partie de sa majorité. Le 12 juin le ministère est renversé, et il l'est, comme on voit, sur un enjeu franchement institutionnel.

Désormais l'affaire Dreyfus allait suivre son propre cours, et la République prendre un nouveau départ, puisque la menace entrevue (ou supposée) sur son existence avait en quelque sorte rajeuni la ferveur de son camp.

C'est la conscience d'un nécessaire renouvellement des hommes dans une situation elle-même renouvelée qui avait poussé le président de la République à faire appel pour former un ministère — après le refus de Poincaré, il est vrai — à René Waldeck-Rousseau. Né à Nantes en 1846, ce dernier appartenait à la « noblesse républicaine », son père ayant été déjà un élu de la République de 1848. Socialement, il était de bonne bourgeoisie : fils d'avocat, avocat, encore enrichi par son mariage, fondateur à Paris du Grand Cercle républicain, qui allait former une sorte de symétrique à gauche des grands clubs mondains conservateurs. Élu député d'Ille-et-Vilaine en 1879, il avait participé activement à l'installation du régime, ministre de l'Intérieur pour la première fois dans le « grand ministère », et deux fois ensuite au même poste dans des ministères Ferry. On se souvient de la grande loi de 1884 sur les syndicats. C'était un homme de principes, un légaliste rigide — un des rares ministres de l'Intérieur, par exemple, qui aient osé rappeler que les courses de taureaux à l'espagnole tombaient sous le coup de la loi Grammont*... Homme froid et peu sociable, mal à l'aise au Parlement qu'il avait quitté de son plein gré lors des élections de 1889 pour se consacrer au barreau et se spécialiser dans les procès d'affaires et dans les procès littéraires, avec sans doute alors plus d'ambitions mondaines et académiques que politiques. Un ami avait dû le supplier de consentir à accepter un siège facile de sénateur de la Loire en 1894. C'est donc à un homme un peu à l'écart des groupes habituels, et presque à une personnalité de recours que le chef de l'État faisait appel, dans l'espoir d'une solution audacieuse et originale. L'espoir ne serait pas démenti.

L'agitation nationaliste, œuvre d'une minorité activiste et « révolutionnaire » envers laquelle la droite républicaine (Méline, Charles Dupuy) s'est avérée au moins complaisante, apparaît comme une menace contre le régime, au même titre que naguère le boulangisme, l'Ordre moral ou, sur un autre plan, le bonapartisme. C'est donc « la République » qui se mobilise, c'est-à-dire en fait la gauche de l'opinion. Le gouvernement de Waldeck-Rousseau trouve en se présentant devant la Chambre une courte majorité de 263 voix (tous les radicaux, une moitié des socialistes, et seulement 61 progressistes) contre 238 (l'extrême droite non républicaine et la majeure partie des progressistes). Cette nouvelle majorité qui se propose de « défendre la République » se confond donc pratiquement avec la gauche, et peut être qualifiée aussi bien de Bloc des Gauches que de « grand parti républicain ». La vieille liaison entre l'idée de gauche et l'idée de République, que l'évolution des années 1890 avait rendue inadéquate (et qui l'était toujours, en réalité) se réaffirme à nouveau et pour longtemps dans le

* Loi votée en 1850 et qui considère comme un délit les traitements cruels infligés en public aux animaux domestiques.

discours polémique et électoral de la nouvelle majorité. La « discipline républicaine » désignera conventionnellement les désistements à gauche, et les républicains qui auront choisi le mauvais camp — celui de droite — en 1899 seront suspects de ne pas être républicains vraiment.

Défendre la République, aux termes de la déclaration ministérielle, signifiait d'abord « faire respecter les décisions de justice et défendre la discipline nécessaire à l'armée ».

Ce dernier point faisait du ministère de la Guerre un poste essentiel — Waldeck, président du Conseil, ayant pris l'Intérieur pour lui-même. Il fut confié au général de Galliffet, un vieux soldat, aristocrate, naturellement royaliste puis bonapartiste, surtout sceptique en fait, et que Gambetta (toujours lui) avait su rallier en 1880-1881 à la République sur la base de leur commun et vif patriotisme. Il avait aussi — il est vrai — fait fusiller des Communards en 1871, mais tous les généraux de son âge l'avaient fait et tous n'avaient pas eu le mérite de devenir gambettistes. Osons le dire, Galliffet était un bon choix. Pour faire rentrer dans le rang des officiers généraux souvent nationalistes et antisémites, souvent restés royalistes et parfois tentés par le coup d'autorité, un jeune général ministre, radical et libre penseur n'aurait pas forcément réussi ; un ancien prestigieux au profil de réactionnaire valait mieux, et il réussit en effet.

Seulement, il constituait une couleuvre à avaler pour l'extrême gauche socialiste, qui faisait partie de cette majorité républicaine défensive et que, pour cette raison, Waldeck avait tenu à associer elle aussi au gouvernement. Elle n'avait pas beaucoup de « ministrables », surtout si on se souvient que Jaurès, battu en 1898, n'était pas député — et on n'imaginait pas alors, sauf pour la rue Saint-Dominique, un ministre pris hors du Parlement. Waldeck offrit donc à Alexandre Millerand le ministère du Commerce, de l'Industrie et des Postes, celui qui touchait le moins aux grandes fonctions d'État, mais qui était au plus près des questions sociales. Avec l'assentiment, notamment, de Jaurès, Millerand accepta, malgré l'objection de principe que représentait la participation à un gouvernement « bourgeois », et l'objection sentimentale à devenir le collègue d'un « bourreau de la Commune ». C'est ce qui fit qu'une petite moitié seulement des députés socialistes vota la confiance, les autres s'abstenant. Ainsi se matérialisait ce que nous avons exposé antérieurement : le « mouvement ouvrier » se divise à chaque occasion décisive entre ceux qui sont plus républicains que révolutionnaires, et ceux qui sont plus révolutionnaires que républicains. Millerandistes les premiers, antimillerandistes les seconds.

L'essentiel du ministère Waldeck-Rousseau tient dans son émergence et dans sa composition.

Son œuvre politique consistera à sortir de la crise. Son œuvre sociale sera celle de Millerand, qui tentera de justifier sa présence au pouvoir par l'obtention de résultats appréciables quoique réformistes.

En politique donc, d'abord, l'armée sera mieux contrôlée, grâce à la réorganisation du Conseil supérieur de la guerre, et à la reprise par le ministère du droit de nomination aux grades et emplois dont s'était emparée une commission de classement dominée par l'esprit de caste. Pour réprimer l'agitation ligueuse, Waldeck-Rousseau rappelle à la préfecture de Police le célèbre Louis Lépine, le premier grand préfet républicain qui ait vraiment réussi à ce poste de 1893 à 1896, et que Méline avait écarté ; le « fort Chabrol » de Jules Guérin*, patiemment assiégé, finit par se rendre, et les chefs sont traduits en Haute Cour.

* L'un des chefs des manifestations de rues nationalistes. Décrété d'arrestation, il se barricada 38 jours dans le local de la Ligue antisémite située rue de Chabrol.

Quant à l'affaire Dreyfus, elle en arrivait au dernier épisode judiciaire. La révision décidée, Dreyfus est ramené en France et rejugé devant un autre tribunal militaire, à Rennes (7-9 août 1899). Le verdict des nouveaux juges est mitigé : « coupable, avec circonstances atténuantes », formulation assez absurde et qui ne corrige qu'en partie le jugement initial. Waldeck-Rousseau trouve une solution : sur sa proposition, le président Loubet gracie Dreyfus.

Gracier n'est pas officiellement innocenter, ce n'est donc pas encore la justice. Les dreyfusards, gens à principe, en débattent beaucoup. Clemenceau, homme dur, conseillait à la famille de refuser cette grâce, Jaurès, plus humain, préconisait l'acceptation, ce qui fut fait. Dreyfus libre, pour l'opinion, c'était tout de même la victoire. Galliffet, dans un ordre du jour à l'armée, écrivit rudement « l'incident est clos ». Il saisira le premier prétexte pour, mission accomplie, quitter le gouvernement (mai 1900).

Le camp dreyfusard, lui, triomphe, et trouve une occasion inattendue mais significative de célébrer sa victoire. Une heureuse coïncidence venait d'amener à terme un vieux projet, l'érection du groupe sculpté du *Triomphe de la République* de Jules Dalou, cette Marianne à la fois altière et belle qui marche sur un globe, lui-même posé sur un char que traînent deux lions et que poussent à la roue la Justice et le Travail, tandis que la Paix complète le cortège. Dalou, républicain et communard, à peine revenu d'exil en 1880, avait présenté l'œuvre au concours du monument pour la place de la République, mais il n'avait pas obtenu le prix. Le conseil municipal de Paris avait cependant acheté la maquette ; le modèle en plâtre en avait été fixé place de la Nation en 1889, l'exécution en bronze devait suivre ; elle était maintenant achevée.

Le journal socialiste *La Petite République* eut l'idée de convier les amis de la République, les dreyfusards, bref les Parisiens favorables au gouvernement Waldeck-Rousseau, à venir assister à l'inauguration le 19 novembre 1899, pour en faire la manifestation de la victoire. Car dans l'interprétation maintenant commune de l'épilogue de l'Affaire, Dreyfus libéré, les nationalistes en prison, les Méline et les Dupuy écartés du pouvoir, tout cela renouvelait vraiment d'autres issues victorieuses, Gambetta contre l'Ordre moral, ou l'esprit de Victor Hugo contre le spectre de Badinguet. Parce que des dizaines de milliers de Parisiens en jugeaient ainsi, l'opération eut un succès formidable ; l'attestent les récits convergents des nombreux témoins qui ont laissé des Mémoires. Les organisateurs ont dû répartir par quartiers les voies d'accès des cortèges qui doivent gagner tour à tour la place de la Nation, leur service d'ordre un peu maladroit double celui du préfet de Police Lépine, lequel est bienveillant. Le drapeau rouge est interdit... s'il est drapeau, c'est-à-dire tout rouge et sans additif. Mais on tolère les bannières même rouges, si elles portent en inscription le nom de l'organisation qui les suit ; il y en a donc beaucoup, car les manifestants populaires plus ou moins liés au mouvement ouvrier viennent en groupe, et tout ce que Paris compte de sections, groupes d'études, chambres syndicales, coopérateurs, est présent. Les gros bataillons sont fournis, assez naturellement, puisque ce secteur de l'agglomération est le leur, par Ivry et par « le Treizième ». On est en rangs, qui parfois essaient de marcher au pas, comme dans les défilés de 1848. On achète à des marchands vite accourus des églantines rouges, vraies fleurs ou fleurs de papier, pour orner les boutonnières. On chante avec solennité les chants révolutionnaires pour la première fois libérés sur la voie publique, la vieille *Carmagnole* et la jeune *Internationale* dont la belle gravité impressionne, et dont c'est le premier succès parisien. On crie des mots d'ordre, variés, cris vengeurs contre Déroulède et Rochefort, cris de bonne volonté, mais assez peu suivis, de vive Dreyfus ! vive

Zola ! vive Jaurès ! cris à valeur de revendication et de lutte accentuée tels que Mercier* au bagne !, toute une variété à la fois partisane et confuse. Mais — le reportage de Péguy**, que nous suivons pour l'essentiel, y insiste —, quand les cortèges débouchant sur la place voient enfin la statue, dont seule la silhouette debout émerge au-dessus des foules qui masquent la partie basse du monument, toutes les clameurs diverses cessent spontanément pour faire place au vive la République !

On le répète, un peu plus loin, devant la tribune officielle, que le président Loubet et le gouvernement ont quittée bien avant la fin du défilé.

Cette journée de fête pacifique méritait que l'on s'y attarde un peu, parce qu'elle est riche de leçons. D'abord, qu'une foule puisse faire une fête à la fois politique et sentimentale pour l'inauguration d'un groupe allégorique de bronze en dit long sur la vitalité conservée de cette forme d'expression. Ensuite, les tensions à l'intérieur de la fête, c'est-à-dire à l'intérieur même du camp républicain victorieux, méritent réflexion : de temps en temps les hommes de Lépine avaient dû faire le coup de poing pour arracher un drapeau noir, emblème interdit, celui-là. Et puis le président Loubet était parti tôt, assez mécontent, parce qu'il avait vu tout de même beaucoup de rouge déployé, beaucoup de bannières et de chants sociaux proclamés. La ligne de partage de classes entre un prolétariat glissant au socialisme et une bourgeoisie républicaine, aussi réellement bourgeoise que sincèrement républicaine, ne passait-elle pas au sein même du camp de la gauche ? et non pas entre gauche et droite ? Toute la complexité de l'époque se révèle

---

* Général, ministre de la Guerre au temps de la condamnation de Dreyfus.

** *Cahiers de la Quinzaine,* du 25 décembre 1899, *in* Bibliothèque de la Pléiade, *Œuvres en prose complètes*, t. I , pp. 299 et suiv.

peut-être là. Enfin et surtout, il faut retenir le succès et l'ampleur de la manifestation dans un Paris populaire qui tenait sa chaleur à la fois de ses espoirs de néophyte en socialisme et de sa conscience de tradition déjà historique. C'est ce que suggérait Péguy, en tout cas :

« Je n'oublierai jamais ce qui fut le plus beau de la journée : la descente du faubourg Antoine (au retour, pour la dislocation du rassemblement). Le soir descendait, la nuit tombait. Tout ignorants que nous soyons de l'histoire des révolutions passées, qui sont le commencement de la prochaine Révolution sociale, nous connaissons tous la gloire de légende et d'histoire du vieux faubourg. Nous marchions sur les pavés dans cette gloire. Avec une sage lenteur, les porteurs de *La Petite République* marchaient en avant de ce nouveau cortège. Les gens du faubourg s'approchaient, épelaient, lisaient “La — Petite — République — socialiste. — Ni — Dieu — ni — maître”, applaudissaient, acclamaient, suivaient. Rien ne distinguait plus le cortège et les spectateurs. Le peuple descendait dans la foule et se nourrissait d'elle. On rechanta la vieille *Marseillaise*, récemment disqualifiée auprès des socialistes révolutionnaires par la faveur des bandits nationalistes. Tout le faubourg descendait, dans la nuit, en une poussée formidable, sans haine. »

Frappant, ce dernier détail, cette dernière aporie : la *Marseillaise* est-elle réactionnaire parce que le nationalisme tend à l'accaparer ? ou révolutionnaire parce qu'elle vient... de la Révolution ? Conflit de lointain avenir... Pour l'avenir proche, retenons plutôt cet investissement populaire du camp dreyfusard, sans lequel on ne comprendrait pas l'imbrication de la Défense républicaine et du socialisme, problème majeur de la nouvelle conjoncture politique.

Autre symbole, en 1900, à l'occasion d'une nouvelle Exposition Universelle. Entre autres festivités, le président de la République entouré des ministres préside un gigantesque banquet où ont été conviés *tous* les maires de France (en 1889 on n'avait osé inviter que les maires des chefs-lieux de canton). Sur 36 000, il en vint 20 777, appréciable majorité, quand on pense à ce que pouvait être alors le voyage à Paris pour un villageois de l'Ariège ou des Hautes-Alpes. Cette majorité rurale acclama la République. Pendant ce temps Paris, fidèle à la tendance qu'il avait déjà affirmée avec le boulangisme, se donnait un conseil municipal à majorité nationaliste. Ainsi la capitale ferait-elle désormais une opposition de droite à un gouvernement et à un pouvoir d'État dont l'ancrage à gauche réaffirmé serait soutenu par la province. La situation devenait exactement l'inverse de ce qu'elle avait été pendant la plus grande partie du XIXe siècle.

L'œuvre politique du gouvernement de Waldeck-Rousseau, enfin, comprend la célèbre loi de 1901 sur le droit d'association. Elle fait bel et bien suite aussi à l'Affaire, dans la mesure où certaines congrégations religieuses y avaient pris part. D'une façon générale, à peu d'exceptions près — parmi les rares catholiques dreyfusards figurait le père du futur général de Gaulle —, le clergé catholique était fortement conservateur, et parfois avec un penchant autoritaire. Le clergé, et ceux des fidèles qu'il influençait le plus, ne se cantonnaient pas seulement à la droite républicaine, il touchait à la « droite révolutionnaire ». Les assomptionnistes, éditeurs du journal *La Croix*, étaient les champions de l'antisémitisme. Du côté de la gauche, l'exigence républicaine de compléter par le droit d'association la panoplie des libertés essentielles, et la méfiance non moins républicaine à l'égard d'organismes de combat, formaient une contradiction sur laquelle on achoppait depuis vingt ans. Waldeck-Rousseau trancha le nœud gordien en préparant une loi franchement discriminatoire.

En droit commun, la liberté d'association serait de

droit, sous réserve de simple déclaration. C'est le régime « loi de 1901 » dont nous nous servons encore tous les jours. Les congrégations religieuses y feraient l'objet d'un statut particulier, et seraient traitées à part. Une loi serait nécessaire pour autoriser de nouvelles congrégations, et un décret pour les établissements nouveaux des congrégations existantes. La loi fut votée par les deux Chambres après de vifs débats, mais les débuts d'application se firent en souplesse — le Conseil d'État ayant simplifié la procédure, et le gouvernement ayant engagé des négociations discrètes avec le clergé, toujours concordataire. Cela devait changer après Waldeck.

Pour le moment, la loi permet un nouvel essor d'une vie associative déjà bien lancée depuis les années 1880 sous le régime de la tolérance. Elle incite aussi les partis, jusque-là (sauf chez les socialistes) à peine organisés, à se donner des statuts de type moderne. Ainsi naissent en 1901 le Parti radical, et le parti dit « Alliance démocratique » qui regroupe les progressistes membres de la majorité laïque et républicaine, à l'instar de Waldeck.

L'œuvre sociale revient bien à Waldeck-Rousseau dans la mesure où les anciens opportunistes de la meilleure veine faisaient vraiment à la République un devoir de réformer et d'humaniser. Il avait déjà agi en ce sens par sa loi de 1884.

Mais cette œuvre doit rester liée aussi au nom de Millerand, pour qui elle était impérative. En effet, pour un socialiste républicain, être ministre dans ce gouvernement se justifiait déjà par la défense de la République, régime réputé meilleur pour la classe ouvrière qu'une dictature. Mais pour les « citoyens » que ce raisonnement ne convainquait pas, il était important d'avoir des résultats sociaux à faire valoir.

Avant 1899, le Parlement avait déjà voté quelques lois utiles, celle de 1884 sur les syndicats, celle de 1890 supprimant le livret ouvrier, celle de 1892 réglementant de façon protectrice le travail des femmes et des enfants dans l'industrie, celle de 1894 étendant le droit syndical aux ouvriers de l'État, et enfin celle de 1898, à l'élaboration de laquelle Millerand avait déjà participé comme simple député, sur la responsabilité (*à priori* patronale, à charge de preuve contraire) dans les accidents du travail. Hors du domaine législatif, syndicats et patronat avaient passé d'utiles conventions dans les houillères. Et en 1891 le ministère du Commerce s'était doté d'un Office du travail pour rassembler documentation et statistiques sociales.

C'est précisément cet office que Millerand développe et porte au statut de direction du travail au sein de son ministère — et qui formera le noyau du futur ministère du Travail —, pour préparer de nouvelles initiatives. Deux projets aboutissent, une loi limitant la durée de travail à douze heures dans les usines n'occupant que des hommes adultes où elle ne faisait jusque-là l'objet d'aucune réglementation, sauf dans les mines, et une autre loi limitant la durée à dix heures dans les usines où travaillaient à la fois des adultes et des enfants.

Un décret aménage les conditions du travail dans les entreprises adjudicataires de l'État (repos hebdomadaire, horaires réduits) avec l'espoir que l'État donnerait là un modèle à suivre pour les employeurs ordinaires.

Millerand enfin réorganise un organe consultatif, le Conseil supérieur du travail, en y faisant entrer des délégués ouvriers élus, et il s'en sert pour encourager les arbitrages dans les conflits sociaux.

Ce bilan constitue à coup sûr un progrès notable dans une législation sociale dont on a déjà dit la timidité originelle. Cela n'empêche pas cependant des conflits d'avoir lieu ici ou là, des patrons de se montrer intransigeants, et la police parfois de maintenir l'ordre. Et chaque épisode de ce genre nourrit les arguments contre le millerandisme. Une cruelle caricature du temps montre les ouvriers d'un comité de grève épluchant les listes d'une souscription de soutien. Dialogue : « Et le citoyen-ministre (Millerand, nous dirions aujourd'hui le camarade-ministre) qu'est-ce qu'il a envoyé ? — Il a envoyé les gendarmes ! »

Le « cas Millerand » ne cesse d'être discuté dans le mouvement ouvrier. Il rend rapidement invivable la première unification que les socialistes aient réalisée, dans la lancée de la victoire dreyfusienne, en décembre 1899 au congrès de la salle Japy. Deux ans après, c'est la scission.

Les antimillerandistes, intransigeants, forment à Ivry en novembre 1901 le Parti socialiste de France, autour de Jules Guesde et d'Edouard Vaillant ; restait aux autres à s'organiser (Tours, mars 1902) en Parti socialiste français (Paul Brousse, Jean Jaurès, etc.).

Aux élections générales de 1902, ce sont d'ailleurs ces derniers, les plus gouvernementaux, qui allaient avoir le plus grand nombre de voix et d'élus, signe entre autres du caractère très populaire qu'avait gardé la défense républicaine.

Dans le monument à Waldeck-Rousseau que l'on peut toujours voir en place à Paris, jardin des Tuileries, un ouvrier figure en bonne place. Et dans la France profonde il y eut des nouveau-nés qui reçurent Waldeck pour prénom.

L'enthousiasme soulevé dans l'électorat de gauche par les luttes victorieuses du gouvernement Waldeck-Rousseau devait pousser la politique au-delà des vœux du sage chef de file. On allait s'en apercevoir bientôt.

Aux élections législatives de mai 1902, la défense républicaine est plébiscitée. Très peu d'abstentions. La gauche rassemble 366 élus (99 Alliance démocratique, 219 radicaux et radicaux-socialistes, 48 socialistes) contre 220 sièges à la droite. Waldeck, qui est malade et qui ne se sent pas dans le droit-fil de cette radicalisation, renonce à se succéder à lui-même, et le nouveau ministère sera formé par Émile Combes, sénateur radical, un médecin de province.

Ce gouvernement, l'un des plus décriés de la IIIe République, en fut aussi l'un des plus populaires. C'est que les réputations historiques ne se font pas au suffrage universel, et que la mémoire collective, dans la culture « nationale » qui se constitue, penche toujours du côté conservateur. L'image du « petit père Combes » (« petit père » parce qu'il était vieux et le paraissait, et en outre parce qu'il avait côtoyé l'Église comme ancien séminariste) est désastreuse : politicien barbichu et ringard (langage d'aujourd'hui), obsessionnel mangeur de curés, un monsieur Homais au pouvoir, bref un imbécile doublé d'un flic. Or les quelques années qu'il représente ont soulevé un élan d'approbation populaire, de confiance en l'avenir, que l'on peut comparer avant lui à celui des années fondatrices (1878, 1879, 1880, 1881) et, après lui, à ceux du Front populaire ou de la Libération.

Un autre aspect de ce paradoxe est le contraste entre l'image, désastreuse, de Combes, et l'image, plutôt respectable même pour les non-socialistes, de Jaurès. Or Jaurès, revenu à la Chambre en 1902, a soutenu à fond ce ministère, comme il n'en avait soutenu ni n'en soutiendra aucun autre. Élu vice-président de la Chambre, et leader de fait de la Délégation des gauches (coordination des groupes parlementaires de la majorité), Jaurès a été véritablement très proche du pouvoir.

Au-delà de ce problème de « mémoire nationale », le paradoxe Jaurès-Combes en pose un autre, plus précis, celui des rapports entre l'idéal — réputé honorable, même quand on ne le partage pas — du socialisme, et l'idéal, aujourd'hui décrié et jugé désuet, de l'anticléricalisme. Divergence ou solidarité ?

Le gouvernement, malgré le soutien socialiste, ne met pas l'accent principal sur le social. L'expérience Millerand, n'ayant pas convaincu, n'est pas renouvelée, le ministère ne compte aucun socialiste, et les Finances sont tenues par Rouvier qui appartient à l'aile modérée de la coalition. Le combat — car on se veut un ministère de combat — sera d'abord tout politique, contre le cléricalisme, bien sûr, mais aussi contre les positions que le vieux monde conservateur et royaliste tient dans les principales structures de l'État, et dont l'Affaire est censée avoir révélé le danger. L'attention apportée notamment à républicaniser l'armée et la marine — pour citer les exemples les plus spectaculaires — procède de là. On cite beaucoup — surtout pour s'en scandaliser — les ambitions du type « A nous les places ! », et l'intention affirmée de réserver les nominations et les postes aux « vrais amis de la République », c'est-à-dire à ceux du gouvernement. Et, certes, tout n'était pas pur dans cette intention, pas plus en 1902 qu'auparavant ou par la suite. Mais il faut reconnaître que si la politique des places relevait, d'un côté, de l'habituelle faiblesse humaine, de l'esprit de coterie, et du « spoils system », elle relevait aussi d'autre part d'une volonté plus avouable, celle de faire respecter la démocratie par la société civile. L'œuvre du général André à la Guerre et celle de Camille Pelletan à la Marine procéderont du même esprit que celle, un quart de siècle plus tôt, des pères fondateurs épurant la magistrature ou le Conseil d'État. Elles seront spectaculaires. Pelletan, un pur civil, diplômé de l'École des chartes et n'ayant jamais exercé que le métier de journaliste, osa s'en prendre à la Marine qui se disait encore « la Royale », et lui imposer des transformations aussi significatives que l'attribution de noms républicains à des vaisseaux de guerre (*Danton*, la *Marseillaise*), un carré commun pour les officiers de pont et les officiers mécaniciens, ou l'abolition de la mise en berne des pavillons le Vendredi saint.

On rit beaucoup de Pelletan. L'« opinion » puis l'« histoire », qui n'avaient pas trouvé choquantes les survivances royales et religieuses, trouveront ridicule le premier homme politique qui ait tenté d'y porter la main. Par ailleurs, également ministre des Arsenaux, Pelletan y instituait la journée de huit heures. Quant au général André, son activisme, qui devait un jour être fatal au gouvernement, partait du constat que l'esprit conservateur, religieux, souvent nostalgique d'autoritarisme, avait fait prime dans l'armée et brimé les officiers républicains, et qu'il y avait lieu d'y faire contrepoids. Aux anciens réseaux d'influence et d'information bien-pensants, il voulut donc opposer ou substituer ceux, autrement orientés, de la franc-maçonnerie, chose qui choquera à bon droit sous le nom d'« affaire des fiches ». Peut-être est-il simplement équitable de dire que, si le branchement de l'État sur un réseau d'influence privé n'est pas défendable, il n'est guère admissible non plus de trouver seules scandaleuses les fiches de gauche, et point les filières de droite. Par ailleurs, populaire à d'autres égards, André préparait la loi réduisant de trois à deux ans le service militaire.

Mais la grande bataille se joue contre l'Église romaine et d'abord contre les congrégations. A la différence de ce qu'avait souhaité et commencé Waldeck-Rousseau, Combes et sa majorité font de la loi de 1901 une application rigoureuse et restrictive. Les nouvelles demandes d'autorisation sont presque systématiquement refusées, à l'exception des précieuses congrégations missionnaires outre-mer. Les écoles tenues par des congrégations non autorisées sont fermées, le droit d'enseigner (à titre privé) aux anciens membres des congrégations dissoutes est soumis à d'autres obstacles, etc. On assiste donc à des exodes spectaculaires de religieux et de certains de leurs collèges vers la Belgique, l'Italie ou la Suisse catholique (Fribourg). Bien entendu, entre les évêques qui protestent, et le gouvernement qui s'émeut de leurs protestations, toute une guérilla verbale et contentieuse se déchaîne. Il y a peu de troubles publics cependant, moins qu'il n'y en aura pour la cause, plus marquée de sacré que de concret, des inventaires d'Église un peu plus tard. En fait, beaucoup de congrégations se sont mises en règle, et le réseau d'écoles libres est finalement peu entamé.

C'est dans l'ordre symbolique surtout que la lutte culmine. Combes préside en personne le 13 septembre 1903 à l'inauguration de la statue de Renan, mort onze ans auparavant, universitaire bourgeois aussi tranquille et modéré que possible, mais dont la *Vie de Jésus* avait fait le symbole honni de l'esprit scientifique envahissant le champ du sacré. Comme le monument se trouvait en Bretagne à Tréguier, sa ville natale, et qu'on y voyait Minerve debout derrière le fauteuil du savant, on eut l'impression que la République imposait en terre de chrétienté la statue de la pensée libre. Les radicaux, dont Combes incarnait le type achevé, ne pensaient pas qu'on pût s'accommoder avec l'Église, et il y avait vingt ans qu'ils trouvaient choquante l'habileté des opportunistes et des progressistes à conserver le Concordat pour gérer avec Rome un compromis permanent.

Combes joue carrément la rupture en exigeant que les bulles du pape, instituant canoniquement les évêques, écrivent simplement que le gouvernement français *« eos nominavit »* (les a nommés). Rome tenait à la formule *« eos nobis nominavit »* (le gouvernement *nous* les a désignés — sous-entendu pour que nous les nommions). Ces cinq lettres de latin changeaient donc tout, quant au principe ! Elles ouvrirent un conflit qu'envenimèrent peu à peu les épisodes les plus divers, depuis des conflits mineurs concernant tel ou tel évêque jusqu'à un voyage de Loubet à Rome, où il rendit visite au roi au Quirinal avant d'aller saluer le pape au Vatican. Bref, le 30 juillet 1904, la Chambre des députés entérinait par son vote la rupture des relations diplomatiques entre la France et le Saint-

Siège. Il ne restait plus qu'à mettre en chantier la suite logique, la séparation de l'Église et de l'État.

Jusque dans cette affaire, Jaurès avait joué de façon active et même personnelle le jeu du gouvernement. La protestation du pape contre l'écart protocolaire de Loubet n'avait été donnée que de façon confidentielle, dans une note aux chancelleries des souverains catholiques. Mais le prince de Monaco, officiellement tenu pour un monarque catholique, n'en était pas moins libre penseur à titre personnel, et il fit passer la note à Jaurès qui la rendit publique dans *L'Humanité*, ce qui donnait dès lors à notre diplomatie matière pour protester.

Car Jaurès, depuis le printemps de 1904, disposait d'un journal, *L'Humanité*, dont les milieux bourgeois les plus engagés dans le dreyfusisme avaient rassemblé les capitaux. Le titre choisi, du reste, évoquait davantage l'idéalisme abstrait et global de la gauche que l'aspiration proprement ouvrière et classiste que le socialisme — Jaurès aidant, bien sûr — allait lui imprimer bientôt.

C'est ici l'occasion de voir d'un peu plus haut, au-delà des liens politiques et personnels entre Jaurès et Combes, la question des rapports entre socialisme et anticléricalisme, qui se trouve posée tout au long de l'histoire de cette République.

Selon une thèse classique, l'anticléricalisme aurait formé devant le socialisme un barrage insidieux. Le front de lutte anticlérical, en provoquant l'alliance des ouvriers laïques avec des capitalistes francs-maçons, et en les opposant à leurs frères de classe restés chrétiens, contredirait et contrecarrerait la lutte des classes. L'énergie que le peuple de gauche déploie contre les curés serait soustraite à celle qu'il devrait déployer contre les patrons et les richards. A la lutte des classes, l'anticléricalisme ferait donc un contre-feu ou une diversion. Ce raisonnement paraît en vérité bien spécieux. On ne voit pas comment cette manœuvre aurait pu se montrer longtemps efficace si elle avait seulement résulté d'une si consciente habileté. En outre on ne voit pas, comme la thèse l'implique, que des radicaux (bourgeois) aient entraîné dans la lutte contre les prêtres des ouvriers socialistes réticents et avides de se battre ailleurs.

Ce qu'on voit dans la France d'alors c'est que les socialistes, de toutes tendances, ont montré au moins autant d'ardeur que les radicaux à animer la libre pensée et toutes les formes de lutte contre la religion établie. La liaison entre socialisme et anticléricalisme ayant existé, en fait, fortement et durablement, il s'agit seulement de comprendre pourquoi elle s'est manifestée avec une vigueur naturelle et spontanée.

D'abord, dans beaucoup de régions, il n'était pas évident que le haut patronat, la banque, les grandes affaires fussent devenus républicains et francs-maçons. Sur le terrain, il arrivait encore souvent que l'Église assure le soutien électoral, social ou déjà quasi syndical du patronat.

Mais surtout la société et la culture françaises restaient globalement imprégnées de religion. Ni Jules Ferry ni même Émile Combes n'y avaient rien changé : la religion continue à donner ses marques à la vie ordinaire ; et celui qui veut montrer son rejet du monde tel qu'il est peut d'abord le montrer en refusant ces marques-là. Se marier à l'église c'est faire comme tout le monde ; qui veut se singulariser se mariera donc civilement.

On comprend par là comment la conscience de classe, le sentiment de classe, la doctrine intransigeante de la lutte de classes, loin d'atténuer le combat anticlérical, y poussent au contraire. L'irréligion affichée et le militantisme libre penseur opèrent comme signes de distinction par rapport au monde établi, ils convergent donc avec cet autre absolu de distinction qu'est la doctrine de classe. Rien ne peut mieux le faire sentir que ce second trait de la culture des socialistes, le fait qu'ils se qualifiaient et se donnaient entre eux du « citoyen ». Le mot, à la différence du « compagnon » des anarchistes, ou du futur « camarade » des communistes, n'a pas de connotation ouvrière ni populaire par *lui-même* ; il ne les prend que *par distinction*, par rapport aux gens ordinaires qui se donnent du « monsieur ».

Quand la société bourgeoise se compose de gens qui disent « monsieur », le parti ouvrier le sera de gens qui disent « citoyen ». Et quand cette société se dit chrétienne au moins par convenance, le parti ouvrier s'affirmera contre elle en ne l'étant pas. Telle est la logique qui a le plus probablement fonctionné.

A quoi s'ajoute cette autre observation : bien des socialistes n'étaient socialistes que parce qu'ils avaient été anticléricaux d'abord. C'est une chose formidable en effet que la bourgeoisie libérale, puis républicaine, avait faite en apprenant au peuple, depuis près de deux siècles déjà, à contester les vérités de la religion et de l'Église. Si le pape et monsieur le curé peuvent dire des sottises, à qui se fier ? Après cette première rupture, tout devient possible. Le maire, le patron, le député républicain, l'économiste professionnel peuvent avoir tort à leur tour. L'impulsion de critique appliquée à la métaphysique se poursuivra aisément par la mise en cause de l'optimisme républicain et de l'orthodoxie économique dès lors qu'ils tarderont à tenir leurs promesses. C'est bien pour cela que l'école laïque de Jules Ferry et de Paul Bert, qui étaient eux-mêmes antisocialistes, a produit néanmoins tant d'électeurs socialistes. Ils avaient voulu l'instruction émancipatrice, et elle le fut même contre leur parti et contre leur République sage.

On comprend alors que Jaurès et les siens aient si bien assumé la lutte anticléricale. Elle représentait une part, et peut-être d'abord la propédeutique, de leur lutte globale. On comprend aussi pourquoi le combisme a suscité des espérances sociales. En 1902, 1903, 1904, des dizaines de milliers de motions de félicitations, venant de comités, de loges, de municipalités, de banquets, de sociétés, ont été adressées au chef du gouvernement qui les a pieusement — si l'on ose dire — conservées dans ses archives, où l'on en prend aujourd'hui connaissance. Un thème y revient souvent : finissons-en avec le cléricalisme et la réaction, déblayons la route, et nous pourrons passer à la justice sociale.

Mais Combes devait tomber avant d'en aborder l'étape ! Son gouvernement avait fini en effet par être mis en difficulté, et sur sa gauche, et sur sa droite. Sur sa gauche, parce que Jaurès, ses amis du Parti socialiste français, et la théorie gradualiste que nous leur supposons et que nous venons d'exposer sommairement, ne faisaient pas l'unanimité dans le mouvement ouvrier ; soutenant un ministère « bourgeois », ils s'exposaient aux mêmes critiques qu'avait suscitées le millerandisme. Le Parti socialiste de France, rival du parti jauressien, avait beau jeu de rappeler à chaque occasion délicate que Combes avait tout de même avec lui des banquiers et des gendarmes.

Le socialisme réformiste, sinon gouvernemental, n'avait pas absorbé toute la capacité de mobilisation et de ferveur du peuple. On le voit bien un jour de janvier 1905, quand une énorme foule se rassemble pour accompagner de la gare de Lyon au cimetière de Levallois le cercueil de Louise Michel, ramené de Marseille où elle était décédée au cours d'une tournée de conférences. L'infatigable et modeste propagandiste de la protestation contre l'injustice sociale était aussi en effet un personnage historique, symbolique et presque romanesque. Née en 1830, sa naissance irrégulière, son activité d'institutrice libre, et libre penseuse, donc militante, dans le Paris du Second Empire, sa participation à la Commune, sa captivité en Nouvelle-

Calédonie, sa plongée à nouveau dans le mouvement social, des années 1880 et 1890, coupées d'exil à Londres et d'incarcération, son refus de toute organisation constituée, mais sa promptitude à accourir aux côtés de tout ce qui gémissait ou remuait, sa dignité et sa générosité personnelles, ses dons de refus et de pitié non émoussés par l'âge ni par l'expérience, tout cela avait fait d'elle, à la longue, le principal emblème d'un vivace anarchisme humanitaire, en même temps qu'une figure forçant le respect. Sa popularité révélait des forces de protestation sociale que même la plus à gauche des Républiques ne pouvait toutes canaliser.

C'est cette pression révolutionnaire d'extrême gauche, constante quoique diffuse, qui rendait difficile la défense du combisme, comme celle du millerandisme un peu plus tôt.

On comprend qu'au congrès d'Amsterdam de l'Internationale ouvrière à laquelle les deux partis rivaux étaient affiliés (août 1904), et où fut votée une motion enjoignant aux Français de s'unifier, et de le faire sur une claire base de principe, c'est-à-dire de classe, c'est-à-dire de rupture avec la bourgeoisie, même avancée, Jaurès ait préféré s'incliner plutôt que de renoncer à appartenir au socialisme organisé. C'était risquer au moins d'affaiblir la majorité Bloc des Gauches, et de saper son élan.

Du coup cela encourageait sur la droite des défections, ou dissidences. Dans l'Alliance démocratique, Ribot ou Georges Leygue, dans le camp radical Doumer ou Clemenceau, retirèrent leur soutien à Combes. Causes diverses. Certains étaient tout simplement mécontents, déçus ou rivaux à titre personnel, d'autres inquiets de ce qu'avaient de populaire et de hardi la politique d'un Pelletan et les espérances socialisantes, d'autres enfin trouvèrent choquante, d'un point de vue libéral strict, la politique de parti et de combat et notamment l'affaire des fiches. Cet argument noble fut naturellement le plus mis en avant, et Combes jeta du lest en novembre 1904 en remplaçant le général André.

Mais cela ne suffit pas, et le 18 janvier 1905, le cabinet démissionnait.

La France pourtant, si dramatique qu'ait pu être la crise de l'affaire Dreyfus, n'avait pu tout entière ignorer le monde environnant.

Et le ministère avait dû marquer son passage par un événement extérieur considérable, l'Entente cordiale.

Émile Combes n'y était à peu près pour rien. Président du Conseil et ministre de l'Intérieur, il s'occupait surtout de politique intérieure et générale, et laissait la diplomatie se traiter, par-dessus sa tête, entre le chef de l'État et le ministre des Affaires étrangères, Delcassé, en poste depuis 1898.

Peut-on voir dans le rapprochement avec la Grande-Bretagne un signe supplémentaire du tournant pris en 1899 par la République ? Après tout l'anglophobie en France était nettement marquée à droite et l'anglophilie assez nettement de gauche. Ce serait une fausse évidence, pourtant. Aussi bien Delcassé était-il plutôt un épigone des opportunistes qu'un radical. Son projet relevait moins de l'idéologie que de la géopolitique : la France ne peut pas se permettre d'avoir deux ennemis virtuels aussi considérables que l'Angleterre et l'Allemagne, et comme l'Allemagne, à cause de l'Alsace, est tout de même une amie impossible, l'Angleterre seule peut le devenir. Encore fallait-il qu'elle le veuille bien. Or la situation fut débloquée du côté anglais par la mort de la reine Victoria (janvier 1901) et la fin de la guerre des Boers (mai 1902). Edouard VII était plus novateur, libéral et francophile que sa mère ; plus conscient aussi de la concurrence que la récente expansion économique et navale des Allemands faisait courir à son pays. Bref deux hommes, Delcassé et Edouard VII, se trouvaient disposés à penser à un rapprochement de raison dirigé contre l'Allemand, rival commun. L'ambassadeur Paul Cambon fut l'artisan de l'opération.

En mai et juillet 1903 s'échangent les visites de chefs d'État entre Paris et Londres. L'apurement d'un immense et parfois séculaire contentieux colonial s'accomplit et aboutit à l'accord du 8 avril 1904. Il est question de Siam et de Cambodge (les protégés respectifs), de pêche à Terre-Neuve, de frontières entre Niger et Nigeria, de faits accomplis un peu partout acceptés, le principal troc consistant dans la reconnaissance par les Français du protectorat de fait des Anglais sur l'Égypte, contre la liberté d'action de la France pour établir au Maroc une influence analogue, dans le prolongement de l'Algérie.

Dans le même élan et dans les mêmes perspectives, la diplomatie de Delcassé amadouait et l'Espagne (zones d'influence délimitées au Maroc) et l'Italie (que les Français autorisaient par avance à conquérir la Tripolitaine).

On a vu tout à l'heure un effet du rapprochement franco-italien avec la rupture de la France et du Vatican ; l'Italie en tout cas se détachait des Empires centraux.

L'entrée du couple franco-britannique dans l'histoire est un événement considérable. Les deux nations étaient ennemies depuis toujours, à de brèves exceptions près (la dernière en date avec l'affaire de Crimée sous Napoléon III). Et ennemies en profondeur, culturellement : Anglo-Saxons contre Latins, protestants contre catholiques, Marlborough, Nelson et Wellington contre Louis XIV et Napoléon, les Godons contre Jeanne d'Arc, etc. Il n'est pas sûr que tout cela soit effacé des mentalités, mais ce le sera des politiques, durablement. Malgré les rivalités coloniales ? ou à cause d'elles ? A un tournant historique aussi décisif, l'explication ne peut relever que d'une interprétation générale, c'est-à-dire se rattacher à des présupposés idéologiques. Pour les uns, en 1904, deux impérialismes repus se mettent d'accord pour stabiliser un partage du monde extraeuropéen qui leur est favorable, en faisant obstacle ensemble à l'impérialisme germanique, nouveau venu sur les mers et dans les grandes affaires. Pour les autres, ce sont deux grandes nations bien arrimées à l'éthique de la liberté et qui, s'efforçant vaille que vaille d'avoir une politique de principe, se retrouveront dans le bon camp à chaque affaire décisive.

Mais l'affaire du Maroc en était-elle une ? C'est en tout cas à son propos que l'Entente cordiale fonctionna pour la première fois.

Bien des conséquences des grands choix opérés au temps de Combes vont en effet apparaître après lui, dans les mois riches d'événements qui séparent la démission du « petit père » de l'accession au pouvoir du « Tigre » (janvier 1905-octobre 1906).

Un nouveau ministère se forme sous la présidence de Rouvier, l'ancien ministre des Finances de Combes.

Il donne quelques gages à la droite (les condamnés nationalistes de la Haute Cour sont graciés), mais surtout il fait aboutir la loi militaire des deux ans, qui est votée en mars 1905, et il met en discussion la loi de Séparation des Églises et de l'État, qui sera votée par la Chambre en juillet et par le Sénat en décembre. Le Concordat est dénoncé, le clergé (ou plutôt les clergés, les pasteurs et les rabbins comme les prélats et les prêtres romains) cesse d'être salarié.

Le sort du patrimoine dont l'État était propriétaire et les Églises gestionnaires, formait la question la plus complexe. La loi prévoyait que l'État et les communes en gardent la nue-propriété, et que des « associations cultuelles » formées par les fidèles en auraient la jouissance gratuite. Mais les catholiques, qui considéraient alors la Séparation comme néfaste, comme un coup qui leur était porté, ne voulurent pas en faciliter l'exécution en acceptant le cadre proposé par la République. Il fallut renégocier le dispositif et assimiler les actes du culte à des réunions publiques. Le législateur se montrait accommodant, peu soucieux d'aggraver le conflit : la police des cultes était laissée aux communes, ce qui signifiait qu'elle serait pratiquement toujours libérale ; des indemnités et pensions étaient prévues pour les vieux prêtres sans ressources, etc. Mais, en droit, il fallait faire un exact inventaire des biens matériels dont les communes recevaient la responsabilité. L'inventaire pouvait et devait être une formalité rapide et en elle-même anodine ; touchant à la profanation pourtant (du point de vue religieux) si l'investigation faisait ouvrir les tabernacles contenant « le corps du Christ ». On pouvait éviter certes ce type de maladresse ou de provocation, mais dans bien des régions rurales, les fidèles avaient un sens plus extensif du sacré ; telle statue de saint portée en procession une fois par an, c'était « notre saint », et il n'y fallait pas plus toucher qu'au saint ciboire. En outre, l'inventaire, même pratiqué avec délicatesse, était le premier symbole concret de l'exécution d'une loi jugée globalement spoliatrice et impie.

De là l'idée de faire de la résistance aux inventaires d'église un acte de combat et de réplique contre la loi détestée. Les ligues d'extrême droite, notamment l'Action française, s'en saisissent, débordant les évêques qui s'étaient contentés de conseiller aux curés l'émission de protestations solennelles et une résistance passive.

De là, à partir de janvier 1906, une poussière d'incidents, les uns provinciaux, surtout ruraux, dans des pays « de chrétienté », les autres urbains, là où les ligues nationalistes pouvaient fournir à la masse des fidèles direction et encadrement. L'action consista pour les catholiques à se rassembler en masse autour des églises et dans les églises, et à barricader les portes de ces édifices, de façon à contraindre les agents de l'administration des domaines, et la police ou la gendarmerie requises pour les assister, à briser l'obstacle ; l'obstacle serait brisé, mais l'assaut et la rupture du « saint lieu », confinant au sacrilège, auraient fait monter la tension. A Paris, les 1er et 2 février 1906, deux églises, Sainte-Clotilde et Saint-Pierre-du-Gros-Caillou doivent être ainsi prises d'assaut, sous les jets de pierre des défenseurs. C'est une échauffourée, presque une émeute. Des scènes analogues se produisent à petite échelle dans l'Ouest, dans le sud du Massif central, au pays Basque, dans le Haut Doubs, géographie familière des « chrétientés » muées en bastions électoraux conservateurs. On est presque toujours en milieu rural, où des paysans armés de fourches et de bâtons retrouvent, contre les fonctionnaires et les gendarmes, les panoplies et les gestes traditionnels de l'émeute de résistance. Avec des « armes » pittoresques parfois, comme en ce village d'Ille-et-Vilaine où les fidèles ont transporté dans l'église des ruches d'abeilles...

Du folklore ? sans doute. Mais parfois la rixe s'engage, les fusils apparaissent. Il était inévitable qu'un accident grave survienne. Ce fut le 6 mars à Boeschepe, village du Nord, en pays très catholique de culture flamande et, qui plus est, frontalier donc animé d'une hostilité invétérée contre les gendarmes. L'émeute populaire entre dans l'église où se trouvent le percepteur et les militaires qui l'escortent. Rixe. Le fils du percepteur croit voir son père en danger et tire sur un manifestant, qui tombe mort.

Rouvier, rudement interpellé à la Chambre, démissionne.

Accessoirement, la Séparation, affaire si importante, à la fois très passionnelle et très technique, avait permis l'accès à la notoriété de l'éloquent et habile rapporteur du projet devant la Chambre, le député de Saint-Étienne Aristide Briand. C'était un enfant du peuple instruit grâce à la République et entré dans la vie publique par l'extrême gauche. Fils d'aubergistes, né à Nantes en 1862, boursier au lycée de cette ville, puis étudiant en droit à Paris, il s'établit d'abord avocat à Saint-Nazaire et il se fait le porte-parole de la classe ouvrière du lieu. Il y rédige la presse de gauche, défend les ouvriers et les syndicats devant les tribunaux, accède au conseil municipal, épouse toutes les aspirations sociales, jusqu'à se faire remarquer dans les congrès ouvriers comme apôtre de la grève générale. Puis, un incident d'ordre privé l'incite à quitter sa région natale et à s'établir à Paris (1893). Toujours avocat du peuple, rédacteur dans les journaux avancés *(La Lanterne)*, militant assidu des congrès. Candidat aux élections générales, pour le principe, et toujours battu. Cependant au tournant du siècle il opte pour le socialisme républicain de Jaurès contre le socialisme marxiste des guesdistes. Et il obtient enfin, en 1902, à Saint-Étienne, bien loin de la Bretagne mais toujours en milieu ouvrier, sa première élection. Il est alors de la majorité combiste, et le pouvoir n'est pas loin. Tournant décisif : après le congrès d'Amsterdam, il est de ceux qui, comme Viviani ou Augagneur, mais à la différence de Jaurès, refusent l'unité socialiste dont la condition, on s'en souvient, était le strict interdit de la « collaboration des classes ». Il sera désormais un député « socialiste indépendant », les socialistes indépendants étant ministrables, alors que les « unifiés », par définition, ne l'étaient pas. Voici Briand installé en archétype des socialistes devenus renégats par arrivisme et opportunisme. La suite montrera pourtant ce qu'il aura su conserver de son humanitarisme originel. Mais en 1905-1906, on n'en est pas encore au célèbre « Arrière les canons ! » de 1927. On voit seulement un quadragénaire brillant, célibataire, un peu bohème et indolent, coiffure et cigarette désinvoltes, mais certain d'avoir sur ses collègues tant de supériorité d'éloquence, de talent et de charme que les premiers rôles ne sauraient lui manquer.

Le ministère Rouvier, renversé à l'occasion de la crise des inventaires, avait par ailleurs rencontré une autre épreuve dès ses premières semaines de gouvernement. Un an plus tôt, le 31 mars 1905, l'empereur allemand Guillaume II avait débarqué à Tanger pour rendre visite au souverain indépendant du Maroc, le sultan et, dans un discours remarqué, il s'était posé en défenseur de cet État que la France cernait.

Guillaume II proposait de réunir une conférence internationale pour débattre du Maroc et, dans son esprit, noyer l'ambition française dans un règlement de plus haut niveau. Curieusement, Delcassé était partisan de refuser la conférence, ce que Guillaume pouvait prendre pour un *casus belli*. Rouvier, au gouvernement, fit prévaloir l'acceptation, c'est-à-dire la paix. On peut discuter pour savoir si Rouvier était ici le porte-parole de la sagesse, ou bien celui d'un grand capital qui préférait encore les affaires du temps de paix aux profits de l'industrie de guerre. Quoi qu'il en soit, Delcassé démissionna et quitta le Quai d'Orsay en juin 1905 avec une réputation de patriote intransigeant qu'on avait sacrifié à une exigence allemande.

En vérité, Delcassé vaincu allait avoir aussitôt sa revanche : quand la conférence eut lieu à Algésiras, de janvier à avril 1906, les alliances que sa diplomatie avait nouées firent que la France y gagna la partie. Sur treize pays représentés, l'Allemagne n'eut avec elle que l'Autriche-Hongrie et la Turquie ; la France fut soutenue par la Russie, la Grande-Bretagne, l'Espagne et l'Italie. La conférence admit l'idée que l'État marocain était incapable d'assumer ses obligations en matière de paiements internationaux et de police et qu'une association internationale le prendrait en tutelle. La présence française y fut prépondérante ; tout juste avait-on stipulé, pour limiter la mainmise française prévisible, la liberté du commerce international, ce qu'on appelle la « Porte ouverte ».

Une autre porte était ouverte en fait : celle de la conquête française du Maroc, mais en rivalité avec l'Allemagne. En somme, entre l'Allemagne et la France, s'installait, après le Rhin, une sorte de second front. C'est pourquoi on s'accorde souvent à dire que c'est d'Algésiras ou — si l'on préfère — de Tanger, que date le premier « avant-guerre ».

Repères chronologiques de l'affaire Dreyfus

1894

20 juillet

Le commandant Marie Charles-Ferdinand Walsin-Esterhazy se présente chez le colonel Maximilien von Schwartzkoppen, attaché militaire à l'ambassade d'Allemagne.

1er, 5 et 6 septembre

Esterhazy apporte à Schwartzkoppen à peu près les cinq pièces énumérées dans le *Bordereau.*

24 septembre

Chef de bataillon affecté à la Section du service secret de renseignements, le commandant Hubert Joseph Henry est saisi du *Bordereau.* Traversée de deux déchirures, cette feuille de papier pelure, sans en-tête, sans date et sans signature, fait part de l'envoi de quelques renseignements intéressants. Ni plissée ni froissée, on dit qu'« elle a été découverte dans la corbeille à papiers de Schwartzkoppen par Marie Bastian », femme de ménage à l'ambassade d'Allemagne et agent du Service de renseignements.

6 octobre

Le nom d'Alfred Dreyfus, capitaine à l'état-major général de l'armée, est prononcé par le commandant A. du Paty de Clam, du 2e Bureau.

13 octobre

Invité à se prononcer sur l'écriture du *Bordereau*, Alphonse Bertillon, chef du service anthropométrique de la préfecture de Police, émet des réserves.

14 octobre

Menacé d'une campagne de *La Libre Parole* (journal antijuif d'Édouard Drumont) dénonçant « le grand complot juif qui nous livrerait à l'ennemi », le général Auguste Mercier, ministre de la Guerre, signe l'ordre d'arrestation de Dreyfus.

15 octobre

A la suite d'une dictée au cabinet du ministre, du Paty de Clam arrête Dreyfus.

2 novembre

Le colonel Alessandro Panizzardi, attaché militaire à l'ambassade d'Italie, envoie à son chef à Rome un télégramme dans lequel il reconnaît implicitement n'avoir aucune relation avec Dreyfus.

3 novrembre

Sur ordre de Mercier, le général Félix Gustave Saussier, gouverneur militaire de Paris et vice-président du Conseil supérieur de la Guerre, signe l'ordre d'informer contre Dreyfus.

3 décembre

Rapport du commandant d'Ormescheville, auquel a été confiée l'instruction décidée par le Conseil des ministres.

19 décembre

Première audience du procès Dreyfus. Le huis clos est ordonné. Le premier Conseil de guerre de Paris jugera sur un « dossier secret » que Mercier lui a fait remettre par du Paty de Clam, illégalement, en dehors de la présence de l'accusé et de son défenseur, Edgar Demange. Parmi les « documents secrets », la pièce « ce canaille de D... » : lettre adressée à Schwartzkoppen par Alexandrine (pseudonyme de Panizzardi écrivant à son collègue allemand). Écrit en 1892 ou 1893, ce document a été faussement daté de mars 1894. On découvrira que « D... » est un certain Dubois.

22 décembre

Le Conseil de guerre condamne Dreyfus à la dégradation militaire et à la déportation à vie dans une enceinte fortifiée.

31 décembre

Du Paty de Clam rend visite à Dreyfus à la prison du Cherche-Midi pour lui arracher des aveux et obtenir des indices de preuves.

1895

5 janvier

Dégradation de Dreyfus.

13 avril

Dreyfus à l'île du Diable en Guyane.

1er juillet

Le lieutenant-colonel Georges Picquart est nommé chef du Service de renseignements.

1896

Mars

Picquart découvre le *Petit bleu*. Adressée à Esterhazy et dictée par Schwartzkoppen (une écriture féminine n'ayant jamais été identifiée), cette carte-télégramme avait été déchirée et jetée au panier ; les 32 fragments ont été dérobés à l'ambassade d'Allemagne.

5 août

Picquart avertit le général Le Mouton de Boisdeffre, chef d'état-major général de l'armée.

3 septembre
Le *Daily Chronicle* de Londres reproduit la fausse nouvelle de l'évasion de Dreyfus.

8 septembre
La Libre Parole invente, reproduit et commente l'interview d'un matelot affirmant « que Dreyfus s'est certainement échappé ».

15 septembre
Dans un long article, intitulé « Le Traître », *L'Éclair* tente de démontrer la culpabilité de Dreyfus.

26 octobre
Picquart en mission d'inspection dans l'Est.

1er novembre
L'annonce de l'interpellation à la Chambre de Castelin, député de l'Aisne, provoque la fabrication du *Faux Henry* : lettre adressée à Schwartzkoppen et signée Alexandrine « trouvée, déchirée, dans un cornet de Marie Bastian ». (« J'ai lu qu'un député va interpeller sur Dreyfus... je dirai que jamais j'avais des relations avec ce juif... »)

6 novembre
Brochure de Bernard Lazare : *Une erreur judiciaire. — La vérité sur l'affaire Dreyfus.*

10 novembre
Le Matin publie le fac-similé du *Bordereau*, communiqué par l'expert Teyssonnières.

18 novembre
Interpellation de Castelin.

21 novembre
Picquart doit continuer sa mission « sans désemparer ».

1897

6 janvier
Picquart est « provisoirement » affecté au 4e régiment de tirailleurs dans le Sud tunisien.

31 mai

Henry adresse une lettre menaçante à Picquart.

29 juin

Picquart se confie à maître Louis Leblois, son camarade de lycée.

13 juillet

Leblois se confie à Auguste Scheurer-Kestner, vice-président du Sénat.

17 août

Esterhazy est mis en non-activité.

30 octobre

Lettre d'Esterhazy au président de la République. Scheurer-Kestner chez son ami le général Billot, ministre de la Guerre.

7 novembre

Lettre de menaces d'Esterhazy à Picquart.

9 novembre

Communiqué officiel du ministre de la Guerre : « Dreyfus a été légalement et justement condamné. »

10 novembre

Pour discréditer Picquart, Henry compose les faux télégrammes *Speranza* et *Blanche* en utilisant une correspondance décachetée adressée à Picquart.

14 novembre

Le matin, Vidi (pseudonyme d'Emmanuel Arène) donne dans *Le Figaro* l'analyse du dossier de Scheurer-Kestner. Le soir, dans *Le Temps* daté du 15, lettre ouverte au sénateur Arthur Ranc par Scheurer-Kestner.

15 novembre

Dans une lettre adressée au ministre de la Guerre, Mathieu Dreyfus, frère d'Alfred, dénonce l'écriture d'Esterhazy.

16 novembre

Esterhazy demande au ministre de la Guerre une enquête, qui est confiée au général de Pellieux.

20 novembre

Du Paty de Clam adresse à Esterhazy la *Note aux deux écritures*, par laquelle il se met d'accord avec lui pour la déposition (« Pénétrez-vous bien de tout ce que je coche en rouge et détruisez. Vous comprenez combien il est important d'être bien d'accord... pour vous comme pour moi »).

26 novembre

Picquart à Paris.

27 novembre

Sur la demande de Scheurer-Kestner à Pellieux, saisie des lettres d'Esterhazy à l'une de ses anciennes maîtresses, Mme de Boulancy.

28 novembre

A côté du *Borderau, Le Figaro* publie la *Lettre du uhlan*, dans laquelle Esterhazy déclare qu'il serait parfaitement heureux d'être tué comme capitaine de uhlans en sabrant des Français.

3 décembre

Pellieux dépose un rapport accablant Picquart et concluant, sous réserve d'une expertise d'écritures, à l'absence de preuves contre Esterhazy.

Sur le conseil de Pellieux, Esterhazy demande à passer devant le Conseil de guerre, « qui ne pourra que l'acquitter ».

7 décembre

Sur le refus de révision, interpellation au Sénat de Scheurer-Kestner, soutenu par le seul Ludovic Trarieux, ancien garde des Sceaux. Réponse de Jules Méline, président du Conseil : « Il n'y a pas d'affaire Dreyfus. »

13 décembre

Émile Zola publie une première brochure : *Lettre à la jeunesse !*

24 décembre

Les experts déclarent que le *Bordereau* n'est pas de la main d'Esterhazy.

1898

2 janvier
Ordre de mise en jugement d'Esterhazy.

7 janvier
Second pamphlet de Zola : *Lettre à la France.*
Dans *Le Siècle*, Yves Guyot publie l'acte d'accusation de 1894 signé d'Ormescheville.

10 janvier
Procès d'Esterhazy.

11 janvier
Esterhazy est acquitté.

13 janvier
Dans *L'Aurore*, dirigé par Georges Clemenceau, lettre ouverte au président de la République par Émile Zola : « J'accuse !... »

17 janvier
Déclaration du gouvernement sur « l'existence d'aveux faits par Dreyfus à Lebrun-Renault » (capitaine de gendarmerie, chargé de garder Dreyfus le jour de sa dégradation).

19 janvier
Le Siècle publie les « Lettres d'un innocent », que depuis trois ans Dreyfus adresse à sa femme.

22 janvier
Godefroy Cavaignac interpelle le ministère sur « l'aveu de Dreyfus ».

17 février
Au procès Zola (Cour d'assises de Paris), Pellieux déclare que le ministère détient « une pièce d'une origine incontestée » (le *Faux Henry*).

20 février
Le républicain modéré Trarieux fonde la Ligue pour la défense des droits de l'homme et du citoyen.

23 février
Zola est condamné à la peine maximum : un an de prison et 3 000 francs d'amende.

25 février

Le savant Grimaux est mis en congé à l'École polytechnique jusqu'à sa retraite. Le lieutenant Chapelain est mis en non-activité pour avoir félicité Zola.

26 février

Picquart est mis en réforme « pour faute grave dans le service ».

15 mars

Pour ses rapports avec Scheurer-Kestner, Leblois est frappé d'une suspension de six mois.

2 avril

La Cour de cassation casse l'arrêt de condamnation de Zola.

8 avril

Le Conseil de guerre porte plainte contre Zola.

23 mai

L'affaire Zola à Versailles.

4 juin

Première assemblée de la Ligue pour la défense des droits de l'homme et du citoyen.

15 juin

Démission de Méline.

16 juin

La Cour de cassation rejette le pourvoi suspensif de Zola.

28 juin

Formation du ministère radical Henri Brisson.

7 juillet

A la Chambre, discours de Cavaignac, ministre de la Guerre, apportant ses preuves de la culpabilité de Dreyfus : le *Faux Henry*, les « aveux » et le *Document libérateur* (la pièce « ce canaille de D... », « dérobée à Picquart et livrée à Esterhazy par la *Dame voilée* »). La Chambre acclame Cavaignac et son discours est affiché.

9 juillet

La Petite République (organe d'Alexandre Millerand) publie la lettre adressée la veille à Cavaignac par Jean Jaurès qui s'élève contre les « prétendus aveux ».

Dans une lettre au président du Conseil, Picquart émet une protestation concernant le *Faux Henry.*

12 juillet

Arrestation d'Esterhazy pour escroquerie.

13 juillet

Accusé d'avoir fabriqué le *Petit bleu*, Picquart est arrêté.

18 juillet

Condamnation au maximum de Zola, qui part pour Londres.

28 juillet

Bertulus, le juge d'instruction chargé de l'affaire Esterhazy, se déclare compétent pour instruire une plainte de Picquart contre du Paty de Clam, accusé par Henry d'avoir composé les faux télégrammes.

5 août

La chambre des mises en accusation casse l'ordonnance de Bertulus renvoyant Esterhazy devant la cour d'assises pour faux et usage de faux.

13 août

Capitaine au cabinet du ministre de la Guerre, L. Cuignet découvre et dévoile le *Faux Henry.*

30 août

Interrogatoire, aveux et arrestation d'Henry, envoyé au fort du Mont-Valérien où on lui laisse ses rasoirs.

31 août

Suicide d'Henry.

Mise en réforme d'Esterhazy.

Démission de Boisdeffre, hostile à la révision.

3 septembre

Démission de Cavaignac, opposé à la révision.

Demande en révision de Lucie Dreyfus.

5 septembre

Le général Émile Thomas Zurlinden ministre de la Guerre.

12 septembre

Du Paty de Clam est mis en non-activité.

17 septembre

Se déclarant solidaire de ses prédécesseurs, Zurlinden démissionne. Le général Jules Chanoine ministre de la Guerre.

Le gouvernement saisit la commission de révision.

20 septembre

Ordre d'informer contre Picquart, accusé par l'état-major d'avoir falsifié le *Petit bleu.*

23 septembre

La commission de révision conclut négativement.

26 septembre

Le gouvernement saisit la Cour de cassation.

Jean Jaurès publie *Les Preuves.*

25 octobre

Interpellé par le nationaliste Paul Déroulède, Chanoine invoque « le respect de la chose jugée » et démissionne. La Chambre vote l'ordre du jour affirmant la « suprématie du pouvoir civil sur le pouvoir militaire » ; mais une addition proposée par l'opposition, « invitant le gouvernement à mettre fin à la campagne d'injures organisée par les journaux contre l'armée », est votée par 296 voix contre 243 et provoque le retrait du ministère Brisson.

29 octobre

La demande en révision est déclarée recevable. Une enquête est décidée, sans que Dreyfus soit remis en liberté.

1er novembre

Ministère Charles Dupuy. Charles de Freycinet ministre de la Guerre.

7 novembre

Joseph Reinach accuse Henry de complicité avec Esterhazy.

28 novembre

Raymond Poincaré déclare à la Chambre : « Je suis heureux d'avoir saisi à cette tribune l'occasion trop longtemps attendue de libérer ma conscience. »

2 décembre

Poursuivi à la fois devant les tribunaux civil et militaire, Picquart demande la procédure de « règlement de juges » par la Cour de cassation.

1899

Janvier

Jules Quesnay de Beaurepaire, président de la chambre civile de la Cour de cassation, accuse les magistrats de la chambre criminelle de connivence avec Picquart.

7 janvier

Le ministre de la Justice charge le premier président de la Cour Mazeau d'une enquête.

15 janvier

Clôture de la souscription (131 110 F, quinze mille souscripteurs, dont mille officiers et trois cents prêtres) lancée par *La Libre Parole* « pour la veuve et l'orphelin du colonel Henry contre le juif Reinach ».

27 janvier

Rapport du président Mazeau qui, malgré une enquête négative, conclut que, ses collègues ayant travaillé depuis trois mois « au milieu d'un déchaînement inouï de passions opposées », « on ne peut laisser à la chambre criminelle seule la responsabilité de la sentence définitive ». Dupuy propose au Conseil des ministres un projet de dessaisissement de la chambre criminelle, le jugement en révision devant être rendu par la Cour de cassation toutes chambres réunies (approuvé par huit voix contre trois).

10 février

La Chambre vote le projet par 324 voix contre 207.

16 février

Mort de Félix Faure.

18 février

Émile Loubet président de la République.

23 février

Lors des obsèques de F. Faure, tentative de coup d'État par Déroulède.

1er mars

Le Sénat vote la loi de dessaisissement.

3 mars

La Cour de cassation admet le « règlement de juges » demandé par Picquart.

31 mars

Le Figaro publie l'enquête secrète de la chambre criminelle.

27 avril

Confrontation entre Maurice Paléologue, diplomate, et Cuignet, qui met en doute la bonne foi des diplomates dans le décryptage de la dépêche de Panizzardi du 2 novembre 1894.

5 mai

Démission de Freycinet, remplacé par Camille Krantz.

12 mai

A la demande de Théophile Delcassé, ministre des Affaires étrangères, Cuignet est mis en non-activité.

31 mai

Le jury de la Seine acquitte Déroulède, traduit pour provocation de militaires à la désobéissance.

3 juin
Arrêt de révision de la Cour de cassation, qui casse le jugement du 22 décembre 1894.

4 juin
Aux courses d'Auteuil, un monarchiste frappe le président de la République d'un coup de canne.

5 juin
Zola rentre à Paris.

11 juin
Aux courses de Longchamp, radicaux et socialistes viennent défendre Émile Loubet contre les monarchistes.

12 juin
Interpellé sur le rôle de la police, Dupuy est renversé.

13 juin
Bénéficiant d'un non-lieu, Picquart est mis en liberté.

22 juin
Ministère de « défense républicaine » Pierre Waldeck-Rousseau.

30 juin
Ramené en France par le croiseur *Sfax*, Dreyfus débarque à Quiberon.

30 juillet
Dans *L'Écho de Paris*, Quesnay de Beaurepaire publie sa propre enquête, accablant Dreyfus.

7 août
Première audience du Conseil de guerre de Rennes. Mercier affirme sa « conviction absolue » de la culpabilité de Dreyfus.

14 août
Un inconnu tire une balle de revolver dans le dos de Fernand Labori, avocat de Zola et de Dreyfus à Rennes.

9 septembre
Par 5 voix contre 2, le Conseil de guerre déclare Dreyfus coupable avec circonstances atténuantes et le condamne à dix ans de réclusion.

19 septembre
Dreyfus est gracié.

21 septembre
Ordre du jour du général Gaston Auguste de Galliffet, ministre de la Guerre : « L'incident est clos ! »

6 novembre
En fuite à Londres, Esterhazy est condamné par défaut à trois ans de prison.

1900

Au début de l'année
Le Sénat constitué en Haute Cour condamne Déroulède à dix ans de bannissement pour complot contre la sûreté de l'État.

1er janvier
Waldeck-Rousseau présente un projet de loi amnistiant les faits connexes à l'affaire Dreyfus.

28 mai
Démission de Galliffet. Le général Louis André ministre de la Guerre.

24 décembre
Loi d'amnistie.

1903

6-7 avril
A la Chambre, Jaurès demande l'enquête sur le *Bordereau annoté*. Peu avant le procès de Rennes, Mercier a prétendu détenir ce « document ultra-secret ». Le *Bordereau* aurait été décalqué par Esterhazy à partir du véritable Bordereau, « non divulgué parce qu'il porte en marge des annotations de la main de Guillaume II ». André accepte

d'être chargé de procéder administrativement à une enquête, proposition repoussée par la Chambre.

Mai-octobre

Enquête d'André, aidé par son officier d'ordonnance, le capitaine Targe. La pièce 26 (note d'Alexandrine à Schwarzkoppen concernant l'organisation des chemins de fer) porte à l'encre rouge, de la main d'Henry, la date : avril 1894. André découvre que la lettre d'envoi du texte de cette pièce par le Service de renseignements au chef d'état-major porte la date : 1er avril 1895 et que la date mentionnée sur la copie de la lettre d'Alexandrine qui y est jointe est le 28 mars 1895, trois heures du soir.

19 octobre

André adresse au président du Conseil son rapport : « J'ai pu me convaincre que des pièces importantes, favorables à l'accusé, n'avaient pas été produites, et que, d'autre part, certaines pièces du dossier avaient été l'objet, soit d'altérations matérielles, soit de commentaires erronés qui en dénaturaient la portée... »

26 novembre

Requête en révision de Dreyfus.

1904

5 mars

La chambre criminelle ordonne une nouvelle enquête.

1905

2 novembre

Loi d'amnistie. Déroulède rentre en France.

1906

12 juillet

Arrêt de la Cour de cassation, qui casse le jugement de Rennes et réhabilite Dreyfus.

13 juillet

Vote des projets de loi réintégrant Dreyfus et Picquart.

Dreyfus promu chef d'escadron et Picquart nommé général.

20 juillet

Dreyfus chevalier de la Légion d'honneur.

25 octobre

Picquart ministre de la Guerre.

1908

4 juin

Transfert des cendres de Zola au Panthéon. Grégori, syndic de la presse militaire, tire deux coups de revolver sur Dreyfus, le blessant au bras.

Source principale : *L'Affaire Dreyfus* de J. Kayser, 1946.

IV

Belle Époque ou avant-guerre ?

1906-1914

C'est parce que la guerre a eu lieu à partir de 1914 que l'avant-1914 est appelé l'« avant-guerre » ; on fait généralement accepter cette lapalissade en notant qu'après le coup de Tanger, et avec la multiplication des crises balkaniques, la « montée des périls » était perceptible.

C'est la même guerre, avec ses horreurs propres et ses conséquences durablement perturbatrices, qui aide à colorer en rose, par contraste, l'époque où elle n'avait pas encore eu lieu. A cet égard, le cliché Belle Époque appliqué aux années 1900 et au début des années 1910 a, dans le relatif, une valeur indéniable, même si, comme en toute période, il y avait aussi des pauvres, des exploités et des victimes pour qui l'époque n'était pas vraiment belle.

L'idée de Belle Époque transpose en somme à la date fatale de 1914 ce que Talleyrand dit un jour de

1789 : « Qui n'a pas vécu avant 1789 ne sait pas ce que c'est que la douceur de vivre »...

Les gens de l'époque, qui ignoraient, eux, qu'ils vivaient l'« avant-guerre », éprouvaient-ils, sur le moment, pour la plupart, un tel sentiment d'euphorie ? Un journaliste dont nous aurons à mieux reparler ultérieurement, Robert de Jouvenel, écrivit en 1914 : « Ce pays n'a plus d'institutions.

Il s'en passe, d'ailleurs, admirablement. La France est une terre heureuse, où le sol est généreux, où l'artisan est ingénieux, où la fortune est morcelée. La politique y est le goût des individus ; elle n'y est pas la condition de leur vie.

Et ce pays se laisse doucement administrer par des hommes qui n'ont la prétention de lui apporter ni doctrine arrogante, ni gouvernement supérieur, ni justice certaine, ni vérité brutale. Il ne souhaite pas emprunter sa prospérité à ses institutions : il est prospère*. »

La République en somme est acceptée avec philosophie, parce qu'elle existe, et que le pays est à l'aise. Vraie ou fausse, tendancieuse peut-être, cette page, dont nous verrons bientôt le contexte précis, n'aurait certainement pas pu être écrite en 1900, ni en 1925.

La prospérité, certes, était mal partagée et laissait bien des victimes. Mais enfin les affaires marchaient. La longue phase de dépression économique ouverte vers le troisième quart du XIXe siècle avait fait place, à l'approche du XXe, à une phase inverse d'expansion, de hausse lente des prix, des profits, des salaires, de meilleure tenue de l'emploi.

Surtout, une modernisation technique non négligeable se manifestait, susceptible à la fois de stimuler l'économie, d'alimenter la croyance au progrès et de rendre la vie quotidienne plus riche de commodité et d'agrément.

---

* *La République des camarades*, p. 5.

C'est même par là que le temps du président Fallières (1906-1913) nous est très sensiblement plus familier que celui de Sadi Carnot. Autant dire, au risque d'une nouvelle évidence naïve, que le XIXe était fini et le XXe siècle bien lancé.

D'abord par ce qu'on a longtemps appelé la « deuxième révolution industrielle ». On commence vraiment alors à vivre avec les conséquences des découvertes scientifiques de la fin du siècle passé, notamment l'électricité et le moteur à explosion. Dans les grandes villes et cités industrielles, l'ouvrier ne fait plus des kilomètres à pied pour se rendre à l'usine, des tramways commencent à remplacer l'omnibus à cheval, et la bicyclette devient un outil quotidien fonctionnel. Paris, imitant Londres avec beaucoup de retard, se dote enfin du métro. L'automobile, encore rare et chère, est passée néanmoins du stade de prototype curieux, ou d'engin dangereux pour sportif un peu fou, à celui de moyen de transport véritable. Pour les riches, sans doute, mais on sait bien que tout peut devenir populaire avec le temps. L'avion commence à voler. Vers 1910 il en est encore, pour sa part, au stade de l'expérience et de l'exploit sportif où en était l'auto vingt ans avant : Blériot traverse la Manche en 1909, Roland Garros la Méditerranée en 1912. Ses exhibitions (voler, chose plus étonnante encore que pouvait l'être, vers 1830, rouler sur terre sans chevaux) passionnent les foules.

Avec ces machines pratiques, exaltées dans le climat idéologique du temps, où l'esprit d'enthousiasme pour le progrès l'emporte sur les nostalgies et les pessimismes, le sport-spectacle se lance. Il suffirait à lui seul à nous faire trouver 1910 plus familier que 1890. La première course automobile internationale Paris-Madrid eut lieu en 1903 ainsi que le premier Tour de France cycliste.

L'exploit, le sport, l'innovation, toutes les merveilles du nouveau siècle, amplifient l'essor d'un autre grand fait culturel : la presse populaire de loisirs et de distractions, *Je sais tout, Lisez-moi, Nos Loisirs, Le Vélo*, à qui succédera *L'Auto.*

Quant à la grande presse, naguère très politique, au temps des luttes et des croisades, tout en conservant de nombreux et pugnaces journaux d'opinion, elle cède du terrain aux feuilles d'information peu politisées (du moins en apparence), qui font au sport et au fait divers une grande place, et qui ont un succès de masse en conséquence. Les titres parisiens que l'on commence à appeler « les Quatre Grands » *(Le Petit Journal, Le Petit Parisien, Le Journal* et *Le Matin)* font ensemble 40 % du tirage national des quotidiens. Et pourtant il existe une presse provinciale nombreuse et prospère.

On y lit des romans-feuilletons, on y commente le théâtre, chose déjà traditionnelle. Mais — autre victoire de la technique et autre enrichissement du loisir — on connaît le cinéma : l'invention de Louis Lumière date de 1895, mais l'œuvre immense de Méliès appartient aux années 1900 : les grandes entreprises arrivent (1900 : fondation de la maison Pathé, 1906 construction des studios de la Butte-Chaumont) et les films d'ambition artistique, qui sont alors à peu près du théâtre filmé, commencent vers 1908.

Certains ont pu tenter de pousser le tableau — ou la thèse — jusqu'à mettre toute la vie intellectuelle du temps sous le signe de l'accélération novatrice, et d'opposer ainsi un « vingtième siècle » naissant au « dix-neuvième siècle », lourd d'anciennes conquêtes désormais rabâchées.

De fait, quelques constats vont dans ce sens. En 1907 les autorités de l'État conduisent au Panthéon les restes du chimiste Marcelin Berthelot, dont les travaux étaient matérialistes et l'influence au service de la libre pensée. Or, à cette date, Berthelot, hostile aux nouvelles théories atomiques, était un savant dépassé, et la science d'aujourd'hui naissait discrètement avec Becquerel et les époux Curie.

Même antithèse dans l'Art. Dans la rue, la sculpture conventionnelle dresse plus que jamais aux grands hommes des statues aussi ressemblantes que sous Louis-Philippe, avec l'emphase allégorique en plus, mais déjà Rodin a fait audacieusement sortir son Balzac du bloc de marbre brut.

En 1907, la révolution du cubisme (Picasso, les *Demoiselles d'Avignon*) constitue un bond en avant plus fantastique que celle de l'impressionnisme des années 1870. De même, l'audace de Debussy semble alors une plus grande rupture que celles dont Berlioz ou Wagner avaient marqué le siècle précédent.

Bref, « belle » ou pas, l'époque est moderne, et repousse dans la rubrique du révolu, de l'historique, du daté, le siècle qui vient d'expirer.

Certains savent commenter ce mouvement avec un enthousiasme provocateur. Le « Manifeste du futurisme » (pour la plupart jeunes peintres italiens, mais leur texte parut dans *Le Figaro* en 1909) osa proclamer, entre autres dires impérieux, la supériorité esthétique de « l'automobile rugissante sur la *Victoire de Samothrace* ». On objectera qu'ils ne formaient qu'une poignée d'exaltés. Mais des faits plus populaires pouvaient leur faire écho.

Anecdote : en 1913, l'inamovible sous-secrétaire d'État aux Beaux-Arts, Dujardin-Beaumetz, un radical, ancien peintre de batailles, et grand inaugurateur de statues académico-civiques, se retira de l'arène ; il était vieux et las, et ridiculisé, de plus, par le vol de la Joconde, qu'un hardi fantaisiste avait dérobée au Louvre. Son successeur dans sa circonscription de Limoux (Aude) était de même esprit et de même tendance.

Or leurs adversaires ne trouvèrent rien de mieux que de leur opposer la candidature de Jules Vedrines, pionnier de l'aviation, héros d'acrobaties aériennes.

Les vedrinistes renversèrent d'ailleurs, dans cette campagne pittoresque, plusieurs statues offertes par les radicaux, et peu s'en fallut que l'homme du moteur volant ne ravît le siège au spécialiste de l'allégorie sur socle. N'était-ce pas, écho provincial du futurisme, la lutte symbolique du dynamisme moderne contre la République de papa* ?

Cette dialectique de l'archaïsme et de la modernité s'applique parfaitement à la question du rôle public des femmes. Réduites au silence ou prenant la parole ? Les deux sont vrais. La société politique était essentiellement masculine puisque les femmes, ne votant pas, n'étaient pas incitées à tenir quelque place dans ses débats. Les morales les plus répandues le leur déconseillaient d'ailleurs clairement. Mais les choses n'étaient pas si simples. La République étant une constante effervescence de luttes, de contestations et de libertés, il en émergea bien des célébrités féminines qui ne relevaient pas toutes des rôles discrets traditionnellement dévolus à la femme.

A commencer par celles qui s'inséraient délibérément dans la critique et dans la lutte sociales. Louise Michel était morte au début de 1905, mais Séverine (Caroline Rémy), elle aussi d'origine modeste et de vie difficile, ne cessa, à partir de sa liaison avec Jules Vallès (1880 à 1885), de soutenir dans la presse d'extrême gauche la cause des malheureux et les aspirations libertaires. Un temps boulangiste, puis protestataire non engagée, dreyfusarde, toujours plus proche de l'anarchie que du socialisme, mais toujours sur la brèche.

* Quant à la question de savoir si ce dynamisme global se déverserait un jour dans le fascisme, dans le bolchevisme, ou dans une démocratie républicaine rénovée, elle n'était évidemment encore que latente.

Le mouvement ouvrier, socialiste et syndicaliste, eut d'autres militantes obscures, souvent aussi préoccupées du droit des femmes. Mais dans le monde bourgeois lui-même, certaines contestataires atteignirent à la célébrité, voire à l'influence. La première est Marguerite Durand, dont la bibliothèque d'études du féminisme qu'elle a léguée à la ville de Paris perpétue le nom. Née à Paris en 1864, et d'abord comédienne, elle quitte le théâtre pour épouser le député radical puis boulangiste Georges Laguerre, dont elle se séparera ensuite. Libre et riche, elle se signale en fondant en 1897 *La Fronde*, journal entièrement rédigé par des femmes, qu'elle réussira à faire vivre jusqu'en 1905, et qui soutiendra et la politique générale de la gauche et la promotion des femmes et de leurs droits, tous leurs droits, depuis celui des lycéennes bourgeoises à accéder au barreau jusqu'à celui des vendeuses de grands magasins à s'asseoir de temps en temps pour se reposer. Un radicalisme et un féminisme qui, par ce dernier trait, côtoient le socialisme et qui enfin, complétant un bien significatif amalgame, relèvent de l'esprit libertaire et libre penseur. Le dernier titre de Marguerite Durand à la notoriété fut d'avoir fondé le fameux cimetière pour chiens d'Asnières (Seine) en 1899, ce qui à l'époque n'était pas (ou pas seulement) signe de sensiblerie mais aussi, quelque peu, de provocation antireligieuse, si l'on pense à ce qu'était, pour les chrétiens, un champ de repos.

Si Marguerite Durand était liée à la gauche, l'autre célébrité qui dérangeait se situait à droite. Marie Clémentine de Rochechouart-Mortemart, née en 1847, devenue par son mariage duchesse de Crussol d'Uzès, appartenait à l'ancienne noblesse et au monde des grandes fortunes. Elle est surtout connue dans l'histoire pour avoir été royaliste militante et avoir mis en particulier beaucoup d'argent dans les campagnes du général Boulanger. Ses équipages de chasse à courre étaient célèbres. Son fils, officier, mourra au Congo dans une mission d'explorateur. Tout cela, logique, et, si l'on peut dire, normal. Mais la duchesse d'Uzès, femme couverte de dons, se distinguait aussi en doublant hardiment sa vie de femme du monde par une vie d'artiste. Elle publia plusieurs écrits (romans, théâtre, histoire locale, chasse) sous le pseudonyme de Manuela, et se distingua comme sculpteur (une Jeanne d'Arc et un Saint-Hubert ne surprennent pas, mais aussi un Émile Augier ou un Gilbert). Ce dynamisme personnel ne pouvait que l'amener aux franges de la revendication féminine. Elle n'hésita pas à présider l'Union des femmes peintres ; elle se flattait d'être la première femme à avoir obtenu le « permis de conduire » (les véhicules à moteur à pétrole), et publia même une conférence sur le suffrage féminin.

Bien entendu d'autres femmes riches, connues et bien douées, et en plus grand nombre, se contentaient d'agir en politique par la voie séculaire de l'influence que donne un salon. Car il y a des salons sous la IIIe République : salons littéraires, salons politiques ou salons politico-littéraires. Cette forme de sociabilité des classes supérieures n'est plus la seule concevable, comme au XVIIe siècle, ni la forme la plus éminente, comme au XVIIIe ou au début du XIXe siècle, mais elle fait mieux que survivre, elle compte encore, notamment à Paris. En dresser le catalogue serait fastidieux, ou banal. Grosso modo, les salons de l'aristocratie soutiennent les politiques de droite, les formes d'expression artistique les plus académiques, et les concertations antidreyfusistes (Mme de Luynes, et bien d'autres). Mais il y a aussi des salons et une vie mondaine à gauche, à peine moins huppée, parce que les minorités spirituelles protestante, juive, et libre penseuse maintiennent jusque dans les plus hautes sphères de la fortune des virtualités de non-conformisme sur lesquelles la République s'est appuyée. L'exemple typique, dans les premiers temps du régime, en avait été le salon de Mme Adam (Juliette Lambert, veuve du préfet Edmond Adam), héritière du brillant salon libéral de la comtesse d'Agout, et véritable état-major du parti républicain à la grande époque de Gambetta. Il est vrai qu'après sa rupture avec Gambetta sur la conception de la politique étrangère de la République, Juliette Adam avait évolué vers le nationalisme et, à la veille de 1914, son influence pouvait se classer à droite. Mais le radicalisme avait trouvé d'autres relais mondains.

Il faut au moins citer la maison de Mme Arman de Caillavet et celle de la marquise Arconati-Visconti. La première, née en 1844, fille d'un banquier juif autrichien immigré à Paris, mariée à un ingénieur français, Arman, par la suite vaguement anobli, avait appartenu au monde parisien reçu aux Tuileries sous l'Empire. Ce n'était pas si paradoxal qu'il le semble. Tout un monde cultivé, libéral au sens large, c'est-à-dire ni clérical ni révolutionnaire, était passé avec aisance et naturel de l'Empire finissant à la République raisonnable (que l'on pense à Flaubert, à Renan, aux Goncourt, entre bien d'autres). Ainsi une jeune femme dont le mariage avait été célébré aux Tuileries en 1867 put-elle après 1878 recevoir dans ses dîners du mercredi avenue Hoche tout un monde d'écrivains renommés (Heredia par exemple) et de parlementaires lettrés (on y vit Poincaré aussi bien que Clemenceau). Après 1888, début de la liaison plus étroite entre la maîtresse de maison et Anatole France, le salon de « Mme de Caillavet » deviendra le vrai foyer de l'écrivain et, à sa suite, l'un des lieux d'accueil de l'intelligentsia dreyfusiste. Un autre était celui de la marquise Arconati-Visconti, rue Barbet-de-Jouy. Celle-ci avait des racines républicaines plus profondes, puisqu'elle était la fille d'Alphonse Peyrat, le vieux militant qui avait soufflé à Gambetta la formule « le cléricalisme voilà l'ennemi ». Mariée avec un aristocrate italien libéral (élite de l'Italie moderne, celle de

Turin et de Milan, celle qui a fait l'Unité contre Rome), bientôt veuve et héritière de ses immenses domaines, elle tint salon à Paris et, après l'affaire Dreyfus, ses dîners du jeudi rassemblèrent vraiment l'état-major conjoint du dreyfusisme universitaire et du Bloc des Gauches parlementaires, les Gabriel Monod, les Émile Combes et tant d'autres, dont Jaurès lui-même, du moins tant qu'il parut suffisamment attaché au Bloc et au patriotisme républicain. La marquise était bien plus qu'une femme du monde, une passionnée de politique, et une riche collectionneuse d'œuvres d'art. Elle liait, en conservant vivace l'optimisme issu des Lumières, l'idéal républicain aux progrès de la connaissance scientifique, et elle le manifesta, étant privée de descendance, en multipliant les dons et les legs aux institutions universitaires (bibliothèque de la Sorbonne, Institut de géographie, Institut d'art et d'archéologie, telle chaire du Collège de France, tel mobilier au Musée des arts décoratifs). Elle cumulait, pourrait-on dire, le rôle traditionnel, voire archaïque, de la femme du monde qui tient salon et fait, en politique, fonction d'hôtesse, avec celui, tout moderne, d'intellectuel au féminin.

Plus encore que par les contestataires et par les mondaines, les sommets de la célébrité féminine enfin étaient atteints par les réussites personnelles de quelques femmes dans la culture. A la veille de la Grande Guerre, parmi les femmes en vedette brillent notamment Sarah Bernhardt et la comtesse de Noailles. La première, née à Paris en 1844, est issue d'une famille juive, plus tard convertie au catholicisme, et de milieu modeste, appartenant aux métiers du spectacle. Conservatoire, Comédie-Française où elle fait un passage raté en 1862, vie laborieuse entre les théâtres et la bohème, jusqu'au succès en 1869 dans *Le Passant* de François Coppée. Elle va dès lors se vouer uniquement au théâtre et devenir une femme en vue. Pendant le siège de Paris en 1870-1871, patriote, elle fonde et organise un poste de secours (une « ambulance » comme on disait), à l'Odéon. En 1872 son triomphe à la reprise de *Ruy Blas* lui rouvre la Comédie-Française. Elle rencontre Victor Hugo, de vedette à vedette pourrait-on dire, et ce sera la gloire, en France et en tournées mondiales, le service du prestige français et républicain, la fondation de son théâtre du Châtelet en 1899, le dernier et suprême triomphe en 1900 dans *L'Aiglon* d'Edmond Rostand. Célébrité complexe due à son art et à ses succès de théâtre, mais aussi à ce qu'on savait d'une vie privée fastueuse et fantasque, et non moins d'une réelle générosité en œuvres philanthropiques. De Hugo à Rostand elle a servi avec un succès significatif un théâtre idéaliste, généreux, patriote..., et exprimé en alexandrins bien frappés.

Cette grande poésie façon XIXe siècle, c'est aussi celle à qui la comtesse de Noailles fournira la dernière illustration, avant que, dans les années 1920, l'après-guerre et le surréalisme ne la renvoient au musée. Anna Brancovan née en 1876, était Roumaine, princesse, riche, fascinante plutôt que belle, avec dit-on une sorte « d'étrange génie » ajouté à tous ces brillants avantages. Fixée à Paris par son mariage avec le comte Mathieu de Noailles, et par son goût personnel pour la culture française, elle y tint salon, publia des vers (1901 : *Le Cœur innombrable* et bien d'autres recueils), voyagea, s'engagea en politique du côté dreyfusard, se déclarant parfois socialiste, d'autres fois anarchiste chrétienne, parfois néopaïenne, mais non insensible aux sentiments opposés pourvu qu'ils fussent élevés et harmonieux. Elle pleurera Jaurès en 1914 et Maurice Barrès en 1923.

C'était une femme admirée et respectée, et même à la novatrice *Nouvelle Revue française*, on la tenait pour l'un des grands écrivains de l'époque.

Héritières de l'esthétique du XIXe siècle, Sarah Bernhard et Anna de Noailles, célébrités de l'avant-1914, ne sont plus guère connues aujourd'hui. A l'inverse,

Marie Curie, dont le radium, la radiologie, les atomes, la médecine contemporaine ont immortalisé le nom, est beaucoup plus célèbre à présent qu'elle ne le fut à l'époque de sa grande œuvre. Elle était pourtant de la même génération que Marguerite Durand ou que la comtesse de Noailles et, comme cette dernière, immigrée et francisée par mariage. Née à Varsovie, alors soumise à la Russie, en 1867, Marie Sklodowska était la fille d'un professeur de lycée, patriote polonais, dont elle partagea les dons intellectuels et l'orientation progressiste née d'un sentiment national opprimé. Elle eut en Pologne une jeunesse difficile d'institutrice rurale et de militante culturelle, puis se résolut en 1891 à s'exiler en France. Études brillantes en Sorbonne, et mariage en 1895 avec Pierre Curie, professeur à l'école de physique et chimie de la ville de Paris. Viennent alors les grandes découvertes, alternant avec celles d'Henri Becquerel, sur le phénomène de la radioactivité, et tout ce qui s'ensuivra : de nouveaux éléments (l'uranium, isolé et nommé par Becquerel, le polonium et le radium, par Pierre et Marie Curie, en 1902), la théorie atomique moderne, les premières applications médicales. Marie, agrégée depuis 1896, enseigne de 1900 à 1906 à l'École normale supérieure de Sèvres. Pierre, devenu professeur de physique à la Sorbonne, meurt accidentellement en 1906, et Marie est alors élue pour lui succéder. En 1903, le prix Nobel de physique avait été partagé entre les deux époux et Henri Becquerel. Ce n'était qu'une femme pourtant, oiseau rare dans le monde savant. Faut-il tenir pour significatif qu'en 1911, Marie Curie reçoive presque en même temps son deuxième triomphe de chercheur (le prix Nobel de chimie cette fois) et son premier grand échec social : battue pour l'élection à l'Académie des sciences ? Il est juste de dire qu'en 1922 l'Académie de médecine l'appellera dans ses rangs, reconnaissant, outre son œuvre de laboratoire, l'activité inlassable qu'elle avait menée dans les hôpitaux de la Grande Guerre*.

Mais il faut bien revenir aux hommes, avec l'univers officiel des combats parlementaires, sociaux ou diplomatiques.

L'histoire politique elle-même d'ailleurs offre ce double caractère de tradition et d'originalité, puisqu'elle fait sonner l'heure de Georges Clemenceau, personnage hors série tout autant que républicain de la génération fondatrice. Est-ce en raison de ce double visage que la mémoire collective peine à situer correctement ce personnage ? Parce qu'il est parvenu au pouvoir en 1906, un quart de siècle après Jules Ferry ou Léon Gambetta, on imagine difficilement qu'il appartenait à leur génération ; simplement ceux-ci avaient gouverné plus jeunes qu'il n'est habituel, et Clemenceau plus vieux. Parce qu'il a gouverné à nouveau, de 1917 à 1920, dans l'éclat de la guerre et de la victoire, de façon autoritaire et quasiment nationaliste, on en ferait presque un prototype de l'homme de droite, alors qu'il pouvait passer, en 1906, pour le républicain et l'homme de gauche chimiquement pur. Parce qu'il réprima les grèves, on ne voit plus en lui qu'un exemple de la disqualification de la démocratie quand elle reste « bourgeoise ». Les morts ouvriers de Draveil rejoindront ceux de Fourmies dans le réquisitoire assez partial que la lutte des classes entretient en permanence contre l'idéalisme républi-

* A l'exception de Mme Arman de Caillavet, décédée en 1910, toutes ces femmes célèbres survivront plus ou moins longtemps à la Grande Guerre, jusqu'en :
1923 (la marquise Arconati-Visconti et Sarah Bernhardt)
1929 (Séverine)
1933 (la duchesse d'Uzès, la comtesse de Noailles)
1934 (Mme Curie)
1936 (Marguerite Durand et Juliette Adam).

cain. Or, de cette République idéale, le Clemenceau de 1906 pouvait pourtant passer pour le parangon.

Survivant de la génération des fondateurs, et première incarnation du radicalisme d'opposition, il avait fait « tomber des ministères » sans participer à aucun ; il avait brillé et un peu inquiété. Éclaboussé par Panamá, il avait perdu en 1893 son siège de député du Var mais sa fougue intacte pour la justice l'avait jeté dans l'affaire Dreyfus, et, par là, « réhabilité aux yeux de la démocratie* ». Rentré dans la politique active en 1902 par son élection au Sénat, où il se fit attribuer, à l'extrême gauche de l'hémicycle, le fauteuil qu'avait occupé Victor Hugo, il soutint le Bloc, puis se brouilla avec Combes et se fit dissident.

En mars 1906, à la chute du gouvernement Rouvier, l'obscur Sarrien songe enfin à lui confier pour la première fois un poste ministériel. Clemenceau prend l'Intérieur — on prétend que c'est à la hussarde, ou par malentendu. Concertation politique au salon chez Sarrien : « Que prendrez-vous ? », demande le maître de maison, sous-entendant : porto ? orangeade ? café ? Réponse : « Je prends l'Intérieur »... Réelle ou inventée, l'anecdote illustre bien le ton catégorique du personnage, et sa volonté d'aller aux responsabilités essentielles sans faire ses classes comme tout un chacun à l'Agriculture ou à l'Instruction publique.

L'Intérieur, c'est alors deux grosses affaires, diverses mais simultanées, et toutes deux dramatiques : la résistance aux inventaires d'églises et la grève des mineurs. Celle-ci a commencé par une immense catastrophe à Courrières (Pas-de-Calais), le 10 mars. Coup de grisou, incendie, un millier de morts ! Des travaux de sauvetage que les compagnies, pressées de voir reprendre la production, font arrêter trop tôt : des survivants réussiront tout seuls, encore, à émerger du

* L'expression est de l'historien socialiste Georges Bourgin.

sous-sol — n'aurait-on pas pu en sauver d'autres ? Les mineurs exaspérés se lancent dans une grève résolue pour exiger de meilleures normes de sécurité.

Clemenceau prend d'entrée des décisions humanitaires. Pour les inventaires, il fait abandonner les opérations de force : « On ne fait pas tuer des hommes pour compter des chandeliers. » Pour les mineurs, il se rend seul à Lens, au comité de grève, montre clairement qu'il comprend les ouvriers et leur lutte, et les adjure seulement de la poursuivre sans violences ni illégalités. Il ne sera pas entendu, la protestation sociale exaltée repoussera son humanisme optimiste, et sans doute quelque chose se sera cassé en lui, à ce moment et en ce lieu.

En attendant, il doit, en mai, présider aux élections législatives. Le corps électoral, indifférent aux péripéties parlementaires, accentue encore l'approbation qu'il donnait au cours suivi par la République depuis sept ans. La droite tombe à 174 sièges, la gauche dépasse les 400 : 90 républicains de la tendance Alliance démocratique, quelque 250 radicaux et radicaux-socialistes, 20 socialistes indépendants et 54 socialistes organisés, ceux qu'on appelle, depuis l'unification des partis voulue par Amsterdam, les « unifiés », ou encore la S.F.I.O., Section française de l'Internationale ouvrière.

L'accentuation à gauche du gouvernement paraît alors s'imposer. Sarrien démissionne et Clemenceau, toujours gardant l'Intérieur, va former et présider une nouvelle équipe (27 octobre 1906). C'est un gouvernement éclatant dont quelques professions de foi et quelques mesures symboliques font une sorte de pointe avancée de la République d'avant 1914. A l'Instruction publique, dont dépendaient aussi les Cultes, Aristide Briand, qui s'était distingué par son habileté dans l'organisation de la Séparation. Aux Finances, Clemenceau rappelle l'ancien ministre de Waldeck-Rousseau, Joseph Caillaux, ce qui est aussi un choix de gauche.

Certes, Joseph Caillaux, né au Mans en 1863, venait

de la bourgeoisie la plus conservatrice. Son père avait été ministre des Finances du gouvernement de Broglie, le cabinet du 16 mai (1877). Mais le jeune homme avait, sans se brouiller avec son père d'ailleurs, gagné le camp de la République. Rejet d'une éducation catholique bien contraignante ? Mépris d'homme cultivé contre les préjugés du milieu bien-pensant ? Volonté de pouvoir servir l'État en place et d'y faire prévaloir des réformes rationnelles ? Toutes ces raisons ont été données. Quoi qu'il en soit, il avait opté pour les études les plus difficiles, était devenu inspecteur des Finances, s'y était distingué et avait acquis la plus rare compétence dans la connaissance du système fiscal, de ses imperfections et de ses archaïsmes. En 1898, il gagnait pour la République la circonscription de Mamers (Sarthe) dont il devait rester le député jusqu'en 1919 et, à peine âgé de trente-six ans et parlementaire depuis tout juste un an, il était devenu le ministre des Finances du gouvernement Waldeck-Rousseau. Il ne put encore qu'y poser la question de l'impôt sur le revenu, mais il se distingua par d'excellentes réformes techniques dans l'administration fiscale et dans la présentation d'un budget rééquilibré. Comme Waldeck, en 1902, il refusa le radicalisme et se tint à l'écart de Combes et de la politique combiste. Mais Clemenceau, devenu lui-même adversaire de Combes, n'avait pu lui en tenir rigueur, et voici qu'en 1906, il le rappelait au ministère des Finances, comme technicien indispensable et comme réformateur dont le nom était lié à l'impôt sur le revenu. Clemenceau, qui n'aimait pas l'autre grand expert, Poincaré, pouvait se sentir des affinités pour Caillaux, comme lui caractère entier, brillant, dominateur, sans préjugés, excité plutôt qu'abattu par la lutte et les haines, et trop jeune (vingt-deux ans de différence d'âge) pour être un rival. C'est la politique étrangère qui les séparerait un jour. Pour l'heure, à l'automne 1906, Caillaux, ministre des Finances de Clemenceau, arrive avec un projet d'impôt sur le revenu. Cette idée de moderniser ainsi la fiscalité directe faisait alors figure de panacée : un impôt mieux assis, donc plus juste, plus lourd aux contribuables aisés et moyens, permettrait à l'État une politique sociale plus généreuse ; ainsi s'amorcerait une justice sociale par fiscalité redistributive, qui satisferait les sentiments humanitaires tout en faisant l'économie du socialisme. L'impôt sur le revenu est alors entre droite et gauche un test presque aussi net que la laïcité ou le dreyfusisme.

Précisément, pour le ministère de la Guerre, Clemenceau choisit le général Picquart — oui, l'ancien lieutenant-colonel héros de l'affaire Dreyfus, consécration significative, s'il en est ! Dernier signe, enfin, un ministère nouveau est créé, celui du Travail. Clemenceau lui donne pour premier titulaire, à défaut des socialistes officiels (S.F.I.O.), maintenant hostiles à tout engagement bourgeois, un socialiste indépendant (jauressien n'ayant pas suivi son chef de file dans l'unification) René Viviani. A cela s'ajoutent quelques autres promesses : journée de huit heures, rachat par l'État des chemins de fer de l'Ouest, un statut pour la fonction publique.

Beaucoup de ces projets avorteront. Toutefois, il subsistera, de ce départ en fanfare, deux réalisations durables, évidemment sans rapport entre elles, mais répondant au même idéal de généreuse équité. Dans l'ordre social, on aboutit enfin à la loi sur l'obligation du repos hebdomadaire, normalement fixé au dimanche. Et dans l'ordre symbolique, comme la Cour de cassation était parvenue, au terme d'une longue procédure, à casser les condamnations de Dreyfus, le capitaine malheureux est solennellement réintégré dans l'armée, décoré, promu au grade supérieur. Un autre de ses grands défenseurs, Émile Zola, décédé en 1902, recevra en 1908 l'honneur de la sépulture au Panthéon.

Enfin, pour succéder à Émile Loubet, dont le septennat arrivait à son terme en 1906, la concertation des groupes républicains fait encore le choix le plus à gauche en préférant le président du Sénat Armand Fallières, avocat radical, bien représentatif de cette démocratie laïque, à la fois bourgeoise et avancée, si nombreuse dans le Midi, à Paul Doumer qui, depuis son opposition à Combes, était marqué assez nettement à droite.

Par rapport à tous ces signes de justice et de progrès, le fait, routinier en somme, d'avoir sur les bras une grève dans le Pas-de-Calais, était tout à fait secondaire, en tout cas perçu comme tel.

Ces signes pourtant, et cet élan, n'empêchent pas la politique de se brouiller dans l'esprit des contemporains.

Avec Clemenceau et, anticipons un peu, avec ses successeurs, la République entre dans une période confuse, qui n'a plus l'homogénéité que les années de Waldeck-Rousseau et de Combes tiraient de leur netteté de combat et de la clarté d'inspiration de leur majorité.

Sous Clemenceau (1906-1909) et à plus forte raison après lui, rien ne sera aussi net. Avant de voir la trame des événements, il faut prendre la mesure de quelques nouveaux facteurs : la crise du Parlement, l'intensité des luttes sociales, la question de la paix, qui perturbent l'ordonnance usuelle du conflit des partis.

Le Parlement, à vrai dire, ne se sent pas en crise. Il est même euphorique. Il gouverne, en fait, par sa constante capacité à mettre en jeu le sort des ministères, il fait les lois, tant bien que mal. Et il laisse aux députés (et accessoirement aux sénateurs plus stables, car moins soumis à la hantise de la réélection) le temps de faire les affaires et services de leurs circonscriptions et de leurs électeurs. Pour toutes ces occupations, aussi accaparantes qu'un métier, les députés percevaient une indemnité, d'un montant resté stable depuis 1848. Elle s'élevait à 9 000 F par an (ce qui correspond bien, pour trois cent soixante jours par an, aux « 25 F par jour » que Baudin avait rendus célèbres en décembre 1851). La vie étant devenue plus chère, au début de la législature de 1906, les députés votèrent rapidement l'indemnité à 15 000 F. Ce bond en avant parut considérable, et « les quinze mille » (les « Q.M. ») eurent l'opinion contre eux.

L'antiparlementarisme certes, était aussi vieux que la République, mais jusque-là il émanait surtout des adversaires du régime, dont les plus logiques contestaient le principe même de l'élection et de la représentation. C'est même ce qu'il y avait d'antiparlementarisme dans le boulangisme qui l'avait rendu suspect à bien des républicains. Puis, cet antiparlementarisme avait reçu le renfort d'une extrême gauche révolutionnaire et libertaire, désireuse de briser les illusions dont, selon sa doctrine, la démocratie libérale berçait les malheureux. Mais il restait encore à la critique du système parlementaire à gagner des adeptes dans le camp même de la République.

Pour comprendre cet enchaînement, il faut bien ici faire un sort à l'affaire Dreyfus et à ses retombées. Dans le cœur d'un jeune homme comme Charles Péguy, l'enthousiasme de croisade pour la justice qui avait jeté sa génération de jeunes intellectuels dans l'Affaire était de même nature et de même ambition morale que celui des volontaires de 1792 contre les tyrans, ou des républicains de 1848 contre les fauteurs du coup du 2 Décembre. Le mot de République couvrait tout cela de son retentissement quasi religieux. Que, la victoire acquise, la vie ordinaire ait repris son cours, avec simplement une majorité de gauche au lieu d'une majorité de droite, tandis que la République devenait une sorte de patrimoine moral et de capital politique invoqué en permanence par des politiciens pas forcément plus sympathiques que leurs adversaires, voilà ce que Péguy ne put supporter. Il en résuma le constat par cette formule lapidaire, destinée à être reprise après lui jusqu'à satiété : « Tout commence en mystique et tout finit en politique. » Traduisons : on part de Bernard Lazare et de Lucien Herr, purs apôtres, et on arrive à Émile Combes.

On sait que Péguy ne pardonna jamais à son ancien ami Jaurès d'avoir accepté le compagnonnage du second après avoir connu celui des premiers.

Mais laissons pour l'instant le destin de Péguy, et le drame de sa rupture avec le socialisme parlementaire, et avec Jaurès singulièrement.

Il peut servir ici à éclairer le fait qu'une République de gauche, victorieuse, forte, trop forte même puisqu'elle n'a plus le mérite et le charme d'être menacée, et qui assume la charge de gérer le monde tel qu'il est, descende de son piédestal pour subir, de ses propres enfants, les attaques les plus sévères.

Le régime parlementaire désacralisé du même coup se trouve mis sur la sellette. La professionnalisation de fait du mandat électif engendrait ses tares propres. Le travail législatif, techniquement mal organisé, était lent, moins efficace qu'il n'aurait dû. Les divisions entre députés, claires quand il s'agissait d'opposer la gauche à la droite ou à l'extrême gauche, devenaient ésotériques, confuses, facilement suspectes, quand elles venaient bizarrement traverser l'énorme majorité formée par les radicaux et leurs alliés. Attaches personnelles ? Coteries mondaines ? Intérêts régionaux ? Affiliation à des groupes d'affaires privés ? Le Palais-Bourbon devenait, hors quelques grandes occasions, un monde trop énigmatique pour être respectable.

En 1914, Robert de Jouvenel tirera de ce constat un tableau méthodique sous le titre *La République des camarades* (camarades désignant ici, bien entendu*, les parlementaires entre eux, solidaires et tutoyeurs).

* Les socialistes de ce temps se disent « citoyens » et les anarchistes « compagnons ».

On en retint, avec mainte analyse pertinente, quelques phrases féroces comme celle-ci : « Il y a moins de différences entre deux députés dont l'un est révolutionnaire (traduisons socialiste) et l'autre ne l'est pas, qu'entre deux révolutionnaires dont l'un est député, et l'autre ne l'est pas. » Et ce mot de la fin : « La France, dont les forces sont intactes, cherche des institutions » — mot qui ouvre des perspectives à l'histoire si l'on se rappelle qu'en 1914 Charles de Gaulle a vingt-quatre ans, lit beaucoup, et qu'il fera de la recherche des institutions l'un de ses desseins majeurs. Bref, au sein même du grand parti de la République, on constate que le pouvoir suscite un personnel spécialisé, pas toujours à la hauteur de sa noble mission, que les crises ministérielles trop fréquentes obéissent à des motifs mal perçus, que l'œuvre législative est insuffisante.

Malgré le tabou qui pèse sur la révision (la « Constitution de la République » est officiellement sacrée, comme tout ce qui est « de la République »), on cherche des remèdes, ou bien l'on subira des désenchantements.

Ce n'est pas un hasard si, en ces années précisément, des forces politiques nouvelles naissent et s'organisent en associations de propagande et d'action, dotées de leur propre programme et d'une vie permanente, plutôt qu'en partis de type radical, à l'activité électorale, et par conséquent intermittente. Associations politiques, extra-parlementaires ? C'est ce qu'étaient les ligues, déjà mentionnées. Mais celles-ci flambaient lors des grandes crises et se faisaient un peu oublier ensuite. Plus durable sera le Sillon, fondé en 1906 par Marc Sangnier, « mouvement » (et non « parti ») organisé autour d'un chef charismatique, visant la conquête de l'opinion plutôt que du Parlement, pour faire vivre une démocratie à la fois moderne et authentiquement catholique. Dans la France de 1906, qui paraissait bien partagée entre un bloc de républicains irréligieux et une masse de chrétiens à l'atavisme autoritaire, cela tenait de la gageure ou du pari sur l'avenir. Un an plus tôt, en 1905, une autre formation politique permanente et extra-parlementaire était née, l'Action française. Plus traditionnelle, celle-là, puisqu'elle prolongeait, pour l'essentiel, la tradition idéologique de la Contre-Révolution (monarchie, religion, tradition, vieille France) en même temps que l'activisme et les allergies de la « droite révolutionnaire » ou ligueuse. L'originalité de l'Action française se trouve précisément dans la fusion de ces deux réalités. Il était de la nature de la droite batailleuse et nationaliste (préfasciste, dirait Sternhell) de chercher un chef. Le génie logique de Charles Maurras consista à convaincre ce secteur de l'opinion que le chef était tout trouvé, son nom « le roi », ou du moins le prétendant. Ainsi le royalisme prenait-il un nouveau départ. Alors qu'il semblait prêt d'accéder au musée des utopies, il revenait dans l'actualité comme avant-garde d'un combat antirépublicain redéfini en termes modernes, c'est-à-dire nationaliste et populiste.

Oui, populiste, car il n'est pas une force d'opposition qui ne veuille disputer à la République officielle cette adhésion « du peuple » dont elle se flatte si fort et que d'ailleurs les élections confirment. L'Action française comme le Sillon, comme les libertaires déçus par le socialisme électoral, comme tout ce qui bouge, ne manquera pas de faire la cour au mouvement ouvrier.

Par rapport à la conjoncture bipolaire de 1899-1900, les cartes se redistribuent et la puissance d'un mouvement ouvrier qui a le vent en poupe y contribue largement.

Tous les éléments sont réunis pour une intensification des luttes sociales. Il y a d'abord cette conjoncture économique d'expansion qui favorise la formulation de revendications salariales. Et puis le mouvement ouvrier, qui a globalement figuré du côté des vainqueurs dans la relance démocratique d'après 1899, a pu consolider ses forces et étendre son recrutement. Le Parti socialiste a tiré bénéfice de son unification de 1905, malgré la dissidence de quelques ténors parlementaires (Briand, Viviani, Augagneur). La C.G.T. s'est donné en son congrès de Montpellier en 1904 une structure plus solide.

Enfin, si l'on admet notre hypothèse générale, il est normal que, dans cette phase historique où les forces de droite sont battues, écartées, hors d'état de menacer la République, le camp de la gauche puisse s'offrir le luxe de la division. Il ne fallait pas moins en effet que la défense de la République pour amener en 1899 tant de socialistes à mettre le socialisme en sourdine et à voler en renfort auprès de la bourgeoisie libérale. Mais lorsque la République n'est plus en danger, la bourgeoisie — si l'on ose dire — est de nouveau qualifiée de bourgeoise, et on lui demande compte de ce qui ne va pas dans la machinerie économique et sociale.

C'est à cela que Clemenceau se trouve confronté sans délais. Ministre de l'Intérieur, donc « premier flic de France » (c'est à lui, langue et plume acérées, grand producteur de mots historiques, que l'on doit cette énergique périphrase), il est allé, donc, à Courrières essayer, semble-t-il, d'accorder aux mineurs une sorte de reconnaissance de la légitimité de leur grève, moyennant qu'ils la mènent dans le cadre de la loi.

Gageure impossible, peut-être. Il y eut des accrochages, des incidents et des débordements. Tout se passe comme si l'homme, dont la bonne volonté avait été méconnue, en avait reçu une sorte d'affront personnel qu'il ne saurait plus pardonner. Clemenceau qui, pour les socialistes, était plutôt méprisant (« on reconnaît un discours de Monsieur Jaurès à ce que tous les verbes sont au futur ») sera pour la C.G.T. (c'est-à-dire pour l'anarcho-syndicalisme, libertaire, ouvriériste, à la limite illégaliste) d'une hostilité résolue. Et l'on verra pendant trois ans, et de plus en plus fort, des grèves réprimées et même quelques morts d'hommes. Pas de « massacres », pourtant, aussi étendus qu'à Fourmies. A Paris le préfet de Police Lépine a inventé, avec les déploiements de cavalerie, où les poitrails des chevaux jouent le rôle de tanks ou de bulldozers, une manière non sanglante de disperser les cortèges. Il y a plus d'accidents en province (Fougères, Raon-l'Étape), en attendant la grande grève des terrassiers de la région de Villeneuve-Saint-Georges.

Là, à Draveil, en juin 1908, trois ouvriers seront tués par les gendarmes. Il est établi qu'en cette affaire Clemenceau avait voulu monter un coup d'intimidation et, pour cela, usé d'agents provocateurs infiltrés dans le syndicat. C'était carrément mettre au service de la cause légale une illégalité ou pour le moins une patente immoralité.

Clemenceau alla même jusqu'à faire arrêter le bureau confédéral de la C.G.T. Il traitait en ennemi, logiquement (trop logiquement ?) une organisation dont, en décembre 1906, la célèbre Charte d'Amiens avait assigné au prolétariat la tâche d'agir seul et par lui-même, sans les partis et sans les sectes, pour l'émancipation sociale.

L'accusation d'« anarchie », si banale dans le vocabulaire répressif, n'était alors pas entièrement inexacte, parce que l'anarchie était loin d'être un courant marginal. Il avait ses théoriciens, comme le Russe Pierre Kropotkine (1842-1921), établi à Paris, les frères Reclus, Paul Robin, ses conférenciers itinérants, fort connus, comme l'infatigable Sébastien Faure, ses journalistes, comme Jean Grave, Séverine, Kibaltchine (Victor Serge), et ses militants reconvertis dans l'organisation syndicale, tel Émile Pouget, qui fut de 1902 à 1908 l'un des secrétaires confédéraux permanents de la C.G.T., sans compter enfin ceux que la logique de la révolte totale et de l'action immédiate poussèrent au banditisme, comme Bonnot et les « bandits tragiques » de 1911-1912. La police et la justice ne se priveront pas de faire l'amalgame, et Victor Serge, le futur bolchevik de 1917, passera le temps de la guerre en prison à Paris au titre de complice de la bande à Bonnot.

Il en faudrait certes davantage pour associer objectivement la C.G.T. à l'illégalisme et à la subversion. Toutefois son isolationnisme de classe était peu compatible avec la vue républicaine des choses. Clemenceau le déchiffrait comme une déclaration de guerre. Jaurès, non moins conscient de ce qu'avaient de divergent la visée anarcho-syndicaliste et la visée républicaine, en tirait une conclusion opposée. De ses deux tribunes, la Chambre des députés, et les éditoriaux de *L'Humanité*, il fustigeait le patronat, le pouvoir et la police, et défendait syndicalistes et ouvriers, même quand il n'en approuvait pas les actes de colère, et il mettait son génie conciliateur à tenir ensemble les deux branches du mouvement (les syndicats et le parti), comme (à un autre niveau) la République et le monde du travail.

Ce n'est pas une antithèse abusivement facile que d'opposer ici les deux protagonistes de la bataille dreyfusarde, devenus maintenant deux voix antagonistes de la gauche. Des duels oratoires célèbres, vifs, mais de haute tenue, les opposaient au Parlement, et l'opinion leur reconnaissait ces rôles emblématiques.

Par malchance, Clemenceau devait aussi voir resurgir sous ses pas une sorte de lutte que l'on pouvait croire révolue depuis un demi-siècle, celle des paysans. Le monde agricole, décongestionné par l'exode rural, favorisé par l'amélioration lente mais générale de la vie matérielle, protégé économiquement par les tarifs Méline, choyé et peu à peu séduit par la République, semblait à nouveau un réservoir de tranquillité en même temps que de « bons » bulletins. Mais le Languedoc viticole avait trop misé sur la vigne. La prospérité de l'époque du Second Empire et la facilité d'échanges procurée par les chemins de fer, avaient permis aux plaines du Bas-Languedoc, des Pyrénées-Orientales au Gard en passant par l'Aude et l'Hérault, de se consacrer à la culture exclusive de la vigne. De là quelques années de vraie richesse dont portent encore témoignage pour nous ces gros villages de plaine aux maisons de belle pierre taillée, aux larges « cours » plantées de platanes à l'instar des esplanades urbaines, aux mairies monumentales, aux fontaines publiques jaillissantes et chargées de sculptures allégoriques. Puis vint la crise du phylloxéra qui fut brève puis la reconstruction rapide après le drame, et plus que jamais la monoculture. Ce regain de prospérité avait uni tout un peuple, profitant à la fois aux maîtres des grands domaines, à leurs métayers, aux ouvriers agricoles, et à la classe nombreuse des petits propriétaires exploitant en famille. Mais bientôt cette constante surproduction entraîne la chute des cours. Comme tout phénomène économique, celle-ci a des causes multiples et complexes, mais l'opinion locale en retient une qu'elle privilégie : s'il y a trop de vin c'est parce que dans les villes, et à Paris, des négociants peu scrupuleux allongent les quantités en produisant, par addition de sucre, des vins factices. Cette fraude est marchande, capitaliste, septentrionale (qui dit sucre dit betteravier), et elle est tolérée par le gouvernement, par l'État, par Paris. De là un mécontentement qui est à la fois celui de l'agriculteur laborieux contre la spéculation, du Midi contre le Nord, de la province contre l'État. L'État d'ailleurs n'ignorait pas ces plaintes ; un député de l'Aude, Albert Sarraut, était sous-secrétaire d'État à l'Intérieur dans le cabinet Clemenceau ; aussi à Narbonne une commission d'enquête sur les fraudes dans la vinification était venue s'établir. Le mouvement commença précisément par l'envoi des délégations de vignerons formées dans chaque commune pour aller déposer à Narbonne devant la commission. Étoffer ces délégations au point qu'elles constituent par elles-mêmes des manifestations témoins de l'inquiétude collective ? Cette idée naquit à Argeliers (Aude) où le cafetier du village, Marcelin Albert, curieux personnage, à la fois enraciné et demi-cultivé, toujours strictement vêtu en « Monsieur », cabotin et convaincu à la fois, avait fondé le premier comité de défense. Sa renommée et sa popularité s'étendent vite. Au printemps 1907 la campagne de protestation contre la fraude, la mévente, la misère, prend forme. Chaque dimanche, les vignerons de tous les villages partiront (en charrettes ou surtout en train — jamais le réseau n'a été si démultiplié, si ramifié en lignes départementales pour la plupart aujourd'hui disparues) et ils convergeront vers une ville de la région, chaque fois différente, pour y tenir meeting. Et ce sont des rassemblements énormes, et émouvants ; avec femmes et enfants ; avec des drapeaux, avec des pancartes aux mots d'ordre simples et expressifs, le plus souvent rédigés en « patois ». Nous dirions aujourd'hui « en occitan », et nous soupçonnerions quelque régionalisme dans cette plainte de tout un peuple contre Paris, ses richesses et ses lois. L'idée certes n'en était pas tout à fait absente, puisque tel comité languedocien prit l'initiative d'appeler le patriarche de la renaissance provençale, Frédéric Mistral, à se joindre à la campagne — en vain d'ailleurs. Mieux vaut admettre que cette sensibilité régionale était diffuse et implicite, et qu'on s'exprimait en occitan parce que c'était encore l'expression naturelle dans les relations de travail, et la langue en quelque sorte professionnelle de ces paysans, qui par ailleurs savaient aussi déjà bien le français. On est peuple, on marche par villages, en colonne, on chante, avec une chaleur naïve qui, à distance, nous paraît ressembler bien plus aux mouvements et aux unanimismes ruraux de 1848-1851 qu'aux luttes agricoles du XXe siècle.

On est pacifique aussi, parce que l'on a un régime réputé ami. La région en effet est presque entièrement

« rouge », la plupart des manifestants sont des électeurs de la gauche, de Combes et de Clemenceau. Beaucoup ont dans leur village un buste de « Marianne » de fonte boulonné sur la fontaine... On sait gré d'ailleurs au gouvernement d'être bienveillant. Aucune entrave n'est mise à la circulation ni aux démonstrations. Les compagnies de chemins de fer affrètent librement des trains spéciaux... Le 9 juin 1907, c'est au tour de Montpellier de recevoir le rassemblement. On parle d'un demi-million de personnes, et un historien non suspect d'exagération méridionale y voit la plus vaste manifestation qu'ait jamais connue la IIIe République. Ce soir-là, pour abriter les manifestants qui n'auraient de place que le lendemain dans les trains pour retourner en leur village, le cardinal-archevêque de Montpellier, Mgr de Cabrières, leur permet de camper dans la cathédrale. Le cardinal était royaliste, et il était de bonne guerre de sa part d'agacer le gouvernement en apportant à la contestation ce soutien spectaculaire, doublé d'un beau geste d'aide pratique. La « récupération » était cependant plus nette encore de l'autre bord. Le docteur Ferroul, député et maire socialiste de Narbonne, devenait peu à peu, plus qu'un Marcelin Albert dépassé, l'homme en vue des réunions et des meetings.

Cependant, comme le mouvement piétinait sans résultats, il fallait bien que la pression monte de quelques degrés. Les comités décidèrent de passer à la grève administrative : les municipalités démissionneraient, toute activité publique cesserait... même l'impôt. C'était franchir cette barrière de la légalité que Clemenceau avait prétendu opposer aux mineurs de Courrières. Il se crut autorisé à réagir : ouverture d'une instruction judiciaire, mandats d'amener lancés contre Marcelin Albert et Ferroul. Cette répression menaçante radicalise le mouvement, qui devient à son tour classiquement violent : émeutes devant les édifices publics, notamment à Perpignan et à Narbonne, coups, mort d'homme. La mémoire de l'épisode n'a d'ailleurs pas retenu, comme à Fourmies ou à Draveil, la violence et le sang, choses plus ou moins banales, mais, beaucoup plus insolite, la crosse en l'air du 17e de ligne. Ce régiment caserné à Béziers et composé de recrues originaires du pays, évidemment en sympathie avec les foules paysannes, pensa, au cours d'un déplacement entre Béziers et Agde, qu'on l'envoyait réprimer le mouvement rural, et refusa collectivement de marcher. Il allait seulement enrichir le répertoire révolutionnaire d'un chant particulièrement brûlant, l'*Hymne au 17e*, bientôt composé par le montmartrois Montéhus, et dans lequel on exalte le soldat conscient qui refuse *« de tirer sur ses frères / Pour les grands qui sont au pouvoir »*. En fait le mouvement fut très vite brisé aux moindres frais.

Clemenceau d'abord saisit au vol l'occasion que lui offrit le brave Marcelin Albert, en venant tout seul, tout naïf, à Paris, pour discuter. Le président du Conseil le reçoit avec de bonnes paroles, et comme il le voit gêné matériellement, lui offre 100 F pour payer son voyage de retour. Le pauvre homme accepte... et Clemenceau aura soin de le faire savoir. Marcelin Albert passera dès lors pour s'être laissé acheter. La majorité parlementaire cependant vote en hâte une loi destinée à réprimer les fraudes. Les émeutiers arrêtés sont vite relâchés. Bref l'apaisement se fait, tant ce peuple d'électeurs radicaux en glissement tranquille vers la social-démocratie était profondément acculturé à la République et à la France.

La flambée sociale résorbée dans le monde rural (elle resurgira en 1911 dans la Marne et l'Aube, en milieu viticole aussi, sur une question de limitation de terroirs d'appellation Champagne) devait apparaître encore une fois en milieu urbain et parisien à propos de l'extension du syndicalisme aux fonctionnaires, qui donna lieu à des grèves de postiers et d'instituteurs. Clemenceau tenait que les fonctionnaires doivent avoir un statut (pour les protéger des pratiques encore usuelles de la recommandation et du favoritisme dans les recrutements, avancements, déplacements) mais il ne voulait pas du syndicalisme et de la grève des agents de l'État, et il ne céda pas. On commença à voir pourtant des instituteurs non seulement penser et voter socialiste, mais aussi parfois adhérer, à leurs risques et périls, à la C.G.T. et, avec elle, aux aspirations anarchisantes qu'elle soutenait, et dont nous verrons bientôt une nouvelle extension.

Le bilan social des années Clemenceau se réduira donc finalement surtout à l'émergence de ces conflits spectaculaires. Et dans le bon plateau de la balance il ne restera guère plus que le repos hebdomadaire. L'impôt sur le revenu a échoué devant le Sénat ; la grande loi instituant des retraites ouvrières s'enlise et n'aboutira péniblement qu'en 1910 sous le ministère Briand.

Le Parlement vote pourtant le rachat par l'État des chemins de fer de l'Ouest, et deux lois d'un caractère social indéniable, bien qu'elles provinssent des cercles de la philanthropie bourgeoise et chrétienne plus que de l'inspiration « ouvrière » : la création d'habitations à bon marché (H.B.M., ancêtres de nos H.L.M.) et la loi sur le bien de famille insaisissable.

La lutte des classes par elle-même, telle que la proclamait et la commentait le syndicalisme révolutionnaire, pouvait suffire à effrayer bien des bourgeois de gauche que le dreyfusisme avait unis aux ouvriers et à leurs porte-parole. Jaurès, homme exceptionnel par la séduction de sa culture et par son rayonnement moral, se trouvait naturellement l'homme clé de cette configuration, car il était aussi pleinement représentatif du socialisme que du dreyfusisme. Et c'est dans la mesure où il persista à défendre la C.G.T. et à se sentir solidaire du mouvement ouvrier dans sa totalité que Jaurès vit, douloureusement sans doute, s'éloigner de lui beaucoup et des plus brillants des intellectuels naguère enthousiastes du Bloc.

A quoi s'ajoutait une autre raison. La gauche radicale, combiste et clementiste, restait patriote, et elle s'effrayait de voir que l'aile révolutionnaire du mouvement ouvrier l'était de moins en moins, qu'à la C.G.T. on vilipendait la patrie et la défense nationale comme on dénigrait la République ou le suffrage universel, qu'un courant de semblable inspiration s'organisait au sein de la S.F.I.O. autour de Gustave Hervé, et que Jaurès, sans partager ces idées, refusait de s'en dissocier. Or en cette période où l'antipatriotisme s'amplifie, le danger de guerre paraît se rapprocher. Les conflits et bientôt les guerres balkaniques où les protégés de la Russie alliée de la France, affrontent les protégés de l'Autriche-Hongrie liée à l'Allemagne, s'ajoutent à la tension franco-allemande au Maroc. Malgré Algésiras en effet, l'Allemagne n'a pas pris son parti de la progressive mainmise de la France sur ce pays. A tout instant peut se poser la question de savoir si, face à l'Allemagne, il convient d'accepter l'occasion d'en découdre ou de négocier des accommodements. Jaurès et ses amis se déclarent favorables à ce dernier parti mais ils ne sont pas seuls. Dans le camp de la prudence diplomatique, ils se trouvent en compagnie d'un homme qui accède au premier rang du Parti radical et prend place pour l'histoire. Joseph Caillaux, jusqu'ici l'homme de l'impôt sur le revenu, sera bientôt (1911) l'homme de la crise d'Agadir, c'est-à-dire l'homme de la paix maintenue moyennant telle concession diplomatique, perte mineure mais dommageable pour l'amour-propre national. Avec lui le socialisme jauressien pourra retrouver dans la mouvance radicale des sympathies ou des solidarités qui compenseront celles que l'extrémisme social lui avait fait perdre. Il va sans dire que, dans le détail, les choses sont infiniment plus complexes. Retenons que la question de la politique étrangère réapparaît et contribue à son tour à décomposer les anciennes coalitions et à les recomposer autrement.

Tels sont les grands problèmes et les affrontements majeurs sur le fond desquels se détachera, nécessairement plus complexe, la politique quotidienne de 1909 à 1914.

Clemenceau, renversé le 20 juillet 1909, sur une question secondaire, se retire, renforcé dans son scepticisme. Le ministère Briand, qui lui succède (juillet 1909-février 1911), conserve avec le sien une certaine parenté, bien que les deux hommes soient aussi différents que possible par l'âge, la carrière, et le tempérament. Comme Clemenceau, Briand se veut très social — il fait voter les retraites ouvrières — et, comme lui, il se braque vigoureusement dans la défense de l'« ordre républicain » contre les grèves révolutionnaires ou réputées telles. Il préside aux élections de 1910, où le rapport des forces entre les partis reste stable en termes de politique générale, en dépit d'un renouvellement considérable du personnel (234 députés y sont élus pour la première fois, la proportion de sortants battus étant très élevée). On s'accorde à voir dans cette secousse pacifique le reflet de cette vague insatisfaction publique devant le système, dont on a déjà retracé quelques-unes des conditions possibles. Briand croit trouver le remède au malaise de l'opinion par une retouche purement institutionnelle. Faute de songer à réviser la Constitution, il cherche l'assainissement par le biais d'un nouveau système électoral — révisionnisme en mineur — et tendance récurrente de la politique française. Ce serait donc la représentation proportionnelle, qui donnerait à chaque parti, obligé de mieux se définir, le nombre exact d'élus correspondant à celui de ses électeurs, et qui, en supprimant le deuxième tour, dispenserait les candidats de négocier avec leurs plus proches voisins des désistements dommageables à la pureté des principes. Briand ne souleva aucun enthousiasme chez les siens. La plupart des radicaux et les conservateurs les plus modérés se déclarèrent contre, et la représentation proportionnelle ne trouva de soutien qu'auprès de quelques amis de Briand et surtout, comme il est logique, auprès des partis les mieux identifiés (droite cléricale d'un côté, S.F.I.O. de l'autre).

Au terme de débats animés entre « erpéistes » et « arrondissementiers », au cours desquels, pour stigmatiser la politique de clocher, Briand qualifia les circonscriptions endormies de « mares stagnantes », la représentation proportionnelle fut votée par la Chambre mais refusée au Sénat. Elle avait ajouté une ligne de partage supplémentaire aux lignes de front traditionnelles : le front social, le front religieux-idéologique (qui se reformait au moindre incident), politique extérieure même.

Après Briand, et le bref intermède du ministère Monis (mars-juin), sonne l'heure de Caillaux (juin 1911-janvier 1912) dont le passage au pouvoir est marqué par l'incident d'Agadir* et la solution pacifique qu'il sait lui donner. Après lui — la paix momentanément sauvée — tout se passe comme si le nationalisme et la sensibilité chauvine diffuse, plus sensibles à « l'humiliation » qu'au soulagement, avaient dû recevoir la compensation d'un retour de balancier vers la droite.

En janvier 1912, Raymond Poincaré forme son premier gouvernement. Quel est l'homme qui aura à présider la République en guerre ? Né à Bar-le-Duc en 1860 d'une famille de très ancienne bourgeoisie — plusieurs générations de propriété terrienne et d'exercice des professions libérales ou de fonction

---

* L'envoi d'un bâtiment de guerre allemand devant le port marocain d'Agadir pouvait être considéré comme une tentative ou un début de coup d'arrêt à l'expansion française (1er juillet 1911).

publique —, il n'appartient déjà plus à la cohorte des fondateurs du régime. Vers 1880, après de brillantes études secondaires, puis des licences de lettres et de droit, il est avocat au barreau de Paris et se distingue, dans les compétitions internes et informelles de la profession, en devenant « premier secrétaire de la Conférence ». Son caractère d'homme à la fois très sérieux et très doué, méthodique et apte à tous les apprentissages, est déjà établi. C'est l'appel d'amis de sa famille plus qu'un penchant personnel affirmé qui le fait entrer en politique comme chef de cabinet du ministre de l'Agriculture, en 1886, puis comme député de la Meuse en 1887, à vingt-sept ans. Il est comme tous les siens et tout naturellement, républicain par libéralisme profond, donc laïque, et socialement modéré. La République opportuniste telle qu'elle s'est dessinée et orientée lui convient parfaitement. Il a donc été très tôt et plusieurs fois ministre dans des ministères « progressistes », notamment sous Charles Dupuy. Il y acquit les deux spécialités majeures qui allaient le marquer, d'une part l'instruction publique, l'enseignement, les choses littéraires (comme avocat il sera le conseil de la Société des gens de lettres et il entrera à l'Académie française en 1909), d'autre part les finances. Grand technicien de ce domaine difficile, il était aussi — et avec raison — réputé austère dans sa vie personnelle et dans ses affaires, honnête et rigoureux jusqu'au scrupule. La même rigueur morale avait fait d'ailleurs de lui, à l'encontre de la majorité des membres de son groupe, un partisan de la révision du procès Dreyfus. Il avait donc compté parmi les soutiens, mais discrets et modérés et sans participer au pouvoir, des majorités de gauche de 1899-1905. Il était revenu brièvement aux affaires (les Finances) dans le cabinet Sarrien, mais Clemenceau n'avait pas repris dans son équipe cet homme dont le profil était modéré, dont le programme financier était moins hardi que celui de Caillaux, et dont la personnalité forte et stricte était mal compatible avec son propre personnage. Au reste, 1912 n'est plus 1906, on pense moins à l'impôt et plus à la frontière. Et l'on commence à voir dans Poincaré le parangon de ce patriotisme auquel il serait voué par naissance lorraine. C'est alors que, de Jeanne d'Arc à Jules Ferry, des héros de romans d'Erckmann-Chatrian aux maréchaux d'Empire, cette appartenance exaltée et popularisée par Maurice Barrès, achève quasiment de prendre figure de programme politique.

En 1912 l'atmosphère commence à changer. On note les fêtes et les défilés que les garnisons organisent dans les villes et que les badauds acclament nombreux. On met en chantier, surtout, l'allongement du service militaire par le retour au service à trois ans, afin d'augmenter dans les casernes les effectifs français disponibles, que dépassaient notoirement ceux de l'armée allemande, nourrie d'une population plus nombreuse.

Cette affaire — les trois ans — à la fois symptôme d'inquiétude internationale et abandon d'une part populaire de l'héritage dreyfusard (les deux ans, on s'en souvient, dataient de 1905) allait être la grande question des années 1913 et 1914.

Voici précisément que s'achève le septennat d'Armand Fallières, dont l'image méridionale sympathique et débonnaire, et la présidence politiquement discrète, avaient fait une sorte d'archétype du chef d'État « républicain », au sens que la tradition de gauche commençait à donner à ce mot. Or, pour lui succéder, Poincaré se porte candidat, ce que n'avait jamais fait avant lui un président du Conseil en fonction. La plupart des radicaux lui opposent une sorte de nouveau Fallières, nommé Pams, qui recueille plus de voix que Poincaré dans les scrutins préparatoires intérieurs aux groupes républicains. Mais Poincaré, contre l'usage établi, maintient sa candidature et l'emporte au vote officiel grâce aux voix des parlementaires de droite.

Cette double innovation laisse attendre à la tête de l'État une présidence à la fois plus politique et plus marquée de nationalisme.

La présidence du Conseil revient, après des péripéties complexes, à Briand (janvier-mars 1913), Louis Barthou (mars-décembre) et Gaston Doumergue (décembre 1913-juin 1914). La loi de trois ans est votée, mais elle va servir d'enjeu principal aux élections législatives du printemps 1914. La coalition de gauche formée essentiellement des socialistes et des radicaux tendance Caillaux emporte la majorité des sièges, à la faveur d'aspirations populaires complexes où se mêlent la nostalgie du temps du Bloc, la paix (pour laquelle l'hostilité aux trois ans fait figure de symbole) et la volonté de progrès social (qui s'incarne dans l'impôt sur le revenu).

On évoque déjà un gouvernement Caillaux-Jaurès*. Celui que forme le socialiste indépendant Viviani au lendemain des élections, visait à louvoyer dans cette situation délicate, lorsque l'attentat de Sarajevo ouvrit des perspectives nouvelles, singulièrement plus dramatiques.

Devant la guerre imminente, où en est l'esprit de la nation ? Ce qui le représente d'abord, c'est le patriotisme républicain dont nous avons analysé les composantes au début de ce volume. Combes, Clemenceau, Poincaré, peuvent être rivaux ou même se détester, ils n'en sont pas moins tous attachés à la grande tradition de Jules Ferry et de Gambetta, ou, plus anciennement et plus noblement formulée, à celle de Victor Hugo et

---

* Encore que la perspective en fût vite écartée par un drame : Mme Caillaux tuant d'un coup de revolver le directeur du *Figaro*, à la suite d'une polémique violente qui avait franchi les bornes de la vie privée. Mais l'accident, qui mettait Caillaux lui-même hors du jeu, ne changeait rien à la conjoncture politique.

de Michelet. Pour eux, être patriote va de soi, il est naturel d'aimer son pays, la France. L'idéal républicain, il est vrai, consiste en un idéal de justice qui relève de la morale universelle. Ne peut-il donc y avoir de contradiction entre ce général (l'éthique) et ce particulier (la France) ? Non, parce que la France est le pays de la Révolution et des Droits de l'homme, et que sa tradition nationale la plus intime, sa personnalité presque, la place à la tête du progrès. Face à l'Allemagne, elle a le droit pour elle (Alsace-Lorraine). Face au vaste monde colonisé, colonisable, elle diffuse une culture supérieure et les bienfaits de la civilisation — tous les progrès d'ailleurs, intimement mêlés : « Dans cinquante ans, fait dire André Maurois à l'un de ses personnages, plus personne ne voudra habiter un appartement sans salle de bains ni un pays sans Parlement* »... Optimisme !

Cette idée de mission coloniale est importante, parce qu'elle marque la nuance qui sépare le patriotisme républicain de 1910 de celui de 1880. A l'heure du Maroc, la crainte que l'impérialisme colonial ne détourne les forces françaises du Rhin, ou ne les affaiblisse, a disparu des milieux républicains, encore que Clemenceau, remarquable exception, l'ait conservée pour sa part. La conscience récemment apparue de la mondialisation de la puissance impose d'avoir des arrières, des réserves, des greniers extra-européens. Au reste, tout le monde s'y met (Allemagne, Japon, États-Unis, Italie même), on ne saurait être distancé dans la course. Les colonies existent, il y a d'ailleurs des intérêts coloniaux, des intérêts d'affaires spécifiques et précis et toujours proches du pouvoir. Simplement, leurs défenseurs se trouvent maintenant radicaux (Albert Sarraut) plutôt que gambettistes (Étienne, Thomson).

Cette bonne conscience impériale n'est pas aussi

* Dans *Les discours du Dr O'Grady* (suite aux plus célèbres *Silences du colonel Bramble*) ouvrages des années 1920.

complètement méprisable qu'elle le paraît de nos jours, après le tremblement de terre de la décolonisation. Les républicains de la Belle Époque, certes, laissaient des compagnies commerciales ou des entreprises de travaux publics exploiter les « indigènes » dans des conditions parfois atroces ; et ils sous-estimaient grossièrement, malgré leur universalisme de principe, l'aspiration de tous les peuples à l'identité et leur droit à posséder leur propre drapeau. Mais ils n'avaient pas tort de tenir la laïcité pour supérieure aux fanatismes religieux ; ils diffusaient quelques progrès concrets, médicaux, par exemple ; et ils formaient ici ou là quelques noyaux d'élites francisés (on dirait aujourd'hui occidentalisés) d'où sortiront par la suite les seuls hommes politiques à peu près libéraux des pays promis à l'émancipation.

Par rapport à notre époque, le patriotisme de la gauche (non extrême) de 1914 présente un autre caractère : il accepte la guerre. On reconnaît aisément que la paix est préférable, mais tout aussi aisément, qu'il faut savoir faire la guerre quand il le faut. L'idée selon laquelle la guerre serait le Mal absolu et la paix le Bien absolu est encore à venir... après 14-18. Certes, les hommes d'avant 1914 n'ignorent pas les souffrances que les reporters envoyés en Mongolie ou dans les Balkans décrivent et photographient, mais ils n'en ont aucune expérience personnelle, sinon, pour les plus âgés, celle de 1870-1871, qui fut brève. Leur temps et leur esprit sont d'*avant* Verdun, d'avant Auschwitz, d'avant Hiroshima. Leur mentalité est encore celle de l'après Valmy, de l'après Austerlitz, de l'après Bazeilles...

Car ce message patriotique se nourrit plus encore d'histoire que de raisonnements abstraits. Et il se diffuse massivement parce que l'histoire occupe une large place dans l'enseignement primaire, comme dans toute la pédagogie implicite des monuments publics et du culte des grands hommes ; il vit aussi par la poésie, où les thèmes patriotiques des *Châtiments* de Victor

Hugo sonnent comme des auxiliaires ou des relais de l'hymne national. L'image du « caractère français » que la littérature tend alors à banaliser est une image de droiture et de justice pour le moral, et de vaillance batailleuse pour le physique. Et ce ton cocardier n'appartient pas au seul Déroulède, trop nationaliste pour être ici nommé, ni aux obscurs fabricants de chansons pour écoliers, il sort, par exemple — et avec quel succès ! — de la triade d'Edmond Rostand, *Cyrano de Bergerac, L'Aiglon, Chantecler.*

Tel est le courant dominant. Que trouve-t-il, auprès de lui, tantôt convergent et tantôt discordant ? D'abord la puissante inspiration du nationalisme.

De ce côté, la France seule est au pinacle et non pas la morale universelle. Il y a d'ailleurs, en toute rigueur, deux versions du nationalisme. L'une, religieuse, accroche la France, par l'intermédiaire de Saint-Louis et de Jeanne d'Arc, au système des valeurs catholiques ; l'autre, plus récente, paganisée, ou sécularisée, fait de la France la valeur suprême sans autre justification que son existence même, sans autre raison que sa réalité, nature des choses qui nous contraint et qui nous lie. Ce nationalisme est bien plus fort chez les élites que les résultats électoraux des catholiques et des conservateurs ne le laisseraient penser.

Écrasée aux élections de 1902 et de 1906, la droite qui avait paru se ressaisir en 1910, a subi un échec significatif en 1914. Mais les idées conservatrices ont toujours été mieux représentées dans les couches sociales et culturelles supérieures que dans le suffrage universel. Les auteurs très conservateurs de la célèbre enquête sur la jeunesse signée Agathon et publiée en 1913 percevaient parfaitement ce décalage, ce qui n'entamait pas leur optimisme pour le camp qu'ils représentaient, parce qu'ils admettaient, *a priori*, que les élites finissent toujours par l'emporter en influence, et parce que, auprès des élites jeunes de 1913, les idées nationalistes gagnaient du terrain. C'est ce que voulait montrer, en tout cas, leur enquête.

Limitée à une jeunesse instruite, à de futurs cadres de la société, l'ouvrage, dépourvu de prétention statistique, forme par ses indications qualitatives un document historique en lui-même. Les « jeunes gens » décrits, donc, ont le goût de l'action plus que de la spéculation doctrinale ; ils aiment l'énergie, qu'elle se déploie à la guerre (celle de demain ou celle d'aujourd'hui, aux colonies), ou simplement dans les risques des explorations, ou dans les saines austérités de la vie de camp au Sahara ; ou, plus simplement encore, dans le sport. Valeurs d'endurance, de virilité, de maîtrise de soi, ennoblies de références à Stendhal ou à Nietzsche.

En contre-partie on méprise le citadin intellectuel ou étudiant prolongé, bohème, débraillé, célibataire. Nos jeunes gens aimeront se marier tôt, avoir des enfants, et accepter les vertus conventionnelles. D'autant plus que, par un autre biais, leur sens de la modernité leur a fait retrouver le catholicisme. L'une des thèses de l'ouvrage soutient en effet que la libre pensée se démode, étant en somme issue de la Sorbonne de 1880, alors qu'en 1910 l'esprit souffle ailleurs.

Le rajeunissement du nationalisme et son influence dans la jeunesse convergent en effet avec un autre mouvement culturel de ces années-là, un certain renouveau du catholicisme. Sans toutefois pourtant se confondre avec lui. L'histoire de l'Église, celle de la doctrine et des sentiments religieux, sont trop riches et complexes pour entrer entièrement dans des catégories politiques. Cependant la situation de la France était telle que tout regain d'influence de la religion catholique pouvait passer pour utile à la droite et dangereux pour les majorités laïques dominantes. Tous les malheureux, tous les désespérés, tous les gens de cœur horrifiés par la misère du monde ou celle de la condition humaine ne deviennent pas révolutionnaires ; il en est qui cherchent le remède dans la foi. Les écrivains et les artistes, visibles par définition, en sont de commodes exemples ; il y eut des convertis notoires bien avant 1900, Léon Bloy, Paul Verlaine, Joris Karl Huysmans, Paul Claudel. Si la génération d'après 1900, celle des « convertis de la Belle Époque » (Francis Jammes, Charles Péguy, le peintre Georges Rouault, Ernest Psichari, et d'autres) attire davantage l'attention et fait davantage figure de fait social, c'est parce qu'elle est contemporaine et plus ou moins solidaire des débats de l'Église autour du modernisme, et de la critique philosophique contre le scientisme (Brunetière, Bergson), c'est aussi parce qu'elle émane souvent de jeunes gens formés dans l'intelligentsia laïque et dont la conversion paraît un désaveu et un rejet direct des vieux maîtres du XIXe siècle (E. Psichari était le petit-fils de Renan, Jacques Maritain de Jules Favre). Et c'est enfin parce que ces nouveaux catholiques ne s'identifient pas pleinement avec la religion autoritaire et conformiste du polémiste Louis Veuillot ou du romancier bien-pensant Paul Bourget, mais vont garder dans la religion même quelque chose de la sensibilité et la fougue propre à leur temps.

Le plus célèbre est Charles Péguy, parce que, écrivain de génie, il a laissé une œuvre qui nous parle encore, et parce que, tué aux premiers jours de la guerre de 1914, sa mémoire devait bénéficier de cette exaltation posthume. Mais c'est à bon droit qu'il est le plus typique des transfuges : de tous il avait été le plus mêlé aux combats politiques, c'est lui qui venait de plus loin, et c'est lui qui malgré tout resterait en profondeur le plus fidèle à lui-même. L'orphelin pauvre des faubourgs d'Orléans, hissé par les bourses d'étude jusqu'à l'École de la rue d'Ulm (promotion 1894) était bien à l'origine le mieux placé pour sentir à la fois ce que la République avait de généreux et ce que le

Peuple avait de malheur. Avant même d'entrer à l'École il adhérait au socialisme, carrefour de ces deux expériences vitales. C'était aussi un caractère entier, ardent, intransigeant. Nul n'a plus que lui œuvré pour faire entrer le socialisme à l'École normale et, peu d'années après, pour animer la bataille dreyfusarde au Quartier latin, pour l'organiser, pratiquement, et presque — oserait-on dire — militairement. Il sut sacrifier le professorat pour vivre pauvrement de ces choses plus utiles, écrire, publier, éditer les paroles justes. Ses *Cahiers de la Quinzaine* seront jusqu'à sa mort le principal support de la littérature militante. On a déjà vu comment, adapté à l'atmosphère exaltée de la croisade, il a trouvé irrespirable celle de la victoire gérée au quotidien dans les nécessités des compromis. Alors lancer une autre croisade ? Ayant eu conscience de sauver en 1899 l'âme de la République contre la « République » de Méline, il voudra la sauver à nouveau après 1905, contre la « République » de Combes. De là à chercher à redéfinir cette âme, et à donner finalement à sa république idéale les couleurs d'une France de la tradition, le pas était naturel. Mais l'élan était le même ; Péguy s'est toujours senti Peuple, toujours senti républicain au sens de 1848, toujours senti patriote au sens de l'an II, toujours mystique. Son style n'a pas changé, et même pas ses thèmes : est-ce un hasard si Jeanne d'Arc (d'ailleurs orléanaise, en un sens, comme lui) a été son inspiratrice du début à la fin de son œuvre ?

Est-ce trop parler de Péguy, génial donc singulier ? et faut-il revenir aux jeunes gens représentatifs de Massis et de Tarde, les coauteurs d'Agathon ?

Comme Péguy ils méprisent à la fois la gauche et la Sorbonne, c'est-à-dire le kantisme et le positivisme dans sa version laïque et scientiste ; mais cela aussi se périme, nous dit-on, puisque l'enseignement (à grand succès) d'Henri Bergson en démontre la naïveté philosophique.

Bien entendu les jeunes gens d'Agathon méprisent le Parlement, et les partis ; ils sont plus attentifs aux « mouvements », tels le Sillon, ou l'Action française. Royalistes eux-mêmes, les auteurs de l'enquête reconnaissent honnêtement que tous les jeunes gens qu'ils ont interrogés ne le sont pas, et que beaucoup souhaiteraient concilier avec le cadre républicain maintenu leur éthique nationaliste et irrationaliste, et leur activisme potentiel.

Il y a là-dedans (dans ce que l'on peut en retenir, mais c'est au moins valable comme indicateur de tendance, et, par le succès de l'ouvrage, comme fait d'opinion) quelque chose qui relève aussi du conflit de générations. Pour nos auteurs, les audaces de la jeunesse bourgeoise de gauche de 1880 (le célibat et la liberté de mœurs, quelque penchant à la bohème, le goût — voire l'écriture — des romans naturalistes et des poèmes en vers libres, la libre pensée et la foi en la Science) sont maintenant celles de vieux messieurs rassis, officiels et statufiés. Par rapport à ce système culturel de gauche, c'est paradoxalement le retour de l'Ordre moral qui fait jeune, comme si, pour contredire les pères, on sentait le besoin de revenir à la morale des grands-pères...

Bref, à la veille de 1914, le nationalisme se sentait jeune ou rajeuni, même s'il se savait moins répandu que le plus classique patriotisme républicain...

A ce point, on ne saurait se dispenser de rappeler que Charles de Gaulle, né en 1890, était l'exact contemporain des jeunes gens d'élite scrutés par Agathon. On peut bien reconnaître dans ce portrait collectif d'une jeunesse quelques-uns de ses traits à lui. Goût de l'énergie et de l'action — cela explique bien le choix du métier militaire chez un jeune homme si doué qu'il aurait pu réussir dans n'importe quelle carrière intellectuelle. Catholicisme indéfectible, au-dessus du doute. Culte de la France, confusément amalgamé au précédent.

Républicain pourtant, et c'est la différence de génération entre les frères de Gaulle, jeunes gens de 1900-1910, et leurs parents, restés royalistes. Eux ne le sont plus, soit parce qu'ils pensent que le retour d'un roi est raisonnablement improbable, soit, plus sûrement, parce que la République, à travers notamment l'institution militaire, a surabondamment prouvé qu'elle assumait la continuité nationale. Mais c'est à la République-État-Nation que l'on est attaché, non au système de gouvernement et moins encore à ses présupposés ou conditions de gauche. Les notables au pouvoir, Charles de Gaulle lycéen ou saint-cyrien a dû s'en moquer comme tout le monde dans son milieu.

Affirmation gratuite ? Lorsque, en 1962, le chef d'État septuagénaire s'en prendra dans un discours célèbre, aux hommes politiques de l'opposition, il essaiera de les ridiculiser en les affublant du nom de « comités Gustave, Hippolyte ou Théodule ». Est-il absurde de supposer qu'il y avait là quelque réminiscence de la célèbre chanson de 1910 qui ridiculisait les invités provinciaux de la noce de Mlle Fallières en jouant sur le cocasse de prénoms désuets* ?

Et s'il convient de revenir du futile au sérieux, ne peut-on trouver un lien entre le choix en 1941 de la croix de Lorraine** comme symbole de la France libre, et la jeunesse passée en une époque où la Lorraine prenait, avec Ferry, Erckmann-Chatrian, Jeanne d'Arc, Poincaré, valeur de symbole ?

---

* Au refrain, cette scie qui se voulait cocasse : *« Y avait la tante Ursule/Et puis le cousin Jules/Et l'oncle Théodule/Et Timoléon. »*

** Le général, dans ses *Mémoires de guerre*, attribue le choix à son fidèle, l'amiral Thierry d'Argenlieu. Il appartient en réalité à l'autre grand marin de la France libre, l'amiral Muselier, fils de Lorrain, sans oublier que de Gaulle lui-même avait commandé un régiment à Metz de 1937 à 1939. D'après Pierre Barral, *L'Esprit lorrain*, Nancy, 1989, p. 134.

De Gaulle républicain, donc, à sa manière. Point maurassien, par conséquent, quoi qu'on en ait dit. Plutôt sans doute attiré par le Sillon, comme l'a établi Jean Lacouture.

Il est intéressant en tout cas de noter que la force des sentiments nationaux et des éducations nationales émanant des patriotes républicains et des nationalistes, entraînait quelques frappantes adoptions symétriques et réciproques. De même que les manuels d'histoire les plus républicains, au nom de la Patrie, trouvaient motif à célébrer Philippe Auguste, Dugesclin, Henri IV, Turenne et bien d'autres, de même des manuels d'enseignements privé catholique, et des enfants de royalistes arriveront à trouver mérite et gloire chez les soldats de l'an II.

Mais il y avait aussi des dissonances dans le concert.

L'antipatriotisme était une petite mais vivace minorité. Dès avant 1900 tout avait été dit de l'absurdité et de la cruauté de la guerre, de la relativité de la valeur Patrie, et des méfaits du « militarisme » (caserne abrutissante, armée lancée contre les grévistes, dureté de la justice militaire). Mais ce lot à peu près complet d'arguments ne recueillait qu'un nombre dérisoire d'adeptes.

Les premières années du XXe siècle ont agi d'abord en enrichissant et rajeunissant le réquisitoire. Après l'affaire Dreyfus, il y a davantage à dire sur et contre la hiérarchie militaire. La confrontation entre grévistes et soldats s'illustre toujours de nouveaux exemples, et le Maroc offre une guerre coloniale d'actualité. Les garnisons du Sud algérien ou du Sud tunisien sont des lieux de séjour disciplinaires parfois atroces, et l'on connaît Biribi, et l'affaire Aernoult éclate*. Bref, le réquisitoire contre l'armée, la guerre — et parfois

* Ce soldat avait trouvé la mort au cours des brimades et sévices qui accompagnaient les punitions.

contre la Patrie qui les justifient l'une et l'autre — prend de l'audience. Il est presque institutionnalisé à la C.G.T., dans les Bourses du travail. Il a ses échos et sa tendance avec Gustave Hervé au sein de la S.F.I.O. Il a ses publicistes spécialisés, tel Paul Vigné d'Octon. Il s'essaie à agir et à lutter : campagnes syndicales pour le Sou du soldat, essais de propagande dans les casernes ; essai de diffusion d'un manuel de contre-enseignement d'histoire échappant à la vulgate nationale (par Hervé et Clemendot).

Or non seulement ces choses se redisent mais elles sortent de la marginalité. Une extrême gauche révolutionnaire, dont l'audace la plus significative consiste en la contestation du tabou national, a conquis une place dans le paysage politique français. Et c'est le lien qu'il tâche de maintenir avec elle qui a le plus compromis la popularité d'un Jaurès auprès de la bourgeoisie républicaine de gauche. Car cet antipatriotisme est évidemment aussi hostile au patriotisme officiel de la gauche au pouvoir qu'au nationalisme de l'opposition de droite. Occasion de nous souvenir que, s'il y a tripartition dans le schéma politique français, ce n'est pas entre droite, centre et gauche, mais entre la droite, la gauche... et un ailleurs révolutionnaire qu'on peut à la rigueur appeler extrême gauche, mais qui récuse pour sa part cette topographie conventionnelle.

Ce qu'on ne sait pas encore, avant l'épreuve de 1914, c'est la fragilité de cette culture idéologique révolutionnaire, et combien peu elle a réussi encore à recouvrir dans les esprits populaires les strates plus profondes de l'imprégnation patriotique.

Jaurès, si souvent rencontré, appartenait-il à ce troisième et révolutionaire parti ? A vrai dire on serait tenté de faire de lui, en la matière, un parti à lui tout seul...

Sans lui, en tout cas, le tour d'horizon ne serait pas

complet, puisqu'il chercha à définir une position originale. Il faut d'autant plus chercher à savoir ce qu'il était réellement que l'assassinat du 31 juillet 1914 devait le renvoyer au rang du mythe, ou du symbole.

Humaniste révolutionnaire, Jaurès croyait (comme Victor Hugo par exemple) en un avenir de bonheur et de justice, mais il pensait aussi (et en cela plus proche de Karl Marx), que l'avenir passerait par des transformations complètes des régimes politiques et sociaux. Mais cet humaniste généreux — et la générosité était peut-être son apport naturel propre — ne savait rien sacrifier de ce qui avait été dans l'histoire une pensée élevée ou un respectable idéal. Il voulait tout raccrocher, tout récupérer, tout aligner en un destin historique progressif. Certains diraient, plus simplement, avec parfois une pointe de reproche, tout concilier. Le socialisme, idéal qu'il faisait sien, n'était pas, pour lui, opposé à une République « bourgeoise ». Il y voyait plutôt le développement, le prolongement, l'au-delà de la République. Et la Paix définitive viendrait — plus loin encore — après les socialismes réalisés. Dans le texte sans doute le plus synthétique qu'il ait écrit, le célèbre discours d'Albi de 1903, République, Socialisme, Paix (universelle) se suivent, dans cet ordre, incarnant respectivement le combat d'hier (aujourd'hui gagné), le combat d'aujourd'hui, et le programme ultérieur. En 1902, il est vrai, Jaurès ne prévoyait pas encore que la défense de la Paix (du moment) pourrait devenir rapidement plus urgente que les luttes sociales. Mais il affirmait déjà, ce sur quoi il ne changera pas, que la Paix doit aussi être juste, et que le droit de la nation doit être éventuellement défendu, fût-ce par les armes. Car la Nation aussi a statut de valeur et a droit à la justice. La nation, comme la République, est de ces grands élans nobles qu'on ne doit pas détruire mais transfigurer. Il fallait ce détour sur la dialectique personnelle de Jaurès pour situer son enseignement national, de *L'Armée nouvelle* (1910-1911) à la lutte contre la loi de trois ans (1913-1914), par rapport aux autres positions en présence.

Son hostilité est évidemment tournée en premier lieu contre le nationalisme, dont il trouve la doctrine philosophiquement mauvaise (Jaurès reste rationaliste, laïque, universaliste) et politiquement dangereuse (elle peut mener à la guerre, ou, à l'intérieur, à l'autoritarisme). Le nationalisme constitue l'adversaire éprouvé et, en quelque sorte, classique.

Jaurès est à peine moins éloigné des antipatriotes. S'il ne veut pas se couper de la C.G.T. ni des hervéistes, ses compagnons de combat contre l'injustice sociale, qu'il considère comme des désespérés et des furieux qui ont de bonnes raisons de l'être et qui à ce titre méritent la compréhension, il les contredit sur l'essentiel : pour lui, en effet, la patrie restera longtemps une valeur ; la justice doit exister entre les nations, ce qui légitime la défense nationale et finalement l'armée elle-même. Certes, il faut la réformer pour la purger des tares du militarisme, mais non la supprimer.

Au contraire, en la rendant plus républicaine et plus populaire on la rendra plus efficace. En 1914 encore, Jaurès plaide, avec les arguments techniques les plus étudiés, que la loi des deux ans est fonctionnellement préférable à la loi des trois ans.

C'est donc avec le patriotisme républicain, c'est-à-dire avec les hommes au pouvoir, que l'auteur de *L'Armée nouvelle* et de *l'Histoire socialiste de la Révolution française* partage évidemment le plus d'idées. En quoi alors se distingue-t-il d'eux tout de même ?

D'abord il leur reproche le conformisme de leur politique militaire, toujours portée à suivre les doctrines et les routines de l'état-major au lieu de les discuter et de savoir les réformer.

Il leur reproche aussi le Maroc. Quoique aussi bon laïque et humaniste que quiconque, Jaurès ne croit pas pour autant justifiée une mission de civilisation opérée par les armes. Jaurès est anticolonialiste, et dans sa lutte pour la Paix, il insère aussi cette lutte contre une guerre coloniale concrète. S'il veut la force de la France, il récuse ce moyen-là.

Mais surtout il reproche aux gouvernants radicaux ou modérés ce qu'on pourrait appeler une diplomatie imprudente, qui, en acceptant trop bien à l'avance l'idée de la guerre, se montre incapable des efforts qui permettraient de l'éviter. Pour Jaurès, la guerre n'est pas impensable, mais en cas limite, en ultime recours, quand tout le reste a échoué. Au contraire, bien dangereuse est la diplomatie française qui se trouve trop liée à la diplomatie russe, suspecte à tant d'égards, pour n'être pas déjà dans l'engrenage. On sent par ce dernier point que le pacifisme de Jaurès trouvait sans cesse dans son socialisme quelques justifications supplémentaires. Comme toute l'Internationale, il adhérait à l'idée que le capitalisme était l'une des sources du phénomène guerre (ce que la pensée libérale et même républicaine ne tenait pas pour évident)... En outre, solidaire des socialistes russes, il trouvait le régime tsariste détestable et s'indignait que la France officielle en fît au contraire l'un des piliers de son système.

C'est pourquoi les dernières années de la lutte de Jaurès pour la Paix (depuis 1912, congrès de Bâle) ont une tonalité révolutionnaire et internationale, et adhèrent à l'idée que la grève générale par-dessus les frontières pourrait retenir les armées.

Cela n'efface pas pourtant les débats théoriques et techniques que nous avons évoqués, puisque en 1914 encore, il y posait toujours le problème militaire en termes nationaux.

Dans la lutte de Jaurès contre les gouvernements d'avant 1914, il y a donc moins de prophétisme, d'utopisme, ou de révolutionnarisme total qu'on le dit parfois. Et il n'y a, naturellement, pas le moindre antipatriotisme, quoi qu'en aient pensé ses ennemis et quoi qu'en ait cru une partie de l'opinion. Mais beaucoup plus de politique concrète et étudiée.

C'est cette lutte, cent fois décrite, qui devait échouer, avec sa mort, un mois après Sarajevo.

La France profonde allait donc entrer en guerre, derrière Poincaré et Viviani, derrière aussi la procession des grands fantômes efficaces, Jeanne d'Arc, Napoléon, la *Marseillaise* de Rude, les armées du grand Carnot et les « mobiles* » de Gambetta... Joyeusement ? Non. Résolument ? Oui.

* Abréviation alors usuelle pour les « gardes nationales mobiles » (effectifs jeunes et mobilisables de la garde nationale) qui avaient été beaucoup mis à contribution en 1870-1871.

V

La Grande Guerre

1914-1918

La Grande Guerre, ainsi l'appela-t-on dès 1918. Puis l'Histoire, qui change tout, transformera jusqu'à son nom. Depuis que nous avons subi, de 1939 à 1945, une Deuxième Guerre mondiale, celle de 14-18 est devenue la Première Guerre mondiale. La relativité, voire la prédiction, qu'exprime ce vocabulaire — pourquoi pas une troisième un jour, puisque la liste est ouverte ? — a rendu désuète la Grande Guerre de nos aïeux qui ne pouvaient savoir la suite...

Acceptons pourtant de reprendre ce vocabulaire « rétro » pour souligner l'importance de la crise française de 1914-1918.

La dernière guerre, celle de 1939-1945 a été évidemment décisive pour constituer *le monde* dans lequel nous vivons. A l'issue d'un conflit d'extension presque universelle, les problèmes politiques se jouent à l'échelle mondiale et la planète connaît une unité définitive qui ne permet plus d'échapper à la solidarité économique, où toutes les crises se répercutent. L'O.N.U. encadre et contemple ce tout, faute de pouvoir y légiférer vraiment. La conscience humaine croit avoir découvert des horreurs nouvelles, et même l'horreur absolue, avec le génocide et avec la bombe atomique. Deux superpuissances* ont émergé et la politique se fait par blocs continentaux. Puis, c'est le monde entier qui entre en révolte contre la suprématie de l'Occident et des nations blanches, tandis que les États européens, sinon l'Europe elle-même, rétrogradent. Il est évident que 14-18 n'avait encore rien apporté de si bouleversant *au monde.*

Mais, à considérer *la France*, on peut se demander, en revanche, si ce n'est pas en 14-18 qu'a eu lieu le tournant le plus important.

La guerre gagnée, mais de justesse et à grand-peine, laisse en effet le pays dans un état d'affaiblissement durable. Dans l'ordre matériel, la perte de sa suprématie financière, et la saignée démographique, dans l'ordre moral, la mise en question de la vieille échelle des valeurs, puisqu'on pourra désormais balancer la valeur Paix et la valeur Patrie —, voilà qui va accompagner pour longtemps l'avenir national. Avant la Grande Guerre, la France était forte ou en tout cas sûre de l'être ; depuis, elle est inquiète. Avant, elle vivait, depuis elle survit.

Dans ces conditions, la question de savoir qui porte la responsabilité du drame est d'une importance majeure.

Pendant longtemps s'opposeront deux réponses simples. La droite désignera pour coupable l'empire allemand (solidaire de l'empire austro-hongrois), faisant ainsi de la France l'attaquée, et éliminant toute responsabilité française. L'extrême gauche désignera l'empire russe, donc la France, au moins dans la mesure où elle était solidaire de la politique tsariste, donc la France officielle, chauvine et capitaliste, donc

* Du moins jusqu'à l'automne 1989 (éclatement du bloc communiste de l'Europe de l'Est).

Poincaré. Entre les deux, la position de la gauche modérée sera indécise et flottante.

Lorsque Poincaré avait pris la tête de l'État, il régnait une atmosphère d'exaltation et d'inquiétude nationales que partageait le Parlement, puisqu'il avait voté la loi des trois ans. Les trois ans n'étaient évidemment pas une loi de préparation directe à la guerre, mais du moins la prévoyait-elle puisqu'elle visait à augmenter le niveau des effectifs encasernés. On peut toujours soutenir que, en fait de guerre, prévoir contribue bien un peu à préparer. Mais *quid* si l'on ne prévoit ni ne prépare rien ? Hostile à la loi des trois ans, la gauche (radicaux et socialistes unis), notamment par la voix de Jaurès, ne dit pas qu'il ne fallait pas préparer la défense, mais que les trois ans y préparaient mal et qu'il valait mieux, pour la défense même, conserver les deux ans, plus une organisation sérieuse des réserves.

La question du choix entre guerre ou paix, entre nationalisme ou idéalisme, figurait seulement en toile de fond de ce débat concret. Aux élections législatives du printemps 1914, la gauche l'emporta, notamment parce qu'elle proposait en tête de son programme le retour aux deux ans. Poincaré chargea alors le socialiste indépendant Viviani de former un gouvernement suffisamment à gauche pour tenir compte de l'indication du suffrage universel, mais qui éluderait le changement de la loi militaire en se bornant à la mettre à l'étude, arguant de difficultés internationales.

La gauche reçut du moins une satisfaction : cette même conjoncture laissant prévoir de nouvelles dépenses, le Parlement créa des ressources nouvelles en votant enfin l'impôt sur le revenu, auquel la droite avait été jusque-là hostile.

Le 28 juin 1914, à Sarajevo, l'assassinat de l'archiduc François-Ferdinand, héritier du trône des Habsbourg, par un patriote bosniaque venu de Serbie, déclenche le processus : le conflit entre Autriche-

Hongrie et Serbie. Or, l'Autriche-Hongrie est liée à l'Allemagne, et la Serbie à la Russie, qui l'est à la France. Le jeu des alliances qui finira par mettre la France et l'Allemagne face à face, inaugure cinq semaines de tension complexe.

Du point de vue français se pose la question de savoir où et quand l'on pouvait agir pour rompre cet enchaînement fatal.

Le 16 juillet, Poincaré et Viviani quittent la France (de Dunkerque, par voie de mer) pour une visite officielle à Saint-Pétersbourg. Trois jours de navigation de Dunkerque à Cronstadt, quatre jours (du 20 au 24) de conversations franco-russes, dont on n'a pas de relation exacte. Le 25, en tout cas, Poincaré croit si peu la guerre imminente qu'il s'apprête à repartir pour une autre visite d'État, également prévue, en Suède. Mais un télégramme de Paris l'alerte et lui fait annuler la tournée scandinave. C'est que, le 28, l'Autriche-Hongrie a déclaré la guerre à la Serbie.

Le 29, le président est de retour à Dunkerque. A cette date, on en est arrivé aux mesures de mobilisation qui se répondent. Le 29 est le jour de la mobilisation partielle (région sud) de forces armées russes, tandis que l'Allemagne confirme son soutien à son allié austro-hongrois. Le 31, la Russie passe à la mobilisation générale, à quoi l'Allemagne réplique par un ultimatum, évidemment repoussé. Le 1er août, la guerre existe entre Allemagne et Russie et la France doit mobiliser...

L'opinion la plus communément reçue aujourd'hui peut s'énoncer en termes généraux : en tout pays, les gouvernants, même quand ils ne voulaient pas la guerre, devaient en accepter l'éventualité. Ils considéraient comme de leur devoir de tout faire pour la gagner, donc de tenir les forces prêtes. Or, la mesure de ce qu'il faut faire pour être prêt dépend des états-majors militaires, dont c'est le métier de considérer les besoins techniques et les délais nécessaires de mobilisation. De là un enchaînement presque automatique de mesures voulues par les militaires et imposées aux politiques. Quel homme d'État prendrait le risque de mettre son camp en position de faiblesse en faisant retarder, pour des fins diplomatiques aléatoires, une mesure de défense réputée indispensable ? Il y faudrait un génie exceptionnellement audacieux.

En France, pendant ces journées fiévreuses, l'homme qui se veut l'« apôtre de la paix », Jean Jaurès, ne reproche pas au gouvernement d'être belliciste, mais seulement de n'être pas tout à fait aussi actif et hardi qu'il aurait fallu dans la multiplication des démarches diplomatiques de dernier moment, et c'est sans doute cela qu'il eût écrit dans son dernier article... s'il n'avait pas été assassiné le 31 juillet 1914, au Café du Croissant.

Jaurès était devenu le leader moral et le porte-parole le plus prestigieux de la gauche politique, en même temps que l'homme le plus aimé et le plus écouté dans le mouvement ouvrier. Il était aussi le plus détesté par la droite nationaliste, qui voyait en lui, du seul fait qu'il préconisait depuis des années la paix, la négociation, et le primat des solutions de droit sur les solutions de force, du seul fait qu'il ne s'aveuglait pas sur l'autocratie russe, un agent de l'Allemagne. Ce que nous savons être une énorme calomnie s'est alors révélé meurtrier. On aurait pu penser que le meurtre injuste de Jaurès déchaînerait en retour la haine et la colère de la gauche et des ouvriers contre l'extrême droite — le gouvernement l'a craint, sur le moment. Or cette réaction aura bien lieu..., mais après 1918. Étonnant effet différé !

Sur le moment, cette émotion spécifique (« Ils ont tué Jaurès ! ») se trouve noyée dans l'émotion plus grande de la guerre qui, un peu par hasard, est arrivée, avec l'annonce de la mobilisation générale, le même jour. On connaît la belle et grandiose simplification, passée en légende et répétée depuis comme une évidence : Jaurès était le défenseur de la paix, il « fallait » que Jaurès soit mort pour que la guerre passe. Elle serait sans doute bien passée, lui vivant !

Mais rien ne peut faire que la mort de Jaurès et l'arrivée de la guerre, la disparition de l'homme et l'échec de sa politique, ne se rejoignent dans le symbole et dans l'émotion.

Pas plus, cependant, que Jaurès lui-même, les jauressiens n'étaient des négateurs de la nation. C'est bien pourquoi, loin de justifier les craintes des gouvernants, ils ravalent leur peine, et ils semblent penser qu'après avoir perdu la bataille de la paix, il ne reste plus qu'à gagner du moins la bataille de la nation.

La guerre, donc. Les obsèques de Jaurès, où parle, entre autres, Viviani, fournissent au Parti socialiste et à la C.G.T. l'occasion d'en accepter le devoir. Le ministre de l'Intérieur perçoit la tendance, et il a l'habileté de ne pas engager les poursuites préventives prévues (au fameux carnet B*) contre les révolutionnaires les plus actifs. Viviani fait entrer deux socialistes dans son gouvernement, Jules Guesde et Marcel Sembat. C'est l'Union nationale, que Poincaré appellera l'« Union sacrée ».

L'« Union sacrée » tient à la fois du mythe et de la réalité, comme beaucoup de formules célèbres. Mythe dans la mesure où elle rejoint et renforce une thématique bien marquée à droite : l'Union est bonne, la désunion mauvaise ; donc la défense nationale qui unit les Français, est bonne, tandis que la politique qui les divise, est mauvaise. Au-delà, et à la limite, sont bons les systèmes d'autorité où chacun obéit, mauvais les systèmes de démocratie, où l'on se disperse en disputes. « Unis comme au front », la formule servira beaucoup après 1918 pour condamner par contraste la désunion habituelle aux débats de la Chambre, ou

* Liste, constituée d'avance à la préfecture de Police, des révolutionnaires dangereux, désignés pour être arrêtés en cas de guerre.

bien à ceux du champ de foire électoral. L'« Union sacrée » de 1914 contribuera donc bien un peu à rajeunir l'idéologie antipolitique du conservatisme le plus invétéré.

Le mythe de l'« Union sacrée » ne se fondait pas seulement sur l'absence de troubles dans les premiers jours d'août et sur la très réelle discipline nationale, mais sur l'enthousiasme chauvin et belliqueux qui aurait déferlé. Fleurs au fusil, cris de « A Berlin ! », Marseillaises vociférées sans mesure. Ces choses-là ont existé, aspect superficiel de la mémoire. L'histoire sérieuse de cette entrée en guerre* a définitivement établi deux traits méconnus. D'une part, les méfiances et les conflits politiques devaient continuer pendant la guerre, quoique discrètement. D'autre part et surtout, le sentiment général dans l'opinion a été celui de la résignation et du devoir accepté bien plus que celui de l'enthousiasme guerrier. Bref, point d'Union « sacrée » au sens d'Union absolue, naïve et puérile. Mais une Union réelle pour la défense nationale. Les Français mobilisables partent au front, à peu près sans incidents ni désertions. Et Jaurès ? Serait-il parti lui aussi, physiquement ou moralement, pour la guerre de défense ? Nul ne le sait, mais on peut alléguer aujourd'hui que telle était bien la logique de sa pensée. Encore deux ans et son fils unique, Louis, à peine atteint l'âge requis pour s'engager, se sentirait obligé de partir pour le front, où il trouverait la mort, un parmi les millions.

La France dispose d'une armée nombreuse, grâce à la mobilisation générale, bien organisée et bien encadrée, et d'un bon armement. L'équipement souffre pourtant d'étranges faiblesses ; les fantassins portent le pantalon rouge, si voyant, pendant que les Allemands

* A laquelle est attachée le nom de Jean-Jacques Becker, *1914. Comment les Français sont entrés dans la guerre*, Presses F.N.S.P., 1977.

ont déjà l'uniforme terne qui se confond avec les teintes neutres du sol. Il faudra à l'autorité militaire plusieurs mois avant de vêtir les soldats du discret bleu horizon. De même, les Allemands entrent en guerre casqués, alors que les fantassins français ont le képi ; l'adoption du casque prendra des mois elle aussi. On ose à peine songer au nombre de morts supplémentaires imputables à ces deux défaillances. L'armée est solide, disciplinée, l'homme de troupe est endurant, les cadres se recruteront toujours aisément parmi les mobilisés pourvus de quelque instruction, employés, commerçants, fonctionnaires. Le haut commandement appartient au général Joffre.

Joseph Joffre, né en 1852 à Rivesaltes (Pyrénées-Orientales), dans un milieu modeste et culturellement laïque (double contraste, disons-le par anticipation, avec son contemporain Ferdinand Foch), est passé par Polytechnique. Il a fait la guerre de 1870 (siège de Paris) comme jeune sous-lieutenant, puis une carrière de spécialiste du génie qui a comporté, assez logiquement, de longs séjours aux colonies — Tonkin, Soudan et Madagascar. Comme d'autres, il y a bâti des casernes et des forts mais aussi des écoles et des chemins de fer, tout en complétant la conquête, attirant notamment l'attention par la prise de Tombouctou. Après 1902, devenu général, on le voit alterner commandements en métropole et fonctions administratives au ministère (dans sa spécialité du génie). Le sommet de sa progression est 1911. Il bénéficie de la fusion alors décidée entre deux postes jusque-là distincts, la vice-présidence du Conseil supérieur de la Guerre et la direction de l'état-major général. Avec le nouveau titre de chef d'état-major général de l'armée, il est, ès qualités, le commandant en chef désigné pour le cas où surviendrait la guerre. Cette accession au sommet était justifiée par une belle carrière et par des qualités d'esprit certaines, mais plusieurs autres grands chefs du même âge en avaient l'équivalent. Jouait en faveur de Joffre son origine, qui faisait de lui par définition un républicain sûr. Responsable de la stratégie initiale (le Plan XVII), il le sera aussi de son échec, puisque ce fameux plan prévoyait l'offensive sur la frontière franco-allemande, et négligeait de prendre en compte la simple éventualité de ce qui, pourtant, aurait lieu : l'invasion allemande par la Belgique. Joffre n'en sera pas décontenancé ; il saura s'adapter avec sang-froid, méthode et sérénité à la défaite initiale, maîtriser les problèmes de la retraite stratégique et retourner la situation sur la Marne. Il gagnera par la grâce de celle-ci une popularité supérieure à tous les revers passés et à venir. En 1915, en 1916, des petits garçons nouveau-nés recevront « Joffre » pour prénom...

Revenons au fait initial : pendant que le commandement en chef obtenait un succès spectaculaire en pénétrant de quelques kilomètres en Alsace, les Allemands se jetaient sur la Belgique. Cette violation de la neutralité belge, qui était consacrée par les traités depuis 1830, devait entraîner bien des conséquences. D'abord elle provoqua directement l'entrée en guerre de la Grande-Bretagne aux côtés de la France, ce qui surprit les Allemands (quoi ? « pour un chiffon de papier ? »). Puis elle renforça l'opinion française dans l'idée que les Allemands méprisaient le droit, et que le camp français en était, une fois de plus, le défenseur — argument non négligeable pour faire accepter la guerre à un peuple républicain. La bonne conscience sera indéniablement l'une de ses plus indispensables ressources quand s'alourdiront les épreuves. Mais dans l'immédiat, la traversée facile de la Belgique surprise amène les Allemands à franchir les frontières du Nord et à faire reculer l'armée. La première défaite notoire de la « bataille des frontières », à Dieuze, en Lorraine, fin août, ne fut avouée d'abord que comme un incident exceptionnel, et un journal parisien inspiré, *Le Matin*, l'attribua à l'indolence « provençale » des régiments du 15e Corps, recrutés dans le Sud-Est. Scandaleuse calomnie, dont les « avenues du 15e-Corps » que l'on voit encore dans les villes du Midi rappellent le souvenir pour le réparer. Ce n'était pas l'effet le moins désastreux du déferlement chauvin officiellement encouragé que de compromettre ainsi les rapports des Français entre eux ! Puis il fallut se rendre à l'évidence, l'infériorité était générale, la France était envahie. Le 2 septembre le chef de l'État, le gouvernement et le Parlement partaient s'établir à Bordeaux, laissant Joffre diriger la défense.

Il le fait avec sang-froid, maîtrisant une retraite en bon ordre jusqu'à la Marne. C'est alors que, dans sa poursuite, l'aile droite des armées d'invasion, avançant du Nord-Ouest au Sud-Est (*grosso modo* du cours de l'Oise à celui de la Marne) en vient à se présenter par son flanc droit au Nord de Paris. Le général Gallieni, gouverneur militaire de la capitale, saisit l'occasion de cette vulnérabilité et jette contre les Allemands toutes les forces dont il dispose, dont certaines transportées par les taxis parisiens réquisitionnés, les fameux taxis de la Marne. C'est le premier coup d'arrêt porté à l'avance allemande. Joffre saura enchaîner en donnant le fameux mot d'ordre de ne plus rien céder — « se faire tuer sur place plutôt que de reculer » —, puis de contre-attaquer. L'avance allemande est stoppée, et la bataille s'engage, qu'on appellera désormais « de la Marne ». Ainsi échappe-t-on à la défaite immédiate, à la façon de 1870. C'est aussi la fin de la guerre rapide, et l'inévitable installation dans la guerre prolongée. Pendant quelques semaines encore, la guerre de mouvement continue. Les forces françaises et allemandes, qui sont au contact les unes des autres, de la Lorraine à la région parisienne à travers la Champagne, ne peuvent plus se déborder que par l'Ouest. De septembre à novembre, elles le tentent en vain, véritable « course à la mer » au terme de laquelle une ligne de front continue se stabilise du Sud des Vosges jusqu'au Pas-de-Calais.

Les manœuvres de débordement ont donc échoué, et il est inconcevable de renouveler les efforts de percée après les pertes subies dans ce premier trimestre meurtrier : il ne reste plus aux deux armées qu'à se fortifier sur place, en s'enterrant. La « guerre de positions », autrement dit la « guerre de tranchées » s'installe ; elle durera plus de trois années.

Les pouvoirs publics réintègrent la capitale, tandis que Joffre établit le Grand Quartier général à Chantilly.

Au début de 1915 la ligne de front suit depuis la frontière Suisse une direction Nord-Sud sur la crête des Vosges puis s'infléchit vers le Nord-Ouest, jusqu'au Nord de Verdun, avec pour seule enclave le saillant de Saint-Mihiel sur la Meuse ; ensuite, de Verdun à Noyon, d'Est en Ouest, elle longe le cours de l'Aisne ; et redevient enfin Nord-Sud, de Noyon à Dixmude. Belfort, Nancy, Toul, Verdun, Reims, Arras, Dunkerque se situent du côté français, Lille, Laon, Sedan, du côté allemand du front. En Flandre, un tout petit coin du territoire belge reste libre, en continuité avec la France ; le plus populaire des alliés de l'Entente*, Albert Ier, roi des Belges, « le roi chevalier », casque en tête, s'y accroche. Une partie de la France (la moitié des départements du Nord et du Pas-de-Calais, l'essentiel de l'Aisne et des Ardennes, une partie de la Marne, de la Meuse et de la Meurthe, plus, naturellement, la Moselle et les départements alsaciens) fait l'expérience de la vie sous une armée d'occupation. Mais on en parle moins qu'on ne le fera en 1940-1944, l'essentiel de l'attention publique étant concentré sur le front.

---

* Pour la distinguer de la Triple Alliance ou Triplice (Allemagne, Autriche-Hongrie, Italie), on appelait Triple Entente le trio France, Angleterre, Russie.

La nation s'adapte bientôt à cette guerre d'une durée imprévue. L'économie d'abord, puisqu'une forte proportion des producteurs se bat au front, et que beaucoup d'usines se trouvent dans la zone envahie. Il faut donc en créer de nouvelles pour l'armement et les munitions ; on rappelle des spécialistes du front, on embauche des femmes dans la métallurgie et la mécanique. Le travail féminin, certes, refluera après la guerre. Toutefois, il y a là des innovations d'avenir. C'est de la guerre que datent à la fois, et solidairement, la grande industrialisation de la banlieue de Paris et l'émergence des métallurgistes au premier rang de la classe ouvrière visible et combative.

Pour couvrir les besoins civils, le déficit reste considérable, et il n'y a pas d'autre solution que l'achat outre-mer. En dépit d'une mobilisation progressive de ses avoirs à l'étranger, la France ne sera pas épargnée par une certaine pénurie, et même parfois par le rationnement. L'énormité des charges que la guerre impose à l'État affecte les finances publiques. Pour couvrir le déficit, l'impôt ne saurait suffire ; on multiplie donc les emprunts à l'aide d'une pressante propagande patriotique ; cela ne dispensera pas de recourir à l'inflation : cours forcé établi pour le papier-monnaie, puis émission de billets au-delà du rapport usuel avec l'encaisse métallique. La masse des biens disponibles sur le marché évoluant peu, alors que les moyens de paiement s'accroissent, la tendance s'installe fatalement à la hausse des prix, à la « vie chère ».

Le monde politique et administratif en tout cas, contraint et forcé, fait l'apprentissage d'une économie partiellement gérée ou pilotée par l'État. Étienne Clémentel est ici exemplaire. Ce député radical du Puy-de-Dôme, grand travailleur parlementaire, compétent sur tous les dossiers techniques, entre le 29 octobre 1915 dans le gouvernement Briand comme ministre du Commerce et de l'Industrie. Il y bat le record de longévité, gardant ce poste dans toutes les combinaisons, celle de Clemenceau incluse, jusqu'en janvier 1920, avec un cumul sans cesse croissant d'attributions : Commerce et Industrie, Postes, parfois le Travail, puis Agriculture, Transports, Marine marchande. C'est un véritable superministère de l'Économie nationale civile — l'Armement seul étant géré à part — qui apparaît ainsi, au titre près. Valeur d'un homme éminent, mais aussi nécessité du temps, qui font faire un bond en avant aux responsabilités reconnues à l'État. Mais c'est surtout dans le domaine militaire que la guerre longue entraîne de nouvelles adaptations. Avec la mobilisation massive de la population masculine adulte, les conséquences du conflit se font sentir dans chaque famille, jusque dans les villages les plus reculés, surtout dans les villages, dans la mesure où le paysan, dépourvu de spécialité technique utilisable, juste bon à faire un fantassin solide ou un conducteur de chevaux, n'échappe jamais au front, tandis que l'ouvrier est quelquefois maintenu dans une usine de guerre.

Deux mondes se dessinent ainsi bien distinctement : le front, et l'arrière. La Seconde Guerre mondiale nous a désappris cette coupure parce que, de 1942 à 1944, l'ennemi étant un occupant, était partout, et le danger, par bombardement aérien, pesait aussi partout, au moins virtuellement. En 14-18 au contraire, l'arrière (à l'exception de la frange envahie, au Nord-Nord-Est du territoire national) ne subissait la guerre que par voie indirecte : femme ouvrière à l'usine, vie chère, tracas divers et surtout cette inquiétude constante pour le mobilisé, dont on guettait les lettres. A ceci près, une vie d'apparence normale subsistait, s'adaptait, se réorganisait, avec le travail et le commerce, les écoles, les distractions même, car le deuil ne frappait pas en même temps chaque famille ; le climat à l'arrière n'était pas tous les jours, ni pour tout le monde, spartiate.

Quant au front... c'était la vie sous le feu et la vie dans la boue. L'obsession de la boue, de la terre humide, puisqu'on s'est enfoncé dans le sol... Qu'est-ce que les tranchées sinon un réseau de fossés assez profonds pour dissimuler un homme debout, protégés encore par des parapets de terre et, au-delà, par des rangées de fil de fer barbelé ; fossés reliés par un labyrinthe de boyaux, et prolongés par des enfoncements souterrains qui tiennent lieu de tanières (les « cagnas ») où l'on vit et où l'on se repose entre les assauts, les corvées et les tours de garde, mais où l'on ne peut venir à bout ni du froid l'hiver, ni de l'humidité en toute saison. La tranchée : un univers de boue glacée, au mieux inconfortable, au pire douloureux, même quand le danger de mort fait relâche.

Ce danger consiste d'abord dans le bombardement, non point par avion (à l'époque, les avions sont rares, légers, de faible rayon d'action, et servent surtout à l'observation ou à la chasse aux avions ennemis), mais par le canon. L'artillerie connaît alors son apogée : artillerie lourde, évoluant sur rails, avec une portée de plusieurs kilomètres ; artillerie de campagne, du type canon de 75 ; ou artillerie de tranchée, obusiers, mortiers, « crapouillots ». A cet arsenal, depuis le début de 1915, s'ajoutent les obus à gaz asphyxiants. Le bombardement, qui peut durer des heures, forme en général la « préparation d'artillerie » qui précède l'assaut. Car, de part et d'autre, on se livre à des attaques, d'importance variable, pour conquérir quelques mètres ou quelques centaines de mètres des positions ennemies.

L'attaque constitue donc le danger majeur, car il faut sortir, par de sommaires échelles de bois, de l'abri relatif de la tranchée, traverser ses propres barbelés préalablement cisaillés, et courir vers la tranchée ennemie en espérant que les canons auront été assez efficaces pour écraser les barbelés et faire taire les mitrailleuses d'en face. Sinon c'est la mort. Si oui, si la tranchée ennemie est atteinte, et s'il y survit quelques défenseurs, on la « nettoie » à la grenade, à la baïonnette ou au couteau. C'est seulement à partir de 1918 que l'on saura user largement d'une invention datant du début de 1916, celle des chars de combat, alors appelés précisément chars d'assaut (en argot américain « tanks ») parce qu'ils pouvaient traverser impunément les barbelés, affronter les balles et frayer quelque peu la voie aux fantassins progressant dans leur sillage.

Dans l'intervalle des combats, quand le « secteur était calme », voire sous le feu si le duel des artilleries perdurait, il fallait vivre, donc manger, boire et dormir. Une certaine adaptation s'est faite, là encore, à cette singulière vie en campagne, à la fois sédentaire et aventureuse.

Le soldat bleu horizon et maintenant casqué se protège du froid comme il peut. Les chefs tolèrent qu'il soit emmitouflé de lainages, de toiles, même non réglementaires ; on admet qu'il ne se rase pas : le « poilu », vieux mot d'argot qui signifiait l'homme, prend alors pour tout le monde le sens désormais familier de soldat combattant. Il y a des tranchées de première ligne, de deuxième ligne, puis, plus en arrière encore, les lieux moins exposés où se trouvent les états-majors, les services divers, et notamment les cuisines (dites « roulantes » puisqu'en campagne on n'a que des fourneaux sur roues). Une circulation quotidienne ou biquotidienne s'organise à travers les boyaux, « corvées » qui vont chercher et qui distribuent le pain, la soupe, le café (le « jus »), le vin rouge (le « pinard »), plus tard le bœuf en conserve (le « singe ») ; circulation des vaguemestres, circulation des estafettes, circulation des brancardiers. Tout un petit monde neuf apparaît, qui n'est plus celui des combats classiques, non plus celui de la caserne routinière ; il a ses lois, ses mœurs, sa langue. Le roman va bientôt le rendre familier, dès 1916, avec *Le Feu*, d'Henri Barbusse, au succès considérable.

L'une des règles voulait que les unités au front ne passent pas trop de temps dans la tension périlleuse et inhumaine de la première ligne. Juste en arrière du front, si possible dans d'anciens villages plus ou moins abandonnés, les soldats disposaient de cantonnements de détente (on disait de « repos »). Entre les deux s'opérait l'échange des « relèves », auxquelles les soldats étaient fort attentifs, et que le commandement se devait d'organiser avec efficacité et avec équité. La justice, c'était une des clés du « moral des troupes ».

Au repos, on pouvait au moins se laver, laver son linge, dormir la nuit, et penser à autre chose. C'est là que 14-18 a popularisé une œuvre écrite peu avant la guerre mais qui devait longtemps subsister comme la pièce la plus célèbre de son folklore, la chanson de *La Madelon.*

« Pour le repos, le plaisir du militaire,
Il y a là-bas, à deux pas de la forêt,
Une maison aux murs recouverts de lierre,
Au Tourlourou, c'est le nom du cabaret.
La servante est jeune et jolie,
Légère comme un papillon,
Comme son vin ses yeux pétillent,
Nous l'appelons la Madelon.
Nous en rêvons la nuit, nous y pensons le jour
Ce n'est que Madelon, mais pour nous c'est l'Amour.

Refrain : *La Madelon vient nous servir à boire,*
Sous la tonnelle on frôle son jupon,
Et chacun lui raconte une histoire,
Une histoire à sa façon, à Madelon.
La Madelon pour nous n'est pas sévère,
Quand on lui prend la taille ou le menton,
Elle rit, c'est tout le mal qu'elle sait faire
Madelon, Madelon, Madelon. »

Sur les vers faciles et sur le mode léger venant de la chanson de caf'conc' 1900, l'auteur a su glisser l'allusion à la frustration sexuelle, qui n'était pas le moindre aspect de la condition du poilu. Frustration qui contribuait d'ailleurs à rendre le soldat aussi attentif au rythme des permissions (retours périodiques de quelques jours chez soi, en famille, à l'arrière) qu'à celui des relèves, et surtout à l'équité de leurs distributions. Dès lors qu'on se montrait juste envers lui, le poilu de 14-18 acceptait de revenir de « perm » et de « remonter en première ligne », en sachant qu'il risquait d'y rester. Échange tacite du devoir contre la justice.

L'arrière, pourtant, la France des non-combattants, n'apprenait pas les réalités de la guerre en lisant *Le Feu* ou en écoutant les récits des permissionnaires ! Tout le monde ne lit pas les romans, même honorés du prix Goncourt, et tous les poilus en permission n'étaient pas capables — si même ils en avaient envie — de s'exprimer sur leur vie de combat et de tranchée de façon diserte et précise. Beaucoup de Français non mobilisés (femmes, enfants, vieillards, malades ou exemptés divers) connaissaient donc la guerre par les journaux. C'est là qu'elle devait rester longtemps admirable... Non seulement juste, légitime, héroïque et sûre du succès final, mais embellie d'exploits, de sacrifices éclatants, seulement assombrie par des atrocités..., toujours d'origine allemande. Bref, l'accent mis sur les vertus, plus que sur les misères, et sur les succès plus que sur les revers. Ce que l'on appellera très vite — encore une création durable de la langue de ces années — le « bourrage de crânes ». Avec les articles de presse, qui en sont le support principal, les propos des notables et des hommes publics en offrent un autre, plus officiel encore. Ainsi se préparent, contre les discours dominants, bien des allergies d'après-guerre.

LE PLAN SCHLIEFFEN-MOLTKE ET LE PLAN XVII REMANIÉ PAR JOFFRE

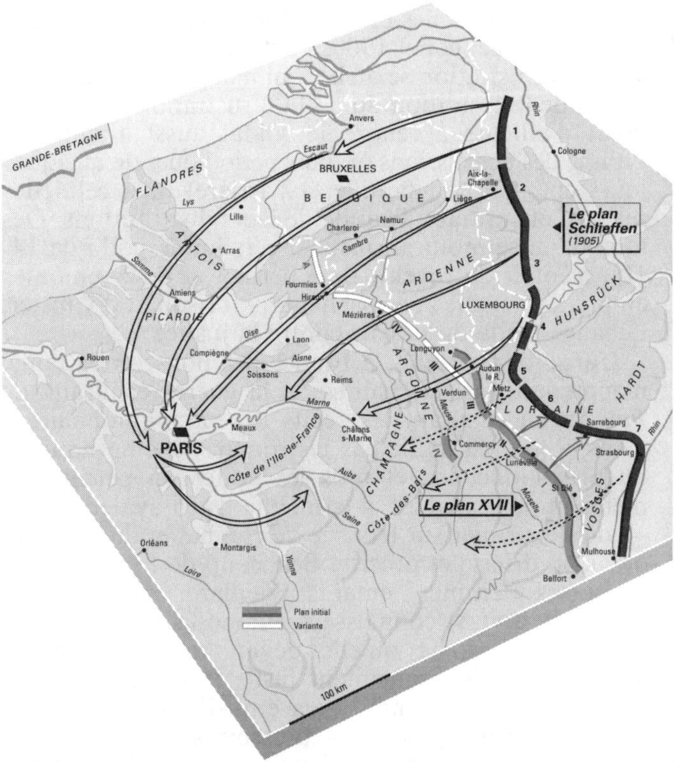

LÉGENDE GÉNÉRALE DE LA CARTOGRAPHIE MILITAIRE

Fronts

- position française ou alliée
- IX — identification des armées françaises ou alliées
- initiative militaire française ou alliée
- position allemande
- 2 — identification des armées allemandes
- initiative militaire allemande

Mouvements

- offensive française ou alliée
- offensive allemande
- repli
- déplacement de troupes françaises ou alliées
- déplacement de troupes allemandes

Dès 1898, von Schlieffen a défini son objectif : l'anéantissement rapide des forces françaises, afin de pouvoir porter le maximum de troupes sur le front oriental, où la mobilisation russe devrait être plus lente. Le choc frontal à l'Est de la France est exclu : les fortifications édifiées par Séré de Rivières et les obstacles naturels rendent la ligne Verdun-Belfort pratiquement infranchissable. La stratégie de von Schlieffen : fixer et envelopper. Un large mouvement tournant, à travers les plaines de l'Ouest, débordera constamment la gauche des Français avant l'encerclement complet de leurs armées. La réussite de l'opération suppose la rapidité et la concentration d'un maximum de forces sur la droite. Succédant à von Schlieffen en 1906, von Moltke ne cesse de modifier le rapport des forces au détriment de son aile droite, dont il rétrécit inévitablement le mouvement. A la veille de la bataille de la Marne, il adopte un système de tenaille (déborder *aussi* la droite française), qui le mènera à la défaite.

Au début de 1914, le plan XVII des Français prévoit le déploiement des forces françaises sur la frontière Nord-Est, entre Belfort et Longuyon (quatre armées et une armée en réserve à l'Ouest de Commercy). En avril, devant la violation probable de la neutralité de la Belgique (qui ne devrait pas se faire loin au-delà de la Meuse), Joffre étend le déploiement plus au Nord, jusqu'à Hirson, la IVe armée (qui était en réserve) s'intercalant, sur la Meuse, entre les IIIe et V^e^. Une manœuvre de diversion rapide et décisive, par les couloirs de Morhange et Sarrebourg (Lorraine), devrait ramener une partie des troupes allemandes sur leur gauche. Des réserves françaises, soutenues par les armées belge et anglaise, contiendront la droite allemande, au moment où l'effort principal portera sur la partie des armées ennemies que Joffre croit la plus faible : le centre, vers le Luxembourg belge.

LA RUÉE ALLEMANDE SE HEURTE À LA CONTRE-OFFENSIVE DE L'OURCQ (août - septembre 1914)

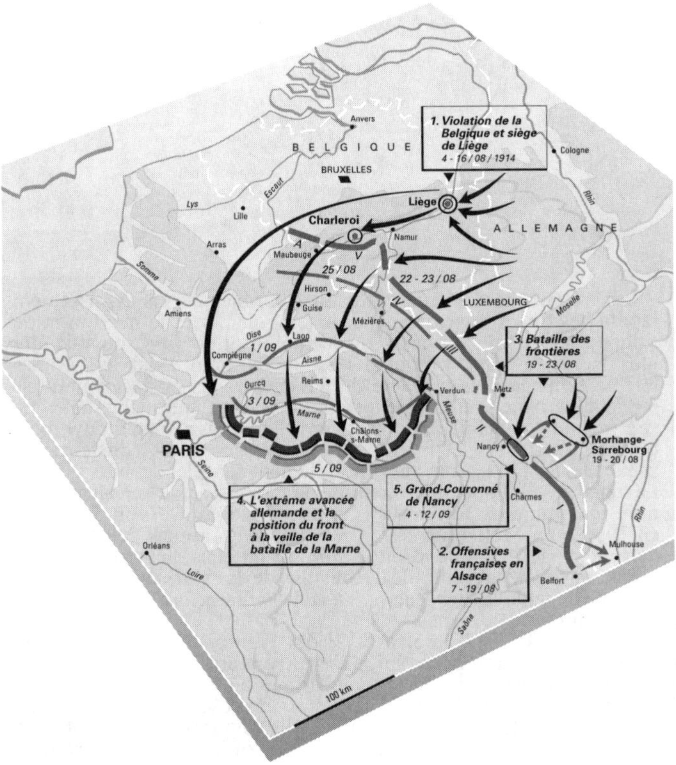

Le 4 août, les Allemands pénètrent en Belgique. La conquête de Liège (couronné de forts) doit assurer une base de départ à leur aile marchante menée par von Kluck et von Bülow. La résistance héroïque du général Leman, replié au fort de Loncin, fait perdre aux Allemands un temps précieux ; l'artillerie de von Einem mettra 8 jours pour réduire l'ensemble des forts.

A l'autre extrémité, Joffre lance le 7 août une attaque en Alsace pour inciter les Allemands à retirer des troupes de Lorraine, où doit s'effectuer un mouvement décisif. Le 19 août, le général Pau prend Mulhouse, que l'échec de Dubail (I) à Sarrebourg le forcera à abandonner. L'offensive en Lorraine s'est en effet heurtée de front aux fortifications récemment construites par les Allemands (particulièrement devant Morhange). Castelnau (II) et Dubail ont été contraints de rebrousser chemin et, poursuivis par les Allemands, de se replier au-delà de la frontière. Plus grave, Castelnau doit reculer (jusqu'au Grand-Couronné de Nancy). C'est l'échec du plan XVII.

Le 23 août, dans les Ardennes belges, défaite bien imprévue des armées Ruffey (III) et de Langle de Cary (IV), au moment où, sur la gauche, Lanrezac (V) est en pleine bataille de Charleroi. Entré en Belgique le 15, le 1er C.A. Franchet d'Esperey s'est installé sur la Meuse. Le 20, deux autres corps sont arrivés au Sud de la Sambre, que von Bülow franchit le 21 ; von Hausen traverse la Meuse deux jours plus tard. A sa droite, Lanrezac ne peut plus compter sur de Langle de Cary avec lequel il a perdu le contact et à sa gauche, French (A) n'a pu résister au choc de von Kluck. Enfermé dans un angle, Lanrezac est menacé d'encerclement par les trois armées von Kluck, von Bülow et von Hausen.

Il s'en tire par une manœuvre habile et se replie sur Maubeuge. Le 24 au matin, les Allemands se retrouvent dans le vide ; cependant Joffre se voit contraint d'ordonner la retraite générale. Deux succès quand même au milieu de la débâcle : le 25 août, Dubail interdit aux Allemands le passage par la trouée de Charmes ; le 29, à Guise, Lanrezac bouscule deux corps de l'armée von Bülow, dont la Garde impériale.

Le 30 août, Joffre donne l'ordre de repli vers la Seine et, devant la menace qui pèse sur Paris, il met à la disposition de Gallieni la VIe armée Maunoury, qui vient d'être constituée à partir d'éléments prélevés sur les armées de l'Est.

Au début du mois de septembre, brusque retournement de situation lorsque la droite allemande infléchit sa marche vers le sud-est. Au Grand-Couronné de Nancy, Castelnau reprend une partie du terrain perdu dans la bataille de Morhange ; barrant ainsi la route de Nancy aux Allemands, il met en échec la tenaille de von Moltke : Joffre peut développer en toute sécurité l'offensive déclenchée sur l'Ourcq le 5 septembre.

La politique nationale cependant n'est nullement effacée. La première raison tient au fait que la conversion de la gauche et du mouvement ouvrier au nationalisme de guerre n'a pas été absolument totale. Tandis que Romain Rolland, célèbre écrivain, musicologue et romancier *(Jean-Christophe)*, ami de tous les intellectuels dreyfusards et socialisants, s'est établi en Suisse et y a publié *Au-dessus de la mêlée*, au titre significatif, à Paris, d'obscurs militants de la C.G.T., restés attachés aux tendances révolutionnaires, gardent le contact entre eux. Comme l'Internationale ne s'est pas unanimement engagée dans la guerre (si les partis allemand, français et britannique ont rallié leurs défenses nationales respectives, les russes, quoique citoyens d'un pays en guerre, ainsi que les socialistes des pays neutres, sont restés pacifistes et révolutionnaires), quelques contacts internationaux se rétablissent en Suisse. La France y est représentée par ses minoritaires (à Zimmerwald, en septembre 1915, ce sont les cégétistes Merrheim et Bourderon, puis à Kienthal en avril 1916 les députés S.F.I.O. Alexandre Blanc, Brizon et Raffin-Dugens). Petite brèche initiale, appelée à grandir, dans l'unanimité officielle.

Il y a une deuxième raison à la vitalité politique, celle-ci décisive : la démocratie républicaine continue. Après la victoire de la Marne — on l'a vu —, le gouvernement a regagné Paris et, à la fin de décembre 1914, le Sénat et la Chambre ont repris leurs sessions. Le Parlement siège donc régulièrement, en comité secret quand la nature du débat l'exige. Son droit de regard sur les affaires militaires se limite d'abord à la fabrication d'armement, la stratégie et le commandement restant encore à l'abri de son examen et de sa critique. Mais cette situation évolue peu à peu. En 1916 commence à fonctionner un contrôle parlementaire aux armées, bien que les militaires ne le voient pas toujours d'un bon œil. Deux ans après la Marne, après avoir refoulé les empiétements du Grand Quartier général, le pouvoir civil a bel et bien affirmé sa prééminence dans la conduite de la nation et de la guerre.

Ainsi s'explique l'existence d'une vie politique assez animée, quoique discrète, et qui n'épargne pas le ministère de la Guerre lui-même.

Dès la fin d'août 1914, Viviani a remplacé son premier titulaire, Messimy, par l'énergique ex-socialiste Alexandre Millerand. En octobre 1915, l'équipe Viviani doit céder la place à un gouvernement Briand. Celui-ci reprendra la tradition de placer un militaire à la tête du ministère de la Guerre, mais il n'en usera pas moins de trois : le populaire défenseur de Paris, Gallieni (octobre 1915-mars 1916), l'obscur général Roques (mars-décembre 1916), enfin Lyautey, rappelé du Maroc, grand chef hautain, vite rebuté par le tohu-bohu du Parlement (décembre 1916-mars 1917). Dans cet hiver 1916-1917, le dernier du ministère Briand, le remaniement affecte la direction même des opérations, puisque le vainqueur de la Marne, Joffre, est remplacé au commandement suprême par le général Nivelle. Ces gouvernements des premières années de guerre comptent toujours des socialistes, dont l'utilité se manifeste en raison même de leurs origines et affinités. L'un d'eux, Albert Thomas, devenu ministre de l'Armement, y réussit fort bien, grâce à ses bonnes relations avec le monde ouvrier organisé. Plus discrètement, d'autres socialistes s'emploient à des contacts internationaux. En effet, la France en guerre n'avait initialement que quatre alliés : la Serbie, vite battue dans les Balkans, la Russie, bientôt en grande difficulté sur le front de l'Est, mais dont les offensives avaient apporté une aide décisive lors de la bataille de la Marne ; la Belgique et la Grande-Bretagne enfin, dont les contingents terrestres sur le front principal étaient bien faibles à côté de l'armée française. L'Angleterre, il est vrai, assurait la puissance indéniable de l'Entente sur mer. Grâce à elle, une expédition navale franco-anglaise cherche d'abord une victoire stratégique directe au Proche-Orient (où la Bulgarie et la Turquie étaient alliées des Empires centraux). En février 1915, c'est l'attaque des Dardanelles suivie de l'implantation d'une tête de pont à Gallipoli (avril 1915-janvier 1916), transportée ensuite en une base plus durable à Salonique.

Mais le grand succès avait été d'obtenir l'entrée en guerre, dans le camp français, de l'Italie. Cela n'avait pas été facile car la classe dirigeante italienne se montrait plutôt germanophile, pour diverses raisons, tandis que seule une minorité, porteuse de la tradition du Risorgimento, antiautrichienne, inclinait vers la France ; les petits-fils de Garibaldi, renouvelant le geste de leur aïeul de 1870, étaient venus se battre dans l'armée française dès août 1914. Quant au puissant Parti socialiste italien, il était demeuré révolutionnaire et partisan du maintien de la neutralité. Une tendance s'en était détachée cependant, pour renouer avec le patriotisme belliqueux et antiautrichien — l'Autriche tenait encore au Sud du Tyrol des terres italiennes *irredente* — et cette tendance possédait un leader dynamique : Benito Mussolini. C'est lui que, par le canal d'émissaires français socialistes, le Quai d'Orsay avait encouragé à accentuer l'agitation patriotique qui poussait l'Italie à combattre aux côtés de la France. La chose avait été acquise en mai 1915.

Sur le front franco-allemand, l'année 1915 connut son lot de batailles, puisqu'on appelle ainsi les séries conjuguées d'assauts, de tentatives pour percer le front ennemi, ou au moins pour lui « grignoter » ses lignes de défense et faire reculer le front. Meurtrières, cela va sans dire, et sans résultats stratégiques : bataille de Champagne en février, d'Artois en mai et juin, de Champagne à nouveau à l'automne.

En 1916, l'initiative vient des Allemands avec un objectif de grande ampleur : prendre Verdun. « Verdun » est en 1916 à la guerre de positions ce que « la

Marne » fut à la guerre de mouvement en 1914 : la bataille défensive gagnée par l'armée française, et placée du coup au plus haut du souvenir national. Mais, au fait, qu'est-ce que « Verdun » ? Verdun, c'est une ville, d'abord, avec la sous-préfecture, l'évêché, et une importante garnison qui fait vivre un commerce actif, et autour de qui s'entretiennent un esprit de patriotisme et un goût de la chose militaire plus accentués encore que dans le reste de la France. Et elle restera telle au long de la guerre. La bataille qui porte son nom entraînera certes en 1916 des bombardements destructeurs, l'exode de nombreux habitants et de divers services administratifs, mais le commerce n'y cessera pas, parce que des masses de troupes, par force, y afflueront toujours. Verdun la ville sera donc blessée par la grande bataille mais n'en sera pas moins toujours à l'arrière du front où les combats se livrent. Ne pas confondre, donc, avec Saragosse 1808 ou Stalingrad 1942 ! « Verdun » c'est, plus exactement, la « région fortifiée de Verdun », réseau de forts bâtis sur les hauteurs Nord-Ouest de la ville, sur la rive gauche de la Meuse, au Nord et au Nord-Est, sur la rive droite, Douaumont, Vaux, Souville, Froideterre, etc. ; avec, dans l'intervalle, des villages agricoles qui seront, eux, directement et concrètement des points d'appui de bataille, de ces lieux disputés « maison par maison », de ces édifices démolis par canonnade au point que tel d'entre eux, Fleury, sera physiquement anéanti.

L'ensemble de la région fortifiée de Verdun constituait pour le front défensif français stabilisé en 1914 et 1915 un point d'appui essentiel. Il était aussi symbolique. Sans remonter jusqu'au Verdun du traité de 843, ou au Verdun des Trois Évêchés disputés entre France et Empire aux XVIe et XVIIe siècles, on n'ignorait pas (pas plus en Allemagne qu'en France) que la ville avait été l'objet de deux sièges décisifs en 1792 et en 1870.

LA MARNE (5 - 14 septembre 1914)

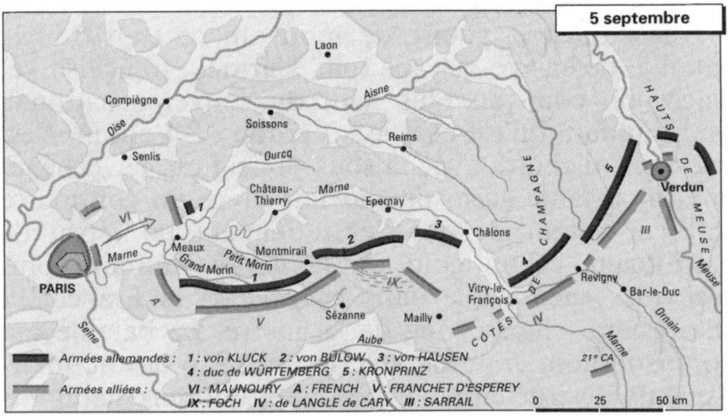

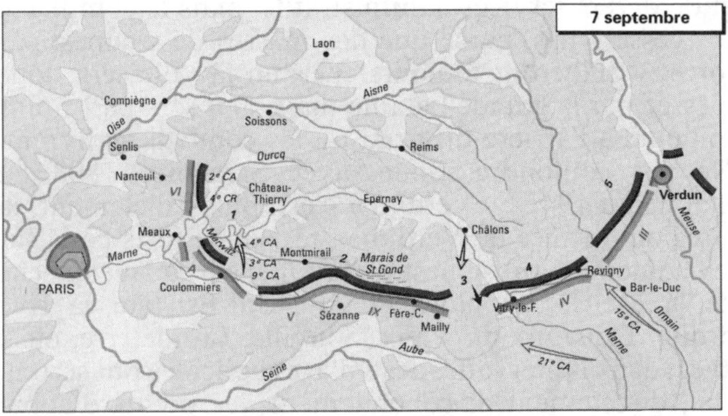

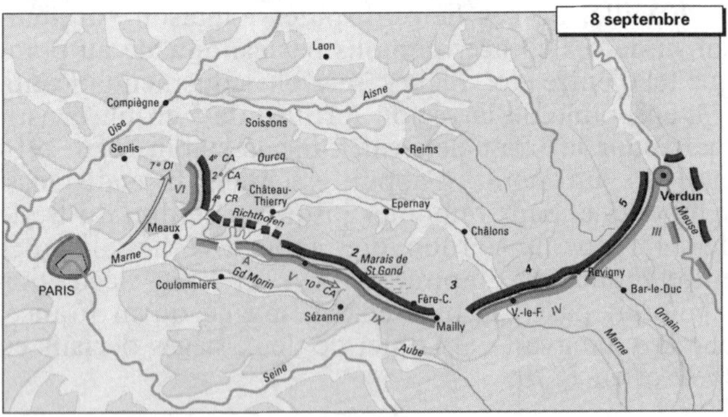

Le 3 septembre, les reconnaissances des biplans français confirment l'infléchissement de la droite allemande vers le sud-est. Von Moltke a décidé de « couper les Français de Paris » avant l'investissement de la capitale.

A 68 ans, von Kluck est persuadé qu'il doit trouver là sa consécration. Le 4 septembre, impatient d'envelopper Franchet d'Esperey, négligeant French et Maunoury (replié sur le camp retranché de Paris), il perd le contact avec von Bülow dont il est pourtant chargé de couvrir le flanc droit ; cette imprudence se révélera lourde de conséquences. Une simple flanc-garde (4e C.R. Gronau) laissée au Nord-Est de Meaux, les gros de la 1re armée foncent au Sud de la Marne, le flanc droit à découvert. Gallieni exploite l'erreur sans tarder dans un plan audacieux autant qu'original : à moins d'être directement menacée, l'armée qui défend une place ne doit pas prendre l'initiative de l'offensive, c'est pourtant la VIe armée Maunoury qui refoulera la flanc-garde avant de se jeter sur les arrières de von Kluck et de réaliser peut-être son enveloppement (la journée du 9 septembre révélera le risque de l'opération). Gallieni finit par convaincre Joffre, qui invite French à combler le vide entre les VIe et Ve armées.

Se portant sur l'Ourcq le 5 septembre, Maunoury surprend la flanc-garde vers midi. Von Kluck flaire le danger et ramène, à marche forcée, le 2e C.A. Linsingen au secours de Gronau.

Le 6 septembre, l'ordre du jour de Joffre est formel : attaquer, se faire tuer sur place plutôt que de reculer. La bataille s'engage sur tout le front. A l'Est, Verdun est solidement défendu ; Revigny tombe, mais de Langle de Cary et Sarrail résisteront. Par chance, en secourant le duc de Würtemberg, von Hausen fait naître au milieu de son front un intervalle face à la brèche entre les IXe et IVe armées. Würtemberg et le Kronprinz impérial tenteront vainement de passer par la « trouée de Revigny ». Le secteur décisif de la bataille se situera à l'Ouest (offensive alliée) et au centre (poussée allemande), où une violente attaque de la gauche de von Bülow rejette Foch au sud des marais de Saint-Gond, devant Fère-Champenoise. A l'Ouest, l'arrivée d'une partie du 2e C.A. sur la droite de Gronau empêche Maunoury d'effectuer le mouvement débordant. Le soir, French et la gauche de Franchet, face à celle de von Kluck, abordent non sans mal le Grand Morin.

Le 7 septembre, Foch refoule la Garde prussienne dans les marais de Saint-Gond, mais sa droite est en mauvaise posture : Fère-Champenoise tombera dans la nuit. Sérieusement menacé sur sa droite, von Kluck, qui a déjà fait remonter le 4e C.A. von Arnim, rappelle maintenant les 3e C.A. Lochow et 9e C.A. Quast en train de combattre sur le Grand Morin. Le départ de ses troupes est masqué par le mince rideau des cavaleries Marwitz et Richthofen, dans lequel s'infiltrent French et la gauche de Franchet.

Le 8 septembre, malgré le renfort de la 7e D.I. Trentinian, dont 5 bataillons ont été transportés la nuit par 400 taxis parisiens, la gauche de la VIe armée est bousculée. Plus question de réussir

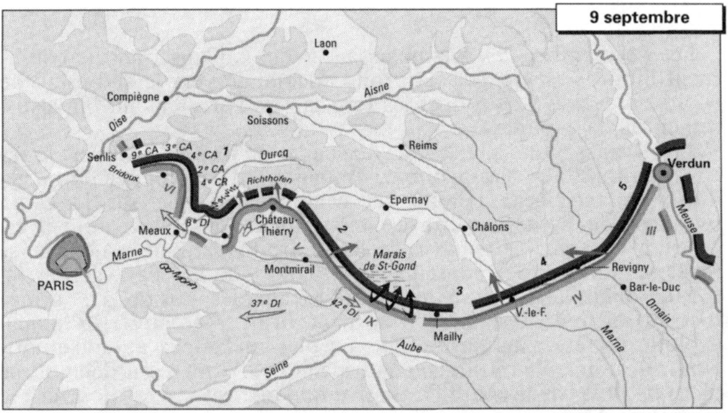
9 septembre
Laon
Compiègne
Aisne
Oise
Soissons
Reims
Senlis
9e CA
3e CA
4e CA
1
2e CA
4e CR
Bridoux
VI
Ourcq
Richthofen
Epernay
Verdun
5
Meaux
8e DI
A
Château-Thierry
Châlons
2
Meuse
III
Marne
V
Marais de St-Gond
4
Revigny
PARIS
Montmirail
Ourcq
3
Bar-le-Duc
37e DI
42e DI
IX
V.-le-F.
IV
Ornain
Mailly
Marne
Aube
Seine

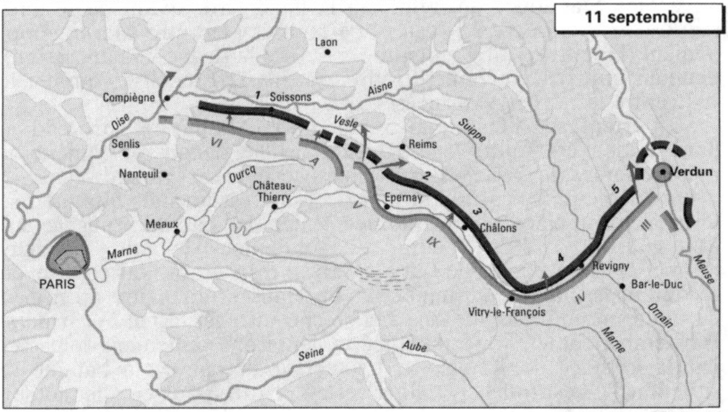
11 septembre
Laon
Compiègne
1
Soissons
Aisne
Oise
Vesle
Suippe
Senlis
VI
Reims
Nanteuil
A
Ourcq
Château-Thierry
2
Verdun
5
Epernay
V
3
Châlons
III
Meaux
IX
Marne
4
Revigny
Meuse
PARIS
Bar-le-Duc
IV
Vitry-le-François
Ornain
Marne
Seine
Aube

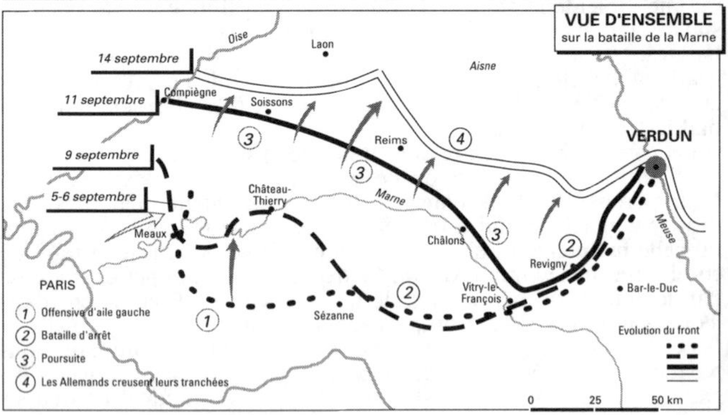
VUE D'ENSEMBLE
sur la bataille de la Marne
Oise
Laon
14 septembre
Aisne
11 septembre
Compiègne
Soissons
3
Reims
4
VERDUN
9 septembre
3
5-6 septembre
Château-Thierry
Marne
Meaux
Châlons
3
Meuse
2
Revigny
PARIS
2
Vitry-le-François
Bar-le-Duc
1
Sézanne
1 Offensive d'aile gauche
2 Bataille d'arrêt
3 Poursuite
4 Les Allemands creusent leurs tranchées
Evolution du front
0
25
50 km

l'enveloppement de von Kluck ; mais, en attirant sur l'Ourcq la totalité de la 1re armée, Maunoury obtient une autre forme de succès : entre la gauche de von Kluck et von Bülow, une brèche de 30 km où s'engouffre French, tandis que la gauche de Franchet repousse la droite de la 2e armée. Le soir, les Anglais et la Ve armée atteignent le Petit Morin. C'est à Foch qu'il incombe de tenir coûte que coûte. Franchet dépêche le 10e C.A. Desforges sur sa gauche et de Langle l'épaulera sur sa droite en prolongeant sa gauche jusqu'à Mailly.

Le 9 septembre, les Anglais franchissent la Marne ; la cavalerie Marwitz recule, mais la droite de von Kluck, renforcée par les 3e et 9e C.A., fait plier la gauche de Maunoury, menacée d'être tournée malgré le soutien de la cavalerie Bridoux et de la 8e D.I. de Lartigue remontée en hâte du Sud de la Marne. Au moment où Maunoury envisage un repli sur le camp retranché de Paris, la cavalerie Conneau (appuyant la droite anglaise) dépasse Château-Thierry, entraînant la gauche de Franchet qui, à son tour, enfonce la droite de la 2e armée. Le coup est fatal : von Bülow annonce sa retraite. Le front allemand est irrémédiablement crevé à l'Ouest : entre von Bülow et von Kluck, qui continue d'exploiter la position favorable de sa droite, la brèche est béante (45 km). Conscient d'un isolement qu'il n'a cessé d'aggraver, von Kluck arrête le combat et se replie en direction de l'Aisne. Au centre, von Hausen a beau faire céder la droite de Foch (qui transfère la 42e D.I. Grossetti de l'Ouest à l'Est de son front), le repli de von Bülow le contraint à reculer dans la soirée.

Le 10 septembre, la 4e puis la 5e armée sont, à leur tour, entraînées dans le repli de la 3e. La gauche des armées alliées progresse dans la poursuite et Foch reprend Fère-Champenoise. Le 11 septembre, l'offensive est menée dans la direction nord-nord-est (pivot : Verdun). L'objectif est de gagner le maximum de terrain. La Ve armée venant de parcourir près de 700 km en 26 jours, son infanterie épuisée ne peut réaliser la poursuite vigoureuse que souhaite Joffre. Le 14 septembre, les Allemands ont déjà creusé des tranchées sur tout le front, des Hauts de Meuse à l'Oise.

La témérité d'un von Kluck orgueilleux (et habile !), l'art d'un Gallieni qui ose, l'autorité d'un Joffre résolument offensif, la pugnacité des chefs, la valeur des hommes, tout cela explique le « miracle de la Marne » qui s'articule en trois parties : (1) la manœuvre offensive d'aile gauche (VI, A, V) du 5 au 9 septembre ; (2) la bataille d'arrêt au centre (IX) du 6 au 9 septembre et à l'est (IV, III) du 6 au 10 septembre ; (3) la poursuite sur tout le front du 10 au 14 septembre.

Verdun, à ce titre, est aussi célèbre et peut-être davantage que Lille, Strasbourg ou Belfort.

Le commandant en chef allemand Falkenhayn voulait à la fois frapper ce symbole — forcer ce verrou stratégique ou, pour le moins, « saigner à blanc » l'armée française en l'obligeant à jeter un maximum de forces pour le défendre — et enfin faire diversion à l'offensive que Joffre préparait sur la Somme pour le printemps 1916.

On connaît la bataille, cent fois racontée*. L'assaut allemand consiste, le 21 février, en neuf heures de préparation d'artillerie (de 7 heures à 16 heures), un déluge d'obus plus dense et dévastateur que jamais, suivi de l'attaque proprement dite par des fantassins bien préparés, pourvus de lance-flammes. En trois jours, du 21 au 24, ils avancent de plusieurs kilomètres dans les collines et les villages des Hauts de Meuse, sur la rive droite. Le 25, ils entreront au fort de Douaumont qui, dans le cadre d'une réorganisation en cours des défenses françaises, était sans garnison. Cette avance avait été cependant ralentie le plus qu'il était possible par les unités françaises au contact. Malgré les pertes qu'elles avaient subies lors du bombardement initial, malgré la désorganisation par le feu de toutes leurs liaisons, malgré l'absence non seulement de renforts mais même d'instructions, ces troupes surprises s'accrochèrent et appliquèrent spontanément la formule déjà classique, « se faire tuer sur place plutôt que de reculer ». On en peut retenir comme exemple les 1 300 chasseurs qui défendirent pendant deux jours le bois des Caures et y périrent tous, y compris leur chef, le colonel Driant, dans le civil député nationaliste de Nancy.

C'est le 26, au lendemain de la perte de Douaumont,

* Et rappelée dans l'annexe cartographie-chronologie militaire du présent ouvrage, p. 297.

que Joffre affecte Pétain au commandement du secteur de Verdun.

Pétain, dont la réputation de calme et de méthode était déjà établie, parvient à remettre de l'ordre sur le champ de bataille, et se consacre aussitôt à deux tâches urgentes. D'abord, renforcer en artillerie les positions de la rive gauche sur lesquelles n'avait pas porté l'attaque allemande du 21 (par chance, pourrait-on dire, ou par une erreur stratégique de Falkenhayn) ; ainsi ce sous-secteur pourra-t-il mieux tenir et même, déjà, contribuer à frapper les Allemands sur l'autre rive. Ensuite, aménager en hâte les communications de Verdun avec le Sud (vallée de la Meuse, route et voie ferrée, de Verdun à Bar-le-Duc) par où pourront s'évacuer les blessés, venir les munitions, le ravitaillement, les renforts, s'effectuer la noria des relèves. Les relèves furent bien organisées et sur une grande échelle ; presque toutes les unités françaises finirent par passer par Verdun, et cela contribuera beaucoup à la place que tient la célèbre bataille dans le commun souvenir. Ce cordon ombilical sans lequel la longue bataille n'aurait pas été gagnée, restera dans l'histoire sous le nom de « voie sacrée ». Bien entendu, il y tombait des obus allemands. La « voie sacrée », en état d'intense trafic, devait être constamment entretenue et réparée, par des corvées de soldats à peine moins exposés que ceux des premières lignes. On y passait pour aller mourir, mais on mourait aussi pour la maintenir viable.

A partir du 26 février, l'avance allemande sur la rive droite est ralentie. Le 6 mars, lorsque Falkenhayn élargit son front d'attaque à la rive gauche, il y trouve une résistance renforcée ; il progresse mais ne parvient pas à dépasser les hauteurs résolument tenues, dont le Mort Homme et la cote 304 sont les plus fameuses.

Dès lors, assauts allemands et résistances françaises s'équilibrent à peu près, et les positions sur le terrain ne varient plus beaucoup, sans que la fureur des combats ni les pertes humaines se ralentissent. Le 2 avril une offensive générale aussi ample que les deux précédentes est enrayée en quelques jours, ce qui permet à Pétain de publier le 9 un ordre du jour presque optimiste, dont une phrase est passée en légende : « Courage, on les aura ! » Il faudra encore des mois.

La pression allemande se concentre sur des points de résistance maintenant bien garnis d'artillerie et qu'il faut enlever un à un. A l'extrémité Ouest du front, le fort de Vaux subit ainsi — bataille à l'intérieur de la bataille —, un véritable siège, du 2 avril au 7 juin. Ce jour-là, complètement cerné, ses structures extérieures démantelées par les obus, coupé de tout renfort et de tout ravitaillement, la quasi-totalité de sa garnison blessée, râlant sans soins, et faute d'eau mourant littéralement de soif, les structures souterraines finalement forcées, le fort se rend.

Après ce succès, Falkenhayn prépare encore deux autres attaques, toujours sur la rive droite, pour en finir et déboucher enfin sur Verdun. Le 23 juin et le 11 juillet, ce sont des assauts aussi rudes que les précédents, et qui, comme les précédents gagnent encore un peu de terrain. Au fort de Souville (au Sud de Fleury), on est en vue de Verdun, à 5 km de distance. Mais le fort de Souville tient, et le 12 juillet l'offensive allemande s'arrête.

La bataille de Verdun est virtuellement gagnée.

On s'y battra encore beaucoup pourtant. Mais désormais c'est plutôt le commandement français qui aura l'initiative.

Juillet, août, septembre, se passent en batailles sans grands résultats. Mais le 24 octobre, une offensive soigneusement préparée (général Mangin) récupérera Douaumont et forcera l'Allemand à évacuer le fort de Vaux. En 1917, le terrain perdu sur la rive gauche sera regagné à son tour.

Verdun est à bon droit le haut lieu le plus célèbre de la Grande Guerre sur le front français. L'Allemand n'a pas réussi à « percer » ; il n'a pas réussi à dissuader Joffre d'attaquer sur la Somme ; il n'a pas réussi non plus à affaiblir l'armée française, du moins relativement, puisqu'il y a au moins autant affaibli la sienne (environ 50 000 morts, avant même la fin de septembre, de part et d'autre). Échec pour Falkenhayn, d'ailleurs bientôt remplacé par Ludendorff ; victoire pour Pétain, pour Joffre et pour le camp français en général ; et enfin, tournant de la guerre. Mais tout n'est pas dit. Verdun est encore par excellence le haut lieu de l'énergie, du stoïcisme et de la douleur.

On le voit dans l'ossuaire de Douaumont, qui dit l'étendue des pertes par son seul gigantisme. On le voit dans les musées édifiés depuis, sobres, précis, réalistes dont le message est plus pacifiste peut-être que leurs créateurs officiels ne l'eussent voulu (faut-il tenir pour exemplaire le patriotisme qui a permis de traverser « ça » ? ou faut-il retenir, comme leçon unique, « plus jamais ça ! » ?).

On le voit aussi dans le paysage où sur des kilomètres, tant de débris de projectiles se sont incorporés au sol que la terre même en est dénaturée, que le champ n'est plus cultivable, et que la forêt peine et tarde à se reconstituer, comme l'herbe après le cheval d'Attila — qui ne croyait pas si bien dire...

On le voit enfin à la poignante littérature des récits des survivants, les Maurice Genevoix, les Jacques Meyer, les André Pézard, et tant d'autres. L'horreur du projectile qui tue ou qui mutile, du gaz qui empoisonne ou brûle les muqueuses, le martyre des blessés qui doivent attendre parfois des heures couchés n'importe où, pansés à la hâte, cahotés sur les brancards puis sur les camions avant de pouvoir accéder aux soulagements et aux soins, tout cela n'est qu'une partie de la douleur, celle à laquelle on pense immédiatement. On oublie trop souvent les autres : les intempéries ; le mélange pervers de l'obus qui rase et pulvérise le sol avec l'eau de pluie qui ruisselle, unis pour fabriquer de ces mares de boue dont on s'imbibe et où parfois l'on peut s'enliser. Le manque de sommeil lorsqu'il faut, sous la pression des besoins, tenir son créneau, ou partir en patrouille, ou partir en corvée, en tâches imprévisibles, puisqu'il faut sans cesse remplacer les morts, ne dérobant pour somnoler que de rares instants de répit. La faim, quand le ravitaillement est interrompu. Et la soif, pire encore, avec la tentation ou la nécessité même de boire n'importe quelle eau accessible, serait-ce celle qui a ruisselé vers un trou d'obus après être passée au voisinage de cadavres en putréfaction... La bataille pouvait ainsi faire vivre des heures dans des cloaques où le danger de la pestilence s'ajoutait à celui de l'explosion. Des hommes y sont devenus fous. D'autres ont eu la force de survivre, et quelques-uns d'écrire pour raconter. Ils portent tous le même témoignage : d'avoir atteint un sommet inimaginable de la souffrance humaine.

Les héros-martyrs de 1916, devenus témoins-narrateurs dans les années vingt, ne pouvaient pas prévoir que la bataille aurait encore, en 1940, une autre façon d'accéder à l'histoire : l'arrivée au pouvoir du soldat auréolé du titre officieux de « vainqueur de Verdun ».

Philippe Pétain était né en 1856 à Cauchy-à-la-Tour (Pas-de-Calais), sorti de la France rurale, paysanne plutôt que bourgeoise. Une famille d'exploitants agricoles, de tradition catholique, avec de nombreux enfants, et un grand-oncle ecclésiastique qui encourage les études du plus doué des garçons. Philippe passe ainsi par les collèges religieux de Saint-Omer puis d'Arcueil et entre à Saint-Cyr en 1876, dans un rang médiocre. Ses qualités intellectuelles s'affirment plus tard, lors de son passage à l'École de guerre. Il y sera lui-même professeur de 1901 à 1907, avant et après des postes divers dans des garnisons métropolitaines. Il passe alors pour sérieux et froid, plutôt que brillant, et d'autre part catholique et antidreyfusard, ce qui est banal. En 1914, il n'est encore que colonel. On connaît cependant de lui une thèse originale, résumée par l'aphorisme célèbre : « Le feu tue » ; en d'autres termes : on ne lance pas des troupes à l'assaut sans avoir neutralisé le feu ennemi ; le combat moderne doit prendre en compte l'efficacité des mitrailleuses et privilégier les préparatifs méthodiques plutôt que l'élan. Méthode, prudence, souci du sort des hommes, méfiance contre l'offensive, ces principes ou ces tendances seront confirmés par la guerre et s'attacheront à son nom. En août 1914, il passe enfin général de brigade et des succès défensifs divers en 1915 et 1916 attirent suffisamment l'attention sur lui pour le porter à la responsabilité décisive de 1916. Pétain, donc, entre dans l'histoire à Verdun cette année-là.

Ajoutons que Verdun est une ville connue, un lieu bien précis et bien repérable (alors que les champs de bataille de la Marne sont modestes et dispersés).

Anticipons donc un instant encore : Verdun, la ville et le site, et tout le « secteur », seront par excellence le lieu des monuments, des ossuaires, des musées, le lieu des pèlerinages du souvenir, un champ de bataille dont la géographie sera aussi familière que celle de Valmy ou de Waterloo, bref un « lieu de mémoire* ».

Cette victoire qui nous paraît aujourd'hui majeure, sur le moment pouvait passer pour un coup stratégique nul, tout comme la bataille de la Somme, qui en avait été contemporaine.

Or la bataille de la Somme, en l'été 1916, avait été la grande affaire de Joffre, au moins autant que la

* Comme on dit depuis la parution de la série *Les Lieux de mémoire* (Gallimard) dirigée par Pierre Nora. *Cf.* précisément, dans la partie « La Nation », III, 1986, l'excellent « Verdun » d'Antoine Prost (pp. 111 et suiv.).

LA COURSE À LA MER ET LA BATAILLE DES FLANDRES (15 septembre - 15 novembre 1914)

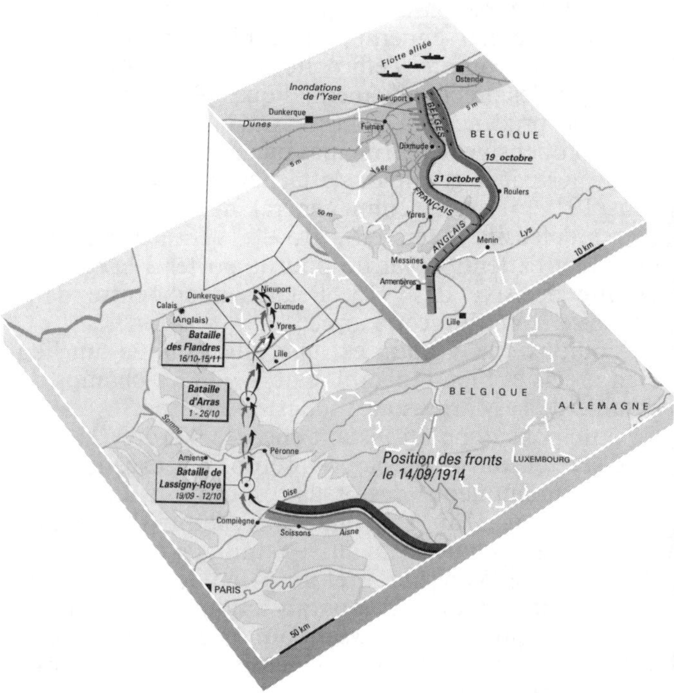

Une fois refermée la brèche ouverte par la bataille de la Marne, les deux états-majors sont persuadés que l'attaque de front est inutile. Joffre, comme von Falkenhayn (successeur de von Moltke), garde l'espoir de tourner l'aile adverse, qui ne cessera d'être renforcée par d'importants prélèvements sur les armées de l'Est et même du centre (les fortifications de campagne se révèlent efficaces). Joffre crée une X^e armée (Maud'huy) et les Anglais quitteront l'Aisne pour la Flandre. Allemands et Alliés vont chercher à se manœuvrer réciproquement dans une longue course-poursuite qui développera le front jusqu'à la mer du Nord.

Dans le massif de Lassigny-Roye s'engage une bataille qui connaît des alternatives d'avance et de recul jusqu'à ce que le combat se déplace dans la direction d'Arras, où la pression allemande se fait plus intense. La 77e D.I. Barbot sauve la ville.

Le 13 octobre, les Allemands occupent Lille. Le 15, la proximité de la mer et la présence de forces considérables interdisent désormais la manœuvre d'aile ; il ne reste plus qu'à percer le front adverse. Les Allemands annoncent un coup fatal. Nouvel objectif de von Falkenhayn : prendre les ports de Dunkerque et Calais (viser l'Angleterre) en longeant la mer.

Le 16 octobre, la 4e armée Würtemberg donne l'assaut sur l'Yser, où se sont regroupées les forces belges. La ligne est rompue dans la nuit du 21 au 22. La situation devenue dramatique, le roi Albert décide le 27 d'ouvrir les écluses de Nieuport. Hommes, chevaux et matériel s'enlisent. Canonnés de surcroît par 5 torpilleurs, les Allemands sont contraints de reculer. Von Falkenhayn porte alors l'effort plus au Sud, pour couper les Anglais de la nouvelle armée d'Urbal (VIIIe). Le choc est brutal, le 1er corps Haig est bousculé. Foch (nommé par Joffre coordonateur du Nord) doit convaincre French de prolonger son effort coûte que coûte et jette dans le combat tous les renforts que lui envoie le G.Q.G. Épaulés par les Français, les Anglais s'accrochent. Le 6 novembre, le saillant d'Ypres est sauvé.

Von Falkenhayn tente un dernier coup le 10 novembre. Malgré la résistance acharnée de la brigade Meyser et de l'amiral Ronarc'h, Dixmude tombe. Mais, devant l'échec de l'offensive von Hindenburg sur le front oriental (qui l'oblige à prélever des forces sur l'Ouest), von Falkenhayn renonce. Désormais un front continu d'environ 750 km s'étend des Flandres aux Vosges.

1915, 1916, 1917 : FRONT CONTINU

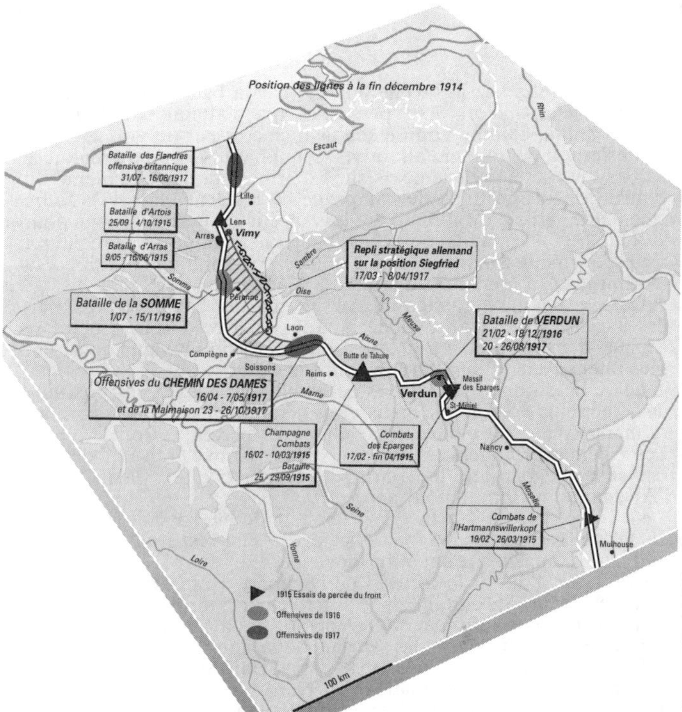

L'épuisement et les pertes ainsi que le manque de munitions et de matériel ont mis fin à la guerre de mouvement. Il reste à organiser un système défensif. De part et d'autre, on creuse des tranchées et on bétonne. Les Allemands vont utiliser deux armes nouvelles : le lance-flammes et les gaz. La guerre de siège durera un peu plus de 40 mois.

L'année 1915 est très meurtrière et pourtant à peu près stérile. Corps à corps, luttes âpres, quotidiennes, pas à pas pour protéger ou tenter de conquérir des positions. Délogés du sommet enneigé de l'Hartmannswillerkopf (Vosges) le 19 février, les Français le reprennent le 26 mars, après de rudes combats au cours desquels il change plusieurs fois de main (les Allemands le reprendront définitivement en janvier 1916, les Français demeurant sur les pentes). Deux mois et demi d'assauts (et de contre-attaques allemandes) pour se rendre maître du massif des Éparges (Hauts de Meuse), attaqué à la mine dès le 17 février. Près d'un mois de combats en Champagne pour reprendre 2 à 3 km en profondeur sur un front de 7 km. Cinq semaines de luttes au Nord d'Arras pour gagner 2 à 4 km en profondeur sur 10 km de front. La première tentative importante de percée a lieu le 25 septembre en Artois (A et X) et en Champagne (II et IV). Des moyens accrus en hommes et en artillerie sont mis en œuvre. En Champagne, la première position allemande est enlevée dès le premier jour, la seconde est abordée. Le 26, celle-ci est en passe d'être crevée au moment où von Falkenhayn amène des renforts prélevés sur le front russe. La résistance allemande referme définitivement la porte. Quelques positions ont cependant été acquises (Tahure).

La place de Verdun pratiquement dégagée, en 1917 les Alliés vont conquérir successivement les crêtes, où sont installés les Allemands, et refouler ceux-ci au bord des plaines. Du 17 au 21 mars, von Hindenburg (successeur de von Falkenhayn) a exécuté une retraite vers un front défensif « imprenable » (série de zones fortifiées) : ligne Vimy-sud-ouest de Cambrai-Saint-Quentin-Craonne. Le 9 avril, la division canadienne Currie (corps Byng) enlève la crête de Vimy. Entre le 17 et le 30 avril, l'armée Anthoine conquiert le massif de Moronvilliers (Champagne). Du 31 juillet au 16 août, Français et Anglais enlèvent une partie de la ligne allemande dans les Flandres (ceinture des collines d'Ypres). Le 26 août, après les victoires du Mort-Homme et de la cote 304, les dernières hauteurs de Verdun sont dégagées. Après l'échec d'avril, le Chemin des Dames est conquis en octobre (victoire de la Malmaison).

défense de Verdun. Et la Somme en 1916, comme les batailles analogues de 1915 en Artois et en Champagne, avait été fort onéreuse en vies humaines et de faible résultat sur le terrain. En outre, comme il était le chef suprême, on pouvait aussi imputer à Joffre les retards de travaux et de prévisions qui avaient coûté cher au début de la bataille de Verdun. Tout cela s'accumulait aux dépens de la réputation du vainqueur de la Marne. En décembre 1916, le ministère le pousse à la démission en le nommant à une fonction moins directement active : conseiller technique du gouvernement. Le général Nivelle le remplace, mais Joffre reçoit aussitôt la plus prestigieuse des compensations : le bâton de maréchal de France, rétabli pour lui par la République.

Le maréchalat, mot et dignité (ce n'est pas un grade à proprement parler) fleure l'Ancien Régime, la Révolution l'avait ignoré, Napoléon l'avait fait sien et illustré comme on sait (Ney, Davout, Masséna...) ; les monarchies suivantes avaient continué, mais la République de 1870 avait à nouveau refusé d'en créer ; un bâton de maréchal, disait-on, il faudrait aller le gagner « sur le Rhin... ». C'était chose presque faite. Ce bâton-là reprenait donc place dans notre histoire. Joffre devait encore être honoré en 1918 d'une élection évidemment triomphale à l'Académie française, et c'est depuis ce temps qu'une élection facile serait dite précisément « une élection de maréchal »... Plus sérieusement, dès le début de 1917, le maréchal Joffre partait pour les États-Unis à la tête d'une mission française, où il servirait utilement.

C'est de l'extérieur en effet que devaient surgir les faits nouveaux et décisifs, avec l'extraordinaire et inquiétante année 1917.

Elle commença pourtant par un événement favorable à la France et à ses alliés : l'entrée en guerre des États-Unis. On retrouve ici la morale internationale puisque, de même que l'Angleterre avait été appelée au combat par la violation de la neutralité belge, la République américaine s'engageait pour défendre la liberté des mers compromise par les attaques des sous-marins allemands contre les transports neutres. Le torpillage du *Lusitania* le 7 mai 1915 avait été le plus célèbre, et celui qui commença à provoquer le basculement de l'opinion américaine. S'ensuivront entre Allemagne et États-Unis la rupture des relations diplomatiques, et la guerre enfin, début avril 1917. L'aide américaine sera lente à venir (le pays ne possède pas encore une grande organisation militaire), mais elle représente un potentiel immense, inépuisable, auquel s'ajoute un renfort de bonne conscience. Pour défendre le droit, voici que se renoue l'union fraternelle des pays issus de révolutions démocratiques : « La Fayette, nous voici ! » aurait dit le général Pershing, commandant du corps expéditionnaire en débarquant en France.

Quant à l'allié oriental, l'empire russe, il est précisément en proie lui aussi à une révolution. Depuis février, la monarchie est renversée à Petrograd. La France doit-elle regretter la perte, en la personne de Nicolas II, de son grand partenaire de 1914 ? Ou bien se féliciter de ce que ses successeurs républicains (Lvov, puis Kerenski) qui parlent de continuer la guerre, présentent en plus l'avantage d'être politiquement des amis plus avouables ? Paris leur envoie des émissaires, parfois socialistes, pour les renforcer dans ces bonnes intentions. Toutefois, il apparaît assez vite que la révolution russe s'est faite au moins autant pour la paix que pour la liberté et que ni les bolcheviks, qui constituent à Petrograd une force appréciable, ni les masses de paysans russes mobilisés ne sont disposés à se battre pour aider « l'impérialisme français » à gagner son duel contre « l'impérialisme allemand ». Il apparaît aussi bientôt que l'armée russe ne se bat plus, et que la Russie risque de sortir de la guerre, défection

VERDUN

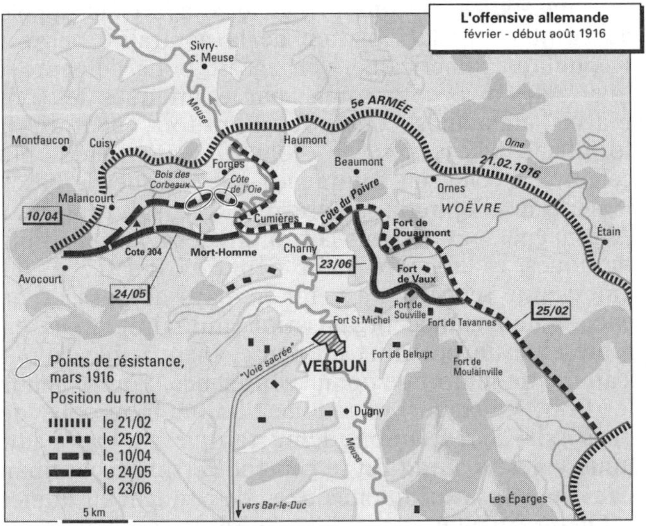

L'offensive allemande
février - début août 1916
Sivry-s. Meuse
Meuse
5e ARMÉE
Montfaucon
Cuisy
Haumont
Orne
21.02.1916
Forges
Beaumont
Bois des Corbeaux
Côte de l'Oie
Ornes
Côte du Poivre
WOËVRE
Malancourt
10/04
Cumières
Fort de Douaumont
Étain
Cote 304
Mort-Homme
Charny
23/06
Avocourt
Fort de Vaux
24/05
Fort de Souville
25/02
Fort St Michel
Fort de Tavannes
Fort de Belrupt
Fort de Moulainville
"Voie sacrée"
VERDUN
Points de résistance, mars 1916
Position du front
le 21/02
le 25/02
le 10/04
le 24/05
le 23/06
Dugny
Meuse
Les Éparges
5 km
vers Bar-le-Duc

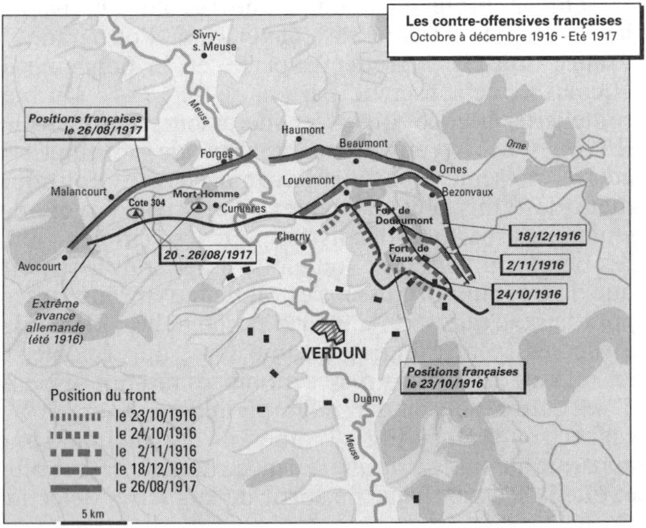

Les contre-offensives françaises
Octobre à décembre 1916 - Eté 1917
Sivry-s. Meuse
Meuse
Positions françaises le 26/08/1917
Haumont
Beaumont
Orne
Forges
Ornes
Louvemont
Malancourt
Bezonvaux
Cote 304
Mort-Homme
Cumières
Fort de Douaumont
18/12/1916
Charny
Fort de Vaux
2/11/1916
Avocourt
20 - 26/08/1917
24/10/1916
Extrême avance allemande (été 1916)
VERDUN
Positions françaises le 23/10/1916
Position du front
le 23/10/1916
le 24/10/1916
le 2/11/1916
le 18/12/1916
le 26/08/1917
Dugny
Meuse
5 km

VERDUN ET LA SOMME

Alors que Joffre prépare pour l'été une grande offensive sur la Somme, von Falkenhayn a décidé de donner au plus vite sur Verdun le coup de boutoir qui doit liquider les forces françaises. Le 21 février, l'infanterie progresse à travers les positions françaises écrasées par une gigantesque opération d'artillerie lourde. Sur la rive droite de la Meuse, Haumont et le bois des Caures tombent le lendemain ; le 25, les Allemands sont arrêtés à la Côte du Poivre, mais Louvemont est pris et le 24ᵉ Brandebourgeois occupe, sans combat, le fort de Douaumont (le 22 mai, la division Mangin le reprendra en 11 minutes, avant d'en être délogée le 24). L'attaque déclenchée le 6 mars par les Allemands sur la rive gauche leur assure, malgré une résistance acharnée, la Côte de l'Oie et le bois des Corbeaux. Le bois de Malancourt tombe le 20. Le 9 avril, l'offensive générale sur les deux rives ne permet aux Allemands qu'une progression limitée. Sur la rive gauche, ils prennent pied sur la cote 304 le 7 mai et sur le Mort-Homme le 20. Le 7 juin, après une lutte de 7 jours, pas à pas, à l'intérieur du fort de Vaux (au Sud-Est de Douaumont), le commandant Raynal se rend. Sur la rive droite, l'attaque du 23 juin assure aux Allemands le village de Fleury ; mais ils échouent le 11 juillet devant le fort de Souville et sont bloqués par les groupements Mangin et Baret le 6 août.

Malgré (et pour) Verdun, Joffre maintient au 1ᵉʳ juillet l'offensive anglo-française Haig-Foch au Nord et au Sud de la Somme. La rupture est réalisée au Sud, mais les marécages en gênent l'exploitation. Commence alors une bataille d'usure, qui finit par permettre une nouvelle avance, surtout au Nord de la Somme, entre le 10 septembre et le 10 octobre. La prise de Combles en est un des principaux succès et la première utilisation de chars (« Mark I ») contribue à la victoire de Thiepval (26-27 septembre). Le mauvais temps, la boue et l'épuisement n'autorisent ensuite qu'une faible progression et les pertes sont lourdes. L'opération est suspendue le 15 novembre.

Durant 5 jours, écrasante préparation d'artillerie en vue de la reprise des forts de Vaux et Douaumont. Le 24 octobre à 11 h 40, entraînées par un barrage roulant d'artillerie, les 6 divisions de Mangin partent à l'assaut dans un épais brouillard, à une cadence soutenue de 25 m par minute. Les bataillons Nicolaï et Molle et le 321ᵉ R.I. Picard enlèvent Douaumont au milieu de l'après-midi. A droite, la 74ᵉ D.I. de Lardemelle perd son barrage : le fort de Vaux ne sera pas atteint ; encerclé, il sera évacué par les Allemands le 2 novembre. Le 18 décembre, les positions sont élargies par le succès de Louvemont-Bezonvaux. A Verdun, l'échec allemand se transforme en une victoire française, qui sera complète en 1917, après les reprises du Mort-Homme (20 août) et de la cote 304 (24 août).

LA SOMME

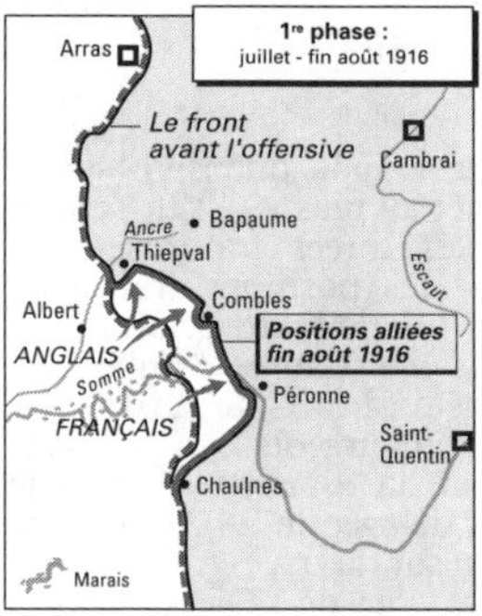
1re phase :
juillet - fin août 1916
Arras
Le front
avant l'offensive
Cambrai
Ancre
Bapaume
Thiepval
Escaut
Albert
Combles
Positions alliées
fin août 1916
ANGLAIS
Somme
FRANÇAIS
Péronne
Saint-
Quentin
Chaulnes
Marais

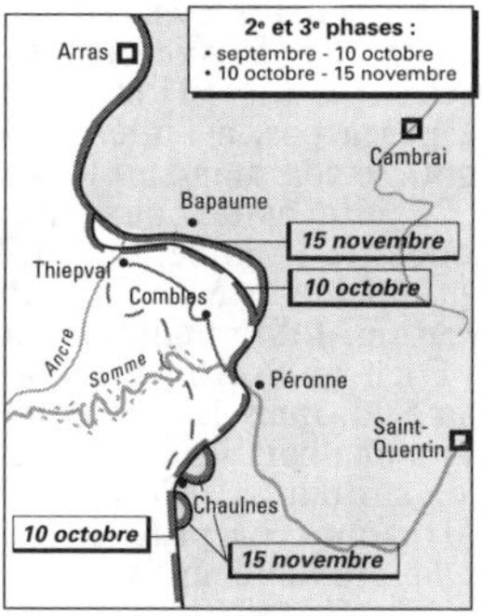
2e et 3e phases :
• septembre - 10 octobre
• 10 octobre - 15 novembre
Arras
Cambrai
Bapaume
15 novembre
Thiepval
10 octobre
Combles
Ancre
Somme
Péronne
Saint-
Quentin
Chaulnes
10 octobre
15 novembre

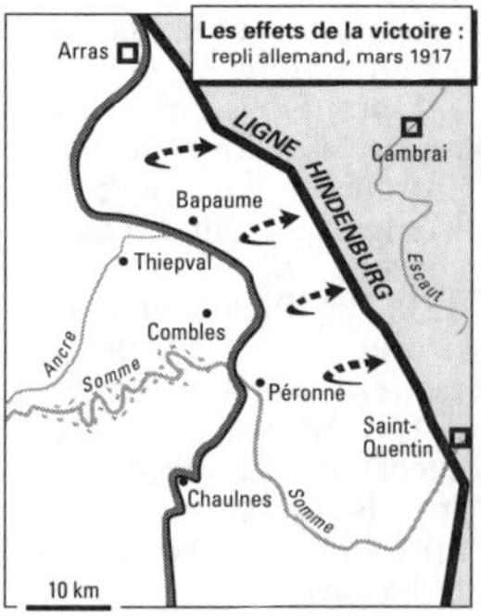
Les effets de la victoire :
repli allemand, mars 1917
Arras
LIGNE HINDENBURG
Cambrai
Bapaume
Thiepval
Escaut
Combles
Ancre
Somme
Péronne
Saint-
Quentin
Chaulnes
Somme
10 km

L'OFFENSIVE DE 1917

Déchirer le centre de l'« inébranlable » front allemand : stratégiquement remarquable, le choix de Nivelle est audacieux. Seule une progression rapide peut assurer le succès ; or, la zone du Chemin des Dames se prête plutôt à la défensive. Les divisions de von Boehn ont truffé d'artillerie les centaines de « creutes » (grottes, en laonnois), difficilement repérables par l'aviation, utilisées aussi comme abris et dépôts.

14 et 15 avril. Le mauvais temps rend imprécise une préparation d'artillerie massive (5 000 pièces), qui ôte aussi tout caractère de surprise à l'attaque.

16 avril, 6 heures. A droite, la Ve armée Mazel. Tandis que l'artillerie allonge le tir sur la crête, les hommes débouchent des tranchées, aussitôt pris sous le feu des mitrailleuses de von Below. Bombardés, 128 chars Schneider ne réussissent pas à entraîner une infanterie épuisée ; 80 sont perdus. A gauche, la VIe armée Mangin part à l'assaut du Chemin des Dames. L'artillerie de von Boehn n'autorise aucune progression significative. Le bois de la Bovette est enlevé par le 6e C.A. de Mitry, mais, du côté d'Hurtebise, le plateau est à peine abordé par le 2e C.A.C. Blondlat, décimé comme la 10e division Marchand et le 1er C.A.C. Berdoulat à l'extrême gauche. Les pertes sont sévères et la percée échoue.

17 avril. Nivelle élargit la bataille à la Champagne. La IVe armée Anthoine enlève Aubérive (le 19) et, sur le massif de Moronvilliers, le Têton (le 19) et le Casque (le 20). Ayant maintenant pour tâche de fixer l'ennemi en se consolidant, Mangin réduit à peine le saillant de Vailly par la prise du fort de Condé et de quelques pentes du plateau de Laffaux. Le 11e C.A. Maud'huy et le 20e C.A. Mazillier se butent de nouveau à la muraille du Chemin des Dames. Mazel

L'OFFENSIVE DE 1917

LE CHEMIN DES DAMES

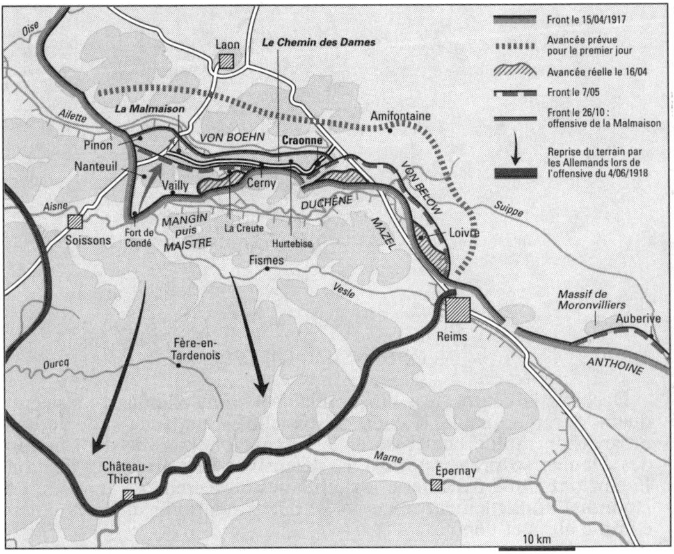

UNE PERCÉE RÉUSSIE : LA MALMAISON

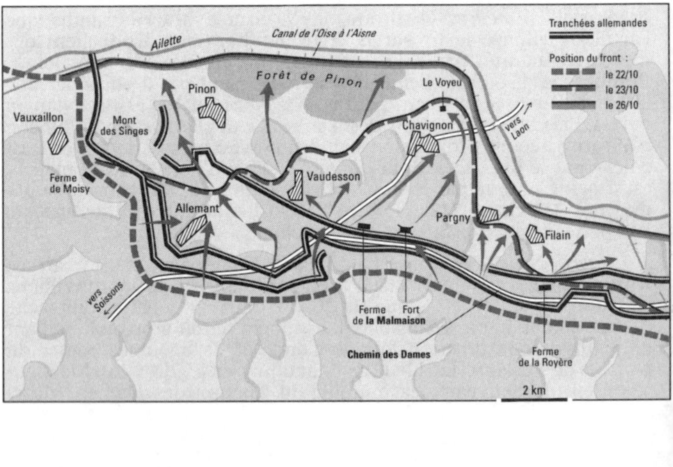

doit forcer la décision vers le Nord-Est, mais les rafales de neige et de pluie gênent la progression de ses hommes. Au moment où le 5e C.A. Boissoudy s'empare de la Musette et de La Ville-aux-Bois, le 1er C.A. Muteau échoue devant Craonne et le 32e C.A. Passaga devant le mont Sapigneul.

21 avril. Le terrain conquis, non négligeable, est loin de l'objectif fixé et hors de proportion avec le coût humain. L'opération est suspendue.

Début mai, reprise des attaques d'usure par la VIe armée Maistre et la Xe armée Duchêne. Le 4, la D.I. Paquette s'empare de Craonne. Le 5, appuyée par quelques chars, la division de cuirassiers à pied Brécard enlève le moulin de Laffaux à l'ouest. La crête est abordée entre la ferme Froidmont et la Creute, et les Allemands abandonnent le plateau, de l'Ouest de Cerny à Craonne.

Le dessein de Pétain : reconstituer le moral de ses hommes dans la zone principale des mutineries et régler la question du Chemin des Dames. Psychologique autant que tactique, l'opération « à objectif limité » de la Malmaison est méticuleusement réglée. L'artillerie divisionnaire est triplée. Les bataillons se relèveront sur chaque objectif intermédiaire : la fraîcheur constante des unités permettra de maintenir la pression. Chaque bataillon d'attaque sera précédé de deux groupes d'artillerie. Des chars Schneider et Saint-Chamond sont engagés.

17-22 octobre. Une formidable préparation d'artillerie bouleverse le terrain.

23 octobre. A 5 h 15, sur un front de 12 km, la VIe armée Maistre part à l'assaut du bastion que forme le quadrilatère Allemant-Vaudesson-Chavignon-Fort de la Malmaison. A 6 heures, le Fort de la Malmaison est enlevé par le bataillon Henri Giraud (4e Zouaves, 11e C.A. Maud'huy). A 8 h, Allemant est conquis par le 30e R.I. (14e C.A. Marjoulet parti en équerre). A 9 h 15, le 21e bataillon de chasseurs (21e C.A. Degoutte) s'empare de Vaudesson. A 14 heures, Chavignon est enlevé par le 1er bataillon de chasseurs. A 15 heures, la 38e D.I. Guyot de Salins atteint le Voyeu-Chavignon.

24 octobre. La 129e D.I. parvient au mont des Singes.

25 octobre. La 66e division de chasseurs alpins Brissaud-Desmaillet arrive à Pargny. Après avoir enlevé Pinon et nettoyé la forêt de Pinon, la 27e D.I. est sur le canal de l'Oise à l'Aisne, avec la 129e D.I.

26 octobre. Le 39e C.A. Deligny achève la difficile conquête sur la droite.

Tout le Chemin des Dames est conquis. La victoire est éclatante : 12 000 prisonniers, un butin de 750 mitrailleuses et 200 canons, des pertes humaines inférieures à 8 %. Seule ombre au tableau : sur 63 chars Saint-Chamond, seulement 20 ont pu jouer un rôle efficace.

qui, *dans l'immédiat*, annulerait et au-delà l'effet du renfort attendu d'Amérique.

Bref, entre la sortie de guerre des Russes et l'arrivée effective des Américains, en face de la force allemande désormais concentrée sur un seul front, l'année 1917 s'annonce difficile.

Deux stratégies s'offrent : tenir et attendre (« j'attends, dira plus tard Pétain, les Américains et les chars* »), ou bien attaquer pour arracher aux Allemands un succès décisif avant qu'ils aient pu tirer tout le parti possible de l'effacement russe. Le commandant en chef Nivelle opte pour cette seconde stratégie. Il croit qu'une préparation d'artillerie assez intense permettra la percée tout en se refusant à prendre en compte le renforcement de la défense allemande, procuré par son repli partiel sur une ligne un peu plus courte (la ligne Hindenburg). Le 9 avril 1917, les Anglais en Artois, et le 16, les Français en Champagne se lancent à l'assaut. C'est l'échec. Les Allemands tiennent, l'infanterie française bute sur leur défense, et parfois essuie les feux, mal coordonnés, de sa propre artillerie. Dès le 19, il faut arrêter l'offensive.

Stratégiquement, le coup est nul. En ressources humaines, il se traduit par de lourdes pertes ; en ressources morales, il équivaut à un désastre.

En mai, on voit quelques régiments manifester pour refuser de monter en ligne. Désavoué, Nivelle, après moins de six mois de commandement, est révoqué. Tout naturellement Pétain le remplace à la tête de l'armée française.

Ces mutineries de 1917 sont restées longtemps un sujet tabou pour l'idéologie dominante et pour l'histoire conventionnelle qui lui est associée. Comment avouer que la France patriote, la France de l'« Union

---

* Les chars d'assaut sont déjà inventés — on l'a dit — mais pas encore fabriqués en grand nombre.

sacrée » et de la guerre du droit avait vu ses soldats désobéir sous l'uniforme et se dérober à la bataille ? En termes de mythologie héroïque, la chose est impensable.

Le mouvement, à l'inverse, fut exalté sans mesure par une histoire anticonformiste qui voulait que la France fût, elle aussi, capable de faire sa révolution de 1917. Avec ces « échos de la révolution russe », avec cette rupture du sacré national et militaire, avec, aussi, une poussée de lutte des classes à l'arrière, la France ne tenait-elle pas son bolchevisme potentiel ?

Le fait est qu'il y avait une sensibilité pacifiste et protestataire jusque sur le front, un folklore souterrain opposé au folklore tolérable, des textes tels que la *Chanson de Craonne** pour faire pendant à l'inoffensive *Madelon*.

On peut la lire, cette chanson de plainte et de révolte, d'auteur inconnu, de circulation clandestine et pourchassée, puisque son existence est avérée. A condition pourtant d'admettre que son audience était forcément très minoritaire, et surtout de constater que la révolte qui y est proclamée n'a pas mis sa menace à exécution...

« Quand au bout de huit jours le repos terminé
On va reprendre les tranchées
Notre place est si utile
Que sans nous on prend la pile.
Mais c'est bien fini, on en a assez
Et le cœur bien gros comm' dans un sanglot
On dit adieu aux civelots
Même sans tambour, même sans trompette
On s'en va là-haut en baissant la tête

* Auteur inconnu ; imprimée pour la première fois en 1919. Citée ici d'après Robert Brécy, *Florilège de la chanson révolutionnaire*, Paris, éd. Hier et Demain, 1978.

Refrain. *Adieu la vie, adieu l'amour*
Adieu toutes les femmes
C'est bien fini, c'est pour toujours
De cette guerre infâme
C'est à Craonne, sur le plateau,
Qu'on doit laisser sa peau
Car nous sommes tous condamnés
Nous sommes les sacrifiés. »

Suivent deux autres couplets, où la plainte glisse peu à peu à la protestation sociale contre les profiteurs et les embusqués, et enfin le refrain final :

« *Ceux qu'ont le pognon, ceux-là reviendront*
Car c'est pour eux qu'on crève
Mais c'est fini car les troufions
Vont tous se mettr' en grève
Ce sera votre tour messieurs les gros
De monter sur l'plateau
Car si vous voulez la guerre
Payez-la de votre peau. »

Qu'en était-il vraiment ? Les soldats ne pouvaient certes ignorer ni l'existence de graves événements à Petrograd, ni celle de tensions sociales à l'arrière (la vie était chère, et le contraste entre riches et pauvres n'était pas effacé) ; ni la lassitude accumulée depuis 1914, ni l'usure des enthousiasmes, ni les brèches dans les unanimités. A partir de 1916-1917, terrible hiver, les grèves se succèdent, notamment à Paris. On est frappé cependant de voir combien il y avait loin des mouvements de soldats mécontents au « défaitisme révolutionnaire ». Mutineries limitées à un nombre restreint d'unités. Pacifiques. Sans organisation ni lien avec quelque état-major social ou politique que ce soit. Sans défaitisme : pas un abandon sur le front, mais seulement des manifestations à l'arrière, sans effets militaires immédiats. Les soldats « mutinés » ne voulaient pas faire cesser la guerre en favorisant la défaite, ils demandaient que la guerre soit menée autrement. En citoyens habitués au débat, à la République, au syndicalisme, ils usaient de la manifestation pour se faire entendre d'un haut commandement trop prodigue de sang humain. Démocratie, et non pas nihilisme national.

De même que la tradition d'extrême gauche avait abusivement bolchevisé le sens des mutineries, elle a, dans la même logique, forgé la légende noire d'une répression de type versaillais. On a parlé de fusillés par milliers, de décimation, d'exécutions sans jugement... L'histoire recensera 3 427 condamnations, dont 554 à la peine de mort, dont 49 furent exécutées, ce qui en soi est beaucoup et signe d'une réalité grave, mais qui est aussi bien peu par rapport à cette légende, où l'on refuse de reconnaître ce que la République avait réussi en matière de cohésion nationale*.

Le général Pétain, donc, nouveau commandant en chef, doit assumer l'affaire. Comme il sera passionnément discuté pour son action de 1940-1945, ses ennemis pourront ajouter à son passif la répression des mutineries, et ses amis le louer de l'avoir faite aux moindres frais. Il est sûr, en tout cas, qu'il s'est attaqué aux causes du mécontentement des troupiers : l'attention au sort quotidien des soldats est redoublée (nourriture, permission), et les effusions de sang ralenties, puisque, au lieu de tenter de folles percées, l'on attendait l'arrivée des chars et des Américains.

Tout cela faisait pourtant de 1917 une année plus incertaine et plus trouble que les précédentes. Les grèves ouvrières, les mutineries (faits inouïs, si limités qu'ils fussent), la révolution en Russie, la durée du conflit et le nombre des victimes, ne pouvaient qu'ac-

* Guy Pedroncini, *Les Mutineries de 1917*, Paris, P.U.F., 1968 ; résumé dans *Les Mutineries de l'armée française*, coll. « Archives », Julliard, 1968.

LES OFFENSIVES ALLEMANDES (21 mars - 17 juillet 1918)

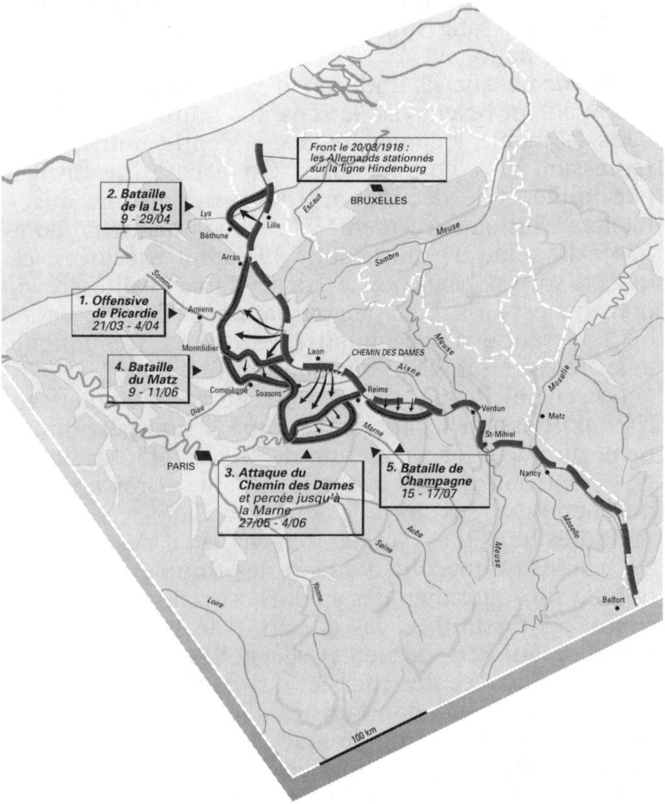

En 1918, la guerre de mouvement reprend. Alors qu'il souhaite en terminer par une seule attaque, Ludendorff sera contraint de donner successivement cinq coups de boutoir, avant de renoncer. Chaque fois, la même méthode : effet de surprise (concentration des moyens discrète et de nuit), et préparation d'artillerie massive, courte et le plus tard possible, avec utilisation d'obus à gaz pour neutraliser les défenseurs d'ouvrages. Le 21 mars, offensive *Michel* en Picardie. Dirigée vers l'Ouest, le Nord-Ouest (A) et le Sud-Ouest (F), elle vise à séparer les Anglais des Français. Sur un front de 70 km au Sud d'Arras, un millier d'avions appuient l'infanterie. Le 28 mars, Debeney (I) a bouché la brèche de 20 km entre Humbert (III) et Rawlinson (IV A), mais pour tenir, les Britanniques ont dû dégarnir la ligne des Monts (Flandres). Destinée à réduire les Anglais par le Nord, l'opération *Georgette* (9 avril) vise les ports de Dunkerque et Calais. La progression en est lente et les réserves françaises et anglaises ont le temps d'arriver. Le mont Kemmel sera le point extrême de l'avance allemande. L'attaque au centre vise à réduire les Français et, en aspirant les réserves françaises envoyées dans le secteur britannique, à affaiblir les Anglais avant d'aller les détruire. Le 27 mai, l'assaut est donné sur le Chemin des Dames et le 30, les Allemands atteignent la Marne qu'ils ne parviendront cependant pas à franchir. Ludendorff décide de réunir les deux poches de Montdidier et Château-Thierry. Le 9 juin, les Allemands enfoncent le centre de l'armée Humbert (III) dans la vallée du Matz et la poche s'élargit le lendemain. Le 11, Mangin lance 5 divisions et 163 chars : net coup d'arrêt. Dernier objectif, décisif : fixer les Français en Champagne, puis attaquer immédiatement les Anglais en Flandre. Le 15 juillet, l'offensive a lieu entre Château-Thierry et la montagne de Reims à l'Ouest, entre Reims et Tahure à l'Est. Les Allemands passent la Marne, mais à l'Est, le commandement français fait fonctionner son système de défense élastique. Le 16 juillet, les Allemands arrêtent les attaques entre Reims et Tahure et le 17, l'ordre de repli pour le 21 est donné aux unités aventurées au Sud de la Marne.

LA VICTOIRE DES ALLIÉS

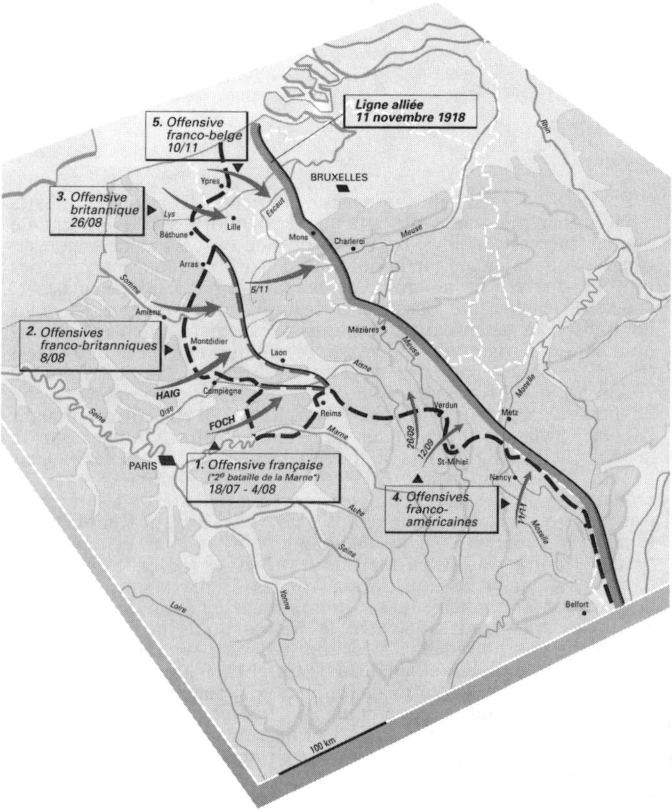

Les forces alliées (189 divisions) restent inférieures aux forces allemandes (195 divisions). Mais les Américains (troupes fraîches) sont en nombre suffisant et Foch entend exploiter la situation délicate des unités allemandes engagées dans la poche créée par leur avance des 4 juin et 17 juillet. En dissimulant la concentration dans les forêts de Compiègne et Villers-Cotterêts, Foch joue l'effet de surprise. Le 18 juillet, l'opération *Soissons* est menée de l'Ouest (entre l'Aisne et l'Ourcq) par Mangin (X) (14 D.I. françaises, 2 D.I. américaines, chars d'assaut, barrage roulant d'artillerie) et du Sud-Ouest (entre l'Ourcq et la Marne) par Degoutte (VI) (6 D.I. françaises et une D.I. américaine). Les 19 et 20 juillet entrent en action Berthelot (V) au Sud-Est, de Mitry (IX) au Sud. Le 21, les Allemands sont décollés de la Marne et le 23, la poche est réduite de moitié. Du 29 au 1er août, les Alliés rompent la ligne de résistance improvisée entre Soissons et Ville-en-Tardenois, et les Allemands se replient, entre le 2 et le 4 août. Cette deuxième victoire de la Marne renverse la situation.

Foch prescrit le 24 juillet des offensives successives de dégagement ; continue dans le temps, la bataille sera discontinue dans l'espace. Le 8 août, offensive Haig (Rawlinson-Debeney puis Humbert) sur la poche de Montdidier : 456 chars et 400 avions anglais, 90 chars Renault et 600 avions français. La bataille s'élargit au Nord et au Sud entre le 20 et le 26 août : à gauche de Rawlinson (IV A), Byng (III A) maintient la pression au centre, tandis que Horne (I A) manœuvre à l'aile gauche et Mangin (X) à l'aile droite. Ludendorff décide de replier le 3 septembre son centre sur la ligne Hindenburg et d'évacuer la poche de la Lys. Le 12 septembre, Pershing déclenche l'offensive de Saint-Mihiel : 416 000 Américains, 48 000 Français, 3 000 pièces d'artillerie, 270 chars Renault, 1 500 avions. La hernie est réduite en 3 jours, et les Américains ont perdu moins de 7 000 hommes.

La directive de Foch du 3 septembre étend la bataille de la mer du Nord à la Meuse ; objectif stratégique unique : Mézières. Le 26 septembre, offensive Gouraud-Pershing en Champagne et en Argonne. Le 27 septembre, entre Lens et La Fère, offensive franco-britannique ; le 13 octobre, la position Siegfried est dépassée. Le 28 septembre, offensive belgo-britannique ; Ypres est dégagé le 14 octobre et les Anglais entrent à Lille le 17.

Le 19 octobre, Foch lance le roi Albert sur Bruxelles, Haig et Debeney (I) sur Chimay et Givet, les autres armées françaises et Pershing sur Mézières et Sedan. L'armistice sera signé avant l'offensive franco-américaine que devait mener Castelnau en Lorraine.

centuer et enhardir l'opposition socialiste et syndicaliste à la guerre. Celle-ci, encore infime en 1914, a pris depuis 1916 la forme, dans le Parti socialiste S.F.I.O., d'une tendance minoritaire mais consciente, grandissante, qui possède même son organe de presse avec *Le Populaire du centre*. D'autre part, la prolongation d'une guerre à l'issue incertaine fait envisager l'idée de « paix blanche » dans certains milieux diplomatiques. Le pape Benoît XV s'y montre favorable, le nouvel empereur d'Autriche-Hongrie, Charles, successeur du vieux François-Joseph depuis 1916, et sa femme, l'impératrice Zita (née Bourbon-Parme, et dont deux des frères se battent dans l'armée belge, alliée de la France) envisagent que la diplomatie de Vienne prenne quelque distance par rapport à Berlin. Ces choses-là se murmurent, des émissaires circulent, des hommes politiques français sont approchés.

Dans cette atmosphère moins rigide, la vie politique officielle retrouve, à sa façon, si biaisée qu'elle soit, une certaine animation. En mars 1917, le gouvernement Briand a été renversé, remplacé par Ribot, qui tient jusqu'en septembre. Puis Painlevé lui succède, qui ne va pas au-delà de novembre, après avoir assumé, sous Ribot puis dans sa propre équipe, la charge du ministère de la Guerre.

C'est alors que le président Poincaré, qui reste résolu à mener la guerre jusqu'à la victoire, se résout à confier la mission de former le nouveau gouvernement à Georges Clemenceau. S'il ne l'aimait guère, il le savait du moins de même inspiration que lui. Comme son prédécesseur Painlevé, il cumulera la charge de président du Conseil avec celle de ministre de la Guerre. Mais Clemenceau au pouvoir, l'homme énergique de 1906 et surtout de 1908, constitue une sorte de provocation pour les socialistes, qui refusent de participer au nouveau gouvernement. Novembre 1917 marque donc la fin officielle de l'« Union sacrée » entre les partis, et le début d'une sorte de dictature de salut public.

Salut public, dictature, les mots historiques viennent tout seuls sous la plume quand on évoque Clemenceau, le « vieux jacobin », l'homme de la Révolution-qui-est-un-bloc, l'homme qui avait connu et admiré Blanqui dans sa jeunesse, l'homme qui vénérait le Victor Hugo des *Châtiments* et de *Quatre-vingt-treize*, l'homme qui, à soixante-seize ans, offrait l'image, hugolienne aussi, du grand vieillard toujours debout. En fait, ce vieux républicain n'était dictateur qu'en un sens approximatif et métaphorique. Il avait, à la Chambre, une majorité et rien ne se passait de contraire à la Constitution. Mais il utilisait à fond ses pouvoirs politiques, dans un sens précis : gagner la guerre, au lieu de l'interrompre avant la victoire, ce qui signifiait que l'on coupe court aux velléités d'approche d'une paix blanche, et pour cela que l'on assimile à de la trahison les contacts, même indirects, qu'impliquaient avec l'ennemi de tels projets.

Ainsi, fit-il engager des poursuites contre deux parlementaires radicaux, Caillaux et Malvy. C'est là qu'on frôle le plus, si l'on veut, le jacobinisme. Clemenceau envoyant Caillaux en Haute Cour, cela rappelle Robespierre envoyant Danton au Tribunal révolutionnaire. Avec au fond, le même motif : en guerre, il ne saurait exister deux diplomaties et deux attitudes face à l'ennemi. La différence tenait en ceci que Caillaux sauverait sa tête, parce qu'en 1917 la justice républicaine était indépendante du pouvoir politique. Autour de Caillaux, des personnages douteux étaient plus vulnérables, et il y eut effectivement quelques condamnations pour trahison, suivies d'exécutions. Le gouvernement réprime les grèves et — symbole grave — refuse à la délégation socialiste française des passeports pour aller à Stockholm participer à une nouvelle conférence de l'Internationale.

Plus proche cette fois de Carnot que de Robespierre,

Clemenceau allait volontiers sur le front porter aux soldats le témoignage direct de sa sollicitude et de ses encouragements. Il revêtait alors le casque, la capote, les brodequins, la tenue que fixera pour l'histoire sa statue des Champs-Élysées. Semblable enfin à la Convention tout entière, il tenait que la conduite de la guerre, en son sens le plus général, relevait de la responsabilité du gouvernement, du politique donc, et non de la compétence des spécialistes. Nous savons déjà son goût des formules à l'emporte-pièce. « La guerre est une chose trop sérieuse pour qu'on la laisse aux militaires... » En vérité, le modèle qui l'inspire ici, plus directement encore que Lazare Carnot, est le Gambetta de 1870, le ministre de la Délégation de Tours, qui à la fois insufflait le patriotisme, administrait le pays et organisait la stratégie. Ce Gambetta dont Clemenceau était le contemporain, dont il avait été l'ami personnel, et dont le masque mortuaire formait, avec quelques reproductions d'antiques, le seul ornement de son cabinet de travail.

Sur la guerre, Clemenceau pesa de tout son poids pour obtenir une décision d'importance majeure, l'institution d'un commandement militaire unique, interallié, qui fut confié à un Français, le général Foch (26 mars 1918). Pétain restait à la tête de l'armée française. Anglais, Belges, Américains, Italiens dépendaient, comme lui, du généralissime.

Ferdinand Foch, né à Tarbes (Hautes-Pyrénées) en 1851, était d'une famille méridionale, bourgeoise depuis plusieurs générations, à la fois très patriote et très catholique. Son père, né en 1803, portait fièrement le prénom de Napoléon. C'était un haut fonctionnaire de l'administration préfectorale puis financière, sous le Second Empire. L'un des frères du futur maréchal deviendra avoué, un autre, jésuite. Enfant bien doué, brillantes études, collèges religieux, entrée à Polytechnique et, dans la même année 1870, premières armes comme volontaire contre l'invasion prussienne. Sous la IIIe République, Foch franchit tous les grades avec aisance ; il fait un peu figure d'intellectuel et de théoricien, enseignant de nombreuses années à l'École de guerre. Son mariage renforce encore ses liens avec le monde catholique et fait de la Bretagne sa province d'adoption. Garnisons et fonctions diverses, toutes en territoire métropolitain. Deux livres publiés. En 1914, il se trouve général commandant le 20e corps d'armée à Nancy. Il est donc en première ligne dans la bataille des frontières, mais subordonné à Joffre, son cadet d'un an.

Dans la bataille de la Marne, il se distingue à la tête de la IXe armée (victoire aux marais de Saint-Gond) ; puis il est affecté en 1915 au commandement du groupe d'armées du Nord. En 1916 et 1917, au sommet de la hiérarchie, il remplit diverses fonctions à l'état-major général de l'armée et des missions à l'étranger. C'est là que Clemenceau le choisit pour le faire nommer au commandement unique interallié.

Il était temps car, au printemps 1918, d'un coup de boutoir désespéré, les Allemands avaient à leur tour tenté la percée. Le 21 mars, ils avaient enfoncé sur la Somme le front tenu par les Anglais (c'est même le choc qui avait permis d'imposer le commandement unique dans la semaine !). En avril, mai, ils attaquent à nouveau et les Alliés reculent en Flandre, en Champagne, en Picardie. Après un répit en juin, ils percent à nouveau en juillet et s'avancent jusqu'à la Marne, où ils sont arrêtés *in extremis*. Près de quatre ans après la première, s'engage la « deuxième bataille de la Marne », mais celle-ci marque la fin de l'offensive de l'armée allemande épuisée. Foch, désormais maître de sa stratégie, bien pourvu en armes et en effectifs (« les Américains et les chars »), peut lancer des contre-offensives qui ne s'arrêteront plus, de Villers-Cotterêts (fin juillet) à Saint-Mihiel (mi-septembre) et Sedan (début novembre), pour ne citer que les principaux champs de bataille.

En Allemagne cependant la révolution est en marche. L'Empire renversé, les partis d'opposition — Centre (démocrate-chrétien) et social-démocratie — qui en héritent, parent au plus pressé : sortir de la guerre. Ils demandent l'armistice le 9 novembre, avant que le sol allemand ne soit atteint.

Le 11 novembre à Rethondes (près de Compiègne, dans l'Oise), dans un wagon de chemin de fer aménagé en poste de commandement mobile, l'armistice est signé. Les clairons sur le front des troupes sonnent le cessez-le-feu. Clemenceau l'annonce à la Chambre dans un climat d'émotion qui reconstitue un instant l'« Union sacrée ». Dans les villes et les villages ce sont les cloches dont la volée annonce l'événement. Les gens descendent dans les rues, fraternisant entre inconnus, en une liesse dont les participants garderont le souvenir jusqu'à leurs vieux jours. C'était la Victoire et c'était la Paix. Lequel était le plus beau, le plus sensible et le plus précieux de ces deux idéaux, on ne devait pas tarder à se diviser sur ce choix. Mais, le 11 novembre 1918, il se trouve que leur commun accomplissement suscitait l'intense et brève unanimité d'un grand jour.

L'armée française avance donc, désormais pacifiquement. Le 24 novembre elle entre à Strasbourg, ville symbole. On rapporte que ce jour-là, dominant leur antipathie, Poincaré et Clemenceau s'embrassèrent en pleurant.

Les foules lorraines et alsaciennes acclamaient les drapeaux français rétablis. Le voilà bien, dit quelqu'un, le plébiscite ! Car le nouvel allié, le président des États-Unis Woodrow Wilson, soucieux de justice et de droit, avait posé pour principe que toute modification de la carte d'Europe devrait se faire après consultation des populations. Et pourquoi pas en Alsace aussi ? Mais Clemenceau n'envisageait pas un instant de faire voter les Alsaciens pour les rendre à la France ! Homme de 1870, il réparait le mal fait par Bismarck. Wilson pouvait-il comprendre cela ? C'était déjà la distance politique et mentale que révélerait bientôt la conférence de la paix.

Dans la bataille finale, l'intelligence méthodique du généralissime Ferdinand Foch, sa culture, son expérience des contacts internationaux, s'étaient employées à merveille, faisant de lui, en somme, s'il en fallait désigner un, le vainqueur. Avant même l'armistice, il avait reçu à son tour le bâton de maréchal qui le mettait de pair avec Joffre, aux côtés de qui il chevaucherait le 14 juillet 1919 en tête du défilé de la victoire, sur les Champs-Élysées.

Viendra alors, pour Foch, l'accumulation des honneurs. Deux élections académiques (Académie des Sciences, Académie française), trois bâtons de maréchal (de France, de l'Empire britannique, de Pologne), deux statues inaugurées de son vivant, en attendant, le 26 mars 1929, des funérailles nationales suivies de l'inhumation aux Invalides, auprès de Vauban, de Turenne et de Napoléon. La France officielle d'après-guerre aurait avec lui son héros emblématique.

Pour l'heure, novembre 1918, la France avait gagné une guerre qu'elle avait bien failli perdre. Il faut savoir pourquoi et comment, c'est une des plus essentielles leçons de cette cruelle histoire...

Comme le « moral des troupes » et celui de la nation ne constituent plus des sujets tabous, nous avons appris à relativiser le sentiment national, à regarder en face les subversions les plus radicales. Et comme par ailleurs, nous savons scruter les mentalités collectives, nous avons depuis trente ans regardé la Grande Guerre sans préjugés, étendant et renouvelant une documentation déjà abondante. Les innombrables récits imprimés entre 1918 et 1940 sont sans cesse rejoints par d'autres, et il en reste toujours d'inédits (tel celui du canonnier provençal Joseph V que nous citerons tout à l'heure*). Dans une thèse récente**, Antoine Prost a encore trouvé des survivants à interroger. Les « Journaux de tranchées », les archives du Contrôle postal, etc. ont livré leur lot de découvertes.

Tout en enrichissant le tableau initial de l'« Union sacrée », cette accumulation de connaissances nouvelles ne nous autorise pourtant pas à le rejeter comme faux. Car le *fait* est que les Français ont été assez patriotes et assez solidaires pour tenir et vouloir tenir, jusqu'à vaincre. Certes — premier correctif — l'« Union sacrée » n'a pas fait de miracle ; elle n'a pas métamorphosé les Français politiciens et batailleurs d'avant juillet 1914 en une masse unanime vibrant de chauvinisme, éperdue de docilité et de réconciliation. Ni l'âpre méfiance qui opposait entre eux les anticléricaux et les cléricaux, ni celle qui opposait les militants radicaux et socialistes au corps *a priori* réactionnaire des officiers d'active n'ont disparu des esprits. Les souvenirs de guerre connus en révèlent plus que des traces.

Le *Journal* du fantassin Barthas, tonnelier en Languedoc et militant S.F.I.O. dans le civil, nous montre tel officier mettant les hommes en rang pour les mener à la messe, tandis que tel autre a jugé bon de placer à l'heure prévue un maximum de corvées pour contrecarrer l'assistance à l'office. Quant au canonnier V il trouve très drôle l'épisode suivant, qu'il relate avec jubilation. A l'arrière, quelque part dans les Vosges, son groupe de copains, provençaux et malpensants, s'aperçoit que la maison du civil chez lequel ils cantonnent pour la nuit est bourrée d'images pieuses. Ils décident donc que l'un d'eux, qui par hasard a le visage rasé, se fera passer pour un prêtre. Changement

* Document privé que nous a montré sa famille.

** Antoine Prost, *Les Anciens Combattants et la société française*, 3 vol., Paris, Presses de la F.N.S.P., 1977.

à vue de l'hôte, qui alors se répand en courbettes et conduit le pseudo-curé au plus confortable lit de la maison ; les autres soldats, eux, restent à dormir couchés sur le parquet, se gaussant de la naïveté du dévot.

Anticléricalisme pas mort... Antimilitarisme non plus ! Les auteurs de journaux de guerre, tous bons soldats disciplinés, qui passent leur temps à obéir aux officiers, passent leur temps aussi à les juger, moins d'ailleurs sur leur capacité que sur leur allure, leur comportement ; l'autoritarisme, l'arrogance, l'insensibilité ne pardonnent pas.

Le canonnier Joseph V, déjà cité, est un bon soldat ; il fait deux ans de guerre (avant de se faire tuer en 1916) avec discipline et courage, tout en notant avec douleur et avec précision les souffrances et les spectacles d'horreur. Une seule fois son carnet porte une critique contre un supérieur, et c'est pour un fait tout à la fois bénin et significatif. Les hommes devant partir en permission arrivent du front, tard dans la soirée, à la gare de Belfort ; de là, ils doivent aller dormir dans une caserne en ville avant de reprendre au matin un autre train vers le Sud. L'officier de la garnison qui les recueille ce soir-là à la gare, évidemment harassés, prétend les conduire au casernement en rang par quatre et marchant au pas, « sans égard pour les vieux territoriaux de quarante-cinq ans ». Et V de qualifier de « freluquet » ce galonné respectueux du règlement.

Les hommes restaient ainsi éveillés, critiques, grognons si l'on veut, avec une indiscipline à fleur de peau mais toujours refoulée ; une indiscipline d'esprit critique, de citoyen démocrate et syndicaliste, bien plutôt que de « forte tête » ou de « rebelle primitif* ».

* Éric Hobsbawm, *Primitive Rebels*, New York, 1959, trad. fr. *Les Primitifs de la révolte dans l'Europe moderne*, Paris, Fayard, 1966.

Ces hommes ne se sont pas débandés en 1914, ils ont enduré à Verdun (entre autres) les souffrances inouïes que nous avons pauvrement évoquées, ils ont surmonté et le désastre de l'offensive Nivelle et le dernier coup de boutoir allemand du printemps 18. Il fallait bien qu'ils fussent, dans leur immense majorité, d'accord pour tenir le coup.

On n'aura certes pas la naïveté d'oublier ce qu'il peut y avoir de contraint dans la discipline militaire. Tout officier, équipé de son arme de poing, est *a priori* le mieux armé dans le cas de la rébellion physique d'un soldat. Et la moindre rébellion pouvait mener à la justice rigoureuse du Conseil de guerre. Mais ces instruments de répression forts n'auraient évidemment pas suffi devant un découragement de masse. On le voyait bien, en Russie, dans les mêmes années.

Précisément, les Français de 1917 n'étaient pas de pauvres moujiks... Ils se sentaient Français, fortement. L'idéologie de la Patrie, valeur sacrée du point de vue de l'éthique religieuse, et celle, convergente, de la Patrie laïque missionnaire du Droit, n'étaient sans doute consciemment reconnues que par des minorités cultivées, mais il y en avait, chez tous les citoyens, des résidus semi-conscients, acquis par imprégnation.

Ils tenaient la France pour leur pays. Être Français n'était pas alors concurrencé — comme aujourd'hui — par être Européen ou cosmopolite, Breton ou Provençal ; qu'on juge cela bien ou mal, le sentiment d'appartenance à la Nation était assimilé et, à ce titre, la France, étant le pays, devait être défendue comme l'on défendrait la maison. Tel qui aurait rechigné à partir pour reconquérir l'Alsace-Lorraine ou le Congo, acceptait de se battre pour empêcher l'envahisseur de lui prendre une nouvelle province.

Puis s'imposera l'idée que, puisque cette guerre est là, coûte si cher, de plus en plus cher avec le temps, il est de plus en plus nécessaire de la gagner pour légitimer les sacrifices déjà faits.

Puis vient — ou plutôt se trouve, en même temps — une autre série de motifs, tirés d'une morale diffuse et profonde. La défense nationale étant le devoir, et — dans le moment — le métier, le travail à faire, il est mieux de le faire bien, dans la règle et la discipline, plutôt que de traîner, saboter ou bâcler. Car elle implique aussi la solidarité : tenir, c'est aussi aider à survivre le camarade d'à côté, lâcher c'est aggraver son sort. Comme quoi le moral des troupes s'étayait aussi de la morale tout court, celle du sérieux de la vie, alors quasi unanimement enseignée et reçue.

Plus d'un lecteur aura reconnu ces analyses relativement récentes mais déjà classiques* et qu'on peut seulement résumer.

Non, les Français n'ont pas souhaité cette guerre. Oui, ils l'ont acceptée. Certes ils l'ont acceptée parce qu'ils pensaient qu'elle serait brève, mais elle a été longue, et ils ont quand même tenu.

Non, l'« Union sacrée » ne les a pas convertis en une unanimité de nationalisme ; elle a atténué plutôt qu'effacé les conflits.

Oui, quelque chose s'est « cassé », dans cette relative concorde, lors de la crise de 1917, mais, même alors, personne n'a pensé que la paix, vivement souhaitée, puisse être obtenue par la défaite.

Mieux même ! l'étude fine des grèves ouvrières de Paris, nombreuses depuis le dur hiver 1916-1917, constantes en 1917, en 1918, et certes assez variées, montre qu'elles s'apaisent ou se ralentissent dans les semaines où l'Allemand est à l'offensive, et où par conséquent la victoire est menacée. Ainsi ceux-là mêmes qui mènent la lutte des classes ne veulent pas prendre la responsabilité de mettre en danger la nation**.

---

* J.-J. Becker, *Les Français dans la Grande Guerre*, Paris, Laffont, 1980.

** D'après la thèse inédite de J.-L. Robert, *Ouvriers et mouvement ouvrier parisien pendant la Grande Guerre*, Univ. de Paris I, 1989.

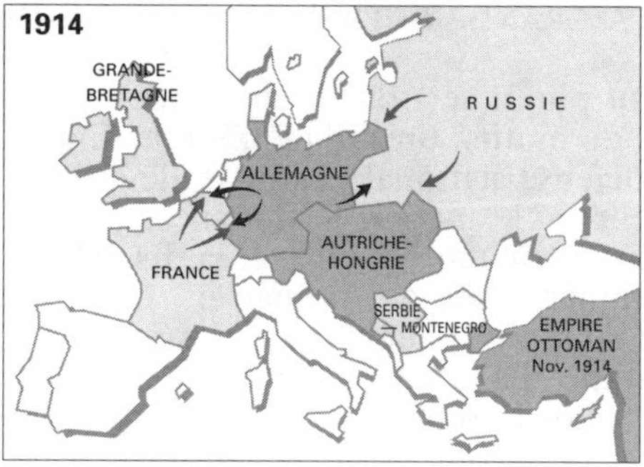

États de l'Entente et alliés
Empires centraux et alliés
Date d'entrée en guerre
Mai 1915, Mars 1916, ...
Territoire occupé
par l'Entente
par les Empires centraux
Victoire
de l'Entente
des Empires centraux
Front
Armistice

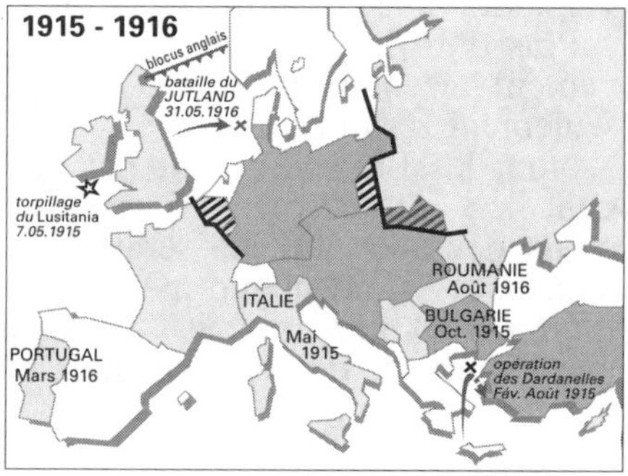

1914. Le 15 août, les Russes envahissent la Prusse orientale ; la réaction victorieuse de Hindenburg à Tannenberg (29 août) sera payée par l'échec de la Marne. En Galicie, la victoire russe de Lemberg (3 septembre) entraîne le repli des Autrichiens sur les Carpates. En Pologne, au cours d'une *bataille des Quatre Rivières* indécise, les Russes abandonnent Lodz (6 décembre).
1915. L'échec du plan Schlieffen conduit von Falkenhayn à inverser sa stratégie : d'abord éliminer les Russes, contraints à un recul de 250 km (août). La déclaration de guerre de l'Italie à l'Autriche (23 mai) installe un nouveau front. La tentative franco-britannique de forcement des Dardanelles échoue le 18 mars ; l'offensive est définitivement bloquée par les Turcs en août. Le 18 septembre, suspension de la guerre sous-marine (4 février) à la suite des torpillages du *Lusitania* (7 mai) et de l'*Arabic* (19 août).
1916. Joffre ayant demandé aux Russes une offensive de diversion, 80 000 hommes tomberont pour Verdun (mars). En juin-juillet, offensive victorieuse de Broussilov en Bucovine et en Galicie. Engagée le 27 août aux côtés de l'Entente, l'armée roumaine doit se replier en Moldavie.

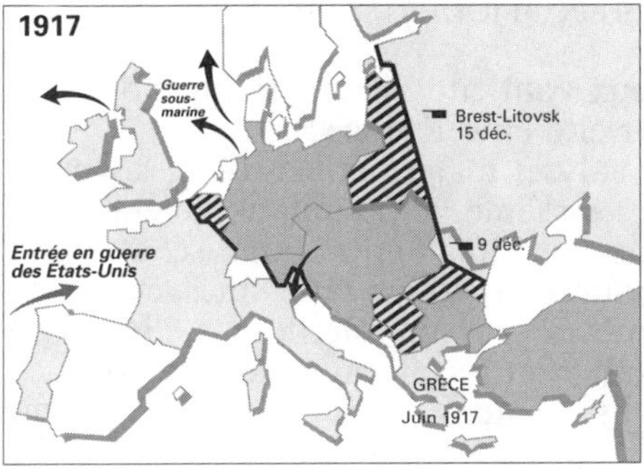

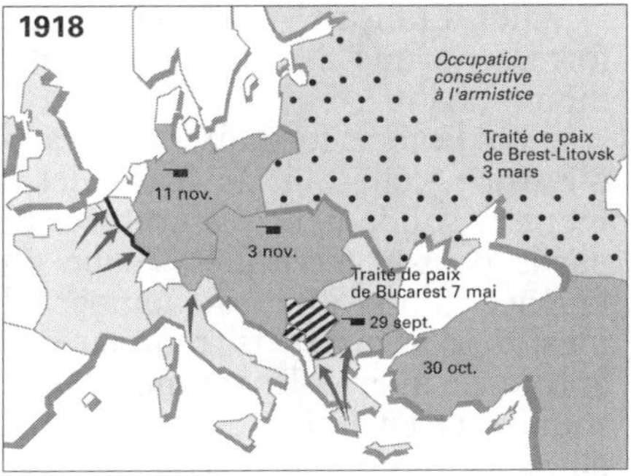

1917. La reprise de la guerre sous-marine à outrance contre la Grande-Bretagne (1er février) provoque l'entrée en guerre des États-Unis (2 avril). En juillet, l'armée russe est battue en Bucovine. Réorganisée par le général Berthelot, l'armée roumaine attaque les Austro-Allemands à Marsati (22 juillet), mais la défection de la IVe armée russe et la reconquête de la Bucovine par les Austro-Allemands contraignent les Roumains à signer l'armistice de Foczani (9 décembre). Le 24 octobre, les Italiens doivent se replier sur la Piave.

1918. Les signatures des traités de Brest-Litovsk (9 février et 3 mars) et de Bucarest (7 mai) permettent à Ludendorff un transfert de troupes sur le front occidental. Le 15 septembre, percée victorieuse de Franchet d'Esperey en Macédoine. Le 27 octobre, victoire de Diaz à Vittorio Veneto.

Pourquoi ? Mieux vaut citer ici les propres formules du premier auteur cité en référence :

« En dernière analyse, malgré la lassitude, les maugréments, les colères même, le tissu national était trop épais, tissé depuis trop longtemps pour se déchirer. Même ceux qui auraient voulu faire une révolution s'arrêtaient comme devant un sacrilège à l'idée que leur action pouvait mettre en cause leur patrie ; ou tout au moins ils avaient le sentiment qu'ils ne trouveraient pas — pas encore — des masses pour les suivre...

... [les Français] ont accepté la guerre parce qu'ils formaient une Nation, ils l'ont supportée pour la même raison...

... La France formait une des plus vieilles nations d'Europe, celle qui, au cours des siècles, s'était lentement et solidement rassemblée. Ceci explique qu'une partie de son territoire occupé ou ruiné, sa jeunesse fauchée alors que sa démographie n'était pas en mesure d'assumer le remplacement, plus durement éprouvée que le Royaume-Uni, moins riche en ressources et en hommes que l'Allemagne, malgré tout, elle n'ait pas craqué* ! »

Mais l'auteur poursuit en se demandant si pareille épreuve historique pourrait être assumée deux fois, et pareil exploit se renouveler. La réponse — négative — n'est que trop connue. Il nous reste à en parcourir les cheminements.

---

* J.-J. Becker, *op. cit.*, conclusion.

VI

La France malade de la guerre

1918-1932

Dans l'enthousiasme unanime du 11 novembre 1918, comment distinguer ceux qui étaient heureux parce que la France avait gagné, de ceux qui l'étaient parce que la guerre était finie ? La Victoire et la Paix, ensemble... Tout le monde était donc heureux ensemble. Il ne faudra pas longtemps cependant pour que ceux qui étaient surtout contents d'avoir battu « le Boche » et ceux qui se réjouissaient avant tout de la fin de la « boucherie », se retrouvent dans des camps différents. L'« Union sacrée », incomplète pendant la guerre, sera inexistante après. Peut-être même la division nationale retrouvera-t-elle, quoique sur des thèmes un peu différents, des profondeurs comparables à celles du temps de l'Affaire. Et peut-être plus pernicieuses encore. Telle est du moins ici notre thèse.

La France a gagné, voilà l'évidence première : récupéré l'Alsace et la Lorraine, agrandi l'empire colonial grâce au partage entre les vainqueurs (sous couvert d'administration par mandat de la Société des Nations) des colonies enlevées aux Allemands et aux Turcs (aux

Français : le Togo qui agrandit l'A.O.F., une partie du Cameroun qui accroît l'A.E.F., et la Syrie-Liban qui les réinstalle au Proche-Orient). La France pourra prélever des réparations sur l'Allemagne, dont l'armée est anéantie, durablement hors d'état de nuire. Sur les débris de l'Autriche-Hongrie et en partie de la Russie s'élèvent de nouvelles puissances *a priori* amies de la France — Pologne, Tchécoslovaquie, Yougoslavie notamment — qui peuvent compenser l'éloignement de la Russie, où l'Empire du tsar a fait place à la révolution. Enfin, au sortir de la guerre, les Français peuvent se croire liés solidement, grâce aux sacrifices communs et à l'inspiration libérale, démocratique et humaniste également partagée, avec l'Empire britannique et la grande République américaine.

Pour apercevoir les aspects négatifs du bilan de ces quatre années de batailles, il faut aux contemporains une vue plus abstraite, et, aujourd'hui, la facilité que donne le recul. Ravagée par régions entières, la France doit se reconstruire, sans qu'il y ait de dégâts équivalents, à beaucoup près, chez l'ennemi allemand. Pis : à cela s'ajoutent les immenses pertes en hommes, près d'un million et demi de morts, et autant de blessés, souvent mutilés pour la vie ; des pertes là aussi plus lourdes en proportion que dans tout autre pays, et qui aggravent encore le handicap démographique de la France par rapport à ses voisines et rivales. Enfin, la guerre a exigé un tel effort économique et financier qu'elle a épuisé ses réserves de pays riche et de banquier du monde, et fait de la France un pays endetté en même temps qu'un producteur affaibli.

Une autre évidence, à deuxième vue, s'impose donc : celle de l'affaiblissement matériel par la guerre, sans même encore prendre en compte les déceptions éventuelles du côté des appuis escomptés d'Europe centrale ou des anciens alliés.

De plus loin encore, la troisième évidence n'est-elle pas celle de l'affaiblissement *moral* ? Marquons d'un mot ici ce que nous expliquerons à loisir plus avant. La guerre a été gagnée grâce aux vertus du patriotisme. Mais la guerre ayant inspiré un sentiment d'horreur, le patriotisme, qui a permis qu'elle ait lieu et qu'elle dure tant, est devenu suspect d'une sorte de complicité. Les gens de gauche en particulier, qui, par définition, veulent être plus sensibles et plus humanistes en politique, n'oseront plus, ne pourront plus être patriotes comme leurs aînés d'avant 14. Globalement le patriotisme français compte donc bien au nombre des victimes les plus gravement atteintes par 14-18. Il y a là d'ailleurs un constat que, d'un point de vue révolutionnaire, certains tiennent pour positif... Mais, pour rester à une histoire simplement descriptive et explicative, il faudra bien admettre qu'avec l'affaiblissement du sentiment patriotique c'est bien le vouloir-vivre national, dont il est inséparable, qui reçoit une blessure.

C'est sans doute alors que l'histoire de la France contemporaine prend, après le grandiose et sinistre sommet de Verdun, une pente descendante — durablement ou provisoirement ?

La guerre à peine gagnée, et les prudences de l'union patriotique n'étant plus nécessaires, les comptes vont se régler, et les luttes sociales reprendre jusqu'à frôler, du moins en apparence, la crise révolutionnaire.

Un épisode judiciaire, plus important comme symptôme que par lui-même, donne le ton. Villain, l'assassin de Jaurès, avait passé la guerre en prison, attendant son jugement, auquel on n'avait pas osé procéder pendant le conflit. Le voici maintenant traduit aux Assises de la Seine, où il est acquitté (29 mars 1919). Se sentant avec quelque raison moralement défiés par ce verdict, socialistes et syndicalistes entraînent à Paris une énorme manifestation de protestation. On en devine le climat.

Cependant, Clemenceau, président du Conseil, gouverne le pays où les difficultés de la démobilisation contribuent à nourrir une vague de mouvements sociaux, qui ne le détourneront pas de son souci principal : la négociation du traité de paix, signé à Versailles le 28 juin 1919. Clemenceau le fera approuver par le Parlement, et gagnera en novembre 1919 les élections législatives. En janvier 1920 quand vient à échéance le septennat de Raymond Poincaré, le remplaceront, dans les conditions que l'on va évoquer, Paul Deschanel puis, en septembre 1920, Alexandre Millerand. Pendant ce temps s'enfle la vague sociale et quasi révolutionnaire mais elle trouvera au Congrès de Tours, en décembre 1920, à la fois son coup d'arrêt et son épilogue. Diplomatie, mouvement social, péripéties politiques : les problèmes se bousculent, même s'il faut en échelonner les récits.

La diplomatie consiste avant tout dans la négociation à Versailles, où l'essentiel se règle dans le Conseil des quatre principaux alliés (Clemenceau, Wilson, Lloyd George et Orlando, soit France, États-Unis, Grande-Bretagne et Italie).

La France obtient la rétrocession de l'Alsace-Lorraine, mais non pas le droit, qui avait été vaguement envisagé, de créer une « Alsace-Lorraine » à l'envers en récupérant une frontière du Rhin plus étendue, ou en stimulant du moins un séparatisme rhénan. Elle annexe provisoirement la Sarre (dont le charbon remplace celui du Nord ravagé) ; elle occupe militairement la Rhénanie jusqu'au Rhin ; elle reçoit des Anglais et des Américains la garantie de leur assistance en cas d'agression allemande. Celle-ci est rendue improbable par la totale démilitarisation qui lui est imposée. L'Allemagne devra payer des réparations, dont le fondement juridique est l'article 231 du traité, par lequel elle reconnaît sa responsabilité dans les pertes et dommages dus à la guerre déchaînée par son agression. L'Allemagne rétrocède aussi des territoires à la Belgique, au Danemark, et surtout à la Pologne reconstituée. Tout cela se fonde sur le respect du droit des peuples à disposer d'eux-mêmes (droit des nationalités, plébiscites), droit nouveau que la Société des Nations rendra en principe institutionnel et durable. Le montant numérique des réparations reste à déterminer. L'Allemagne, comme la Turquie, perd ses colonies. D'autres traités entérinent l'éclatement de l'Empire austro-hongrois, au nom des nationalités, et réduisent l'Autriche à sa partie germanique, sans lui laisser pourtant le droit de s'incorporer à l'Allemagne. La Hongrie obtient une totale indépendance, et les autres territoires jadis soumis à Vienne deviennent des éléments des nouvelles Républiques yougoslave et tchécoslovaque.

Clemenceau, on l'a dit, eut fort à faire avec ses alliés, qui atténuèrent les exigences françaises à l'égard de l'Allemagne, en échange d'une garantie, que le refus de ratification du traité par le Sénat américain rendit bientôt caduque en ce qui concernait les États-Unis. Quant aux Anglais, qui continuaient à garantir la France sur le Rhin et participaient à la S.D.N., ils étaient en vive rivalité avec elle au Proche-Orient, en particulier sur le sort des pays arabes émancipés de la puissance turque, qui relevait du traité de Sèvres. Enfin la question russe n'était pas réglée, puisqu'en 1919 encore, on n'excluait pas l'idée que les Blancs, fidèles du tsar, puissent renverser le pouvoir bolchevique. Le sort des armes, encore incertain, dans cette guerre civile, soulevait des espoirs contradictoires dont certains étaient révolutionnaires.

Le mouvement social s'explique assez par les difficultés de l'après-guerre ; les démobilisés retrouvent, avec leurs ateliers, des salaires mal adaptés à la cherté de la vie, et la trop timide législation du travail que nous savons. Plus rien ne peut brider, comme elle l'était en temps de guerre, l'expression des revendications. Nombreuses grèves, donc. Elles sont plus facilement exaltées du côté ouvrier, et redoutées du côté gouvernemental, à cause du climat et des circonstances. Chez la plupart des leaders et des militants de la C.G.T., en effet, le pacifisme et l'hostilité aux gouvernants de guerre renforcent et redoublent l'extrémisme social. En outre, pour la première fois depuis l'éphémère épisode du 17e en 1907, on a l'impression que la force armée est ébranlable : n'y a-t-il pas eu dans la mer Noire, sinon des mutineries, du moins des manifestations de marins de la flotte de guerre, exigeant leur rapatriement et leur démobilisation au lieu d'aller jouer les gendarmes contre la révolution russe ? Les échos de ces mouvements sur les cuirassés se répercutèrent même en journées de troubles graves à Toulon (30 mai-15 juin 1919). S'il y avait cette affaire de la mer Noire, c'est qu'il y avait révolution en Russie. On savait qu'elle couvait aussi en Allemagne. On ne savait pas encore (et pour cause) que tout cela échouerait, se replierait sur les frontières russes, et s'y enkysterait en un nouvel État socialo-dictatorial. Tout laissait donc penser que la révolution mondiale était en marche.

Bref, le développement des conflits sociaux en France et les espérances révolutionnaires d'Europe centrale et orientale se nourrissaient réciproquement. Lénine et ses amis du Parti ouvrier social-démocrate russe majoritaire (bolchevik), bientôt rebaptisé Parti communiste (bolchevik) parce qu'ils trouvaient le mot « socialiste » déconsidéré par le social-patriotisme de 1914, avaient, tout naturellement, quitté cette IIe Internationale des partis socio-patriotes et fondé une IIIe Internationale. La question se posait donc pour le Parti socialiste français S.F.I.O. Qui choisir ? Les tendances prosoviétiques, héritières naturelles du pacifisme et de l'hostilité à la défense nationale, avaient, dans ce climat, le vent en poupe. A son congrès de Strasbourg (mars 1919), le parti rompt avec la IIe Internationale. Irat-il jusqu'à adhérer à la IIIe, c'est-à-dire à engager le mouvement ouvrier français dans la voie révolutionnaire ? C'est la question débattue pendant toute l'année 1920 et dont on verra bientôt l'issue.

Le gouvernement fait face de diverses façons, et parfois en lâchant du lest. En hâte, à la fin d'avril 1919, il obtient du Parlement le vote de la loi fixant pour tous les salariés la journée de travail à huit heures, considérable gain, réclamé depuis trente ans, mais qui ne suffit pourtant pas à désamorcer la journée de luttes du Premier Mai 1919, marquée de rudes échauffourées notamment à Paris. La flotte de la mer Noire revient finalement en Méditerranée, et l'on renoncera de fait à intervenir contre la révolution russe, après la stabilisation du front polonais (septembre 1920). Mais les mutins sont rudement condamnés et fournissent au mouvement ouvrier français quelques noms de martyrs (Badina, Tillon, et surtout André Marty).

En dénonçant le péril révolutionnaire et en plaçant largement la lutte sur ce terrain, Clemenceau et sa majorité dite de Bloc national gagnent aisément les élections législatives de novembre 1919.

Au cours de l'année 1920, les grèves rebondissent. Elles seront finalement contenues malgré le caractère tenace et (par nature) spectaculaire du mouvement des cheminots. Après l'échec, surviendront des milliers de révocations-sanctions, et la dissolution de la C.G.T. sera même un temps envisagée.

Puis la vague retombe mais non sans une durable conséquence.

Le congrès du Parti socialiste S.F.I.O., tenu à Tours à la fin de décembre 1920, est celui d'un parti radicalisé par la guerre. N'a-t-il pas quitté la IIe Internationale, et n'envisage-t-il pas de « reconstruire » un mouvement socialiste mondial uni, et ferme sur les principes, au sein de la IIIe, celle de Moscou ? Il est dirigé par la tendance dite, précisément, des « reconstructeurs », anciens pacifistes du temps de guerre, minorité récemment devenue la majorité du parti. On y distingue l'ancien instituteur Ludovic Oscar Frossard, fils d'un pauvre cordonnier de village franc-comtois qui a appris la politique rouge dans l'atelier de son père, et fait ses premières armes à seize ans en agitant son école normale d'instituteurs. Ou, plus bourgeois de formation, le journaliste Jean Longuet, fils d'un Communard et, par sa mère, petit-fils de Karl Marx. Plus récemment gagné à leur tendance, Marcel Cachin, professeur de philosophie devenu député et journaliste, qui avait été longtemps majoritaire, c'est-à-dire social-patriote pendant la guerre. D'autres allaient plus loin dans l'adhésion au modèle proposé par les bolcheviks, qui leur paraissait prolonger certaines aspirations et certaines intransigeances du syndicalisme révolutionnaire. Parmi eux, des ouvriers mais aussi l'instituteur Loriot, le brillant journaliste et poète Raymond Lefebvre, etc.

A Moscou, envoyés en observateurs au congrès de la IIIe Internationale, Cachin et Frossard s'efforcent d'obtenir la reconnaissance et la caution des bolcheviks russes (Lénine, Zinoviev) malgré la surenchère du comité Loriot, franchement partisan d'un bolchevisme français. A leur retour, Cachin et Frossard plaideront pour l'adhésion du parti français à l'Internationale, sans trop attacher d'importance aux exigences russes d'exclusion des modérés, c'est-à-dire des partisans de la défense nationale et de la démocratie traditionnelle, et de remodelage du parti sur le modèle bolchevique (les « vingt et une conditions »). Ces exigences seront pourtant formulées à Tours et adoptées, malgré leur grande rigueur. Une majorité considérable (3 247 mandats contre 1 398) se prononce ainsi pour forger un parti à discipline révolutionnaire, dit « communiste », incompatible avec la tradition du socialisme démocratique, à qui n'est laissée que la scission comme perspective. C'est pour celle-ci (départ de la minorité pour maintenir un parti appelé « socialiste ») que plaide courageusement Léon Blum. Ce nouveau leader de la « vieille maison », il nous appartiendra de le présenter bientôt quand il parviendra au sommet de son rôle historique. Sa thèse — maintenir la tradition nationale et républicaine d'un socialisme démocratique (on ne fait pas la révolution sociale en court-circuitant l'étape de la liberté, aucune dictature n'est bonne, etc.) — lui permettra de garder de son côté et Jean Longuet et même le vieux Jules Guesde. Mais elle ne put rien contre le courant dominant de sympathie pour le bolchevisme, qui se nourrissait sentimentalement de la haine de la guerre récente, de la chaleur des luttes ouvrières de 1918-1919 et 1920, et de l'espoir encore plausible de révolution mondiale (l'Armée Rouge avait pu arriver aux portes de Varsovie, et l'Allemagne était en effervescence). La Grande Guerre et son auxiliaire, la défense nationale, avaient été le principal repoussoir que surent utiliser les orateurs du camp désormais connu comme communiste, tel le jeune écrivain et artiste Paul Vaillant-Couturier. Les débats avaient été passionnés, d'abord par la gravité propre de leur enjeu et de leurs principes, mais aussi parce qu'on s'y disputait beaucoup le fantôme de Jean Jaurès.

C'est une durable redistribution des cartes qui s'opère là dans le mouvement ouvrier.

Pendant ce temps, la vie politique nationale avait, elle aussi, défini son nouveau cours, dont il faut reprendre le récit. Clemenceau gouverna d'abord avec la Chambre issue des élections de 1914, dont la majorité était à gauche. Mais les conditions avaient bien changé. Si une minorité non négligeable des électeurs restait avant tout pacifiste et tentée par des perspectives nouvelles, le sentiment dominant surgit que la victoire péniblement acquise est menacée, tant par la difficulté des négociations de Versailles que par les agitations révolutionnaires. Clemenceau sut miser sur cette inquiétude. La grande presse et les intérêts économiques donnèrent à fond, finançant, par exemple, contre les socialistes, assimilés d'avance aux bolcheviks, la célèbre affiche de « l'homme au couteau entre les dents » (le révolutionnaire en moujik hirsute, armé du poignard de l'assassin). Au vieux mot républicain de « Bloc », on accola celui de « National » pour grouper tout ce qui ressent le besoin de cette affirmation défensive, c'est-à-dire toute la droite et la plupart des radicaux. Le reste fut écrasé, et il sortit des urnes en novembre 1919 une Chambre que Clemenceau, à l'instar de Louis XVIII, aurait pu qualifier d'« introuvable », et qui est restée dans l'histoire sous le nom de Chambre « bleu horizon ». Beaucoup de députés, en effet, nouveaux au Parlement, étaient d'anciens combattants, et en gardaient parfois l'uniforme. Et puis ce « bleu horizon » renvoyait peut-être aussi à un autre bleu symbolique, celui de la ligne des Vosges, enfin regagnée et reportée au Rhin.

S'il est permis de jouer aux couleurs un instant encore, on peut dire que cette Chambre bleue, née — on l'a vu — d'un réflexe anti-rouge, avait bien aussi quelque chose de blanc. Car l'une des idées majeures de la droite (et sans doute d'une partie de l'opinion de gauche) était que l'anticléricalisme d'avant-guerre était désuet, puisque les patriotes français croyants et incroyants s'étaient retrouvés dans les tranchées, avaient fraternisé, avaient appris à mieux se connaître et perdu quelques préjugés réciproques. Ce qui était vrai, souvent. Qu'en outre, cet anticléricalisme officiel pouvait avoir, en termes d'opportunité, des inconvénients politiques. De là quelques décisions de grande portée, soit pratique, soit symbolique.

Les relations diplomatiques avec le Vatican sont rétablies. L'ancien régime de l'Église et de l'école et le Concordat sont maintenus dans les départements recouvrés ; on craint que, offusqués par les lois Ferry et la Séparation, les catholiques alsaciens-lorrains ne réagissent par l'autonomisme ou par le regret du régime allemand. La fête de Jeanne d'Arc que, précisément, l'Église romaine canonise en 1920 (après l'avoir béatifiée en 1909) accède au rang de fête nationale. Et la loi de 1920 établit des peines sévères contre toute propagande et toute diffusion de procédés antinatalistes : une loi vraiment typique du moment puisqu'elle conjugue les deux motivations : patriotique par sa visée nataliste, et idéologique par sa convergence avec la théorie catholique de la conception.

Clemenceau n'adhérait pas tout à fait à tous ces élans, il maintenait son refus de principe, chef de gouvernement d'une République laïque, d'assister *ex officio* au Te Deum de Notre-Dame. Mais cette intransigeance commençait à faire vieux jeu.

Précisément, en janvier 1920, arrive à son terme le moment pour Poincaré de quitter l'Élysée. Clemenceau se laisse porter à la candidature, pour un honneur qui paraissait aller de soi. Chacun voulait bien (et même lui ?) oublier qu'il avait été hostile à l'institution présidentielle (« organe inutile, comme la prostate », encore un de ces mots de carabin dont il ne savait pas se priver). Mais, contre toute attente, le Congrès le rejette. « Tradition républicaine » d'éviction des personnalités trop accentuées ? Méfiance des conservateurs catholiques contre un vieil athée qui pourrait bien mourir en fonction et imposer un enterrement civil à la tête de l'État ? Revanche des innombrables élus qu'il avait rudoyés, vexés, méprisés un peu trop visiblement, voire inquiétés par sa hargne contre Caillaux et Malvy ? Un peu de tout cela, plus l'hostilité de la minorité de gauche, bien sûr.

Bref, le Congrès porte à l'Élysée Paul Deschanel en janvier. Mais dès septembre, le malheureux, atteint de troubles mentaux, après quelques incidents spectaculaires, doit se laisser convaincre de démissionner. Alexandre Millerand, l'ancien socialiste « millerandiste », devenu depuis une sorte de radical de gouvernement, et qui avait en janvier assuré la présidence du Conseil et fait face aux grèves des cheminots, est élu président de la République. Georges Leygues forme le gouvernement.

L'après-guerre entre désormais dans des conditions politiques plus stables dont on peut mieux analyser la nouvelle configuration.

Comme avant 1914 il y a trois camps : la droite, la gauche, et un camp révolutionnaire qui récuse le principe de cette distinction.

A droite, on continue, que l'on soit catholique ou non, à épouser la querelle de l'Église, dont beaucoup de fidèles tiennent encore la République pour mauvaise, et qui se pose en persécutée depuis 1906, voire depuis 1880. Mais — nous avons déjà entrevu cela — cet enjeu tend à perdre de l'importance au profit du nationalisme qui occupe le premier plan. La droite est le camp qui se glorifie d'avoir gagné la guerre et qui s'est reconnu, en 1918 et 1919, dans les deux grands hommes réunis (malgré leur antipathie personnelle) à la tête de la nation victorieuse, Poincaré et Clemenceau, sans oublier bien sûr les maréchaux, au premier rang desquels Foch, généralissime interallié, et Pétain, chef de l'armée française.

Ce n'est pas un hasard si Charles de Gaulle a un jour associé les deux présidents dans ces portraits conjoints, d'une belle rhétorique, à propos de la guerre de 1914-1918 : « Poincaré, du sommet de l'État, veille à la continuité des projets de la patrie. Fixé sur son but comme dans sa place, au fait de tous problèmes, rouages et ressorts, il domine par le conseil. Dans le drame, que sa prudence réprouve mais qu'il n'a pas vu venir sans quelque secrète espérance, il remonte sans cesse, jusqu'au sommet de la pente, le rocher toujours retombant des desseins traditionnels. Poincaré fut la raison de la France.

Clemenceau en fut la fureur. Il fallait, pour qu'on s'en remît à ce lutteur effréné, que la crise atteignît le degré où tout ménagement est exclu. Lui, se trouve de plain-pied avec les pires événements. "Rien que la guerre !" Voilà qui lui va bien. Sur les traîtres de fait ou d'intention, sur l'Allemagne, sur la Maison d'Autriche, il se rue pour les déchirer. Certes sa passion frappe, parfois, à l'aveugle. La France en paiera l'excès. Mais, dans le moment, elle reçoit, de cet impulsif farouche, la farouche impulsion qu'exigent les derniers combats*. »

Tous les deux venaient de la gauche. Poincaré, épigone des opportunistes, Clemenceau, du radicalisme, tous les deux dreyfusards (quoique très inégalement engagés), tous les deux laïques et agnostiques. Leur patriotisme relevait théoriquement du patriotisme républicain, mais leur discours à présent valorisait si fort la composante France aux dépens de la composante grands principes qu'il se confondait presque avec le discours nationaliste chimiquement pur, celui dans lequel la France trône au sommet de l'échelle des valeurs. Clemenceau qui, des deux, avait le plus développé le sens de la formule, avait forgé celle-ci, le 11 novembre 1918, dans l'émouvant discours qui annonçait l'armistice à la Chambre : « La France, hier soldat de Dieu, aujourd'hui soldat de l'Humanité, sera toujours le soldat de l'idéal. » Dans cette phrase, la France, vouée aux premiers rôles en quelque sorte par nature, devenait un objet d'attachement beaucoup plus réel qu'un « idéal » vague ou qu'une « humanité » relativisée.

On l'avait vu d'ailleurs concrètement dans la conférence de la paix, où Clemenceau avait eu pour principal antagoniste le président des États-Unis Woodrow

* Ch. de Gaulle, *La France et son armée*, Paris, 1938, 273-274.

Wilson, dont le message au Congrès de janvier 1918 avait esquissé les principes et les « quatorze points » d'une paix conforme au droit. Rien de plus typique de l'éthique de gauche que l'idée wilsonienne de soumettre le politique au droit, en l'occurrence le droit des peuples à disposer d'eux-mêmes, aux dépens, s'il le faut, des égoïsmes nationaux. Que d'exiger en somme des États (même français, anglais, italien et russe) des buts de guerre moralement avouables. En face, Clemenceau, devenu sceptique, et ne croyant pas plus en 1919 aux discours de Wilson sur le droit qu'il ne croyait, dix ans plus tôt, à ceux de Jaurès sur l'avenir, tenait qu'il valait mieux assurer la sécurité de la France par des voies classiques réputées sûres que par un droit formel dont rien n'assurait qu'il serait respecté. C'était se marquer à droite indubitablement. Bien entendu, il s'y marquait encore, on allait dire d'instinct, en assumant son personnage de 1917, chef à poigne, quasi militaire, méprisant les politiciens. Et plus encore celui de 1919, qui déclarait la guerre à la subversion socialiste et gréviste.

Poincaré, venant de moins loin, assumait les mêmes penchants avec moins d'éclat.

Devenue majoritaire au Parlement — fait historique nouveau —, la droite républicaine se reconnaissait également dans ces deux hommes. Pour l'histoire, pourtant, ils ne la représentent pas de la même façon, car leurs destins divergent.

Clemenceau, battu, on l'a dit, à l'élection présidentielle de janvier 1920, se retire pour toujours de la vie politique (renonçant aussi à faire renouveler son mandat de sénateur). Il devait vivre encore neuf années, entre Paris et la Vendée, dans une retraite ornée de fleurs, de loisirs cultivés, et de méditations pessimistes, volontairement isolé, mais acheminé malgré lui vers un rôle de symbole patriotico-militaire. Sa statue est (avec celle de Jeanne d'Arc) l'une des rares statues de Paris dont le Français ordinaire sache l'existence et l'emplacement. Debout sur un rocher, en capote et casque de soldat, au bord de ces Champs-Élysées où eut lieu le 14 juillet 1919 l'inoubliable défilé de la victoire, il complète, dans l'Ouest de Paris, ce qu'on pourrait appeler le périmètre du culte national-militaire : Invalides, Arc de Triomphe, Napoléon (place Vendôme), Jeanne d'Arc (Pyramides*), et il arrive que les cortèges officiels fassent halte devant lui en redescendant de l'Étoile.

Pendant que Clemenceau s'envole ainsi vers le symbolique, Poincaré, plus jeune, encore en pleine force, reprend le collier. Son fauteuil au Sénat retrouvé, il assumera la tâche de président du Conseil, plus modeste que celle qu'il venait de quitter.

Symbole conservateur, lui aussi, mais il inscrit sa place dans la typologie politique alors que celle du Tigre est plutôt dans « l'imaginaire » national.

La droite, donc, s'oppose philosophiquement à la gauche sur la question désormais cruciale de la paix et de la sécurité française. Dans le traité de Versailles, elle mettra l'accent sur ce qui garantit cette sécurité, définie comme valeur suprême. Alors que la gauche voudra surtout y voir la perspective d'un monde réglé par le droit, avec la Société des Nations comme première tentative de réaliser cet espoir. La gauche, certes, tient aussi à la sécurité française, mais insiste pour la chercher dans les voies de la justice et de la pacification générale : la gauche sera wilsonienne et genevoise, la droite diplomate classique.

Qu'on ne croie pas que nous raidissions abusivement les choses. Nous ne faisons qu'exposer ici un thème si familier aux contemporains qu'il fut dès cette

* Il est significatif que la Jeanne d'Arc proche de la Concorde soit la plus notoire. Celles de la place Saint-Augustin et du boulevard Saint-Marcel le sont moins, comme s'il leur manquait un environnement significatif.

époque porté en littérature par un roman qui connut alors grand succès, *Bella*, de Jean Giraudoux. Une idylle dans le Paris mondain des années vingt présente des Montaigu et des Capulet qui s'appellent les Dubardeau et les Rebendart. Les Dubardeau, grande famille laïque et républicaine de savants et de diplomates, ont tous les traits des Berthelot, dont Philippe, qui fit beaucoup au Quai d'Orsay pour tenter de bâtir l'Europe républicanisée d'après Versailles. Quant à Rebendart, au nom presque parlant, politicien triste, harangueur de monuments aux morts pour garder la flamme militaire, c'est Poincaré. On voit dans quel camp se situait le romancier lui-même. Bien entendu, la droite se montre volontiers cléricale, éprise d'ordre, et conservatrice en matière sociale. Son camp, que les polémistes de gauche appellent « la droite », ou « la réaction », a renoncé pour sa part à s'intituler « les conservateurs ». Les termes usuels d'autodésignation de la droite sont désormais « les modérés » ou « les nationaux ».

« Modérés », le terme vaut par contraste implicite : il désigne les adversaires comme des exaltés ou des excessifs, des gens qui prennent le risque de troubles, notamment sociaux.

« Nationaux », plus significatif encore, suggère que la gauche n'est pas nationale, soit qu'elle se rattache à une Internationale (celle de Moscou ou celle d'Amsterdam), soit à une utopie supranationale (S.D.N., Genève, Europe), soit qu'elle se crispe sur l'indispensable concert avec les Britanniques. Contre cette collection de déficiences nationales en tous genres, les « nationaux » se targuent d'avoir l'intérêt français pour exclusive référence.

C'est ce qui explique qu'un Charles Maurras soit alors à l'apogée de son influence. Né en 1868 à Martigues (Bouches-du-Rhône), il est fier de cette origine provençale, qui lui paraît suprêmement française, puisque, pour lui, le génie de la France est fait de clarté, de soleil et d'horizons nets, de latinité et de classicisme. En 1918, à cinquante ans, il a aux yeux de la jeunesse l'autorité de l'âge, le prestige d'un passé déjà long (il ferraille en politique depuis le temps de l'affaire Dreyfus), mais sans doute aussi la fascination qui tient à sa double qualité de politique et d'écrivain ; il théorise et il débat sur l'État, l'histoire, le pouvoir comme sur la littérature et sur l'art, avec autant d'autorité et de force. Maurras n'est pas un homme d'État qui aurait l'écriture pour violon d'Ingres, pas davantage un artiste qui s'engagerait de temps en temps dans un combat ; il possède et il tient équilibrés les deux magistères. Il les organise même en un système unique dont la cohérence logique, offrant l'apparence d'une vérité complète et rigoureuse, exerce sur les intellectuels une attraction dont l'histoire offre d'autres exemples. L'homme impressionne aussi par son côté de pur esprit. Petit, vêtu de façon austère, fidèle à la barbiche du temps de ses vingt ans, l'air sévère, il ne vit que pour son journal, *L'Action française*, quotidien depuis 1908, et pour ses livres de débat politique et de critique d'art, sans jamais lâcher sa plume ; au reste il n'a jamais pratiqué d'autre métier que la presse et l'écriture. Il voit peu de monde, affligé qu'il est d'une surdité complète. Il sera facile de gloser sur l'analogie symbolique de la surdité aux bruits du dehors avec sa fermeture aux objections, et l'on ne s'en privera pas. Mais, sur le moment, ce handicap ajoute à son portrait une touche de singularité sévère.

Il est « nationaliste intégral », le plus rigoureux de ceux (nous savons bien qu'il n'est ni le seul ni le premier) qui mettent la France au sommet du système des valeurs. La France est telle parce qu'elle existe, et parce que les Français lui appartiennent ; c'est une donnée, un constat, par quoi Maurras se rattache à l'empirisme des penseurs conservateurs du siècle précédent. Mais il leur ajoute des considérations plus littéraires : la France est latine, la grande littérature et la grande langue classiques font partie de son « génie ». En revanche, la modernité dont l'esprit de progrès se réclame est romantique, donc intellectuellement brumeuse et géographiquement étrangère. Le mal est venu du Nord avec l'esprit de critique, de subversion et de désordre : Réforme (protestante), Révolution, romantisme. Et République, naturellement ; la République est donc deux fois mauvaise, et parce qu'elle participe de cette inspiration fausse, et parce qu'elle affaiblit la France en laissant grandir aux dépens de l'autorité de l'État celle des étrangers et des rebelles que sont les réformés, les juifs et les francs-maçons. Remplacer la République par un système qui fasse l'État plus fort et sa tradition plus française, c'est retrouver la monarchie. Ainsi se justifie le royalisme de Maurras. Le jeune penseur, qui n'était même pas royaliste à ses débuts en 1896, a réinventé la monarchie comme complément logique de son système, justifiant par une mécanique complexe ce qui était pour les royalistes du XIXe siècle une tradition naturellement présente et primordiale.

La religion enfin (catholique, il va sans dire) est, pour Maurras, tout aussi instrumentale que la monarchie. Elle complète le système, en cautionnant et renforçant le culte de l'Ordre, de la Patrie et du Passé national. Maurras personnellement ne se cache pas d'être intimement agnostique, et se dit catholique par simple raison doctrinale.

Puissant et brillant système, qui enchante les royalistes en dépoussiérant leur idéal, et qui séduit encore beaucoup de catholiques habitués depuis un siècle à marcher aux côtés de quiconque combat la République. Lorsque l'Église de Rome dénoncera le « paganisme » intrinsèque de cette construction mentale, elle obligera les fidèles à choisir entre le catholicisme et l'Action française, et ce sera le drame, noué en 1926, et dont nous aurons à mesurer toute la portée.

En attendant, Maurras, en rassemblant dans une synthèse originale et littérairement prestigieuse, les éléments d'une pensée de droite qu'il n'avait pas tous inventés, leur a donné un élan considérable. Ce système, royaliste parce que nationaliste et au fond plus nationaliste que royaliste, répondait aux besoins d'un après-guerre placé sous le signe du drame national beaucoup plus que sous celui du combat institutionnel. Il fournissait en outre une critique globale du républicanisme optimiste, humanitaire, moderne et triomphant qui s'était épanoui à la Belle Époque. Pour critiquer l'establishment radical du début du siècle, la jeunesse intellectuelle insatisfaite des années vingt pouvait, certes, devenir communiste — mais cette alternative était bien théorique, bien peu visible encore. Plus grand et plus proche était l'attrait de la négation maurrassienne. Dans les années vingt, les jeunes étudiants attirés par l'Action française sont loin d'être tous des fils de hobereaux ou d'académiciens ; on y voit plus d'un normalien de famille universitaire venir y renier un père dreyfusard.

Ainsi l'Action française portait-elle son influence bien au-delà des milieux royalistes, un peu parce qu'elle disposait d'un journal bien écrit, vivement combatif, et surtout parce que le thème de la seule France, qu'elle orchestrait avec constance, était partagé par tout le camp conservateur.

La droite aime l'armée, ses grands chefs, Pétain notamment, qui sera bientôt le seul survivant des maréchaux vainqueurs, et dont, surtout, le nom a le mérite et l'avantage d'évoquer Verdun, la plus symbolique des victoires.

On est fier de l'empire, qui a tenu, qui a contribué à la victoire.

On est fier d'être ancien combattant et décoré, on honore ceux qui le sont, on les met en avant, on les exalte, parfois au-delà de ce qu'eux-mêmes souhaiteraient. Dans les milieux mondains bien-pensants, une expression a cours pour résumer par exemple l'histoire de tel mobilisé de vingt ans revenu à vingt-cinq ans avec des galons de capitaine, une jambe en moins et couvert de médailles : « Il a fait une très belle guerre. » A peu près imprononçable aujourd'hui, l'expression peint l'époque, et un aspect de ses mentalités collectives.

Qu'en est-il de la gauche ? Au lendemain de 1918 elle était désorientée. Quelques radicaux, outrés de la façon dont Clemenceau avait fait frapper Malvy et Caillaux, étaient anticlemencistes. Parmi eux, l'étoile montante, Édouard Herriot. Mais d'autres gardaient leur fidélité au vieux chef, comme Jules Jeanneney. Surtout, en 1919, par patriotisme républicain, la plupart avaient été entraînés dans le Bloc national, effrayés en outre qu'ils étaient par la vague de grèves et par l'attraction que la révolution russe exerçait sur les socialistes d'avant le Congrès de Tours. Ceux des socialistes, qui étaient les plus proches d'eux parce qu'ils avaient soutenu la défense nationale, se tinrent sur la défensive devant la vague pacifiste et prosoviétique de 1918-1920, et durent attendre les lendemains de Tours pour se retrouver sur une position à la fois clarifiée et classique. La politique des gouvernements de droite après 1920 finira par repousser les radicaux dans l'opposition et par créer les conditions d'une reconstitution du Bloc des gauches. Ce résultat politique naîtra aisément sur leur terrain commun d'idées et de sensibilités.

Certes, la gauche, radicale et socialiste, et la masse des électeurs sans engagement précis qui votent dans leur mouvance commune, restent patriotes. La fierté de la victoire, le respect des anciens combattants, le respect même de l'armée et de l'Empire, rien de tout cela n'est méconnu et moins encore désavoué. Même à la S.F.I.O., on considère l'anticolonialisme comme une idée de spécialistes (Jean Longuet, Charles-André Julien) très minoritaires et clamant dans le désert. Mais ce patriotisme reste en demi-teinte moins proclamé qu'à droite, parce qu'on tient avant tout désormais à le concilier avec un idéal humain qui s'appelle Droit et, plus encore, Paix. Sauver la France tant qu'on le peut mais avant tout préserver la paix, parce que la guerre est définitivement reconnue comme le mal absolu.

C'est pourquoi les hommes que le citoyen de gauche révère par-dessus tout sont maintenant ceux de la Paix. Et d'abord le président Wilson, qui semble ramener d'Amérique l'écho du grand idéalisme du XIXe siècle, et bientôt Aristide Briand qui, revenu de tout en politique intérieure, s'attachera à ce seul combat, celui de la S.D.N., du désarmement et de la réconciliation franco-allemande. Comme il réussira à faire prévaloir parfois cette politique même dans des combinaisons ministérielles modérées, la gauche, à laquelle parlementairement il n'appartient plus guère, lui maintiendra son respect. Mais, Wilson étant étranger et éloigné, Briand vivant mais un peu politicien tout de même, la vénération de la gauche se portera surtout sur le souvenir de Jaurès.

Lorsque le Cartel des gauches occupera le pouvoir pour quelques mois en 1924 et 1925, la plus durable des décisions qu'il léguera à l'histoire sera celle, toute symbolique, de transférer le corps de Jaurès au Panthéon. Puisque Poincaré paraissait reprendre le chemin de la politique classique de force et d'exécution militaire, la gauche, pour faire pièce à ce regain de nationalisme, ne trouvait rien de mieux que d'exalter Jaurès, perçu comme l'homme tombé en faisant barrage à la guerre. Ce point mérite précision car il est un peu oublié.

En 1981, lorsque le président Mitterrand inaugurera son septennat en allant fleurir cette tombe, on parlera (pour s'en plaindre ou s'en réjouir) d'hommage au socialisme. Ce sera — avouons-le — une sorte d'anachronisme. Le socialisme n'est directement pour rien dans la panthéonisation de Jaurès ! En 1924, il n'y avait pas de majorité pour décider d'honorer l'idée socialiste ! La S.F.I.O. ne participait même pas au gouvernement, et le chef du gouvernement, le radical Herriot, ne partageait pas les doctrines socialistes. Jaurès représentait tout simplement la sensibilité commune du Cartel des gauches : paix, antinationalisme, antimilitarisme, et, secondairement sans doute, le souvenir du combat humaniste pour Dreyfus. Il fut panthéonisé, en somme, quoique socialiste, et non pas parce que socialiste. Au reste, dans ces années vingt, on ne fit pas que panthéoniser Jaurès, on lui éleva un peu partout en France une trentaine de monuments, aussi souvent dans des communes radicales que socialistes ou communistes, et plus souvent sous la rubrique « Apôtre de la Paix » que sous une étiquette de leader ouvrier. A cette précision près, il était effectivement passé au rang de symbole.

Symbole de Paix, donc, en majeur. Symbole aussi, en mineur, des temps généreux du dreyfusisme, que Herriot et Blum ne pouvaient avoir oubliés. Car tout n'est pas neuf et d'après-guerre dans l'esprit de la gauche des années vingt.

Elle a conservé ses valeurs d'avant 1914 : laïcité, méfiance — atténuée ou non — à l'égard du clergé catholique, attachement à la République parlementaire et à ses traditions.

« République » reste encore un maître-mot, qui vibre à gauche, et que la droite n'a pas encore pleinement appris à revendiquer.

L'essentiel, pour les radicaux comme pour les socialistes, demeure cependant la réflexion sur la guerre et ses suites. Contents d'avoir repris l'Alsace-Lorraine, on se réjouit plus encore de voir créer la S.D.N. où miroite l'espoir d'un monde sans guerre et d'une Allemagne républicaine et réconciliée. Et, comme deux sûretés valent mieux qu'une, on garde l'idée que l'alliance anglaise est fondamentale. Dans les tiraillements diplomatiques, la droite retrouvera aisément la pente anglophobe du nationalisme français, tandis que la gauche se fera la gardienne de l'Entente cordiale. Après tout, même sous des gouvernements conservateurs, la Grande-Bretagne appartient fondamentalement au camp de la démocratie.

En revanche, avec les dictatures, de Russie d'un côté, d'Italie de l'autre (Mussolini et le fascisme ont pris le pouvoir en 1922), les voies de la diplomatie traditionnelle pourront être traversées par les objections tirées d'une politique de principes.

En somme, radicaux, socialistes et autres bons « républicains » restent des patriotes, mais, épris de paix, ils tiennent à se distinguer du nationalisme, ce qui consiste alors avant tout à jeter sur la guerre un regard critique.

On ne comprendrait pas sans cela que les controverses rétrospectives sur 1914-1918 tiennent dans les années vingt une telle place, dans la presse, le livre, en polémiques constantes, allant bien au-delà d'une rubrique d'histoire culturelle spécialisée. La guerre a été faite, pour une part, avec le « bourrage de crânes » (falsification des faits, défaites cachées, victoires amplifiées, haine et mépris de l'Allemand, histoires incroyables de prisonniers maltraités, etc.) ; les publicistes de la gauche le stigmatisent donc avec insistance.

Il se publie des récits de guerre, en masse, souvent conformistes, parfois courageusement vrais. On loue ceux-ci, on s'en prend aux autres, et la critique du témoignage (écrits alors célèbres de J. Norton Cru) devient ainsi un grand débat public.

La droite magnifiait les grands chefs ; la gauche les soumet à la critique. La droite minimisait l'ampleur des mutineries ; la gauche tient donc à les révéler et en exagère l'ampleur à son tour. Autant de débats, mais aucun n'est plus crucial que celui de l'origine de la guerre. La droite tient pour la thèse officielle, consacrée par le traité de Versailles ; la gauche ose faire écho (et avec raison) aux thèses allemande, anglaise et américaine sur la responsabilité partagée. Pierre Renouvin d'un côté, Jules Isaac de l'autre.

Dans toutes ces discussions on commence à sentir que le nationalisme, plus ou moins au pouvoir, et correspondant sans doute à l'opinion la plus spontanément reçue, prolongeait ce qu'avait eu souvent de naïf, de simpliste, de franco-centriste et de non critique l'enseignement historique et civique de la République d'avant 1914. Toute républicaine qu'elle soit, la gauche d'après 1918 doit ainsi apprendre à ne plus tout à fait répéter ses aînés, et les manuels scolaires d'après-guerre seront d'un patriotisme plus atténué, plus distancié, que ceux des années fondatrices de la République.

La République ou la gauche, après l'épreuve de la guerre, met en somme de l'eau dans son vin ; l'eau claire du pacifisme et de l'esprit critique dans le vin rouge de l'exaltation nationale.

D'autres, les impatients, voudront casser le verre et le vin. Ils seront révolutionnaires.

C'étaient en effet de difficiles exercices intellectuels que ceux dont nous venons de créditer la gauche, et trop subtils pour retenir tout le monde !

Certains, dans l'élan de leur détestation de la guerre et de l'idéologie nationale qui la sous-tendait et la légitimait, iront jusqu'à rejeter la nation. Certes, ce n'était pas une nouveauté, tout était dit avant 1914, mais dans des marges, ou en déclarations de principes bien fragiles. Avec le choc de 14-18 l'antipatriotisme change d'échelle.

En somme, la guerre a bien provoqué deux effets sur l'opinion française de gauche : l'un qui mitige le patriotisme républicain subsistant par une combinaison d'exigence pacifique, de doute, et de recul critique, et l'autre qui donne à l'antipatriotisme révolutionnaire une capacité sensiblement accrue de conviction et d'extension.

Celle-ci est d'abord le fait des communistes français. Le Parti socialiste S.F.I.C. (bientôt devenu officiellement Parti communiste S.F.I.C.) sort majoritaire de Tours, ce qui lui permet de conserver le journal *L'Humanité*, dont Marcel Cachin prend la direction tandis que L.O. Frossard devient secrétaire général du parti. Mais la plupart des députés, des élus municipaux, des vieux cadres urbains profondément imbus de socialisme républicain, restent avec Blum et la S.F.I.O. et, sous l'effet de leur influence sociale, la S.F.I.O. redeviendra vite plus forte, et de loin, un ou deux ans après la scission, que le Parti communiste rival. La scission d'autre part, deux ans après Tours, entraîne des conséquences sur l'organisation syndicale. En 1922 ce sont les communistes, auxquels se joignent quelques anciens anarchistes, qui en partent pour fonder la C.G.T.U. (U comme unitaire, paradoxalement), tandis que les réformistes, plus ou moins proches des socialistes, conservent la majorité, le vieux sigle C.G.T., et le leader le plus connu, Léon Jouhaux.

C'est une nouvelle configuration de la division ouvrière en France. Avant 1914, *grosso modo*, la tendance réformiste (ou républicaine) était représentée par le parti (S.F.I.O.) alors unique, tandis que la tendance révolutionnaire l'était par le syndicat (C.G.T.), unique aussi. Après 1922 s'installe le système qui durera plus d'un demi-siècle, avec un attelage parti-syndicat dans chacun des deux camps. De 1922 à 1935, l'attelage modéré se compose donc de la S.F.I.O. et de la C.G.T., le couple révolutionnaire du P.C. et de la C.G.T.U. C'est ce dernier qui nous intéresse ici.

Il est révolutionnaire, c'est-à-dire étroitement lié à la nouvelle Internationale communiste, par conséquent à Moscou, au gouvernement soviétique et au parti bolchevique. Sans complexes (dirions-nous aujourd'hui), en accord avec une époque où Moscou même se voyait le centre de la révolution en marche, un « pays des soviets » voué à s'étendre vite et indéfiniment à tout peuple qui abolirait le pouvoir capitaliste, un pays qui n'avait pas encore pris vraiment son parti de sa survie solitaire dans d'anciennes frontières et de la reconstitution d'une nation (ou d'une entité multinationale) au milieu des autres.

Au début des années vingt, les communistes français (comme ceux des autres pays) se déclarent hautement des soviétophiles rigoureux, des « bolcheviks » et aussi, dans la même logique, de non moins rigoureux négateurs du patriotisme français, de la nation, de la politique, de la République. Bien entendu, ils récusent comme désuètes et mystificatrices les notions de gauche et de droite, ne reconnaissant qu'une seule lutte pour légitime, celle des ouvriers contre le monde bourgeois, autant dire la leur contre tous les autres.

C'est au point que, dans certains départements de vieille tradition républicaine où survit l'idée de conflit entre Rouges et Blancs, Rouges désignant les « laïques » et Blancs les « cléricaux », Rouges désignant donc, en fait, la coalition classique, puissante et débonnaire des radicaux et des socialistes, nombre de communistes refusent de se reconnaître dans le camp des Rouges ! Rouge est pourtant le drapeau qu'ils brandissent, celui de la Commune de Paris et de la révolution d'Octobre à Petrograd, mais il y a Rouge et Rouge, et on ne saurait confondre le drapeau du prolétariat avec celui d'un folklore français venu de 1848 !

Tel est le ton des années vingt ! Il faudra attendre l'aube du Front populaire pour que le P.C. se mette au contraire à jouer de la confusion entre les traditions rouges nationales et celles de la culture révolutionnaire.

Le P.C. pousse donc toutes les luttes, même là où il

est très faible, avec un courage millénariste plutôt que désespéré, mais il fait de la dénonciation de la guerre, du militarisme et du tabou national une pièce essentielle de sa propagande, ce qui l'amène à recevoir d'autant plus de coups, la caserne étant encore mieux défendue que l'usine.

On accepte donc l'illégalité, on assume comme banal le risque de la prison et autres formes de violences répressives qui vont de la perte d'emploi au passage à tabac. Et l'on amasse des trésors de haine.

Contre la droite bien sûr, et contre Poincaré, « l'homme qui rit dans les cimetières » ! Il en inaugurait beaucoup en effet, avec cortège de journalistes et de photographes ; l'un d'eux le capta ainsi un jour avec sur le visage un rictus qui pouvait passer pour un rire. Le soleil qui l'avait, paraît-il, ébloui, aurait seul provoqué le plissement instinctif de ses yeux. Le P.C. ne douta pas un instant de l'interprétation malveillante, et la photo figura longtemps dans l'arsenal de sa propagande où la violence était plus recherchée que la bonne foi.

Mais le P.C.F. ne détestait pas moins la gauche, embourgeoisée jusqu'au cou, social-patriote, sœur jumelle de ces sociaux-démocrates allemands qui avaient fusillé les spartakistes. Il détestait même le pacifisme officiel, celui de Wilson, puisque la S.D.N. était tenue alors comme un hypocrite instrument de la domination sur l'Europe du couple impérialiste franco-britannique. Aussi bien la Russie puis l'U.R.S.S. n'en faisaient-elles pas partie.

Le seul symbole de gauche que les communistes ne se résignassent pas à abandonner à la gauche républicaine c'était le grand Jaurès, souvenir vénéré, et fondateur de cette *Humanité* dont le parti avait — nous l'avons dit — hérité après Tours. On se le dispute, on le réclame, et le P.C. réussira en 1925 à glisser un cortège révolutionnaire à la queue du cortège officiel de la panthéonisation.

Mais les communistes ne sont pas seuls à représenter l'opposition révolutionnaire au système politique et mental d'après-guerre. Par leur courage et leur romantique intransigeance, ils exercent une certaine puissance d'attraction, mais les aspects répulsifs ne leur manquent pas : Moscou dictature et violence, Moscou querelles de palais entre les bolcheviks, puis ce sera l'U.R.S.S. se résignant à prendre peu à peu les formes d'un nouvel État, le P.C. lui-même, organisé et discipliné jusqu'à la caporalisation...

Certains groupuscules, tout en refusant ces derniers aspects du communisme et même en les combattant, se montrent aussi violents que le P.C. lui-même contre l'État, la guerre, la Patrie, l'establishment républicain, la bourgeoisie, et les convenances sociales.

Ils forment tout un monde compliqué et mouvant : anarchistes, communistes dissidents, bientôt désignés du nom générique de trotskistes, jeunes intellectuels attirés par les poètes et artistes surréalistes, ou groupés autour de la revue *Clarté.* En attendant qu'arrive au pinacle la génération d'Aragon et d'André Malraux, d'autres écrivains très célèbres se situent à la frontière du P.C. organisé et de la nébuleuse révolutionnaire indépendante — Henri Barbusse, l'auteur du *Feu*, Romain Rolland, l'auteur de *Au-dessus de la mêlée*, Anatole France, qui a lancé la formule choc : « On croit mourir pour la Patrie, on meurt pour les industriels. » Trois noms qui démontrent parfaitement à quel point l'hostilité à la guerre fait bien plus, alors, que la classique hostilité aux riches et aux patrons pour susciter des vocations révolutionnaires. Même si la théorie est censée démontrer le lien entre guerre et capital — la formule la plus citée de ce Jaurès que l'on revendique était précisément le célèbre : « Le capitalisme porte en lui la guerre comme la nuée dormante porte l'orage » —, avant toute théorie, vibre la sensibilité ; or la sensibilité révolutionnaire de ce temps naquit au moins aussi souvent dans la tranchée qu'à l'usine.

Cet esprit d'extrême gauche, bien plus libertaire que républicain, anticlérical comme au bon vieux temps mais surtout antimilitariste, un peu antiparlementaire, avant tout pacifiste, viscéralement rebelle aux discours conventionnels, c'est enfin, on l'aura reconnu, celui du *Canard enchaîné*. Issu de la guerre, il subsiste depuis sans discontinuer, et sa vitalité elle-même fournit la preuve que le troisième courant existe assez fortement pour n'avoir plus à connaître d'éclipses.

Cette violence de haine d'une jeunesse qui sort de la guerre et qui déteste la France officielle dans la mesure où celle-ci a accepté d'être patriote et guerrière, sait maintenant traduire son indignation dans la nouvelle esthétique du vers libre, de la cocasserie et de la dérision. Dans ces quelques extraits d'un célèbre poème, Jacques Prévert en donne la mesure :

Tentative de description d'un dîner de têtes à Paris France.

« Ceux qui pieusement...
Ceux qui copieusement...
Ceux qui tricolorent...
Ceux qui inaugurent...
Ceux qui croient...
Ceux qui croient croire...
Ceux qui croà croà

Ceux qui bénissent les meutes
Ceux qui font les honneurs du pied
Ceux qui debout les morts
Ceux qui baïonnette... on
Ceux qui donnent des canons aux enfants
Ceux qui donnent des enfants aux canons

Ceux qui ont quatre mille huit cent dix mètres de Mont Blanc, trois cents de Tour Eiffel, vingt-cinq centimètres de tour de poitrine et qui en sont fiers

Ceux qui mammellent de la France
Ceux qui courent, volent et nous vengent, tous ceux-là et beaucoup d'autres entraient fièrement à l'Élysée en faisant craquer les graviers, tous ceux-là se bousculaient, se dépêchaient, car il y avait un grand dîner de têtes et chacun s'était fait celle qu'il voulait. (...) »

Comme on le voit, ni Victor Hugo ni Corneille n'échappent au sarcasme. C'est que l'école de Jules Ferry les avait si souvent, en quelque sorte, mobilisés... Prévert frappait trop fort pourtant. « Ceux qui inauguraient » n'étaient pas tous des va-t-en-guerre, nous le savons mieux aujourd'hui.

L'inauguration typique, c'est alors celle du monument aux morts, qui n'est pas toujours poincariste.

Bien des gens ne font pas de politique et ne se reconnaissent pas dans les partis. Qu'en est-il alors de l'esprit public en général ? Eh bien !, il trouve, autre signe des temps, autre retombée de la guerre, une forme spécifique d'encadrement et d'expression, dans les associations d'anciens combattants*.

Mais avant d'en venir aux groupes et aux hommes, il faut prendre toute la mesure du phénomène : c'est la France en elle-même qui est « ancien-combattante » ce qui donne à l'année 1918 presque autant d'importance dans la constitution de notre symbolique nationale qu'à 1789, 1830 ou 1880.

Une nouvelle fête nationale entre en effet dans le calendrier, où elle sera très réellement respectée : le 11 novembre, anniversaire de l'armistice de 1918 et journée consacrée au souvenir des morts. C'est peut-être cette fête d'unanimité et de patriotisme, donc

---

* On en pressentait l'importance, on la connaît bien maintenant, grâce à la thèse d'Antoine Prost, à laquelle une partie des analyses qui suivent est empruntée, *Les Anciens Combattants et la société française*, Presses de la F.N.S.P., 1977.

particulièrement respectable pour ceux mêmes qui boudaient le 14 Juillet, qui a empêché que s'enracine vraiment une sainte Jeanne d'Arc, dont le sens eût été partisan et conflictuel.

D'autre part, un nouveau lieu de culte national apparaît avec l'ensevelissement sous l'Arc de Triomphe de l'Étoile, à Paris, d'un soldat inconnu, tiré au sort parmi les milliers de dépouilles non identifiées, et destiné par là même à recevoir l'hommage dû à tous ceux dont on ignorait la tombe. Bref, le mort collectif de la guerre.

Comme chacun le sait, puisque cela dure encore, l'Arc de Triomphe, déjà vieux de près d'un siècle, en a été moralement rajeuni et revalorisé, et il est devenu le haut lieu du civisme officiel, le centre obligé de toute cérémonie publique. Nul doute qu'il ait aussi contribué par là à la rétrogradation des autres sites parisiens d'avant 1914, les Invalides (où pourtant on ensevelira en 1929 le maréchal Foch) et surtout le Panthéon, qui commence à s'enfoncer dans l'oubli avec sa République d'antan, malgré les efforts que la gauche fera, par saccades, pour l'en dépoussiérer.

Le mouvement se développe avec la même force en province. On connaît les trois fonctions majeures des associations d'anciens combattants : d'abord défendre les revendications et les droits des survivants, des blessés, des veuves et orphelins des victimes, bref, les intérêts moraux et matériels d'une immense et nouvelle catégorie de pensionnés de l'État. Au-delà, dans la plupart des campagnes et des petites villes (la chose étant naturellement moins nette dans les grandes), donner en fait un nouveau cadre à la sociabilité masculine (rencontres, cérémonies et fêtes, voyages — fraternisation traversant les barrières d'autres appartenances), fonction sociale et culturelle non écrite, mais par eux renouvelée. Enfin entretenir le nouveau lieu de culte local, le monument aux morts. Voilà le nouvel élément du paysage communal français (urbain ou rural) des années vingt, omniprésent et familier au point que désormais chez nous dire « le monument » tout court, c'est évidemment sous-entendre... « aux morts de quatorze-dix-huit ».

La ville et même le village français avaient eu, certes, à la Belle Époque, une propension croissante à multiplier les édicules décoratifs, commémoratifs ou significatifs : fontaines à décor, croix et calvaires, mais aussi « grands hommes », bustes de la République parfois, Jeanne d'Arc ou sainte Vierge plus souvent, mais le monument aux morts de la guerre prolonge ce mouvement de marquage symbolique de l'espace municipal, il l'étend partout (jusqu'aux agglomérations les plus rustiques), il absorbe, efface et parfois remplace tout le reste, et il donne finalement à la France profonde une sorte de signe de reconnaissance commun.

Le monument comporte à peu près toujours la liste gravée des morts ; émouvante à l'époque parce qu'elle portait les noms d'hommes que l'on avait connus, côtoyés et aimés, elle le reste aujourd'hui parce que — à la campagne — la longueur de ces listes fait souvent contraste avec le petit nombre des maisons habitées et, par là, donne l'impression physique que la guerre a vidé le pays.

Le monument se visite en corps (anciens combattants, conseil municipal, « enfants des écoles ») au moins une fois par an le 11 novembre, et souvent en d'autres occasions (fête locale, 14 Juillet, etc.). Alors, « dépôts de gerbe », « minute de silence », et sonnerie aux morts si l'on a un clairon disponible. Et ce partout. Certes, sous l'uniformité de ce grand rituel français naissent des conflits divers, à l'intérieur même de cette institution reconnue. Tiraillement entre monuments d'initiative paroissiale et monuments municipaux, difficultés pour choisir l'emplacement... On les a oubliés aujourd'hui.

Ce qui saute aux yeux, en revanche, c'est la diversité manifeste des ornements. Les villes riches s'offrent des monuments ambitieux, œuvres originales de sculpteurs connus, tandis que les monuments de fonte industrielle, produits en série et vendus à prix abordable, aboutissent dans les petites localités.

On y voit des Patries, des soldats, des coqs, seuls ou en combinaisons variées. Parfois, de simples pyramides. Le coq est toujours vaillant. En revanche le « poilu » peut être ferme et debout, vigilant, ou lancé en avant, à l'assaut, ou bien tombant, blessé. Quant à la femme allégorique, quand il y en a une, elle peut être une Patrie-déesse drapée à l'antique (parfois avec bonnet phrygien) solennelle et triomphante, ou bien une femme du peuple en costume de la région, et pleurant. Il y a entre elles plus qu'une nuance de sens ! L'extension générale du culte des morts n'a donc pas effacé toutes les discordances de sentiments et d'idées. Très rares sont les monuments aux morts explicitement pacifistes (« A bas la guerre » lit-on sur celui de Gentioux (Creuse) où un écolier en sarrau tend le poing, indigné, vers la plaque). Certains dégagent une tonalité de gloire nationale, d'autres une tonalité de deuil, avec entre les deux, une masse mal déchiffrable de signes stéréotypés. Ce qui nous ramène à la question du rôle des anciens combattants dans la politique et l'idéologie françaises de l'entre-deux-guerres.

Selon l'idée la plus répandue, les anciens combattants formeraient une force de droite, parce qu'ils auraient véhiculé, par vocation naturelle, le respect du drapeau, de la Patrie et de la culture nationale officielle. L'histoire a récemment fait justice de ce simplisme en montrant que l'esprit qui anime le plus souvent ces associations (d'ailleurs diverses, mais on ne saurait entrer ici dans le détail) ne relève pas d'un nationalisme chauvin et belliqueux mais plutôt d'un patriotisme de type républicain. Par rapport aux morts de la guerre, le sentiment de solidarité et le souci de les honorer s'accompagnait d'une tout aussi ferme volonté de ne plus recommencer pareille épreuve, ce qui poussait à considérer favorablement la réconciliation franco-allemande. Donc un certain conformisme idéologique sans doute (dans la mesure où France, Patrie, Honneur, République, sacrifice restent respectés) mais au service d'aspirations d'avenir fondamentalement pacifiques, et sans doute plus proches de l'esprit de Briand que de celui de Poincaré et de Clemenceau.

Reste vrai pourtant, dans la thèse qui apparente aux mentalités de droite « l'esprit ancien combattant », un autre thème, aussi émouvant et aussi répandu que l'aspiration à la Paix, celui de la fraternité dans les tranchées, et le vœu de rester « unis comme au front ». De là l'indéniable possibilité d'un glissement au thème antipolitique, puisque par définition, la politique divise.

Il reste vrai qu'un homme engagé et organisé en politique (comportement alors plus répandu à gauche qu'à droite) réagit normalement plutôt en politique. Un ancien combattant membre de la S.F.I.O. se définit d'abord comme « socialiste » et non comme « ancien combattant ». Alors qu'un ancien combattant non engagé, donc sans idéologie politique consciente, se pense « ancien combattant », puisqu'il ne dispose pas d'autre référence claire. Le label « ancien combattant » a donc forcément un peu plus de valeur et de capacité d'attraction du côté d'une droite volontiers antipoliticienne, que du côté de la gauche où l'on assume mieux le fait politique partisan.

Mais cette remarque ne suffit pas à assimiler l'esprit ancien combattant au nationalisme.

En vérité, pour conclure sur ce panorama nouveau des forces morales du temps, c'est encore l'idée de paix qui s'impose le plus.

Nouvelle ? Non, bien sûr. Tout était dit avant 1914

sur les bienfaits de la paix et les maux de la guerre, mais dans des théories inappliquées, ou bien sur les marges de la politique. Au contraire, 1914-1918 a démarginalisé le pacifisme pour en faire une aspiration majeure. Sous des formes diverses, pourtant.

Pacifisme absolu, intransigeant, violent, allant jusqu'à l'anarchisme social et à l'antipatriotisme, parce que la Patrie aide à faire des soldats (extrême gauche libertaire, intellectuelle et artiste). Pacifisme lié (tactiquement peut-être) à la révolution sociale, chez les communistes. Pacifisme atténué, vaguement conciliable avec le vieux patriotisme, dans la gauche républicaine, wilsonienne et briandiste. Et puis, moins évident mais aussi profond, un pacifisme larvé, latent, auquel bien des hommes de droite sont sensibles en dépit de l'adhésion à des discours nationaux traditionnels, celui de Pierre Laval par exemple.

Chacun à sa manière, tous ces courants reflètent par ce qu'ils ont de commun, la réalité profonde d'un pays épuisé par l'épreuve et qui ne veut plus la revoir.

Sur ce fond de sentiments, la politique pratique se déroule, avec les problèmes traditionnels des rapports internationaux, et d'autres plus propres à l'époque.

En somme, la Chambre bleu horizon élue en 1919 avait ramené au pouvoir une droite qui en avait été écartée *grosso modo* depuis 1899. Les mesures cléricales que nous avons énoncées apparaissent forcément, vues de gauche, comme l'émanation d'un esprit de revanche, qu'il faudrait à son tour refréner. Premier sujet d'inquiétude pour elle.

Deuxième sujet d'inquiétude et celui-là commun à toute la diplomatie. Malgré la fraternité d'armes qui était censée avoir soudé l'Entente cordiale, et en dépit des grands principes de Genève, il apparaît vite que les intérêts d'États entrent en ligne de compte et que ceux des Français s'opposent un peu partout à ceux des Britanniques : au Proche-Orient (pétrole ; relations avec les Arabes ; relations gréco-turques) ; à propos de la question russe (les Anglais poussent à reprendre quelque contact avec les Soviétiques — conférence de Gênes en avril-mai 1922 — alors que la France fait un préalable du règlement de ses créances) ; dans la question des armements navals (la conférence de Washington fixe un quota pour la France très inférieur à celui des Anglais, Américains et Japonais) ; dans celle des réparations enfin. La quote-part française a été enfin fixée à 52 % du total, mais l'Allemagne ne pouvant ou ne voulant pas s'exécuter, à la fin de 1922 Poincaré, devenu président du Conseil, se résout, avec le seul appui de la Belgique, à user de pression. En janvier 1923, il prend le parti énergique d'envoyer des régiments occuper le bassin minier de la Ruhr.

Intimidation, prise de gages — cela pouvait passer pour un esprit de force et de militarisme, nationaliste dans son inspiration, et mal accordé à l'esprit de Genève.

Lorsque s'ouvre la campagne électorale pour les législatives de 1924, le chef de l'État, Millerand, dans un discours à Évreux, sort de la traditionnelle neutralité élyséenne pour soutenir l'énergique politique nationale de Poincaré. C'est un troisième sujet d'inquiétude pour la gauche qui a érigé en doctrine le non-engagement politique de la magistrature suprême, et qui voit réapparaître en Millerand les velléités présidentialistes de Mac-Mahon ou de Casimir-Perier.

Ces trois inquiétudes, en galvanisant les forces « républicaines », entraînent les radicaux et les socialistes à reconstituer sous le nom de Cartel des gauches la vieille alliance du type Bloc des gauches qui avait fait florès de 1902 à 1914. En mai 1924, le Cartel gagne les élections — avec d'autant plus de mérite qu'il ne bénéficiait pas de toutes les forces populaires, puisque la politique strictement classiste du P.C.F.

maintenait une part de son électorat à l'écart de la coalition sous le nom de « Bloc ouvrier et paysan ».

Édouard Herriot, leader incontesté du Parti radical, forme un gouvernement que la S.F.I.O. soutiendra de ses votes, mais sans participation ministérielle.

La partie « tradition républicaine » du programme s'accomplit d'abord, au prix, il est vrai, d'une crise de régime. Tous les ministrables de la majorité de gauche nouvellement élue, successivement pressentis par Millerand pour former un cabinet, se récusent, en une véritable grève, qui contraint le chef de l'État à la démission. Élection présidentielle donc : un sénateur, radical assez modéré, quoique méridional, de famille protestante, et ancien ministre de Combes, Gaston Doumergue, obtient la victoire, aux dépens de Paul Painlevé, que le Cartel aurait préféré. Mais le renvoi de Millerand signifiait qu'une certaine orthodoxie républicaine était jalousement conservée.

Herriot au pouvoir s'attaque à l'objectif anticlérical : il annonce l'introduction de la législation laïque nationale en Alsace-Lorraine. C'est un tollé. Levée de boucliers et même agitation de rues à droite, meetings tumultueux. L'on renonce. Le Concordat en Alsace, et l'ambassade au Vatican, sont maintenus.

Herriot réussit mieux, au moins dans un premier temps, dans la politique allemande, puisqu'il décide l'évacuation de la Ruhr, ce qui allait dans le sens d'un retour à l'esprit de la paix et de la S.D.N. Les négociations s'engagent qui mèneront au pacte de Locarno, tandis que, dans le même esprit de diplomatie pacifique et de refus de toute nouvelle aventure guerrière, le gouvernement reconnaît officiellement l'existence de l'U.R.S.S., renonçant à soutenir virtuellement la contre-révolution blanche, et à exiger le remboursement des emprunts russes.

Enfin ce sont les grandes mesures symboliques — nous avons déjà évoqué la principale : Jaurès au Panthéon — cependant qu'une autre victime, mineure, du nationalisme de guerre, Caillaux, est amnistié, et reprend sa place au Parlement.

Tout cela enthousiasme à gauche, où Herriot, reconnu comme le républicain par excellence, jouit d'une large popularité. Ce soulèvement sentimental de 1924 forme dans cette histoire une sorte de relais entre l'esprit du Bloc des gauches, dont il constitue un dernier écho, et celui du Front populaire, qu'il préfigure quelque peu.

On était cependant moins à l'aise en face de difficultés inédites, et pressantes.

La grande nouveauté, c'est la place de la situation économique, financière et monétaire, désormais au premier rang des problèmes politiques français, ce qui n'était pas vraiment le cas avant 1914.

C'est en partie la conséquence d'une guerre qui a appauvri la France en profondeur, et qui a d'autre part instauré un lien étroit entre politique financière et politique extérieure : la France endettée auprès de ses anciens alliés, notamment américains, est créancière de l'Allemagne vaincue, par le biais des réparations. Or, s'il paraîtrait logique aux Français de lier les deux transferts (se faire payer par les vaincus pour rembourser les covainqueurs), les Américains, soucieux de ne pas trop pressurer l'Allemagne, n'admettront pas cette logique-là.

Bien avant 1924, le gouvernement Poincaré avait déjà dû faire face à des difficultés. Le solide franc de Germinal (an XI), convertible en or, et à parité stable avec la livre (25 F) et le dollar (5 F), maintenu artificiellement à son cours pendant la guerre, avait commencé à fléchir sur le marché des changes dès 1919. Sa chute s'était accentuée au début de 1924 au point que l'on avait dû faire appel à la banque américaine Morgan pour le soutenir. Cependant la politique d'occupation de la Ruhr avait échoué, l'Allemagne ne payant pas, et son mark s'effondrant en une inflation diluvienne, et cette conjoncture avait contraint Poincaré à accepter, juste avant les élections qui devaient le renverser, le plan des experts internationaux, dit plan Dawes, qui réorganisait les finances allemandes et fixait un échéancier en baisse pour le paiement des réparations. Avec l'arrivée d'Herriot, l'évacuation de la Ruhr avait réglé en France l'aspect politique du problème, mais cela ne suffisait pas à rallier les Britanniques échaudés, à la thèse française de la jonction entre paiement des dettes et paiement des réparations, et cela d'autant moins que celles-ci commençaient à s'effectuer, grâce à l'entrée en vigueur du plan Dawes.

Surtout, dans le courant de 1924, la chute du franc se poursuit et même — compte tenu des suspicions que soulève un gouvernement marqué à gauche — s'aggrave. Les capitaux émigrent, les bons du Trésor se renouvellent difficilement, l'emprunt se place mal, et le gouvernement doit « crever le plafond » (c'est-à-dire dépasser le montant réglementaire) des avances demandées à la Banque de France pour la trésorerie. On est en avril 1925. C'est l'échec et la démission. En dépit d'une cascade complexe de ministères et d'expédients, la chute du franc s'accentue, la livre dépassant largement les 100 F.

En juillet 1926 se forme un gouvernement Briand-Caillaux, déjà très recentré, et qui est renversé pour avoir à la fois contre lui la droite et les socialistes. Herriot fait alors une dernière tentative pour former un gouvernement du Cartel, mais le Trésor est vide, la livre cote à 240 F, l'atmosphère tourne quasiment à l'émeute.

Le 23 juillet, remplaçant Herriot démissionnaire, Poincaré, le grand vaincu de 1924, forme un gouvernement et obtient une majorité de centre-droit. La livre retombe aussitôt, la « confiance » (on voit bien de qui) étant revenue. Poincaré consolide rapidement la situation par diverses mesures fiscales et techniques (caisse autonome d'amortissement de la dette publique), et la Banque de France assure par des achats de devises étrangères une stabilisation de fait.

L'échec du gouvernement du Cartel devant des difficultés économiques, aggravées par la méfiance à son endroit des principales forces financières (ce que Herriot appelle amèrement se heurter à un « mur d'argent ») fournit à d'autres égards le premier exemple d'une série promise à un certain avenir : les cas où une majorité de gauche, portée au pouvoir par un choix net du suffrage universel, capote devant une sorte de force des choses, et rend le pouvoir à la droite sans élections nouvelles.

Ce basculement prendra d'ailleurs souvent la forme d'un simple changement d'alliance des radicaux, qui peuvent aussi bien former avec la S.F.I.O. une majorité de gauche, sur la base idéologique que nous avons vue, qu'avec les modérés une majorité de centre-droit (dite d'Union nationale) sur la base de l'orthodoxie économique.

En 1926, le bénéficiaire de ce retour de balancier est Raymond Poincaré revenu à la tête du gouvernement, Gaston Doumergue étant, rappelons-le, président de la République de 1924 à 1931.

Après les péripéties de 1923-1924, la politique allemande de la France a pris la voie de la diplomatie pour consolider le traité de Versailles par la concertation internationale. En octobre 1925, avec les accords de Locarno, la Grande-Bretagne, l'Italie, la Belgique, la France et l'Allemagne donnent leur commune garantie à la sécurité de la frontière du Rhin. Les réparations, on l'a dit, commencent à être payées.

Locarno conclu au temps du Cartel a donc modifié le climat européen, et le deuxième gouvernement Poincaré n'y change rien. Briand, qui y demeure chargé des Affaires étrangères, entame la grande diplomatie de réconciliation franco-allemande (avec Stresemann pour partenaire) : confiance dans la S.D.N., mise en train de négociations pour le désarmement, « mise hors la loi de la guerre » (pacte Briand-Kellogg), thèmes qui lui vaudront, à contre-courant de la politique intérieure, une grande popularité, notamment du côté gauche de l'opinion.

Cependant, la reconstruction du pays s'accomplit. Vers 1930 les ruines matérielles de la guerre dans les anciennes zones du front seront relevées. Cette œuvre est stimulée par une bonne conjoncture économique, et la stimule en retour. Le « revenu national à prix constants de 1920 à 1931 » qui avait retrouvé dès 1923 le niveau de référence de 1913, et oscillé de 1924 à 1928, connaît de 1928 à 1930 une hausse marquée, dépassant alors de 33 % le niveau de 1913*.

La France, comme entité économique, a repris lentement sa croissance. 39 600 000 habitants dans les limites de 1914, 37 500 000 seulement en 1921 dans les mêmes limites, pertes dues à la guerre ; celles-ci étant compensées par la réintégration des départements recouvrés, on a 39 200 000 habitants en tout en 1921. Dix ans après, on en comptera 41 300 000. Ces 2 millions gagnés sont la balance entre une démographie nationale stagnante (les taux de natalité et de mortalité, en baisse l'un et l'autre, s'équilibrent à peu près), et une forte immigration étrangère. Un million d'étrangers vivaient en France avant 1914, près de 3 millions en 1931. Quelques Nord-Africains (surtout Kabyles d'Algérie), mais surtout des Polonais (dans le Nord), des Espagnols et des Italiens (dans le Midi).

Peut-on y ajouter une autre force extérieure, celle de l'outre-mer ?

La France est à l'apogée de sa puissance extra-européenne. Le mot d'« Empire », tout court et sans

* *Cf.* A. Sauvy *in Histoire économique de la France entre les deux guerres*, Fayard, 1967, tome I.

précision, ne fait plus penser maintenant aux Napoléon ; il évoque d'emblée l'empire colonial, cet ensemble mondial de possessions qui ne le cède en étendue qu'à l'Empire britannique.

On évalue sa population, France métropolitaine comprise, à une centaine de millions de personnes. Le thème d'« une France de cent millions d'habitants » vise à rassurer, voire à exalter, ceux qu'inquiéterait la pauvre démographie française. La nomenclature distingue officiellement les colonies proprement dites, les protectorats, qui sont en principe des États n'ayant abdiqué qu'une partie de leur souveraineté et qui ont gardé leur dynastie « indigène » (Tunisie, Maroc, Annam, Laos et Cambodge) et les territoires sous mandat (de la S.D.N.) attribués par le traité de Versailles.

Les colonies n'ont pas toutes le même statut, celui de l'Algérie ou des vieilles colonies, avec une population française substantielle, et qui envoie des députés au Parlement français, est le plus favorable. Mais tout cela, dans l'imaginaire français, se fond sur le planisphère en une seule tache de couleur rose dont l'ampleur et la dispersion universelle émerveillent. Cette France d'outre-mer est principalement africaine. C'est, en gros, tout le quart Nord-Ouest du continent. Y voisinent sans solution de continuité l'Afrique du Nord arabo-musulmane (Algérie, Tunisie, Maroc), l'Afrique occidentale française, ensemble de sept colonies formant bloc, de Dakar au lac Tchad et du Sahara au golfe de Guinée, et l'Afrique équatoriale française, autre ensemble de quatre colonies qui s'étend vers le Sud jusqu'au Congo. En Afrique orientale, la France ne tient que la côte française des Somalis, avec Djibouti, mais c'est la clé de la mer Rouge, et le seul débouché ferroviaire de l'Éthiopie (indépendante). Au large de l'Afrique du Sud enfin, Madagascar (la « grande île ») et la Réunion.

En Asie, la France est présente au Proche-Orient

par ses mandats sur la Syrie et le Liban, et surtout dans la péninsule indochinoise, où l'on appelle Indochine française l'ensemble culturellement hétérogène formé par le Laos, le Cambodge et le Viêt-nam. Encore ce dernier nom est-il ignoré, les Français d'alors ne connaissent le Viêt-nam que sous le triple nom de Tonkin (au Nord, colonie), Annam (au centre, protectorat) et Cochinchine (au Sud, colonie). Pour désigner les populations, le nom d'« Annamite » est le plus usuel. Les noms familiers aux Français sont ceux de deux grandes villes : Saigon et Hanoi, d'un temple extraordinaire, Angkor-Vat, au Cambodge, et des richesses : riz, caoutchouc, anthracite.

Enfin, toujours en Asie, égrenés sur les côtes du sous-continent indien, quasi totalement possession britannique, la France possède, vestige du temps de Dupleix, les cinq comptoirs de l'Inde. Ces minces survivances ont pourtant des noms connus des Français parce que la litanie apprise dans les leçons de géographie, Pondichéry - Chandernagor - Yanaon - Karikal - et - Mahé, a le charme poésie-pure d'une comptine.

En Amérique la France possède, au large du Canada, Saint-Pierre-et-Miquelon, dans les mers d'Amérique centrale, les Antilles françaises (qu'on ne dit pas encore Caraïbes) et, dans un petit coin au Nord de l'immense Brésil, la Guyane française, avec Cayenne et le douteux prestige du bagne. En Océanie enfin, quelques îles, dont la Nouvelle-Calédonie et Tahiti sont les seules notoires. Les Français moyens sont fiers de cette puissance impériale ; les plus éduqués en politique font honneur et mérite à la République d'avoir reconstitué un domaine équivalent à celui que les Bourbons avaient conquis puis perdu ; ils pensent que cette puissance est légitime et méritée parce qu'elle diffuse la civilisation aux sujets d'outre-mer ; et ils voient la preuve de cette vertu dans l'appoint que les troupes noires ont fourni aux armées de 1914-1918. C'est pourquoi les voix discordantes, qui existent, sont rares, bien peu répandues et, quand elles le sont, font effet de scandale bien plus que de conviction.

Scandale que le spectaculaire télégramme de soutien du communiste Jacques Doriot au rebelle marocain Abd el-Krim en 1925. Scandale que la dénonciation du meurtrier travail forcé exigé par les grandes compagnies coloniales en Afrique, dans le *Voyage au Congo* d'André Gide, en 1927. Seuls les spécialistes et les fonctionnaires savent ce qui remue, s'agite et s'organise dans l'Islam algérien, dans le communisme vietnamien, ou dans l'émigration nord-africaine en région parisienne autour de Messali Hadj. Incidents ou révoltes, quand il y en a, paraissent sporadiques ; à peu près personne n'y voit les signes avant-coureurs d'une décolonisation fatale.

Un fait montre à quel point alors on imaginait mal la sensibilité des colonisés. En mai 1930 à Carthage, en Tunisie, se déroule un gigantesque Congrès eucharistique, monument de triomphalisme colonial, catholique et français, où l'on évoqua même le souvenir, bien lointain, de la croisade de Saint-Louis. Pour représenter celle-ci en spectacle, des centaines d'enfants des écoles, pour la plupart musulmans bien entendu, y figurèrent, déguisés en croisés. Il semble que le nationalisme tunisien naissant ait trouvé quelque aliment dans cette maladresse.

En France, le citoyen ordinaire pourtant est plutôt colonisateur en chambre que pionnier ou émigrant. La population française d'Afrique du Nord, celle des colons proprement dits, est stable, prospère et n'augmente plus guère. Les Français liés personnellement et concrètement à l'empire comme commerçants, administrateurs et soldats ne sont finalement qu'une mince partie de la nation. Les gouvernants veulent plus.

Pour développer la vocation impériale de la France en commençant par faire mieux connaître ce qu'elle a déjà réalisé, une Exposition coloniale de grand prestige est donc organisée en 1931. C'est un peu par hasard qu'elle coïncide, à un an près, avec le centenaire de la conquête d'Alger. En fait l'idée en avait été formulée dès les lendemains de la guerre, et retardée par maints tâtonnements*. On avait pensé d'abord à prolonger, en mettant plus d'accent sur l'outre-mer, les Expositions internationales de la tradition XIXe siècle ; donc à concevoir pour cela une Exposition coloniale internationale, aussi universaliste que française. C'est le peu d'empressement des autres puissances impériales, notamment britannique, qui francisa l'entreprise plus qu'il n'était prévu.

Poincaré en avait confié la conception au maréchal Lyautey, expert s'il en était, pour sa grande réussite au Maroc. Finalement le but assigné fut de montrer au public français « l'œuvre réalisée par la France dans son Empire et l'apport des colonies à la métropole ». Il s'agissait d'information et d'éducation des visiteurs, dans un esprit favorable à la doctrine officielle, autant dire de propagande, comme le soulignèrent quelques manifestations et polémiques d'extrême gauche. Il se trouve d'ailleurs qu'à la date de 1931, l'Exposition se trouva finalement suivre de très près la première émeute anticolonialiste indochinoise de quelque ampleur, celle de Yên Bai. Le premier craquement de l'empire, en somme, à l'heure de l'apothéose.

L'Exposition occupa d'avril à novembre 1931 le bois de Vincennes, aux portes de Paris et reçut en tout, estima-t-on, huit millions de visiteurs (quatre millions de Parisiens, ce qui implique plusieurs visites de beaucoup d'entre eux, trois millions de provinciaux

---

* Pour plus de détails, *cf.* C.R. Ageron, « L'Exposition coloniale » dans P. Nora, *Les Lieux de mémoire*, II : *La Nation*, Gallimard, 1984.

et un million d'étrangers). La visite était couplée avec celle du parc zoologique, complément naturel de l'information sur le vaste monde.

Autant de colonies, autant de pavillons différents, s'efforçant de donner par leur architecture et par leur décor une idée authentique de la culture locale : palais marocain, rue de village soudanais, mosquée tunisienne, temple khmer, huttes de tribus camerounaises en forêt équatoriale, etc. D'autres pavillons exaltaient les acteurs de la présence française. Missions catholiques, missions protestantes, armée coloniale. Dans tout cela, objets d'art, panneaux porteurs de statistique, cartes, tous les ingrédients pédagogiques du genre. Mais aussi des hommes, artisans et marchands dans des souks reconstitués, ou figurants costumés pour faire revivre — c'était la partie spectacle, animation — des processions ou des fêtes représentatives des cultures indigènes. La volonté d'authenticité et de beauté était indéniable et souvent atteinte, mais avec, comme toujours en pareil cas, au nom de la beauté, la sélection de ce qui est le plus ancien et de ce qui est le plus élitiste : les somptueux cortèges de mandarins annamites, d'hier, plutôt que le quotidien du paysan pauvre aujourd'hui. Comme en toute exposition enfin, Paris vint pour les spectacles, ceux que l'on vient d'évoquer, plus les orchestres africains, malgaches, mauresques, les ballets asiatiques, sans oublier, plus trivialement, les courses de chameaux ou les promenades en pirogues sur le lac Daumesnil.

La fête passée, il en restera quelques musées et monuments durables, richesse nouvelle au patrimoine de Paris, mais sans effet notable sur le destin, alors imprévisible, de l'empire. La clé de la vitalité française continue à se situer en métropole.

L'agriculture reste un secteur caractéristique par son poids social et son retard économique. Il faut attendre 1931 pour que la population dite urbaine (communes de plus de 2 000 habitants agglomérés) dépasse numériquement la population rurale. Cette agriculture qui emploie encore beaucoup de monde est routinière, protégée, peu productive, rarement exportatrice. Mais, sur le moment, on ne voit guère ces handicaps. On insiste plutôt sur le côté d'« équilibre », d'« harmonie » et de « tradition » qu'elle apporterait à notre nation et aux attraits de sa culture.

Les villes croissent donc lentement. Aux grandes régions industrielles d'avant 1914 (région parisienne, grands ports atlantiques et méditerranéens, Nord-Pas-de-Calais, Alsace et Lorraine) s'ajoutent quelques implantations plus dispersées (départements alpins avec l'hydroélectricité, Provence avec la bauxite).

Aux productions traditionnelles (textiles, métallurgie, mines) s'ajoutent notamment les raffineries de pétrole. Pourtant le plus spectaculaire, et ce qui donne le mieux l'impression du progrès et de la modernité, dans cet entre-deux-guerres, c'est le développement de nos deux spécialités d'avant-guerre : la construction d'autos et d'avions. On les voit dans le sud de la ville de Paris et dans sa proche banlieue. Le capitaine d'industrie typique c'est André Citroën ; la zone industrielle typique c'est la « ceinture rouge », d'Ivry à Aubervilliers, de Saint-Denis à Puteaux ; l'ouvrier typique c'est le « métallo » qui fournira bientôt ses gros bataillons au communisme. Mais avant 1931 ce dernier n'est plus, ou n'est pas encore, un « péril » évident.

Sur ces bases nationales et internationales *grosso modo* favorables, Poincaré réussit sa gestion. Consolidé par les élections législatives de 1928, gagnées par la droite, il renonce à revaloriser le franc et tranche pour la « stabilisation légale ». La loi du 25 juin 1928 redéfinit le franc comme équivalant à 65,5 mg d'or à 900 ‰, ce qui correspond à environ 125 F pour la livre et 25 F pour le dollar. C'est le « franc Poincaré ».

Poincaré fait également ratifier en 1929 par le Parlement l'accord Mellon-Bérenger conclu avec les

États-Unis par ses prédécesseurs en avril 1926 sur le montant et l'échéancier du remboursement de nos dettes. Comme les réparations rentraient, tout allait bien enfin. En 1930, le ministre des Finances Henri Chéron sera réputé gardien d'un « trésor ».

Tout cela doit bien avoir quelque vague rapport avec la nouvelle euphorie de la vie sociale, culturelle, mentale, qui trouve son expression dans le nom consacré des « années folles ». Le cauchemar de 14-18 s'éloigne, le prochain est imprévisible puisque l'Allemagne de Weimar est redevenue goethéenne tandis que l'U.R.S.S. est enlisée dans ses difficultés internes... Il va de soi que la France n'était pas tout entière à la fête. Mais l'expression d'« années folles » résume bien l'éclat de la vie mondaine à Paris et sur les bords de mer, les innovations joyeusement reçues du cinéma, désormais répandu, de la radiodiffusion du son, que l'on appelle T.S.F. (téléphonie sans fil), de la voiture. Ou encore la découverte — non pas, certes, de l'Amérique, où il est encore très exceptionnel de se rendre —, mais de son art et notamment de la musique de jazz. Ces années sont peut-être « folles » tout simplement parce qu'on y danse avec une touche supplémentaire de frénésie. Elles sont le décor où émergent Marc Chagall et Fernand Léger, Maurice Ravel et Erik Satie, Chaplin et René Clair, l'Exposition des Arts décoratifs (1925), l'apogée de la N.R.F., tant d'autres réussites et tant d'autres vedettes qui brilleront jusqu'à la grande crise mondiale de 1939.

La fin des années vingt voit donc la dernière génération des politiques d'avant 14 aller vers son terme sous les applaudissements, Poincaré parangon de la « sagesse » en politique intérieure, et Briand héraut de l'espoir généreux en diplomatie.

C'est en 1929 que, frappé par la maladie, Poincaré se retire. Lorsqu'en 1931 s'achève le septennat de Doumergue, Aristide Briand, comme Clemenceau en

1920, se laisse tenter par l'ambition suprême et brigue la présidence de la République. Mais il est âgé, malade, il ne fait pas l'unanimité à droite, et le Congrès lui préfère Paul Doumer, qui était devenu un symbole nationaliste par la grâce funèbre de ses trois fils morts à la guerre. On sait qu'il devait être assassiné par le fou (ou bien suspect) Gorgoulov en 1932, et qu'il serait alors remplacé par un modéré d'origine lorraine, Albert Lebrun.

Entre-temps la crise économique mondiale avait éclaté. Le Jeudi noir du krach de Wall Street (24 octobre 1929) n'a pas eu d'immédiates répercussions en France. Celle-ci était un peu avantagée dans ses échanges par la récente dévaluation, et le retard relatif de son industrialisation tendait à amortir les effets du bouleversement du capitalisme international. En 1930 et au début de 1931, l'homme qui monte à la tête du camp conservateur, André Tardieu, peut encore s'appuyer sur la solidité des finances publiques pour lancer un programme novateur en économie (grands travaux publics — Tardieu a conscience du relatif retard français) et novateur aussi en matière sociale (24 avril 1930, loi donnant leur forme définitive aux Assurances sociales établies depuis 1928). C'est dans le courant de 1931 que les effets du marasme mondial se traduisent en France par la baisse des divers indices économiques, l'apparition du chômage, et quelques « affaires » spectaculaires (affaire Oustric).

La crise avait frappé d'abord par un autre biais, celui des paiements internationaux. En 1929, le plan Dawes avait été remplacé par le plan Young (fixation d'un échéancier définitif pour les réparations, et évacuation de la Rhénanie par les troupes françaises) et les réparations continuaient à venir. Mais, presque aussitôt, l'Allemagne frappée de plein fouct par la crise, ne peut plus payer. En juin 1931, le moratoire Hoover suspend tous les règlements internationaux pour un an. L'année écoulée, l'Allemagne n'est pas remise en état et il est clair que la France n'en tirera rien. Devra-t-elle alors reprendre ses propres remboursements de dettes aux Américains ?

Ni le gouvernement modéré de Laval ni le gouvernement radical d'Herriot, revenu au pouvoir après les élections législatives de 1932 favorables au Cartel des gauches, ne peuvent obtenir des Américains le principe de la solidarité des deux règlements. Herriot, mis au pied du mur, se prononce pour payer (tenir la parole de la France, même si la sensibilité nationale est choquée par la dissociation des deux flux d'argent). La Chambre ne le suit pas et le renverse le 14 décembre 1932.

On entre alors décidément dans une nouvelle époque, directement ou indirectement dominée par la crise, dont les répercussions de politique intérieure, sociale et diplomatique vont bientôt s'ajouter aux incidences financières.

Le camp conservateur aurait pu être rénové et rajeuni par André Tardieu, homme brillant, compétent en économie, parisien, un peu autoritaire, assez différent du notable IIIe République, plus proche de notre époque à divers égards. Mais la maladie brisa tôt sa carrière. En 1932, la gauche cartelliste (toujours privée de l'appoint communiste) avait donc regagné les élections législatives, mais Herriot avait vite perdu le pouvoir, comme en 1925, quoique pour des raisons un peu différentes. Son deuxième échec commence à accréditer la « loi » que nous avons évoquée sur les alternances non électorales.

Poincaré et Briand disparus, après Tardieu, météorique, l'homme le plus en vue des majorités de droite sera désormais Pierre Laval. Vu de loin, le couple antagoniste qu'il forme avec Herriot illustre bien le personnel typique de la IIIe République finissante. Il faut voir en cette nouvelle étape la « République des camarades ».

En somme, elle fonctionne normalement, si l'on excepte la crise présidentielle de 1924 — encore pouvait-on la lire comme une défense de l'esprit du régime —, et l'assassinat de 1932. Les élections des députés et des sénateurs ont lieu dans le calme aux dates régulières. Il y a pourtant des crises ministérielles fréquentes — trop pour qu'on puisse les citer toutes. Le public se demandera de plus en plus pourquoi la lutte politique apparaît si simple lorsqu'on mobilise les électeurs, et pourquoi elle devient si compliquée lorsque les députés s'ébattent entre eux au Palais-Bourbon. Une partie de la difficulté tient au fait que les enjeux politiques divers n'entraînent pas forcément les mêmes types d'alliances. Mais cette complication même est encore trop simple pour rendre compte de tout. On incriminera donc les institutions, qui ne poussent pas précisément à la clarté des démarches, à cause notamment du système des partis, ou plutôt de leur absence.

De partis en effet, il n'en existait guère. A droite, l'U.R.D., la Fédération républicaine, l'Alliance démocratique, etc., étaient des groupes parlementaires prolongés par des réseaux inégaux de comités électoraux bien plus que des formations organisées en véritables associations.

La plupart des élus de droite étaient encore des notables bien implantés dans leur circonscription et leur aire de rayonnement social, donc aisément indociles aux structures centrales ; avec, à Paris, leurs regroupements réels en coteries, amitiés, réseaux d'intérêts divers ; capables de se diviser entre eux sur telle mesure réclamée ici et impopulaire là.

Le phénomène partisan était mieux marqué à gauche. C'est d'ailleurs à cette époque que se situe l'apogée de l'enseignement d'André Siegfried, et que le schéma : « à droite, partis de notables — à gauche, partis de militants » devient l'un des ponts aux ânes de la « science po ».

Mais il ne faut pas exagérer. Entre le Parti radical et la droite, on trouve toute une cohorte de députés appartenant à la gauche pour l'essentiel de leurs convictions, mais qui restent organisés en petites formations où ils se trouvent moins contraints, et donc plus aisément manœuvriers et ministrables. Et le Parti radical lui-même n'est pas très homogène, ni très simple, ni très discipliné.

Le Parti socialiste le serait davantage, en dépit de sa division en tendances. En outre, il ne veut mettre qu'un pied dans le jeu parlementaire, l'autre étant, si l'on peut dire, dans la révolution. Contraint par sa doctrine (officiellement marxiste) et, plus encore peut-être, par la vigilance hargneuse du P.C.F. qui le tient sous un feu nourri de dénonciations, le Parti socialiste ne veut pas aller dans des gouvernements bourgeois. « L'exercice du pouvoir » sur lequel Léon Blum essaie honnêtement de bâtir une doctrine accordée à ce comportement, doit être soumis à des conditions d'exception.

Tout le monde s'arrange de ces habitudes anciennes et de ces interprétations parfois byzantines. Mais les parlementaires, presque tous honnêtes gens, ne peuvent pourtant pas rendre exaltant ni même clair, pour l'opinion, le système compliqué dans lequel ils évoluent eux-mêmes comme poissons dans l'eau.

Les hommes qui émergent de la politique d'entre-deux-guerres ressemblent encore, en somme, aux parlementaires d'avant 1914, comme eux très libéraux, très souples, très habiles. On trouvera d'assez bons symboles du personnel politique de l'entre-deux-guerres dans Édouard Herriot et Pierre Laval*.

---

* Sur qui deux grandes biographies récentes ont attiré l'attention, *Édouard Herriot ou la République en personne,* de S. Berstein, Presses de la F.N.S.P., 1985 et *Pierre Laval* de Fred Kupferman, Balland, 1987.

Né à Troyes en 1872, fils d'officier, sans fortune, aidé aussi dans ses premières études par un oncle curé, Édouard Herriot est « monté » par la filière méritocratique de l'enseignement secondaire et de l'École normale supérieure jusqu'au professorat de lycée puis de faculté. Docteur ès lettres avec une thèse savante sur Juliette Récamier (« un pavé sur une rose » diront les railleurs), il laissera aussi de bons travaux sur le sort dramatique de Lyon pendant la Révolution. En même temps, libre penseur et dreyfusard, il est tout naturellement militant radical. Bien doué, sympathique, éloquent, il réussit aussi dans le militantisme et devient maire de Lyon (1907), puis sénateur du Rhône, ministre (du Ravitaillement) pour la première fois en 1916. Nous connaissons la suite. Il avait gardé de ses origines un trait dont nous n'avons pourtant pas encore parlé : l'intérêt pour l'école, l'enseignement et la démocratisation de l'accès aux lycées. Lyon se souviendra de lui comme d'un grand maire, à la longévité d'ailleurs exceptionnelle (1907-1953 !). Et de fait il l'aura fortement marquée : création de l'aéroport de Bron, un des premiers en France, de la foire de Lyon, renforcement du réseau scolaire, et toute la série des grands hôpitaux modernes aux limites Est de la ville.

Pour cet ensemble de raisons, la ville de Lyon verra en lui un véritable père, et la gauche laïque une idole ; ou encore, selon la formule de Serge Berstein, « la République en personne ». Populaire à la fois par le mérite et le succès de ses œuvres, et par l'admiration plus personnelle que suscitaient sa culture, son brillant et son charme, il sera couvert de succès, mondains et autres.

Mais, les adversaires de la République dénonceront en lui un autre archétype, celui du parlementaire qui sacrifie trop à la cordialité professionnelle et à l'éloquence coupée des réalités. Quant aux caricaturistes, ils s'empareront de son goût pour les bonnes choses de la vie et vulgariseront l'image de son inséparable pipe et de son embonpoint de gros mangeur. Ses thuriféraires d'hier s'émerveillaient des admirables discours qu'il écrivait lui-même lorsqu'il avait à inaugurer tel lycée ou tel monument. Un juge plus sévère pense qu'il aurait mieux servi l'État s'il avait laissé, comme tout le monde, un secrétaire écrire les discours d'apparat, et consacré le temps gagné à se pénétrer de tel dossier rébarbatif*.

De fait, pour arriver à porter sur lui un jugement finalement sympathique, son biographe actuel** ne trouve rien de mieux que de le définir comme le meilleur produit que pût donner la République d'avant 1914 (honnête, distingué, profondément attaché aux grands principes fondateurs), étant entendu qu'ensuite il n'a pas évolué, alors que la France changeait autour de lui. Ce changement c'était, entre autres, l'économie, que Herriot ne maîtrisait guère.

En 1903 au lycée de Lyon, le brillant agrégé Herriot avait pu rencontrer Pierre Laval, alors âgé de vingt ans, bachelier, fils d'un cafetier de Châteldon (Puy-de-Dôme) et qui faisait le répétiteur pour payer ses études. Aussi logiquement que l'agrégé était radical, le pion était socialiste, et même avancé. Mais le premier devait rester toute sa vie dans son parti et dans son axe idéologique, alors que Laval, de l'extrême gauche à la dictature conservatrice, et de la pauvreté à l'opulence et au pouvoir, traverserait toute la trajectoire politique et sociale. Au réprouvé, fusillé en 1945, la tentation est donc grande d'imputer toutes les tares de l'opportunisme et de l'arrivisme. Un biographe courageux a récemment préféré mettre au jour sa logique à lui***. Il en ressort que l'homme qui sera

* J.-N. Jeanneney, dans *Leçon d'histoire pour une gauche au pouvoir*, Paris, Seuil, 1978.

** S. Berstein, *op. cit.*

*** Fred Kupferman, *op. cit.*, 1987.

condamné comme le principal complice français de Hitler n'était ni un scélérat ni un cynique ni un corrompu.

C'était un humble, ce qui lui donna l'énergie de faire fortune, dans les années vingt mais honnêtement, avec des entreprises de presse locale et de radio (T.S.F. débutante, ce n'étaient pas encore de grandes affaires), puis des sources d'eau minérale, qui prospérèrent peu à peu, à force de ténacité et d'habileté de bon aloi. Ce qui lui donna aussi et surtout la pitié pour les humbles, et plus de goût pour les sentiments que pour les idées abstraites. Avant 1914, il s'était établi avocat à Paris, plaidant beaucoup pour les ouvriers et les syndicats, comme Briand à ses débuts. Socialiste, il avait été candidat dans la banlieue la plus pauvre et alors la plus sordide : Aubervilliers. Il est élu député du secteur en 1914 et il en sera maire à partir de 1923. On pourrait prolonger le contraste esquissé tout à l'heure entre Laval et Herriot, et trouver la même symbolique distance entre Aubervilliers et Lyon qu'entre le pion besogneux et le brillant prof de fac. Bien entendu, si différents et si opposés qu'ils fussent, les deux hommes se tutoyaient au Palais-Bourbon. Pendant la guerre, Laval avait été pacifiste et s'était occupé de ses misérables banlieusards. La misère et la guerre seront ses deux hantises, et c'est avec la pensée d'être efficace dans ces luttes qu'il acceptera, quant aux moyens, tous les opportunismes. Battu aux élections législatives de 1919, il n'abandonne pas Aubervilliers, il s'y consacre au contraire, il en devient maire — on l'a dit — en 1923, et il y fait du social en louvoyant habilement entre les socialistes, les communistes et les « réactionnaires ». En fait il y assoit sa base politique, tout en gardant à Châteldon sa maison des champs et le centre de sa petite fortune. Élu député de la Seine en 1924 sur une liste du Cartel, donc de gauche, il soutient Herriot, puis devient ministre d'un éphémère cabinet Painlevé, encore cartelliste, et il le reste dans un cabinet Briand, déjà plus recentré. C'est alors (1926) qu'on peut dire qu'il a, dans l'attraction de Briand, franchi le passage de la gauche à la droite. A partir de là, il émerge comme un parlementaire connu. D'autant plus aisément d'ailleurs que son apparence physique le distingue encore. Plutôt petit, le teint mat jusqu'à être olivâtre, le cheveu dru et plat, très noir, une mèche barrant le front*, il s'habillait invariablement de noir, avec chemise et cravate blanches, comme pour s'accrocher au signe enfin conquis du cérémonial bourgeois. Son dernier trait commun avec Briand est de s'intéresser à la politique étrangère dans un esprit de paix. Il y restera fidèle après la mort de Briand jusque dans la période d'avènement des dictatures. Alors qu'au nom des principes du droit, les hommes de gauche, surtout les socialistes, mais aussi un peu les radicaux, trouveront Mussolini infréquentable, au nom de la paix, Laval lui parlera. C'est la différence, et ce sera aussi l'engrenage, tel du moins qu'il nous semble, dans la facilité du regard rétrospectif.

* Les coiffures masculines à la « raie de côté » comme celle de Laval, n'étaient alors pas très répandues. Les hommes portaient plutôt le cheveu en brosse, comme avant 1914 (Herriot était ainsi arrangé), ou bien le cheveu long totalement rejeté en arrière, ce qu'on appelait « à l'embusqué » (parce que loin du front).

Chronologie

La République
1880-1932

1879

5 janvier

L'élection au Sénat donne une forte majorité républicaine (174 sièges contre 126).

Mac-Mahon refuse comme ministre de la Guerre le général Farre, candidat de Gambetta.

16 janvier

Déclaration du ministère Dufaure, lue à la Chambre, et interpellation.

28 janvier

Mac-Mahon refuse d'appliquer le décret limitant la durée du commandement des commandants de corps d'armée.

30 janvier

Démission de Mac-Mahon. Élection de Jules Grévy à la présidence de la République par 563 voix sur 713 votants.

Fin du ministère Dufaure.

31 janvier

Gambetta est élu président de la Chambre.

4 février

Ministère Waddington. Jules Ferry à l'Instruction publique.

7 février

Premier message de Jules Grévy (abandon du droit de dissolution).

14 février

Un décret du ministre de la Guerre rend à *La Marseillaise* sa qualité de chant national (suivant le décret du 26 messidor an III).

Avril

Les élections complémentaires amènent à la Chambre 19 républicains et 2 monarchistes.

Avril-mai

Grâce et amnistie (partielle) de 3 500 condamnés de la Commune.

14 juin
Le Sénat consent à la réunion du Congrès pour voter le transfert des pouvoirs publics à Paris.
19 juin
Le Congrès abroge l'article de la Constitution fixant le siège des pouvoirs publics à Versailles.
20 octobre
Le troisième Congrès ouvrier, à Marseille, prend le nom de Congrès ouvrier socialiste de France.
Novembre
A la rentrée, les Assemblées s'installent à Paris.
16 décembre
Interpellé sur l'application de l'amnistie, le ministre de la Justice démissionne.
21 décembre
Ébranlé par la démission des ministres de la Guerre et de la Justice, le ministère Waddington se retire, sans avoir été renversé.
28 décembre
Ministère Freycinet (« replâtrage du replâtrage du 4 février »).

1880

2 février
Adoption du projet de loi Ferry réformant le Conseil supérieur de l'Instruction publique.
12 mars
Projet Ferry sur la collation des grades universitaires.
29 mars
Deux décrets enjoignent à toutes les congrégations non autorisées de demander l'autorisation de l'État dans un délai de trois mois, et ordonnent la dissolution et la dispersion de la Compagnie de Jésus dans les trois mois.
Avril
La Chambre adopte le libre-échange en discussion depuis février.
3 mai
Interpellation à la Chambre de Lamy, républicain catholique.
16 juin
Gambetta propose une amnistie générale.
21 juin
La Chambre vote le projet d'amnistie.
25 juin
Le Sénat écarte par l'ordre du jour les pétitions contre les décrets.
Juillet
Amnistie des proscrits de la Commune.

9 juillet
La Chambre vote le projet de loi Ferry sur l'enseignement supérieur, restituant à l'État le droit exclusif de conférer les grades universitaires (330 voix contre 164 sur l'article 7).
14 juillet
Le 14 Juillet est institué, et célébré pour la première fois, comme fête nationale.
18 août
Discours de Freycinet sur les congrégations à Montauban.
16-17 septembre
Le ministère ajourne l'exécution des décrets sur les congrégations non autorisées jusqu'à un jugement du tribunal des conflits.
18 septembre
Trois ministres de l'Union républicaine donnent leur démission.
19 septembre
Circulaire Constans (ministre de l'Intérieur démissionnaire) aux directeurs des congrégations non autorisées leur interdisant toute activité.
Démission de Freycinet.
23 septembre
Président du Conseil, Jules Ferry reste ministre de l'Instruction publique.
Octobre
Le ministère exécute les décrets d'expulsion des congrégations non autorisées.
1er octobre
Dans son discours de Marseille, Clemenceau reproche à Gambetta d'exercer un « pouvoir occulte ».
14 novembre
Les collectivistes exclus du congrès national du Havre se constituent en Congrès national socialiste ouvrier.
21 décembre
Loi instituant un enseignement secondaire public et laïque donné par les femmes et création de l'École normale supérieure de jeunes filles de Sèvres. Fondation des lycées de jeunes filles.

1881

Janvier-février
La Chambre vote le projet de loi sur la presse.
12 mai
Traité du Bardo : le bey de Tunis accepte le protectorat français.
30 mai
La Chambre repousse le projet de Gambetta sur le scrutin de liste.

9 juin
Le Sénat repousse le scrutin de liste.
16 juin
Loi sur la gratuité de l'enseignement primaire.
30 juin
Loi sur les réunions publiques (sans autorisation, sous réserve de déclaration préalable).
28 juillet
Abolition du caractère confessionnel des cimetières.
29 juillet
Loi sur les libertés de réunion et de presse.
21 août et 4 septembre
Élections législatives générales : 467 sièges aux républicains contre 96 aux monarchistes.
10 novembre
Mis en difficulté sur l'expédition de Tunisie, Jules Ferry se retire.
14 novembre
Le « Grand ministère » Gambetta. Paul Bert à l'Instruction et aux Cultes.

1882

8 janvier
Renouvellement du Sénat : les républicains obtiennent 24 sièges supplémentaires (sur 79).
19 janvier
Krach de l'*Union générale des banques.*
27 janvier
Chute du ministère Gambetta sur la question de la révision constitutionnelle.
30 janvier
Ministère Freycinet. Jules Ferry à l'Instruction publique, Léon Say aux Finances.
28 mars
Loi sur l'enseignement primaire obligatoire.
29 mars
Loi sur le caractère neutre de l'enseignement.
Mai
Fondation de la Ligue des patriotes (président Henri Martin).
29 juillet
La Chambre refuse un nouveau crédit de 9 millions pour envoyer des troupes occuper l'isthme de Suez. Chute du ministère Freycinet.
7 août
Le « ministère de bains de mer » Duclerc.

Septembre

Au congrès de Saint-Étienne, scission du Parti ouvrier socialiste.

29 septembre

Au cours de leur banquet à Paris, les légitimistes demandent au comte de Chambord de rentrer en France.

31 décembre

Mort accidentelle de Gambetta.

1883

15 janvier

Le prince Napoléon réclame un plébiscite.

21 février

Jules Ferry président du Conseil et ministre des Affaires étrangères.

Juillet

La Chambre ratifie les conventions avec les chemins de fer.

24 août

Mort du comte de Chambord.

29 septembre

Visite d'Alphonse XII d'Espagne à Paris. Manifestation des radicaux parisiens.

13-14 octobre

A Rouen et au Havre, Jules Ferry prononce deux discours contre ses adversaires de gauche.

1884

21 mars

Loi sur les syndicats professionnels patronaux et ouvriers.

5 avril

Loi sur les municipalités, qui stipule notamment l'élection des maires par les conseillers municipaux (sauf pour Paris).

27 juillet

Loi Naquet sur le divorce.

4-13 août

Le Congrès, constitué en Assemblée nationale, vote la forme républicaine définitive du gouvernement, la suppression des prières publiques à l'ouverture des sessions parlementaires, et l'abolition progressive des sénateurs inamovibles.

1885

Janvier

Renouvellement du Sénat : 67 sièges républicains sur 87.

24 mars
La Chambre vote le scrutin de liste par département pour l'élection des députés.

30 mars
L'interpellation de Clemenceau sur l'échec de Lang Son (Tonkin) entraîne la chute du ministère Ferry.
Paul Déroulède porté à la présidence de la Ligue des patriotes.

6 avril
La Chine renonce au Tonkin et à l'Annam. Ministère d'« attente » Brisson.

22 mai
Mort de Victor Hugo.

31 mai - 1er juin
Enterrement de Victor Hugo.

11 octobre
Le 2e tour des élections législatives donne le résultat définitif de 383 sièges républicains contre 201.

24 décembre
Les crédits du Tonkin sont votés à 4 voix de majorité.

28 décembre
Réélection de Jules Grévy à la présidence de la République.

1886

7 janvier
Ministère de « replâtrage » Freycinet. Recommandé par Clemenceau, le général Boulanger devient ministre de la Guerre.

26 janvier
Incidents lors de la grève des mineurs de Decazeville.

10 avril
Première interpellation socialiste (sur les incidents de Decazeville).

22 mai
La Chambre vote un contre-projet interdisant la France aux chefs des deux familles royale et impériale, et interdisant aux princes toute fonction et tout mandat électif.

14 juillet
La foule parisienne acclame Boulanger.

1er août
Élections des conseillers généraux : gains des conservateurs.

Octobre
La *Liberté éclairant le monde* de Bartholdi (1884) est inaugurée dans la baie de New York.

18 octobre
Interpellation des radicaux sur l'emploi des troupes dans la grève de Vierzon.

30 octobre
Dernière loi sur l'enseignement primaire laïque, complétant les lois de 1881 et 1882.

3 décembre
Un conflit sur le budget provoque le retrait du ministère.

12 décembre
Le « ministère Freycinet sans Freycinet » Goblet.

1887

Création de l'Union indochinoise qui comprend les protectorats de l'Annam, du Tonkin, du Cambodge puis du Laos (1893) ; la Cochinchine est une colonie, le Tonkin le deviendra progressivement.

20 avril
Incident de frontière entre les polices française et allemande : arrestation du commissaire de police français Schnaebelé.

18 mai
Chute du ministère Goblet (et de Boulanger).

24 mai
Mackau, président de l'Union des droites, rend visite à Jules Grévy.

30 mai
Ministère Rouvier, sans Boulanger.

24 juin
La Ligue des patriotes acclame Boulanger.

Juin-juillet
La Chambre vote le principe du service de 3 ans.

8 juillet
Nommé commandant du 13ᵉ corps d'armée à Clermont-Ferrand, Boulanger quitte Paris. Pour se dégager de la foule qui manifeste en sa faveur, le général est obligé de grimper sur la locomotive.

11 juillet
Interpellation des radicaux sur « les menées cléricales et monarchistes ».

14 juillet
La foule manifeste aux cris de « Vive Boulanger ! A bas Ferry ! »

24 juillet
A Épinal, discours de Jules Ferry sur « le parti de l'étranger ».

15 septembre
Instructions du comte de Paris aux « représentants du parti monarchique ».

25 octobre
Début de l'affaire du trafic des décorations de la Légion d'honneur (dans lequel est impliqué Wilson, le gendre de Grévy).

27 octobre
Wilson envoie un chèque au Trésor.
5 novembre
Commission d'enquête parlementaire.
10 novembre
Le ministère ordonne une information judiciaire.
17 novembre
La Chambre autorise des poursuites contre Wilson. Interpellation de Clemenceau.
28-29 novembre
Au cours des « nuits historiques », entrevues de Clemenceau avec les chefs du parti boulangiste, Déroulède et Boulanger.
30 novembre
Grévy annonce sa démission.
2 décembre
Démission de Grévy.
3 décembre
Élection de Sadi Carnot à la présidence de la République.
12 décembre
« Ministère d'affaires » Tirard (sénateur indépendant).

1888

Guillaume II roi de Prusse et empereur d'Allemagne.
Janvier
Renouvellement partiel du Sénat : gains des conservateurs.
14 mars
Le ministère met Boulanger en retrait d'emploi.
20 mars
Interpellation d'un député bonapartiste sur les mesures prises contre Boulanger.
31 mars
Mis à la retraite, Boulanger devient éligible.
8 avril
Élection de Boulanger dans la Dordogne.
15 avril
Élection de Boulanger dans le Nord.
23 avril
Le conseil municipal de Paris vote un ordre du jour contre la « campagne plébiscitaire et boulangiste ».
24 avril
Le comte de Paris prend position.
27 avril
Boulanger se déclare pour une « République ouverte ».

23 mai
Sous la présidence de Clemenceau, la Fédération « possibiliste » crée la Société des droits de l'homme et du citoyen pour défendre la République.

12 juillet
Boulanger donne sa démission de député et est blessé par Floquet, président du Conseil, dans un duel à l'épée.

19 août
Triple élection de Boulanger.

15 octobre
Floquet propose la révision de la Constitution.

1889

27 janvier
Élu dans la Seine, Boulanger refuse de marcher sur l'Élysée.

9 février
La Chambre vote le retour au scrutin uninominal par 268 voix contre 222 (loi du 13 février).

14 février
Ajournement de la discussion sur la révision réclamée par Floquet, qui démissionne.

22 février
Ministère Tirard, qui se déclare prêt à « une politique large, tolérante et sage, pour assurer le succès de l'Exposition Universelle ».

23 février
Le ministère annonce vouloir assurer le maintien de l'ordre légal et le respect dû à la République.

24 février
Constans, ministre de l'Intérieur, ordonne aux préfets de ne pas recevoir les délégations ouvrières. Seule une pétition aux Chambres est admise.

2 mars
Dissolution de la Ligue des patriotes.

17 mars
Alliance Boulanger-conservateurs au banquet de Tours.

1er avril
Fuite de Boulanger à Bruxelles.

12 avril
Boulanger, Dillon et Rochefort sont condamnés par contumace.

5 mai
Ouverture de l'Exposition Universelle.

17 juillet
Loi Constans interdisant les candidatures multiples.

18 juillet
Loi établissant le service militaire de 3 ans « égal pour tous » (réduit à un an pour les « dispensés »).

14 août
Boulanger et ses deux coaccusés sont condamnés par contumace à la déportation dans une enceinte fortifiée.

15 septembre
« Appel à la France » de Boulanger.

6 octobre
2e tour des élections législatives. Résultat définitif : 366 sièges aux républicains contre 172 aux conservateurs.

1890

1er mars
Démission de Constans, ministre de l'Intérieur.

13 mars
Démission du cabinet Tirard.

17 mars
Ministère Freycinet. Ribot aux Affaires étrangères, Constans à l'Intérieur.

18 mars
Démission de Bismarck.

Mai
Visite du grand-duc Nicolas à Paris.

10 mai
A la Chambre, déclaration d'Étienne, sous-secrétaire d'État aux Colonies, sur le développement de l'empire colonial français en Afrique.

7 juillet
Loi sur la création de délégués élus à la sécurité des ouvriers mineurs.

5 août
Déclaration franco-britannique reconnaissant les droits français sur Madagascar et le protectorat britannique sur Zanzibar.

30 septembre
Suicide de Boulanger à Bruxelles.

6 novembre
En réponse à l'interpellation de Delcassé, Ribot déclare que « la France ne cache pas les efforts qu'elle s'est imposés depuis vingt ans pour refaire son armée, qui est la sauvegarde de son indépendance ».

12 novembre
Le toast d'Alger du cardinal Lavigerie, premier signe de rapprochement entre le catholicisme et le régime républicain.

1891

18 février
La visite « incognito » de l'impératrice douairière d'Allemagne à Paris provoque des incidents.
1er mai
Le Parti ouvrier français (Jules Guesde) organise une manifestation d'ensemble en faveur de la journée de huit heures. Plusieurs morts à la suite de manifestations à Fourmies.
15 mai
L'encyclique *Rerum Novarum* de Léon XIII, à l'élaboration de laquelle a contribué Albert de Mun.
16 juillet
Giers, ministre russe des Affaires étrangères, entretient Laboulaye, ambassadeur de France, de son désir de l'entente.
18 juillet
La Chambre vote le tarif général protectionniste par 385 voix contre 111.
20 juillet
Loi créant l'Office du Travail.
23 juillet
Arrivée à Cronstadt d'une division navale française.
27 août
Un accord diplomatique crée l'Entente cordiale franco-russe.

1892

11 janvier
Loi de retour au protectionnisme.
20 janvier
Déclaration commune des cinq cardinaux métropolitains français sur l'opposition République-foi catholique.
17 février
Dans un entretien avec le journaliste Ernest Judet du *Petit Journal,* Léon XIII déclare que « la République est une forme de gouvernement aussi légitime que les autres et [qu']il faut accepter la Constitution pour changer la législation ».
19 février
Mis en minorité sur un projet de loi concernant les associations (et indirectement les congrégations religieuses), le cabinet Freycinet démissionne.
20 février
Publication de l'encyclique *Inter Sollicitudines*, écrite en français.
27 février
Gouvernement de « concentration républicaine » Loubet.

29 février
A Paris, première tentative d'explosion par l'anarchiste Ravachol.
27 mars
A Paris, quatrième tentative d'explosion.
30 mars
Arrestation de Ravachol.
Août
Grève dans les verreries de Carmaux.
17 août
Les chefs d'état-major français et russe signent un projet de convention d'aide réciproque.
2 novembre
La durée maximum de la journée de travail des adolescents et des femmes est ramenée à 11 heures ; obligation d'un jour de repos hebdomadaire.
21 novembre
L'interpellation de Delahaye, affirmant que 150 membres du Parlement ont été concussionnaires dans l'affaire de Panamá, conduit la Chambre à désigner une commission d'enquête.
28 novembre
Chute du cabinet « Loubet-Ribot ».
6 décembre
Ministère « Ribot-Loubet ».
20 décembre
Vote de la levée de l'immunité parlementaire de 5 députés. Attaque de Déroulède contre Clemenceau.

1893

Debussy compose, en réaction « française » contre l'influence dominante de Wagner, le *Prélude à l'après-midi d'un Faune* dédié à Mallarmé.
Janvier
Devant la première chambre de la Cour d'appel de Paris, procès en escroquerie et abus de confiance fait aux responsables de la Compagnie de Panamá, ainsi qu'à Eiffel, entrepreneur. Prison et amende pour tous les inculpés (arrêt cassé sans renvoi quelques mois plus tard).
Février
Dans *La Petite République*, Millerand propose une « coalition des partis de gauche contre tous les partis conservateurs ».
8 mars
Devant la Cour d'assises de la Seine, ouverture du procès en corruption de 5 parlementaires et des dirigeants de la Compagnie de Panamá.

20 mars

Sentence : Charles de Lesseps coupable avec circonstances atténuantes ; acquittement des autres accusés, excepté Baïhaut, ancien ministre des Travaux publics.

30 mars

A la suite d'un conflit entre la Chambre et le Sénat sur la réforme de l'impôt des boissons, chute du cabinet Ribot.

4 avril

Ministère Dupuy. Raymond Poincaré à l'Instruction publique.

31 mai

Au banquet du *Journal des débats*, Léon Say (centre-gauche) repousse l'entente avec les socialistes.

3 juin

Au cercle républicain de Toulouse, Constans propose aux groupes républicains du centre une alliance avec les conservateurs sur un programme d'intérêts pratiques.

3 septembre

2e tour des élections législatives. Les républicains de gouvernement disposent de 278 sièges, contre 140 aux radicaux, 45 aux socialistes, 76 à la droite et 27 aux ralliés.

3 octobre

Traité entre la France et le Siam, qui reconnaît la souveraineté de l'Annam sur le Laos.

13 octobre

Visite à Toulon de l'escadre russe de l'amiral Avelane.

25 novembre

Sur une interpellation socialiste, chute du cabinet Dupuy.

3 décembre

Cabinet modéré Casimir-Perier.

9 décembre

L'anarchiste Vaillant lance une bombe à la Chambre.

11-12 décembre

Loi sur les « associations de malfaiteurs ».

1894

4 janvier

Conclusion définitive de l'Alliance franco-russe.

7 février

Vaillant monte à l'échafaud.

22 mai

A la suite d'un conflit sur le droit des ouvriers de l'État au syndicat, le ministère Casimir-Perier démissionne.

30 mai

Cabinet Dupuy, « garantissant l'ordre public contre toutes les agitations et assurant l'observation des lois républicaines ». Poincaré aux Finances.

24 juin
Sadi Carnot est assassiné à Lyon par l'anarchiste Caserio.
27 juin
Casimir-Perier est élu président de la République.
28 juin
La Chambre adopte définitivement le projet de loi sur les délits de presse (loi d'exception contre les anarchistes).
Septembre
Le congrès de la Fédération des syndicats vote la proposition de Briand sur la grève générale.
24 septembre
Début de l'Affaire Dreyfus*.

1895

15 janvier
Chute du ministère Dupuy.
16 janvier
Le président de la République Casimir-Perier démissionne.
17 janvier
A Versailles, le Congrès élit Félix Faure à la présidence de la République à une majorité de 69 voix.
26 janvier
Ministère d'« union républicaine » Ribot.
13 février
Les frères Lumière font breveter leur invention.
22 mars
Projection à Paris de la première bande cinématographique : « La Sortie des ouvriers de l'usine Lumière. »
10 juin
Interpellations du radical Flourens et du socialiste Millerand reprochant au gouvernement de marcher à un rapprochement avec l'Allemagne.
Septembre
Le congrès ouvrier de Limoges décide la constitution d'une Confédération générale du travail.
1er octobre
Traité de Tananarive : la reine Ranavalona III reconnaît le protectorat français.
28 octobre
Combattu par le clergé et attaqué par les socialistes, le ministère Ribot démissionne.
1er novembre
Cabinet radical homogène Léon Bourgeois. Combes à l'Instruction publique et aux Cultes. Doumer aux Finances.

---

* Chronologie détaillée, pp. 189-204.

1896

18 janvier
Le gouvernement notifie aux puissances étrangères la « prise de possession » de Madagascar.

23 février
A Châlons, le ministre du Commerce plaide pour un socialisme sage et pratique.

26 mars
Vote de principe pour un impôt général sur le revenu.

21 avril
Le Sénat refuse sa confiance au ministère.

23 avril
Sans majorité à la Chambre et au Sénat, le cabinet Léon Bourgeois se retire.

29 avril
Ministère modéré homogène de Méline, qui prend le portefeuille de l'Agriculture.

24 mai
Le congrès ouvrier chrétien de Reims crée un Parti démocratique chrétien.

30 mai
Au cours du banquet des maires socialistes à Saint-Mandé, discours-programme de Millerand.

29 juin
Les révélations d'Arton conduisent la Chambre à élire une commission d'enquête sur le scandale de Panamá.

21-24 juillet
Le congrès du Parti ouvrier français à Lille recommande la doctrine socialiste comme règle de la discipline électorale.

6 août
Loi d'annexion de Madagascar à la France.

24 août
Congrès ecclésiastique.

5 octobre
Arrivée à Cherbourg du tsar Nicolas II et de la tsarine Alexandra.

1897

Mai
Incendie du Bazar de la Charité.

Août
Le tsar reçoit Félix Faure à Cronstadt.

Septembre
Le Convent maçonnique invite les francs-maçons du Parlement à remplacer le gouvernement « réactionnaire et clérical ».

10 octobre
A Remiremont, Méline repousse l'anticléricalisme et reprend la formule de l'apaisement.
14 octobre
L'« Avion » de Clément Ader réussit un bond de 200 mètres.

1898

Pierre et Marie Curie découvrent le polonium et le radium.
9 avril
Loi sur les accidents du travail. Loi sur les sociétés de secours mutuel.
17 avril
A Remiremont, discours-programme de Méline : « Ni réaction, ni révolution. »
22 mai
2e tour des élections législatives. Les républicains modérés disposent de 250 sièges, contre 170 aux radicaux, 50 aux socialistes, 45 à la droite pure, et 20 aux « révisionnistes » ; les ralliés gagnent 10 sièges.
30 mai
Rapport de la commission d'enquête sur le scandale de Panamá. La Chambre blâme les défaillances de la magistrature.
14 juin
Interpellation de Millerand qui promet sans condition « le concours des socialistes à un ministère de gauche qui prouverait par les faits sa résolution de mener à bien les réformes républicaines ». La proposition d'une majorité exclusivement républicaine faite par le radical Ricard entraîne le retrait du cabinet Méline (le 15).
28 juin
Ministère radical Brisson.
25 octobre
Sur un ordre du jour invitant le gouvernement à réprimer les attaques contre l'armée, le cabinet Brisson démissionne.
1er novembre
Ministère d'« équilibre » Dupuy.
7 novembre
Le gouvernement télégraphie au commandant Marchand l'ordre d'évacuer Fachoda.

1899

12 juin
Chute du cabinet Dupuy.

22 juin

Ministère de « défense républicaine » Waldeck-Rousseau. Le socialiste Millerand entre au gouvernement comme ministre du Commerce et de l'Industrie (Travail). Delcassé garde les Affaires étrangères.

14 juillet

« Manifeste à la France ouvrière et socialiste » des guesdistes et blanquistes : « Le Parti socialiste... ne saurait devenir... un parti ministériel. »

Août

Décret sur les conditions du travail pour les travaux faits au compte de l'État, des départements et des communes.

19 novembre

Inauguration du *Triomphe de la République* de Dalou place de la Nation.

3 décembre

Réunion du congrès socialiste à Paris.

1900

Janvier

Dissolution par jugement de la Congrégation des Augustins de l'Assomption.

28 janvier

Renouvellement partiel du Sénat : la gauche obtient 80 sièges sur 99.

15 mars

Première représentation de *L'Aiglon* d'Edmond Rostand, avec Sarah Bernhardt.

30 mars

Loi qui abaisse à 10 heures, dans un délai de quatre ans, la durée du travail quotidien pour les travailleurs industriels.

11 avril

A l'interpellation d'un catholique, Waldeck-Rousseau répond : « Trop de moines ligueurs, et trop de moines d'affaires. »

14 avril

Le président de la République inaugure l'Exposition Universelle de Paris.

28 avril

Le Vatican déclare nuls les articles organiques.

Mai

Le conseil municipal de Paris élit un nationaliste à sa présidence.

22 mai

Waldeck-Rousseau obtient un vote de confiance pour « poursuivre une politique de réformes républicaines et de défense de l'État laïque ».

28 mai
Démission de Galliffet, ministre de la Guerre.
Juillet
Extensions nouvelles de l'Alliance franco-russe : protocoles d'états-majors sur les mobilisations française et russe et sur une attaque éventuelle de la part de l'Angleterre.
16 juillet
Mise en service de la première ligne du métro parisien, Vincennes-Porte Maillot.
Septembre
A Paris, le congrès socialiste national et le congrès socialiste international discutent le « cas Millerand ». Les guesdistes quittent le parti.
22 septembre
20 777 maires assistent au banquet offert par le gouvernement dans le jardin des Tuileries.
28 octobre
A Toulouse, Waldeck-Rousseau prononce un discours de combat dans lequel il parle du « milliard des congrégations » et de l'opposition entre « les deux jeunesses ».
12 novembre
Après avoir accueilli son 50 860 801ᵉ visiteur, l'Exposition Universelle ferme ses portes.
29 novembre
Loi obligeant les patrons de magasins à mettre des sièges à la disposition des vendeuses.
Décembre
Accord franco-italien sur la Tripolitaine et le Maroc.

1901

15 janvier
Ouverture à la Chambre du débat sur les associations.
21 janvier
Mort de la reine Victoria ; avènement d'Édouard VII.
Février
Protocoles d'accord militaires franco-russes concernant le rôle de l'Angleterre.
Avril
Visite d'une escadre italienne à Toulon.
Mai
Le gouvernement français approuve les protocoles militaires franco-russes.
Le progressiste dissident Adolphe Carnot fonde l'Alliance républicaine démocratique (modérés).
Congrès socialiste à Lyon, nouvelle scission.

23 juin
A Paris, premier congrès du Parti radical et radical-socialiste.
1er juillet
Loi sur les associations.
17 septembre
Le tsar Nicolas II et la tsarine Alexandra débarquent à Dunkerque.

1902

Renouvellement de la Triplice. Clemenceau sénateur du Var.
30 janvier
Traité d'alliance Angleterre-Japon.
Mars
Création à Tours du Parti socialiste français.
8 mai
L'éruption soudaine de la Montagne Pelée détruit entièrement Saint-Pierre de la Martinique.
11 mai
2e tour des élections législatives : la coalition des gauches dispose de 350 sièges (dont 110 radicaux, 100 radicaux-socialistes et 45 socialistes) contre 230.
Troisième semaine de mai
Le président de la République rend visite au tsar.
28 mai
Malade, Waldeck-Rousseau se retire sans avoir été mis en minorité.
1er juin
Léon Bourgeois président de la Chambre.
15 juin
Combes forme un cabinet comprenant 7 radicaux et radicaux-socialistes et 3 modérés. Le président du Conseil prend le portefeuille de l'Intérieur et des Cultes, Delcassé garde celui des Affaires étrangères.
28 juin
Prinetti, ministre italien des Affaires étrangères, et Barrère, ambassadeur de France, échangent des lettres limitant le rôle de l'Italie dans la Triplice.
6 août
Cambon, ambassadeur de France à Londres, déclare à Lord Lansdowne, secrétaire d'État britannique aux Affaires étrangères, que la France juge désormais possible de mener sa politique d'« accord avec la Grande-Bretagne ».
Septembre
Création à Commentry du Parti socialiste de France.

22 octobre
Entretien Cambon-Lansdowne sur le Maroc.
2 novembre
Nouvel entretien Cambon-Lansdowne sur le Maroc.
23 novembre
Le gouvernement fait fermer toutes les écoles non autorisées, sauf dans les localités dépourvues d'école laïque.

1903

Émission en France d'un emprunt destiné à financer l'achèvement du transsibérien.
28 mars
Par 304 voix contre 246, la Chambre rejette toutes les demandes d'autorisation faites par les 54 congrégations d'hommes non reconnues.
8 avril
Lansdowne affirme à Cambon vouloir traiter la question du Maroc avec l'Espagne et avec la France.
Mai
Visite officielle d'Édouard VII à Paris.
25-26 juin
A une majorité de 16 voix, la Chambre rejette en bloc les demandes d'autorisation formulées par 81 congrégations de femmes non reconnues.
27 juin
Dans un discours au Sénat, Waldeck-Rousseau dénonce le sectarisme de Combes.
Juillet
Garin remporte le premier Tour de France cycliste.
6 juillet
Visite officielle d'Émile Loubet à Londres.
11 juillet
Loi sur l'hygiène des ateliers.
20 juillet
Mort de Léon XIII.
Août
Élection de Pie X.
13 septembre
Combes inaugure la statue de Renan à Tréguier.
Octobre
Visite officielle du roi Victor-Emmanuel III à Paris.
18 décembre
Le président du Conseil dépose un projet de loi retirant le droit d'enseigner à toutes les congrégations.

1904

6 janvier
Rupture des relations diplomatiques entre le Japon et la Russie.

8 février
Des torpilleurs japonais coulent des navires du tsar en rade de Tchemoulpo (Corée).

Mars
Par 316 voix contre 269, la Chambre vote le projet de loi Combes, avec un amendement exemptant de ses dispositions les noviciats formant le personnel des écoles françaises dans les colonies et à l'étranger.

24-29 mars
La visite officielle d'Émile Loubet à Rome indispose le Vatican.

8 avril
L'accord franco-britannique sur les colonies jette les bases de l'Entente cordiale.

18 avril
Premier numéro du quotidien *L'Humanité*, fondé par Jaurès.

Mai
A l'occasion des élections municipales, Paris échappe aux nationalistes et les radicaux conquièrent plusieurs grandes villes.

27 mai
La Chambre rejette la proposition de dénoncer le Concordat.

5 juillet
Après ratification du Sénat par 167 voix contre 108, loi retirant le droit d'enseigner à toutes les congrégations (avec amendement).

29 juillet
Le Conseil des ministres décide la fermeture de l'ambassade près le Vatican.

30 juillet
La Chambre vote la rupture des relations diplomatiques avec le Vatican.

Août
Au congrès de l'Internationale ouvrière à Amsterdam, la « résolution d'Amsterdam » condamne toute politique d'appui à un gouvernement bourgeois.

30 octobre
Le Figaro dénonce l'existence de fiches classées dans les dossiers *Corinthe* et *Carthage* du ministère de la Guerre.

4 novembre
A la Chambre, Guyot de Villeneuve évoque l'« affaire des fiches ».

15 novembre
Démission du général André.

9 décembre
Concernant les « délégués » du préfet, interpellation à la Chambre de Millerand, qui parle de domination abjecte du gouvernement. La confiance est votée par 296 voix contre 266.

1905

10 janvier
Doumer est élu président de la Chambre.
14 janvier
Interpellé sur sa politique générale, Combes répond que sa chute serait un désastre pour la République et obtient encore une majorité de 6 voix.
18 janvier
Démission du ministère Combes.
24 janvier
Cabinet de « politique réaliste » Rouvier. Le président du Conseil prend le portefeuille des Finances et Delcassé garde celui des Affaires étrangères.
4 mars
Vote définitif de la loi fixant à 2 ans sans exemption la durée du service militaire.
31 mars
Guillaume II débarque à Tanger.
Charles Maurras fonde la Ligue d'Action française.
Marc Sangnier commence à transformer le *Sillon* (revue fondée en 1894) en mouvement social et politique organisé.
Avril
Le Parti socialiste français et le Parti socialiste de France fusionnent en un parti unique : le Parti socialiste unifié ou Section française de l'Internationale ouvrière.
19 avril
Interpellé à la Chambre sur l'affaire de Tanger, Delcassé offre sa démission, qu'il retire.
15 mai
Rouvier engage Cambon à ne pas continuer les négociations franco-anglaises au sujet des visées allemandes sur le Maroc.
30 mai
Le conseiller de l'ambassade allemande à Paris demande à Rouvier « un changement dans la conduite de la politique extérieure française ».
4 juin
La visite officielle à Paris du roi d'Espagne Alphonse XIII provoque un attentat.

6 juin
La décision du Conseil des ministres de ne pas poursuivre les conversations avec l'Angleterre entraîne la démission de Delcassé.
19 juin
Loi limitant à 8 heures par jour le travail des ouvriers du sous-sol.
26 juin
Clemenceau déclare à l'ambassade d'Angleterre : « Si l'Allemagne veut la guerre, eh bien, nous nous battrons ! »
1er juillet
Rouvier se rallie au projet de conférence marocaine.
3 juillet
Par 341 voix contre 233, la Chambre vote le projet de loi sur la Séparation des Églises et de l'État.
24 juillet
A Bjoerkoe (Finlande), traité secret d'alliance défensive germano-russe.
28 septembre
Accord franco-allemand sur le programme de la conférence internationale pour le Maroc.
Novembre
Le War Office de Londres assure l'attaché militaire français d'une aide immédiate de 115 000 hommes en cas d'attaque allemande.
9 décembre
Adoptée par le Sénat, loi instituant la Séparation des Églises et de l'État.

1906

7 janvier
Renouvellement partiel du Sénat.
16 janvier
Ouverture de la conférence d'Algésiras pour le Maroc.
17 janvier
Armand Fallières est élu président de la République par les 449 voix de la gauche contre les 371 voix du centre et de la droite pour Paul Doumer.
1er-2 février
Incidents à Paris dans l'affaire des inventaires.
11 février
L'encyclique *Vehementer Nos* de Pie X condamne la loi de Séparation.
18 février
Entrée en fonction du nouveau président de la République.

24 février
La Chambre vote le projet de loi sur les retraites ouvrières.

3 mars
La conférence d'Algésiras attribue à la France et à l'Espagne l'organisation de la police au Maroc.

7 mars
La mort d'un manifestant à Boeschêpe entraîne la démission du cabinet Rouvier.

10 mars
La catastrophe de Courrières provoque la grève de 70 000 mineurs.

14 mars
Ministère Sarrien. Clemenceau entre au gouvernement comme ministre de l'Intérieur ; Briand à l'Instruction publique et aux Cultes.

7 avril
L'Acte final de la conférence d'Algésiras garantit l'indépendance du sultan, l'intégrité de son État et l'« égalité parfaite » de toutes les nations dans le « domaine économique » marocain.

20 mai
2e tour des élections législatives : l'ancien « Bloc » dispose de 414 sièges (dont 130 radicaux-socialistes) contre 175 sièges pour l'opposition.

30 mai
L'épiscopat français se réunit à Paris.

1er juin
Réunion de la nouvelle Chambre.

21 juin
La Chambre vote la confiance au ministère Sarrien.

12-13 juillet
Acquittement, réhabilitation et réintégration de Dreyfus.

13 juillet
Loi rétablisssant l'obligation du repos hebdomadaire.

15 août
L'encyclique *Gravissimo officii* refuse les associations cultuelles.

13 octobre
Le congrès de la C.G.T. approuve la Charte d'Amiens.

19 octobre
Malade, Sarrien se retire.

25 octobre
Ministère Clemenceau. Joseph Caillaux aux Finances, Picquart à la Guerre. Création du ministère du Travail, occupé par le socialiste indépendant Viviani. Clemenceau garde le portefeuille de l'Intérieur.

5 novembre
Dans la déclaration gouvernementale, Clemenceau affirme : « Avant de philosopher, il faut être ! C'est pourquoi nous

entendons maintenir nos forces militaires en état de faire face, sans à-coups, à toutes les éventualités. »

8 novembre

La création du ministère du Travail est approuvée par la Chambre.

22 novembre

La Chambre et le Sénat adoptent le nouveau montant de l'indemnité parlementaire fixé à 15 000 F par an.

7 décembre

La Chambre vote le rachat de la Compagnie des chemins de fer de l'Ouest.

12 décembre

La loi de Séparation entre en vigueur.

1907

7 février

Projet Caillaux d'impôt sur le revenu.

Mars

Les Chambres adoptent la proposition Flandin supprimant la déclaration obligatoire des réunions publiques.

8-9 mars

Grève et manifestation des ouvriers électriciens de Paris.

12 mars

Dans le port de Toulon, une série d'explosions détruisent le vaisseau cuirassé *Iéna*, entraînant la mort de 200 victimes.

20 mars

Première grande réunion en faveur de la réforme électorale. Après l'assassinat d'un médecin français, les troupes du général Lyautey occupent Oujda.

6 avril

Dans une lettre au syndicat des instituteurs, Clemenceau se déclare hostile aux associations de fonctionnaires.

7 avril

Le gouvernement révoque les signataires d'une affiche émanant du syndicat des instituteurs et de celui des agents des postes.

23 avril

L'arsenal de Toulon est détruit par un incendie.

12 mai-9 (juin)

Manifestations des viticulteurs du Midi. Dans plusieurs villes, la troupe refuse d'assurer le maintien de l'ordre.

14 mai

La Chambre approuve l'hostilité de Clemenceau aux associations de fonctionnaires.

9 juin

700 000 personnes manifestent à Montpellier.

16 juin
Le tsar Nicolas II dissout la 2e Douma (Assemblée législative).
19 juin
Les manifestants viticulteurs incendient la sous-préfecture de Narbonne et la préfecture de Perpignan.
21 juin
Le 17e régiment d'infanterie se mutine et marche sur Béziers.
29 juin
Loi réprimant la fraude sur les vins.
Juillet
Guillaume II reçoit Eugène Étienne, chef du parti colonial français.
20 juillet
Démission du généralissime, le général Hagron.
27 juillet et 4 (août)
Élections aux Conseils généraux et d'arrondissement. Succès des radicaux et radicaux-socialistes.
31 juillet
Massacres d'ouvriers français à Casablanca.
Août
A Nancy, IVe congrès du Parti socialiste unifié. Au congrès socialiste international de Stuttgart, Jaurès s'attache à faire voter une motion recommandant la lutte contre la guerre par tous les moyens.
7 septembre
Discours antimilitariste de Jaurès au Tivoli-Vaux-Hall à Paris.
10 octobre
Le congrès du Parti radical et radical-socialiste à Nancy condamne l'antipatriotisme et l'antimilitarisme, mais n'accepte pas de rompre avec le Parti socialiste unifié.
Novembre
Guillaume II se rend en Angleterre.
21 décembre
La Chambre adopte le projet de loi sur la dévolution des biens cultuels.

1908

24 janvier
A la Chambre, Jaurès réclame le retrait des troupes françaises du Maroc.
10 et 24 février
La Chambre approuve la politique du gouvernement au Maroc.
18 et 20 février
Le Sénat approuve la politique du gouvernement au Maroc.
1er mars
Premier numéro du quotidien l'*Action française*.

10 mars
Réintégration de Joseph Reinach comme officier d'état-major de l'armée territoriale.

14 mars
A la Chambre, le radical-socialiste Maurice Berteaux attaque le gouvernement Clemenceau.

5 avril
En réponse aux revendications de leurs ouvriers, lock-out des entrepreneurs de maçonnerie de Paris.

7 avril
Le Sénat modifie la loi de dévolution votée par la Chambre.

13 avril
Loi de dévolution des biens cultuels.

3 et 10 mai
Élections municipales : victoire des radicaux et radicaux-socialistes et des républicains de gauche.

17 mai
Dans une lettre aux cardinaux français, Pie X désapprouve les termes de la loi de dévolution.

25 mai
La Chambre vote l'impôt sur la rente.

1er juin
Incidents dans la grève des mineurs des sablières de Draveil.

26 juin
Le Sénat vote le rachat de la Compagnie des chemins de fer de l'Ouest.

27 juillet
Rencontre entre le tsar et le président Fallières à Reval.

30 juillet
Manifestations sanglantes à Villeneuve-Saint-Georges.

31 juillet
Arrestation des chefs de la C.G.T. et instruction judiciaire.

14 septembre
Note franco-espagnole au sultan du Maroc Moulaï Hafid.

23 septembre
Le gouvernement allemand adhère à la note franco-espagnole.

26 septembre
Incident franco-allemand des déserteurs de la Légion étrangère à Casablanca.

7 octobre
L'Empire d'Autriche-Hongrie annexe la Bosnie et l'Herzégovine.

10 octobre
Au congrès de Dijon, les radicaux s'opposent à la rupture avec les socialistes.

19 octobre
Interpellé à la Chambre, Thomson, ministre de la Marine, démissionne.
8 décembre
La Chambre vote le maintien de la peine de mort.

1909

3 janvier
Élections sénatoriales. Succès des radicaux-socialistes.
11 février
Clemenceau obtient la confiance de la Chambre contre l'extension de l'amnistie aux fonctionnaires révoqués et aux condamnés pour antipatriotisme.
15 mars
Grève des postes. La troupe assure le service de remplacement.
21-22 mars
Clemenceau reçoit une délégation de grévistes.
26 mars
Résolue à donner aux fonctionnaires un statut légal, la Chambre en exclut formellement le droit de grève, par 470 voix contre 63.
Mai
Grève des inscrits maritimes.
22 mai
La sentence de la Cour de La Haye donne gain de cause à la France dans l'affaire des déserteurs de la Légion étrangère.
28 mai
La Chambre refuse l'amnistie pour les postiers révoqués.
11 juin
La Chambre adopte le projet de réforme de la justice militaire.
15 juin
Le Sénat refuse d'étendre l'amnistie aux postiers révoqués pour faits de grève.
3 juillet
Fin de la grève des inscrits maritimes.
20 juillet
Par 212 voix contre 196, la Chambre renverse Clemenceau.
24 juillet
Briand président du Conseil et ministre de l'Intérieur. Millerand aux Travaux publics, Postes et Télégraphes.
Loi relative à l'artillerie.
25 juillet
Louis Blériot traverse la Manche en avion en une heure et demie.

27 juillet
Déclaration gouvernementale : une politique de réformes et de progrès et, à l'extérieur, fidélité aux alliances et amitiés contractées.

10 octobre
Dans son discours de Périgueux, Briand condamne le scrutin d'arrondissement.

13 octobre
L'exécution à Barcelone de l'anarchiste Ferrer provoque une émeute à Paris.

8 novembre
Sur l'intervention de Briand, la Chambre rejette le principe de la proportionnelle.

23 novembre
La Chambre approuve la politique de la France au Maroc par 433 voix contre 67.

1910

14 janvier
Interpellation à la Chambre sur la neutralité scolaire.

28 janvier
La Seine inonde Paris.

29 mars
Majoration des droits de douane.
Loi sur le nouveau régime de liquidation des congrégations.

5 avril
Loi organisant les retraites ouvrières et paysannes (adoptée par le Sénat le 22 mars et par la Chambre le 31 mars).

8 mai
2e tour des élections législatives. Les radicaux et radicaux-socialistes perdent 17 sièges.

28 juin
La nouvelle Chambre vote la confiance au ministère Briand par 404 voix contre 121.

30 juin
Briand dépose un projet de loi sur la réforme électorale : scrutin de liste, avec représentation des minorités (représentation proportionnelle).

1er juillet
Interpellation sur le scandale financier Rochette et constitution d'une commission d'enquête parlementaire.

11-12 octobre
Grève générale dans les chemins de fer ; réquisition des employés par la militarisation.

18 octobre
Fin de la grève.

29-30 octobre
Devant la Chambre, Briand défend les mesures prises pour briser la grève des chemins de fer et obtient la confiance à une majorité de 146 voix.

2 novembre
Briand renverse son propre ministère.

3 novembre
Second ministère de Briand, qui élimine les deux socialistes indépendants Millerand et Viviani.

10 novembre
La confiance est votée à une majorité de 87 voix.

1911

17 janvier
A la Chambre, un dément tire deux coups de revolver sur Briand.

27 février
Ne disposant plus que de 16 voix de majorité, Briand démissionne.

6 mars
Le cabinet radical-socialiste Monis obtient un vote d'approbation par 309 voix contre 114 et 126 abstentions.

11 avril
Émeutes viticoles en Champagne. Le gouvernement fait occuper militairement tout le département de la Marne.

21 mai
Au départ de la course Paris-Madrid, à Issy-les-Moulineaux, l'aéroplane de Train blesse grièvement le président du Conseil et tue Berteaux, ministre de la Guerre. Arrivée du corps expéditionnaire français devant Fès.

15 juin
Projet de loi mettant fin aux délimitations (vins). Accord entre les viticulteurs de l'Aube et de la Marne.

19 juin
En déclarant au Sénat qu'il n'y a pas de généralissime, le général Goiran, nouveau ministre de la Guerre, provoque la chute du cabinet Monis quatre jours plus tard.

22 juin
La Chambre se montre favorable à la représentation proportionnelle.

27 juin
Ministère Caillaux.

1er juillet
Le navire de guerre allemand *Panther* devant Agadir.

28 juillet
Réorganisation du Conseil supérieur de la Guerre. Le général Joffre est nommé chef d'état-major général de l'armée.

4 novembre
Traité franco-allemand de Berlin sur le Maroc, le Congo et le Cameroun.

28 novembre
Le croiseur *Berlin* (remplaçant le *Panther*) reçoit l'ordre de regagner l'Allemagne.

20 décembre
La Chambre ratifie le traité franco-allemand par 393 voix contre 36.

30 décembre
Par 312 voix contre 140, la Chambre refuse la réintégration des agents grévistes des chemins de fer.

1912

7 janvier
Les élections sénatoriales marquent un temps d'arrêt dans les progrès de la gauche.

9 janvier
Incident Caillaux-Clemenceau à propos de tractations secrètes pour le traité franco-allemand. Démission du ministre des Affaires étrangères de Selves.

11 janvier
Démission du ministère Caillaux.

13 janvier
Poincaré président du Conseil et ministre des Affaires étrangères. Millerand à la Guerre.

16 et 18 janvier
Deux paquebots français sont arrêtés près de la Sardaigne par un torpilleur italien.

10 février
Le Sénat approuve le traité franco-allemand par 212 voix contre 42.

30 mars
Traité de Fès instituant le protectorat français au Maroc.

5 et 12 mai
Les élections municipales amènent peu de changements.

14 mai
Deuxième décret réorganisant le haut commandement militaire.

22 mai
Paul Deschanel remplace à la présidence de la Chambre Brisson, décédé le 14 avril.

9 juin

Nouvelle grève des équipages de la marine marchande (jusqu'au 23 août).

1er juillet

La Chambre ratifie le traité de protectorat français au Maroc.

10 juillet

La Chambre adopte le projet gouvernemental de réforme électorale assurant la représentation des minorités, par 339 voix contre 217.

11 juillet

Adversaires de la réforme électorale, Clemenceau et Combes fondent le Comité de défense du suffrage universel. Le Sénat ratifie le traité de protectorat français au Maroc.

15 août

A Chambéry, le congrès des syndicats d'instituteurs se déclare solidaire de la C.G.T. et approuve le « Sou du Soldat » créé par les Bourses du travail.

15 octobre

Traité de Lausanne entre l'Italie et la Turquie.

27 octobre

Dans son discours de Nantes, Poincaré se montre préoccupé par l'état de la péninsule des Balkans.

4 novembre

Renouvellement de la Triplice.

22 novembre

Accord franco-britannique sur le resserrement de l'Entente.

3 décembre

Armistice entre la Turquie et les belligérants balkaniques.

1913

Au Théâtre des Champs-Élysées, *Le Sacre du printemps* suscite un beau tumulte.

13 janvier

Démission de Millerand (affaire de la réintégration de du Paty de Clam).

15 janvier

Emmenés par Clemenceau et Combes, les groupes radicaux-socialistes de la Chambre et du Sénat s'opposent à la candidature de Poincaré à la présidence de la République.

17 janvier

Raymond Poincaré est élu président de la République par 483 voix sur 870. Il entre en fonction le 18 février.

21 janvier

Troisième ministère Briand.

Février

Les hostilités reprennent entre la Turquie et les belligérants balkaniques.

6 mars

Projet de loi rétablissant le service militaire de 3 ans.

7 mars

La Chambre approuve définitivement le traité franco-espagnol sur le Maroc.

18 mars

Par 33 voix de majorité, le Sénat rejette la réforme électorale et renverse le ministère Briand.

22 mars

Cabinet Barthou.

29 mars

Le Sénat approuve le traité franco-espagnol.

15 mai

La Chambre approuve le maintien sous les drapeaux de la classe libérable par 322 voix contre 155. Émeutes de soldats à Toul et Rodez.

30 mai

Fin de la première guerre balkanique.

10 juin

Le Sénat adopte une réforme électorale : petit scrutin de liste sans représentation des minorités.

19 juin

La Commission du suffrage universel de la Chambre rejette le texte du Sénat.

20 juin

La Chambre rejette le contre-projet de Jaurès qui opposait aux 3 ans, notamment, un système de milices.

11 juillet

La Chambre blâme les manifestations de soldats.

14 juillet

Loi sur l'assistance aux familles nombreuses.

30 juillet

Loi sur le repos des femmes en couches. Loi sur le secret et la liberté du vote (création des isoloirs).

9 août

Loi de 3 ans (adoptée à la Chambre le 19 juillet et au Sénat le 7 août).

10 août

Le traité de Bucarest met fin à la seconde guerre balkanique.

Septembre

A Saverne (Alsace), de graves incidents entre un officier allemand et la population et les soldats alsaciens accroissent la tension franco-allemande.

16-18 octobre
Au congrès de Paris, le Parti radical-socialiste s'unifie.
18 novembre
La Chambre vote à nouveau son projet de réforme électorale opposé à celui du Sénat, par 333 voix contre 225.
2 décembre
La Chambre renverse le ministère Barthou sur l'immunité de la rente française.
9 décembre
Doumergue forme un ministère de tendance radicale-socialiste et prend le portefeuille des Affaires étrangères. Caillaux aux Finances.

1914

13 janvier
Réunion constitutive de la Fédération des Gauches de Briand et Barthou.
3 février
Au milieu de cent mille personnes, Briand, Barthou et J. Reinach assistent aux obsèques de Déroulède.
25 février
Le Sénat repousse l'amendement Perchot (impôt sur le revenu).
13 mars
Le Sénat rejette l'impôt sur la rente.
Attaques du *Figaro* contre Caillaux.
17 mars
Mme Caillaux assassine Calmette, directeur du *Figaro*. Caillaux démissionne.
18 mars
Delahaye interpelle sur l'affaire Rochette. La Chambre décide la réouverture de l'enquête. Monis démissionne du ministère de la Marine.
2 avril
La Chambre réprouve les interventions abusives de la finance dans la politique et de la politique dans la justice (affaire Rochette).
10 mai
Succès socialiste après le 2e tour des élections législatives. Réélection de Caillaux.
12 juin
Formé le 9 juin, le cabinet Ribot est renversé.
13 juin
Ministère Viviani.
16 juin
Interpellation de Jaurès sur la loi de 3 ans.

20 juin
Loi autorisant l'emprunt de Défense nationale (805 millions ; 3,5 %).

28 juin
Attentat de Sarajevo.

Juillet
A Paris, Jaurès fait adopter par le congrès exceptionnel du Parti socialiste unifié la grève générale comme moyen contre la guerre.

3 juillet
Le Sénat adopte l'institution de l'impôt général sur le revenu, par 230 voix contre 54.

20-29 juillet
Devant le jury de la Seine, procès de Mme Caillaux, qui est acquittée.

31 juillet
A Paris, Jaurès est assassiné par Villain.
Ultimatum allemand à la France.

1er août
Mobilisation générale en France. Appel à la nation française du président Poincaré.
L'Allemagne déclare la guerre à la Russie.

3 août
L'Allemagne déclare la guerre à la France.

4 août
Aux obsèques de Jaurès, L. Jouhaux donne l'adhésion de la C.G.T. à la Défense nationale. Éloge funèbre à la Chambre. La Chambre et le Sénat votent les crédits de guerre et s'ajournent *sine die*. La violation de la neutralité belge met l'Angleterre en état de guerre avec l'Allemagne.

5 août
Loi sur la censure.

7 et 14 août
Les deux offensives en Alsace.

19-23 août
Bataille des frontières.

25 août
Victoire de la Trouée de Charmes.

26 août
Le ministère d'« Union sacrée » Viviani. Les socialistes unifiés J. Guesde et M. Sembat entrent au gouvernement. Briand vice-président du Conseil, Malvy à l'Intérieur, Delcassé aux Affaires étrangères, Millerand à la Guerre, Ribot aux Finances, Sarraut à l'Instruction publique.

26-29 août
Les Allemands battent les Russes à Tannenberg.

29-30 août
Bataille de Guise.
2-3 septembre
Le gouvernement et le Parlement quittent Paris pour Bordeaux.
4 septembre
A Londres, l'Angleterre, la France et la Russie s'engagent à ne pas conclure de paix séparée.
4-12 septembre
Bataille du Grand-Couronné de Nancy.
6 septembre
Ordre du jour de Joffre : « ... le moment n'est plus de regarder en arrière... attaquer et refouler l'ennemi... se faire tuer sur place plutôt que de reculer... »
6-12 septembre
Bataille de la Marne.
13 septembre
Émission des bons de la Défense nationale.
15 septembre-15 (nov.)
Course à la mer et bataille des Flandres.
Octobre
Poincaré et Millerand se rendent à Paris et visitent les fronts.
29 octobre
L'Angleterre décide le blocus de l'Allemagne.
Novembre
Les ministères regagnent Paris.
3 novembre
La France et l'Angleterre déclarent la guerre à la Turquie.
10 décembre
Le président Poincaré rentre à l'Élysée.
22 décembre
La Chambre et le Sénat se réunissent à Paris. Déclaration gouvernementale : « Union impérissable du Parlement, de la Nation et de l'armée. »

1915

1er janvier
Fin du moratoire des dépôts des banques.
13 février
Émission des obligations de la Défense nationale (10 ans, 5 % net d'impôt).
16 février-10 (mars)
Première offensive française en Champagne.
18 mars
Échec de la tentative franco-britannique de forcement des Dardanelles.

26 mars
Le Sénat adopte la proposition de la loi instituant la Croix de guerre (votée à la Chambre le 4 février).
25 avril
Débarquement franco-anglais à Gallipoli.
26 avril
Traité secret de Londres : les Alliés promettent à l'Italie le Trentin et l'Istrie.
7 mai
Le torpillage du paquebot *Lusitania* par un sous-marin allemand fait 1 447 morts.
9 mai-16 (juin)
Première offensive française en Artois. Bataille d'Arras.
23 mai
L'Italie entre en guerre contre l'Autriche-Hongrie.
2 juillet
Début de la campagne appelant le public à verser ses pièces d'or (contre des billets).
14 juillet
Transferts des cendres de Rouget de Lisle aux Invalides.
14-15 juillet
Le conseil national du Parti socialiste unifié se prononce pour la continuation de la guerre jusqu'à la victoire des Alliés et la ruine de l'impérialisme militariste allemand.
4 août
Accord entre la Chambre et le président du Conseil définissant le contrôle parlementaire sur la Défense nationale : « des missions temporaires » et « d'objet déterminé ».
5 août
Le général Sarrail est nommé chef de l'armée d'Orient.
21 août
A la Chambre, Millerand répond aux critiques des socialistes et radicaux-socialistes : la liberté d'action du généralissime s'exerce sous l'autorité et le contrôle du gouvernement.
25 septembre
Seconde offensive française en Champagne et en Artois.
6 octobre
Débarquement des troupes françaises à Salonique.
17 octobre
La France déclare la guerre à la Bulgarie.
29 octobre
Briand, président du Conseil et ministre des Affaires étrangères. Gallieni à la Guerre. A. Thomas sous-secrétaire d'État aux munitions.

12 novembre
La Chambre adopte à l'unanimité l'émission du premier emprunt de guerre en rentes perpétuelles 5 %.

14 novembre
Clemenceau dans *L'Homme enchaîné*: « Il faut donner de l'argent pour que nos hommes aient le droit de verser leur sang. »

2 décembre
Décret nommant Joffre commandant en chef des armées françaises (Nord-Est et Orient).

1916

16 janvier
Sarrail commandant en chef des troupes franco-britanniques à Salonique.

29 janvier
Raid d'un zeppelin sur Paris.

21 février
Début de l'offensive allemande à Verdun (artillerie).

25-26 février
Perte du fort de Douaumont. Pétain est investi du commandement d'ensemble à Verdun.

16 mars
Démission de Gallieni malade, remplacé par le général Roques (le 17).

9 avril
Échec de la tentative allemande d'offensive générale sur tout le front à Verdun.

22 avril
La Chambre vote la loi sur les loyers, par 308 voix contre 5 et 141 abstentions.

Mai
Passé au commandement du groupe d'armées du Centre, Pétain cède le commandement de l'armée de Verdun à Nivelle.

26 mai
Mort de Gallieni.

31 mai
Bataille du Jutland.

7 juin
Chute du fort de Vaux.

16-22 juin
Premier comité secret de la Chambre (attaque allemande contre Verdun). Répondant à un député radical, Briand déclare : « Le gouvernement a la conduite de la guerre, le commandement a l'exécution, en pleine indépendance, sous le contrôle du gouvernement... responsable devant vous... »

23 juin
Offensive allemande sur Thiaumont et Souville.
1er juillet
Offensive franco-anglaise de la Somme.
9 juillet
Premier comité secret du Sénat (Verdun et Balkans).
28 juillet
Après modifications, le Sénat adopte à l'unanimité la loi sur les loyers.
5-25 octobre
Second emprunt de la Défense nationale (5 %).
24 octobre
Reprise de Douaumont.
2 novembre
Reprise du fort de Vaux.
21 novembre
Second comité secret de la Chambre (recensement de la classe 1918).
28 novembre-7 (déc.)
Troisième comité secret de la Chambre (affaires d'Orient, haut commandement et situation de Joffre). Le ministère obtient la confiance par 344 voix(- 100) contre 160.
12 décembre
Remaniement du cabinet Briand. Lyautey à la Guerre. Thomas à l'Armement et aux Fabrications de guerre. Création d'un comité de guerre (Briand, Ribot, Lyautey, Lacaze, Thomas).
13 décembre
Briand rejette les offres de paix allemandes du 12 et obtient la confiance sur la poursuite énergique de la conduite de la guerre (314 voix).
17 décembre
Nivelle est nommé commandant en chef des armées du Nord et de l'Est.
19-23 décembre
Second comité secret du Sénat (propositions de paix faites par les puissances centrales).
26 décembre
Joffre est promu maréchal.

1917

25-27 janvier
Quatrième comité secret de la Chambre (politique extérieure et militaire en Macédoine et en Grèce).
1er février
L'Allemagne reprend la guerre sous-marine à outrance.

14 mars
Le cinquième comité secret de la Chambre (aviation militaire) provoque la démission de Lyautey, et de Briand (le 17).

15 mars
Abdication du tsar Nicolas II. La Russie devient une République.

17 mars
Début du repli allemand vers la ligne Hindenburg.

20 mars
Quatrième ministère Ribot. Painlevé à la Guerre (confiance unanime de la Chambre le 21).

3 avril
Entrée en guerre des États-Unis.

16-21 avril
Échec de l'offensive du Chemin des Dames.

28 avril
Pétain chef d'état-major général de l'armée.

Mai
Mouvements de grèves.

15 mai
Pétain commandant en chef. Foch chef d'état-major général de l'armée.

20 mai
Début des mutineries.

1er-4 juin
Sixième comité secret de la Chambre (révolution russe et congrès socialiste international de Stockholm). Le gouvernement refuse aux députés socialistes les passeports pour se rendre à la conférence de Stockholm.

6 juin
Troisième comité secret du Sénat (congrès socialiste de Stockholm). Confiance unanime.

13 juin
Le général Pershing arrive à Paris.

29 juin-7 (juil)
Septième comité secret de la Chambre (responsabilités des offensives de mars et avril.)

19-21 juillet
Quatrième comité secret du Sénat (échec de l'offensive d'avril).

22 juillet
Séance publique du Sénat. Clemenceau reproche à Malvy (ministère de l'Intérieur) de « trahir les intérêts de la France » (à propos des pacifistes et antipatriotes).

31 juillet
Voté à la Chambre le 18 par 462 voix contre 1, puis par le Sénat, l'impôt sur le revenu est définitivement adopté.

20 août
Victoire du Mort-Homme.
31 août
L'affaire Almereyda entraîne la démission de Malvy.
7 septembre
Démission collective du cabinet Ribot.
13 septembre
Painlevé président du Conseil et ministre de la Guerre. Refus de participation des socialistes.
16 octobre
Huitième comité secret de la Chambre (rapports entre Briand et le baron de Lancken, gouverneur allemand de la Belgique occupée).
23 octobre
Barthou remplace Ribot aux Affaires étrangères.
23-26 octobre
Victoire de la Malmaison.
6 novembre
Les bolcheviks prennent le pouvoir en Russie.
13 novembre
La Chambre renverse le ministère Painlevé.
17 novembre
Clemenceau président du Conseil et ministre de la Guerre.
20 novembre
Déclaration gouvernementale : « Conduire la guerre avec un redoublement d'efforts... » La confiance est votée par 418 voix contre 65, les socialistes refusant leurs suffrages.
26 novembre-16 (déc.)
Troisième emprunt de la Défense nationale (4 %)
15 décembre
Armistice de Brest-Litovsk entre les bolcheviks et les Empires centraux.
22 décembre
Par 306 voix contre 2 et 115 abstentions, la Chambre vote la levée de l'immunité parlementaire de Loustalot et Caillaux (affaire Bolo et conversations défaitistes à Rome).
Le Sénat vote à l'unanimité la loi sur les dommages de guerre.
24 décembre
La Chambre vote le projet de loi ajournant toutes les élections jusqu'à la cessation des hostilités.
27 décembre
A la Chambre, discussion sur la politique vis-à-vis de la Russie. Le gouvernement refuse d'entrer en relations officielles avec Petrograd.

1918

8 janvier
Les quatorze points du président Wilson.
11 janvier
Le ministère Clemenceau obtient la confiance par 377 voix contre 113.
14 janvier
Arrestation de Caillaux (affaire du « Rubicon »).
18 janvier
Clemenceau à la Chambre : « Nous sommes décidés à poursuivre toutes les menées antirépublicaines. »
28 janvier
Réuni en Haute Cour, le Sénat décide d'instruire l'affaire Malvy.
14 février
Le 3e Conseil de guerre de Paris condamne à mort Bolo pour intelligences avec l'ennemi.
21 février
Vote définitif par la Chambre de la loi sur les loyers.
8 mars
Attaques socialistes contre Clemenceau, qui riposte et obtient la confiance par 374 voix contre 41.
Bombardement de Paris par des canons allemands à grande portée.
21 mars-17 (juil.)
Les cinq grandes offensives allemandes.
26 mars
La conférence de Doullens charge Foch de coordonner l'action des armées alliées sur le front Ouest.
14 avril
Foch commandant en chef des armées alliées.
15 mai
Le 3e Conseil de guerre de Paris condamne à mort Duval (rédacteur du journal défaitiste *Le Bonnet rouge*, subventionné par l'Allemagne).
30 mai
Les Allemands atteignent la Marne.
6 juin
Paris est replacé dans la zone des armées.
18 juillet-4 (août)
La seconde bataille de la Marne marque le début de l'offensive victorieuse des Alliés.
6 août
Foch est nommé maréchal de France.
8 août
La Haute Cour condamne Malvy à cinq ans de bannissement pour forfaiture.

12 septembre
Offensive américaine de Saint-Mihiel.

15-30 septembre
Offensive victorieuse de Franchet d'Esperey en Macédoine.

17 septembre
Au Sénat, discours de Clemenceau : « Civils et soldats, gouvernements et assemblées de l'Entente, tous furent au devoir. Ils y resteront jusqu'au devoir accompli. Tous, dignes de la victoire, parce qu'ils sauront l'honorer. »

25 septembre
Commandant d'artillerie à Verdun et au Chemin des Dames (20e C.A.), Dreyfus est nommé lieutenant-colonel et officier de la Légion d'honneur.

6 octobre
L'Allemagne demande l'armistice au président Wilson.

10 octobre
A Paris, congrès du Parti socialiste. La direction est renversée par les minoritaires favorables à la révolution russe.

17 octobre
Reprise de Lille et de Douai.

20 octobre
Les Belges délivrent Bruges.

20 octobre-25 (nov.)
Quatrième emprunt de la Défense nationale (4 %).

4 novembre
Les chefs des gouvernements alliés approuvent les conditions de l'armistice établies par Foch et les chefs des armées alliées le 25 octobre.

7 novembre
Par acclamation, le Sénat adopte la proposition de loi déclarant que les armées et leurs chefs, le gouvernement, Clemenceau et Foch ont bien mérité de la patrie.

8 novembre
Capitulation de l'Allemagne.

9 novembre
Guillaume II abandonne le pouvoir.

11 novembre
A 5 heures, signature de l'armistice de Rethondes.

15 novembre
Décret nommant trois Commissaires de la République pour l'Alsace-Lorraine.

17 novembre
Hirschauer entre à Mulhouse.

19 novembre
Pétain entre à Metz et est nommé maréchal de France.

22 et 25 novembre
Entrée des troupes à Colmar, Strasbourg et Bruxelles.
7-8 décembre
Voyage du gouvernement et du Parlement à Strasbourg et Metz.
11 décembre
Entrée des Américains à Coblence, des Français à Mayence et des Anglais à Cologne.
13 décembre
Arrivée à Paris du président Wilson.
29-30 décembre
A la Chambre, débat sur la politique extérieure des Alliés et les rapports avec la Russie.

1919

18 janvier
Au Quai d'Orsay, ouverture de la conférence de la paix.
19 février
L'anarchiste Cottin blesse Clemenceau d'un coup de revolver.
6 avril
100 000 manifestants contre l'acquittement de Villain, assassin de Jaurès (29 mars).
19-21 avril
Incidents sur les navires français de la mer Noire.
23 avril
Adoption de la loi sur la journée de 8 heures.
1er mai
Grève générale. Incidents à Paris.
28 juin
Traité de Versailles.
8 juillet
La Chambre maintient la censure.
14 juillet
Défilé de la Victoire.
22 juillet
Clemenceau obtient la confiance de la Chambre.
10 septembre
Traité de Saint-Germain avec l'Autriche.
26 septembre
Clemenceau : « Le traité est un bloc. »
1er octobre
La Chambre discute le statut de l'Alsace-Lorraine.
2 et 12 octobre
Le traité de paix et le traité d'alliance avec les États-Unis et la Grande-Bretagne sont ratifiés par la Chambre et le Sénat.

3 novembre
Clemenceau à Strasbourg : « Union nationale » et « menace du bolchevisme ».

7 novembre
A Paris, discours-programme de Millerand : union, travail, solidarité, libéralisme économique, pacification religieuse, augmentation des pouvoirs du chef de l'État.

16 novembre
Élections législatives : le Bloc national républicain obtient deux tiers des sièges.

1920

16 janvier
Clemenceau annonce à L. Bourgeois son retrait définitif de la scène politique.

17 janvier
P. Deschanel est élu président de la République (734 voix sur 868). Il entre en fonction le 18 février.

18 janvier
Démission du ministère Clemenceau.

20 janvier
Millerand président du Conseil et ministre des Affaires étrangères.

10 et 12 février
Les Chambres votent la proposition de loi Barthou : « Le président Poincaré a bien mérité de la Patrie. »

25-29 février
Congrès socialiste de Strasbourg : abandon de la IIe Internationale.

28 février-2 (mars)
Grève des chemins de fer.

7-10 mars-25 (mai)
Grève générale des mineurs dans le Pas-de-Calais et dans le Nord.

19 mars
Le Sénat américain rejette le traité de Versailles.

5 avril-17 (mai)
En réponse à la pénétration de troupes allemandes en zone démilitarisée de la Ruhr, des troupes françaises occupent des villes allemandes. Désaccord de Lloyd George.

23 avril
La Haute Cour condamne Caillaux pour « intelligences avec l'ennemi ».

15 mai
A Hythe, rencontre Millerand-Lloyd George sur le désarmement de l'Allemagne et les réparations.

24 mai
P. Deschanel manifeste les premiers signes de dérangement mental.

4 juin
Traité de Trianon avec la Hongrie.

6-17 juillet
Conférence de Spa (alliés et délégation allemande) sur le désarmement allemand, l'indemnité allemande et « l'arrangement sur le charbon ».

30-31 juillet
La Chambre et le Sénat approuvent le protocole interallié de Spa.

11 août
Millerand reconnaît le gouvernement du général antibolchevique Wrangel (Pologne).

5 septembre
Accords militaires franco-belges.

21 septembre
Les Chambres reçoivent la démission de P. Deschanel.

24 septembre
Élection d'A. Millerand à la présidence de la République (695 voix sur 786).

25 septembre
Leygues reconduit le cabinet Millerand et obtient la confiance.

20 octobre
Nouvel emprunt (28 milliards, non amortissable).

11 novembre
Célébration du cinquantenaire de la République. Installation du Soldat inconnu sous l'Arc de Triomphe et transfert au Panthéon du cœur de Gambetta.

30 novembre
La Chambre rétablit les crédits de l'ambassade près le Vatican par 397 voix contre 209.

20-26 décembre
Au Congrès de Tours, scission du Parti socialiste (naissance du Parti communiste).

1921

24-29 janvier
Conférence de Paris. Briand admet le principe anglais de proportionner les réparations à la capacité de paiement de l'Allemagne. Garantie contre le bolchevisme (Lloyd George), les 400 000 gardes d'habitants sont une menace pour la France (Briand).

1er février
L'Allemagne refuse de discuter sur les bases établies à Paris.

27 février-3 (mars)
La conférence de Londres resserre l'entente franco-britannique. Semonce de Lloyd George à la délégation allemande.
8 mars
Les troupes alliées occupent Duisbourg, Ruhrort et Düsseldorf.
27 avril
Lloyd George a l'intention de s'associer à la France pour étendre dans la Ruhr les mesures de coercition.
30 avril
Le montant des dommages imputés à l'Allemagne par la Commission des réparations (C.D.R.) est estimé à 132 milliards de marks-or ; la France consent à une nouvelle amputation de sa créance.
5 mai
L'« état des paiements » établi par la C.D.R. réduit, « en valeur actuelle », à 75 milliards les sommes dues par l'Allemagne.
11 mai
Berlin accepte les décisions alliées.
16 mai
Jonnart ambassadeur auprès du Vatican, Mgr Cerretti nonce à Paris.
7 juin
La Chambre ratifie les traités de Trianon et de Saint-Germain (actes constitutifs de la nouvelle Europe centrale).
Juillet
Congrès de la C.G.T. à Lille : scission entre majoritaires et minoritaires.
20 octobre
Paix d'Angora entre la France et Mustapha Kemal.
29 octobre
Début de la conférence de Washington sur le désarmement et l'Extrême-Orient.
8 décembre
Briand au Sénat : « Le rétablissement de l'ambassade au Vatican est conforme à la tradition républicaine » (approuvé le 16 par 169 voix contre 123).
13 décembre
Traité des quatre puissances (Washington) : statu quo dans le Pacifique.
26 décembre
Création de la C.G.T.U.

1922

6-12 janvier
Conférence économique et financière de Cannes (France, Angleterre, Italie, Belgique, Japon et observateurs américains). Millerand entend superviser les négociations.

12 janvier
« D'autres feront mieux que moi. » A la surprise de la Chambre, Briand se retire.

15 janvier
Poincaré président du Conseil et ministre des Affaires étrangères.

6 février
Traité des cinq puissances sur la limitation des armements navals (Washington).

21 mars
La C.D.R. accorde un moratoire à l'Allemagne.

10 avril
Conférence de Gênes. Négociations avec les Russes sur les dettes et les biens confisqués. Avis favorable pour un emprunt international destiné à renflouer l'économie allemande.

16 avril
Traité de Rapallo : l'Allemagne et la Russie soviétique renoncent réciproquement aux dettes de guerre et aux réparations.

15 mai
Convention germano-polonaise sur la Haute-Silésie.

16 juin-20 (juil.)
Conférence de La Haye : unité des Européens face aux Soviétiques.

25 juin-1er (juil.)
A Saint-Étienne, premier congrès de la C.G.T.U.

8 juillet
Vote de la loi d'amnistie pour tous les délinquants militaires, sauf les déserteurs.

12 juillet
Berlin demande la réduction des livraisons en charbon et un moratoire de deux ans, auquel Lloyd George se montre favorable.

1er août
Note « Balfour » aux débiteurs européens de la Grande-Bretagne.
Poincaré lance un ultimatum à l'Allemagne.

3 août
L'Allemagne se déclarant incapable de payer, mesures de rétorsion contre les intérêts privés allemands en France.

7-14 août
Conférence de Londres. Désaccord entre l'Angleterre et la France, qui reprend sa liberté d'action.

1er septembre
Répondant à la note « Balfour », Poincaré rappelle la distinction entre les dettes interalliées et la dette allemande.

20 octobre
Reynaud préconise une entente économique franco-allemande. Pour Poincaré, la meilleure solution reste l'emprunt international allemand, sinon la France reviendra à la saisie des gages.

9-11 décembre
A la conférence de Londres, rejet de la demande allemande d'un moratoire de quatre ans (14 novembre).

30 décembre
Clemenceau au *Petit Parisien* : « Je suis contre l'occupation de la Ruhr. »

1923

2-4 janvier
Conférence de Paris : rupture franco-britannique.

11 janvier
Sous la protection des troupes françaises et belges, la Mission internationale de contrôle des usines et mines (ingénieurs français, belges et italiens) s'installe à Essen (Ruhr).

15 janvier
Le gouvernement allemand organise la « résistance passive ».

22 janvier
Grève générale dans la Ruhr ; le Reichstag vote des crédits de secours aux grévistes. L'occupation est étendue à tout le bassin. L'anarchiste Germaine Berton assassine Marius Plateau, secrétaire général de la Ligue d'Action française et des Camelots du Roi.

Février
Cordon douanier autour de la Ruhr.

12 mars
Après l'assassinat de deux soldats français, 15 000 hommes pénètrent dans la Ruhr.

31 mars
Aux usines Krupp, graves incidents lors d'une réquisition. Krupp est emprisonné.

1er avril
Loi sur le service de 18 mois.

21 avril
Lord Curzon (Foreign Office) : « L'Allemagne n'a plus qu'à faire le premier pas pour que le conflit de la Ruhr soit réglé. »

Mai
Sous l'impulsion de Blum, au congrès de Hambourg, naissance de l'Internationale socialiste des travailleurs (siège à Londres).
2 mai
L'Allemagne exige l'évacuation de la Ruhr. Protestation de Paris et Bruxelles.
3 mai
Décret Bérard sur la réforme de l'enseignement secondaire, renforçant les humanités.
22 mai
Poincaré : « Nous sommes entrés dans la Ruhr pour être payés. » Critiques d'Herriot. Vote des crédits par 481 voix contre 73.
24 mai
Le Sénat (Haute Cour) se déclare incompétent pour statuer sur le sort des chefs communistes arrêtés à la veille de l'entrée dans la Ruhr.
25 mai
Millerand refuse la démission du ministère Poincaré.
26 juin
Pie XI condamne l'occupation de la Ruhr.
27 juin
Protestations d'Herriot et de Poincaré. Blum voit dans le pape un « auguste complice » de la S.F.I.O.
14 juillet
Mesures d'amnistie. La libération de Marty (officier révolté de la mer Noire en 1919) est saluée comme une victoire de la gauche (des communistes aux radicaux).
20 août
Lord Curzon ayant donné raison à l'Allemagne sur l'occupation de la Ruhr, Poincaré rejette sur les industriels allemands la responsabilité de la crise économique européenne.
24 septembre
Le chancelier Stresemann ordonne de cesser la résistance passive dans la Ruhr.
30 septembre
A Düsseldorf, les troupes françaises protègent un congrès des autonomistes rhénans. *L'Humanité* et *Le Populaire* appuient les nationalistes allemands.
14 octobre
La « Bombe d'Évreux » : Millerand prend la défense du Bloc national.
24 octobre
L'Allemagne est prête à reprendre les livraisons de charbon.

26-27 octobre
Poincaré est prêt à engager des pourparlers et accepte le projet d'une réunion d'experts pour fixer la capacité de paiement de l'Allemagne.

8 novembre
A Munich, Hitler se proclame chef d'un gouvernement national provisoire.

30 novembre
Abandon du « gage productif » : Poincaré accepte l'étude de la réforme des finances allemandes et le comité Dawes limitant les réparations.

31 décembre
En un an, le franc a perdu plus de 50 % de sa valeur.

1924

3 janvier
La publication du bilan de la Banque de France provoque une nouvelle baisse du franc.

14 janvier
Les changes atteignent des cours records.

18 janvier
L'encyclique *Maximam gravissimamque* approuve les associations diocésaines.

8 février
Accordant les pleins pouvoirs à Poincaré, la Chambre adopte les décrets-lois pour la réalisation des économies.

12 février
27 séparatistes rhénans sont massacrés à Pirmasens (non-intervention des soldats français).

23 février
La Chambre vote le double décime (majoration de 20 % de tous les impôts).

9 mars
« Réunion historique de l'Élysée. » Lasteyrie, ministre des Finances, convoque tous les dirigeants de la Banque de France. Millerand appuie toutes ses demandes.

22 mars
Adoptée par le Sénat (44 voix de majorité), la loi financière est promulguée.

29 mars
Démissionnaire le 26 (7 voix de minorité sur les pensions), Poincaré forme un nouveau cabinet.

12 avril
Adoption de la loi sur les pensions civiles et militaires.

23 avril
Le dollar et la livre atteignent leur cours le plus bas. La France reconstitue ses réserves de change.
11 mai
Élections législatives. Le Cartel des gauches obtient 327 sièges (104 S.F.I.O., 44 républicains socialistes (Briand), 139 radicaux-socialistes, 40 gauche radicale).
31 mai
Démission du ministère Poincaré.
10 juin
La Chambre refuse d'entrer en relations avec le cabinet François-Marsal formé la veille.
11 juin
Ayant refusé la démission du ministère, le président Millerand démissionne.
13 juin
G. Doumergue est élu président de la République par 515 voix contre 309 à Painlevé.
15 juin
Ministère radical. Herriot président du Conseil et ministre des Affaires étrangères.
1er septembre
Entrée en vigueur du plan Dawes.
28 septembre
L'assemblée de la S.D.N. adopte le protocole de Genève (arbitrage, sécurité, désarmement).
28 octobre
La France reconnaît l'U.R.S.S.
Novembre
Amnisties de Caillaux et Malvy.
2 novembre
Conseil national du Parti socialiste : refus d'adhérer à une majorité et soutien conditionnel au gouvernement radical.
23 novembre
Transfert des cendres de Jaurès au Panthéon.
29 novembre
Sarrail remplace Weygand au haut commissariat de la République en Syrie et au Liban.

1925

7-14 janvier
Conférence de Paris sur les dettes interalliées.
11 janvier
La Ligue républicaine nationale (Millerand) lance une campagne de propagande contre le Cartel.

28 janvier
Herriot rassemble une majorité d'Union nationale sur la sécurité et lance un appel en faveur des États-Unis d'Europe.

Février
Les ligues catholiques (1 800 000 adhérents) s'unissent en une Fédération nationale catholique.

2 février
La Chambre vote la suppression des crédits de l'ambassade au Vatican.

11 mars
Le manifeste des cardinaux et archevêques de France remet en question le principe de la laïcité de l'État.

12 mars
Herriot oppose sa politique religieuse à l'ultramontanisme de la majorité du clergé catholique.

8 avril
Herriot n'est approuvé que par 290 voix contre 246.

10 avril
Au Sénat, François-Marsal et Poincaré renversent Herriot.

17 avril
Painlevé président du Conseil et ministre de la Guerre. Briand aux Affaires étrangères. Caillaux aux Finances.

12 juillet
Rupture du Cartel : une majorité de rechange (avec des voix du centre et de la droite) vote l'impôt sur le chiffre d'affaires (projet Caillaux).

16 octobre
Pacte de Locarno : la Grande-Bretagne et l'Italie garantissent à la France, la Belgique et l'Allemagne le maintien des frontières (traité de Versailles) et l'observation des clauses stipulant la démilitarisation des territoires allemands de la rive gauche du Rhin.

17 octobre
Hostilité d'Herriot au plan d'assainissement Caillaux.

27 octobre
Pour se débarrasser de Caillaux, Painlevé fait démissionner le cabinet.

29 octobre
Painlevé président du Conseil et au Trésor.

30 octobre
Sarrail est relevé de ses fonctions.

22 novembre
La gauche radicale disloque le Cartel et provoque la chute du cabinet Painlevé.

3 décembre
La Chambre vote le projet financier à une majorité de 28 voix : fragilité du huitième ministère Briand.

1926

10 janvier
Congrès socialiste de Belleville : soutien sans participation.

27 janvier-16 (fév.)
A la Chambre, la discussion sur le projet d'« assainissement financier » consacre la rupture de la majorité cartelliste.

31 janvier
Après avoir obtenu la complète évacuation du bassin de la Ruhr, Stresemann obtient celle de la zone de Cologne.

Février
Le Sénat refuse les innovations fiscales du Cartel.

6 mars
Dans une même hostilité à la taxe sur les paiements, 131 voix de l'ancien Cartel et la droite renversent le ministère Briand.

18 mars
Le ministère de « concentration à gauche » Briand (Malvy à l'Intérieur) recueille une majorité de Cartel.

4 avril
Loi de finances, incluant la taxe sur le chiffre d'affaires.

9 avril
Démission de Malvy.

25 avril
Poincaré : « L'obligation morale pour chacune des nations alliées d'aider la France à obtenir la réparation de ses dommages. »

29 avril
Accord de Washington sur les dettes de guerre.

18 mai
La spéculation contre le franc porte la livre au cours record de 178 F.

25 mai
Congrès du Parti socialiste à Clermont-Ferrand : contre la participation ministérielle.

26 mai
Abd-el-Krim se soumet (Rif).

2 juin
Exclusivement préoccupé par le redressement du franc, le gouvernement choisit une politique de confiance financière, désapprouvée par le Cartel.

15 juin
La démission du ministre des Finances entraîne celle du cabinet.

20 juin

Après avoir tenté de réaliser une union républicaine de gauche au cours d'une « folle nuit », Herriot renonce à former le gouvernement.

24 juin

Dixième ministère Briand. Caillaux révoque Robineau, gouverneur de la Banque de France.

12 juillet

Accord Caillaux-Churchill réduisant de 63 % les dettes françaises vis-à-vis de la Grande-Bretagne.

16 juillet

La baisse du franc conduit Caillaux à réclamer les pleins pouvoirs.

17 juillet

Herriot renverse le cabinet Briand-Caillaux.

21 juillet

Formé la veille, le second ministère Herriot est renversé (53 voix).

27 juillet

Le « grand ministère » d'Union nationale Poincaré obtient la confiance et la procédure d'urgence pour ses projets financiers.

6 août

La Chambre vote le projet de loi Queuille créant un Office des céréales panifiables.

9 et 13 août

Décrets de réforme administrative (économies et rationalisation de l'administration).

10 août

L'Assemblée nationale adopte la loi constitutionnelle créant la Caisse autonome d'amortissement.

8 septembre

L'Allemagne entre à la S.D.N.

17 septembre

A Thoiry, entretiens Briand-Stresemann. Réticences de Poincaré.

20 décembre

Stabilisation de fait : l'achat de devises empêche la hausse excessive du franc et maintient la livre aux environs de 120 F.

1927

8 mars

Auriol attaque Poincaré sur la dette envers les États-Unis (accords de Washington). La Chambre accepte les accords provisoires sur les dettes de guerre envers l'Angleterre (6 millions de livres).

22 avril

Devant l'agitation communiste dans l'armée et aux colonies, Sarraut déclare à Constantine : « Le communisme, voilà l'ennemi ! »

12 juillet

Par 320 voix contre 234, la Chambre vote la réforme électorale : retour au scrutin d'arrondissement, uninominal, à deux tours.

27-30 octobre

Congrès radical : rejet de l'Union nationale pour les élections (Daladier).

26 décembre

Congrès socialiste : critique de la politique financière, hostilité aux principes communistes, désistement au deuxième tour en faveur des radicaux.

1928

19 janvier

La Chambre vote le service militaire d'un an, par 410 voix contre 23 (communistes) ; abstention des socialistes.

Février

Le Sénat rejette le projet de loi sur l'organisation du pays en temps de guerre.

22 février

La Chambre adopte le relèvement des droits à l'importation sur plusieurs produits d'origine agricole.

22 et 29 avril

Élections législatives : victoire de l'Union nationale.

14 juin

Division des radicaux lors du premier vote de la législature.

25 juin

La loi monétaire définit le « franc Poincaré » : 65,5 mg d'or, au titre de 900 ‰ de fin. L'étalon-or remplace le bimétallisme.

7 juillet

Loi Loucheur sur les habitations à bon marché.

27 août

Au Quai d'Orsay, l'Allemagne et les Alliés signent le pacte Briand-Kellogg de renonciation à la guerre.

14 septembre

Création du ministère de l'Air.

4 novembre

Congrès radical-socialiste d'Angers : rupture de l'Union nationale (les art. 70 et 71 de la loi de finances menacent la laïcité). Démission des ministres radicaux.

6 novembre

Démission du cabinet Poincaré.

8 novembre
La Chambre vote la déchéance de deux députés autonomistes du Haut-Rhin.
11 novembre
Cinquième ministère Poincaré (sans les radicaux).
14 décembre
Le scandale de « La Gazette du franc » conduit la Chambre à voter un texte restreignant l'activité extra-parlementaire des députés.

1929

11 janvier
Poincaré obtient la confiance par 325 voix contre 251.
24 janvier-7 (fév.)
A la Chambre, débat sur le problème alsacien.
31 mai
A Paris, signature du plan Young sur les réparations allemandes (37 milliards de marks-or). Commercialisation de la dette allemande.
20 juillet
A la Chambre, ratification avec réserves des accords sur les dettes interalliées (8 voix).
26 juillet
Le Sénat ratifie sans réserves les accords de Londres et de Washington.
27 juillet
Malade, Poincaré démissionne.
29 juillet
Le onzième ministère Briand reconduit le cabinet Poincaré.
Août
Conférence de La Haye sur les réparations et l'évacuation anticipée de la Rhénanie.
5 septembre
A la S.D.N., Briand propose les États-Unis d'Europe.
22 octobre
La Chambre renverse le ministère Briand sur sa politique extérieure (10 voix).
2 novembre
Cabinet modéré Tardieu. Briand aux Affaires étrangères. Maginot à la Guerre.
7 novembre
Sur sa « politique de prospérité », Tardieu obtient la confiance par 332 voix contre 253.

1930

3-20 janvier
Seconde conférence de La Haye (mise en application du plan Young).

21 janvier
Conférence de Londres sur le désarmement naval.

17 février
L'intransigeance de Chéron (ministre des Finances) entraîne la chute du cabinet (5 voix).

2 mars
Second ministère Tardieu, sans les radicaux. Paul Reynaud aux Finances.

24 avril
Adoption du rectificatif à la loi des assurances sociales (mars 1928).

25 avril
Traité naval de Londres (États-Unis, Angleterre, France, Japon et Italie).

30 juin
Les troupes françaises évacuent la troisième zone rhénane (Mayence) cinq ans avant le terme prévu.

1er-22 août
Grève dans le textile et la métallurgie du Nord. Violents incidents.

4 décembre
Au Sénat, le scandale financier Oustric provoque la chute de Tardieu (8 voix).

19 décembre
Formé le 13, le ministère Steeg obtient la confiance de justesse (7 voix).

1931

22 janvier
La spéculation sur le blé entraîne la chute du gouvernement (10 voix).

27 janvier
Ministère Laval, s'appuyant sur l'ancienne majorité Tardieu.

3 et 5 mars
Les Chambres approuvent la politique extérieure de Briand.

19 mars
Protocole d'accord économique austro-allemand.

8 mai
Herriot à la Chambre : « L'Anschluss est inadmissible. »

13 mai
Élection présidentielle. 1er tour : Doumer : 442 voix ; Briand : 401 voix. 2e tour : Doumer obtient 504 voix sur 874 (Briand 12).
18 mai
L'Allemagne accepte de surseoir à l'application de l'accord du 19 mars.
5 juin
L'Allemagne ne peut plus payer les réparations.
20 juin
Moratoire Hoover : ajournement pendant un an du paiement de toutes les dettes intergouvernementales de guerre.
4 décembre
Pour enrayer le chômage, la Chambre vote à l'unanimité le projet de loi sur l'outillage national.

1932

12 janvier
La mort de Maginot et l'état de santé de Briand entraînent la démission du ministère.
14 janvier
Troisième ministère de Laval, qui remplace Briand aux Affaires étrangères.
Refus de participation des radicaux.
23 janvier
Laval n'obtient qu'une fragile majorité.
16 février
Hostile au scrutin uninominal à un tour (voté par la Chambre le 12), le Sénat renverse le ministère (23 voix).
23 février
Formé le 20, le troisième ministère Tardieu obtient 47 voix de majorité.
6 avril
Ouverture de la campagne électorale. A la salle Bullier, Tardieu fait vainement appel aux radicaux.
10 avril
Blum à Narbonne : « Changer la majorité » ; proposition d'alliance aux radicaux.
5 mai
Première allocution radiodiffusée d'un président du Conseil (Tardieu).
6 mai
A la Fondation Rothschild, Paul Doumer est assassiné par Gorguloff.
8 mai
2e tour des élections législatives. La gauche dispose de 356 sièges.

Bibliographie*

La République
1880-1932

OUVRAGES DE RÉFÉRENCE, REVUES

Des articles, recensions ou chroniques d'histoire politique générale concernant le dernier siècle de l'histoire de France peuvent figurer dans toutes les grandes revues d'histoire *(Revue historique, Annales [économies, sociétés, civilisations], Revue d'histoire moderne et contemporaine...)*, mais cette période est plus souvent traitée dans des publications de champ chronologique restreint telles que *XXe Siècle, Le Mouvement social* et *La Revue française de science politique.*

L'*Année politique* est un précieux mémento de chronologie, en un volume annuel, lancé en 1874 par André DANIEL (pseudonyme de Georges BONNEFOUS), interrompu en 1905 et plus ou moins prolongé après

* Lieu d'édition Paris, sauf mention contraire.

cette date par Georges BONNEFOUS (puis Édouard BONNEFOUS) dans l'*Histoire politique de la Troisième République* (7 vol., PUF, 1956 *sqq*).

Les personnages célèbres font l'objet de notices dans le *Dictionnaire de biographie française*, de PRÉVOST et ROMAN D'AMAT, forcément sélectif, et inachevé (atteint aujourd'hui la lettre J).

En revanche, tous les parlementaires ont leur notice, avant 1889, dans le *Dictionnaire des parlementaires* de BOURLOTON, ROBERT et COUGNY (5 vol.), et, de 1889 à 1940, dans l'ouvrage de même titre de JOLLY (8 vol., édité aux PUF).

La plupart des acteurs politiques au sens large, non parlementaires, peuvent, selon leur tendance et leur sphère d'action, se retrouver, les uns dans le *Dictionnaire biographique du mouvement ouvrier français*, fondé par Jean MAITRON (Éd. ouvrières), les autres dans l'encyclopédie *Catholicisme* de G. JACQUEMET (éd. Letouzey).

Enfin, François GOGUEL, *Géographie des élections françaises de 1870 à 1951*, A. Colin, 1951.

MÉMOIRES

Les *Mémoires* d'hommes politiques ont très rarement la valeur de sources comparables aux sources d'archives, mais elles valent au minimum comme document sur la subjectivité de leur auteur, et sont évocatrices du climat et du ton de leur époque. Elles sont donc de très grand prix. Citons :

Bernard LAVERGNE, *Les Deux Présidences de Jules Grévy 1879-1887*, Fischbacher, 1966.

Joseph CAILLAUX, *Mes Mémoires*, 3 vol., Plon, 1942.

Raymond POINCARÉ, *Au service de la France*, 10 vol., Plon, 1926 *sqq*.

Joseph PAUL-BONCOUR, *Entre deux guerres. Souvenirs sur la IIIe République*, 2 vol., Plon, 1945.
Édouard HERRIOT, *Jadis*, 2 vol., Flammarion, 1948.
Paul REYNAUD, *Mémoires*, 3 vol., Flammarion, 1959-1963.

RÉCITS D'HISTOIRE GÉNÉRALE

Parmi les récits d'histoire générale plus détaillés que le nôtre, et bien à jour, les meilleurs sont ceux de la *Nouvelle histoire de la France contemporaine* (éd. du Seuil, coll. « Points-Histoire », en format de poche) :

Jean-Marie MAYEUR, *Les Débuts de la IIIe République 1871-1898*, tome 10, 1973.
Madeleine REBÉRIOUX, *La République radicale? 1898-1914*, tome 11, 1975.
Jean-Jacques BECKER et Serge BERSTEIN, *Victoire et frustrations 1914-1929*, tome 12, 1990.
Henri DUBIEF, *Le Déclin de la Troisième République 1929-1938*, tome 13, 1976.
Tous sont pourvus de bibliographies étendues.

Plus rapide, mais régulièrement réédité et mis à jour, *La Troisième République 1871-1914* de Georges BOURGIN (continuée par Jean NÉRÉ), Armand Colin, 1967.

AUTRES RÉCITS

Les grands drames « événementiels » de la période ont naturellement donné lieu à des ouvrages spéciaux, ainsi, pour l'affaire Dreyfus : *L'Affaire* de Jean-Denis BREDIN, Julliard, 1983 ; et pour la Grande Guerre : *La Grande Guerre 1914-1918* de Marc FERRO, Gallimard, 1969, et *L'Histoire de la Première Guerre mondiale* par le général GAMBIEZ et le colonel SUIRE, 2 vol., Fayard, 1968-1971.

GRANDES BIOGRAPHIES ET GRANDES FORCES POLITIQUES

Mais les études les plus approfondies, dans l'ordre politique, tournent généralement autour d'un personnage ou d'une force collective organisée.

Pour les premières (grandes biographies) il faut citer :

Jules Ferry de Jean-Michel GAILLARD, Fayard, 1989.
Le Général Boulanger de Jean GARRIGUES, Olivier Orban, 1991.
Albert de Mun de Philippe LEVILLAIN, École française de Rome, 1983.
Jean Jaurès de Harvey GOLDBERG, Fayard, 1970.
Georges Clemenceau de Jean-Baptiste DUROSELLE, Fayard, 1988.
Raymond Poincaré de Pierre MIQUEL, Fayard, 1961.
Édouard Herriot ou la République en personne de Serge BERSTEIN, Presses de la F.N. des sciences politiques, 1985.
Pierre Laval de Fred KUPFERMAN, Balland, 1987.
Léon Blum de Joel COLTON, Fayard, 1967.
L'abbé Lemire de Jean-Marie MAYEUR, Casterman, 1968.
Waldeck-Rousseau de Pierre SORLIN, Armand Colin, 1966.
Fernand Pelloutier de Jacques JULLIARD, Seuil, 1971.
Joseph Caillaux de Jean-Claude ALLAIN, Imprimerie nationale, 1981.
Aristide Briand de Bernard OUDIN, Laffont, 1987.

Pour les grandes forces politiques, le pionnier de

l'approche scientifique de leur étude est André SIEGFRIED, avec son *Tableau politique de la France de l'Ouest sous la IIIe République*, A. Colin, 1913.

De nos jours, la littérature historique est dominée par l'ouvrage, vite devenu classique à son tour, de René Rémond, *La Droite en France de 1815 à nos jours*, Aubier, 1954, constamment réédité depuis lors (nouvelle édition sous le titre *Les Droites en France*, 1984).

Les travaux de valeur sur les diverses composantes de la Droite (ou, si l'on veut, sur les diverses droites) sont plus récents et commencent seulement à se détacher de son sillage. Il faut en retenir, parce que c'est lui qui conteste le plus fortement, quoique implicitement, la fameuse décomposition tripartite de Rémond, *La Droite révolutionnaire* de Zeev STERNHELL, Éd. du Seuil, 1978. Voir aussi Raoul GIRARDET, *Le Nationalisme français 1871-1914*, A. Colin, 1966, et François-Georges DREYFUS, *Histoire de la démocratie chrétienne en France*, Albin Michel, 1988.

Pour la Gauche, c'est l'inverse. Les travaux sur chacune de ses composantes ont une bonne tradition historiographique, tandis que l'essai synthétique sur la Gauche qui constituerait un pendant honorable à la Droite de Rémond, malgré plusieurs tentatives, se fait encore attendre. Signalons :

Georges LEFRANC, *Le Mouvement socialiste sous la Troisième République*, Payot, 1963, complété (du même auteur) par *Le Mouvement syndical sous la Troisième République*, Payot, 1967.

Henri DUBIEF, *Le Syndicalisme révolutionnaire*, A. Colin, 1969.

Annie KRIEGEL, *Aux origines du communisme français 1914-1920*, 2 vol., Paris et La Haye, Mouton, 1964.

Jean-Paul BRUNET, *Histoire du P.C.F.*, PUF, « Que sais-je ? », 1982.

Jean MAITRON, *Histoire du mouvement anarchiste en France*, Sudel, 1951.

Serge BERSTEIN, *Histoire du parti radical*, 2 vol., Presses de la F.N. des sciences politiques, 1980-1982.

Jacques KAYSER, *Les Grandes batailles du radicalisme (...) 1820-1901*, Marcel Rivière, 1962.

Cependant, la Gauche, pas plus que la Droite, ne se réduit à la somme de ses composantes. Des masses de « républicains » (le mot était surtout alors utilisé par la Gauche) n'étaient pas organisés en partis, ce qui ne veut pas dire qu'ils fussent négligeables.

A vrai dire l'acteur politique principal de cette époque n'est pas une personne physique, c'est la République, et l'idée que l'on s'en fait. L'histoire a récemment assumé cette réalité singulière, à travers deux ouvrages qui ont fait date :

Odile RUDELLE, *La République absolue*, Public. de la Sorbonne, 1983, et Claude NICOLET, *L'Idée républicaine en France*, Gallimard, 1982. Voir aussi Maurice AGULHON, *Marianne au pouvoir. L'imagerie et la symbolique républicaines de 1880 à 1914*, Flammarion, 1989.

AUTRES DOMAINES

Les domaines de l'histoire plus éloignés de l'axe principal de notre projet, et qui n'y ont été traités que par allusions, peuvent être approfondis à partir des récentes synthèses suivantes (et de leur bibliographie) :

HISTOIRE DES RELATIONS EXTÉRIEURES

Pierre RENOUVIN, *L'Histoire des relations internationales*, tomes VI, VII et VIII, Hachette, 1955 *sqq.*

Raoul GIRARDET, *L'Idée coloniale en France 1871-1962*, La Table ronde, 1972.

HISTOIRE ÉCONOMIQUE ET SOCIALE

F. BRAUDEL et E. LABROUSSE (dir.), *Histoire économique et sociale de la France*, tome 4, PUF, 1980.

G. DUBY et A. WALLON (dir.), *Histoire de la France rurale*, tomes III et IV, éd. du Seuil, 1976 *sqq*.

G. DUBY (dir.), *Histoire de la France urbaine*, tome IV, éd. du Seuil, 1985.

Jean-Baptiste DUROSELLE, *La France de la Belle Époque. La France et les Français 1900-1914*, éd. Richelieu, 1972.

Jean-Charles ASSELAIN, *Histoire économique de la France*, tome II, éd. du Seuil, 1984.

INSTITUTIONS ET VIE POLITIQUE

Jean-Jacques CHEVALLIER, *Histoire des institutions et des régimes politiques de la France de 1789 à nos jours*, Dalloz, 1971.

HISTOIRE RELIGIEUSE

G. CHOLVY et Y.-M. HILAIRE, *Histoire religieuse de la France contemporaine*, tome 2 (1880-1930), Toulouse, Privat, 1986.

HISTOIRE DE LA VIE PRIVÉE

Histoire de la vie privée, (dir. Ph. ARIÈS et G. DUBY), les tomes IV et V, éd. du Seuil, 1987.

LETTRES, ARTS, CULTURE

Pierre ALBERT, *Histoire générale de la Presse française*, tome III, (1871 à 1940), PUF, 1972.

Maurice CRUBELLIER, *Histoire culturelle de la France XIXe-XXe siècles*, A. Colin, 1974.

Jean-Marie MAYEUR et alii, *La France bourgeoise devient laïque et républicaine*, tome V de l'*Histoire du peuple français*, dir. par L. PARIAS, Nouvelle Librairie de France, 1964.

OUVRAGES DE FICTION ÉVOQUANT...

La vie quotidienne, le climat, les mentalités d'une époque, réalités multiples et diffuses que l'histoire commence à peine à analyser et à restituer, sont rendues accessibles par les œuvres de fiction à caractère réaliste ou naturaliste.

Ce sont essentiellement des romans — le cinéma réaliste appartient plutôt à la période suivantes. De Jules ROMAINS, *Les Hommes de bonne volonté* (27 tomes publiés de 1932 à 1946) couvrent la période 1907-1933 avec une ambition documentaire explicite, et parfaitement réussie. A la même ambition et à la même époque appartiennent deux autres sagas : *La Chronique des Pasquier*, de Georges DUHAMEL, dix volumes parus de 1933 à 1945, et *Les Thibault*, de Roger-Martin du GARD, huit volumes de 1922 à 1940.

La Grande Guerre est présente dans chacun de ces ensembles romanesques fameux. Mais en elle-même et par elle seule la guerre a suscité toute une littérature de témoignage, témoignages bruts ou bien revêtant la forme de la fiction. Les plus connus sont *Le Feu* d'Henri BARBUSSE (1916, prix Goncourt), *Les Croix de Bois* de Roland DORGELÈS (1919, prix Fémina) ou encore *Ceux de 14* de Maurice GENEVOIX.

Immense est la littérature du réalisme provincial et rustique, on ne saurait en risquer une énumération, même sélective. Retenons pourtant ceci : la présence de la politique dans la vie du village n'a jamais été aussi forte, enracinée ou structurante qu'en cette haute époque de la Troisième République. Deux œuvres célèbres au moins s'en sont souvenues : *La Guerre des boutons* de Louis PERGAUD (1913) et, plus caricatural, mais passé dans la langue, *Clochemerle* de Gabriel CHEVALLIER (1934).

Est-il besoin de dire que la série romanesque de Marcel PROUST, *A la recherche du temps perdu* (1913 à 1927), beaucoup plus étroite par le champ d'observation social et historique, dépasse et transcende par d'autres mérites la tradition du réalisme ?

INDEX DES PERSONNAGES

C

H

I

J

N

O

P

R

W

Z

INDEX THÉMATIQUE

Table des matières

Tableau et chronologie

Cartes

Imprimé en France, par l'imprimerie Hérissey à Évreux (Eure) - N° 82934
HACHETTE LITTÉRATURES - 74, rue Bonaparte - Paris
Collection n° 25 - Édition n° 01
Dépôt légal : 3726/02-99
ISBN : 2-01.278969-2
ISSN : 0296-2063

27.8969.1